上海社会科学院重要学术成果丛书·专著

北洋政府时期(1912—1928)邮政制度研究

Research on Postal System during The Period of Beiyang Government (1912-1928)

李家涛 / 著

上海人民出版社

本书出版受到上海社会科学院重要学术成果出版资助项目的资助

编审委员会

总　序

当今世界,百年变局和世纪疫情交织叠加,新一轮科技革命和产业变革正以前所未有的速度、强度和深度重塑全球格局,更新人类的思想观念和知识系统。当下,我们正经历着中国历史上最为广泛而深刻的社会变革,也正在进行着人类历史上最为宏大而独特的实践创新。历史表明,社会大变革时代一定是哲学社会科学大发展的时代。

上海社会科学院作为首批国家高端智库建设试点单位,始终坚持以习近平新时代中国特色社会主义思想为指导,围绕服务国家和上海发展、服务构建中国特色哲学社会科学,顺应大势,守正创新,大力推进学科发展与智库建设深度融合。在庆祝中国共产党百年华诞之际,上海社科院实施重要学术成果出版资助计划,推出"上海社会科学院重要学术成果丛书",旨在促进成果转化,提升研究质量,扩大学术影响,更好回馈社会、服务社会。

"上海社会科学院重要学术成果丛书"包括学术专著、译著、研究报告、论文集等多个系列,涉及哲学社会科学的经典学科、新兴学科和"冷门绝学"。著作中既有基础理论的深化探索,也有应用实践的系统探究;既有全球发展的战略研判,也有中国改革开放的经验总结,还有地方创新的深度解析。作者中有成果颇丰的学术带头人,也不乏崭露头角的后起之秀。寄望丛书能从一个侧面反映上海社科院的学术追求,体现中国特色、时代特征、上海特点,坚持人民性、科学性、实践性,致力于出思想、出成果、出人才。

学术无止境,创新不停息。上海社科院要成为哲学社会科学创新的重要基地、具有国内外重要影响力的高端智库,必须深入学习、深刻领会习近平总书记关于哲学社会科学的重要论述,树立正确的政治方向、价值取向和学术导向,聚焦重大问题,不断加强前瞻性、战略性、储备性研究,为全面建设社会主义现代化国家,为把上海建设成为具有世界影响力的社会主义现代化国际大都市,提供更高质量、更大力度的智力支持。建好"理论库"、当好"智囊团"任重道远,惟有持续努力,不懈奋斗。

上海社科院院长、国家高端智库首席专家

目　录

绪 论

一、研究缘起与意义

近代中国邮政正式创自清光绪二十二年(1896 年),经过清末民初的发展,成为近代中国颇有成效的一项国家经营性产业。[①]1912—1928 年间,政府力量与政府行政能力羸弱,往往无法为国内产业的发展提供支持与保护,尤其是受到外部力量的阻碍与竞争时。邮政却是其中一个例外。近代中国邮政自创办时管理权虽长期由以赫德、帛黎、铁士兰为代表的外国洋员群体所掌控,至民国时期北洋政府统治时段却逐步发展成为体系完整、运行有序的国家经营性产业。在此期间,邮政逐步取代了传统驿站体系,完成了传统通信体系向现代通信的转型。此外,邮政当局通过参加万国邮政联盟会议、华盛顿会议、中日邮务会议等一系列国际邮务会议,取消了外国在华"客邮",实现了邮政主权的统一。

北洋政府时期,邮政归中央职能部门交通部领导,全国邮政事务由邮政总局具体负责。在邮政总局的悉心擘画与惨淡经营之下,邮政取得了飞速发展。邮政的发展主要表现在邮政法规的修订、邮政制度的构建与邮政业务的发展等三个方面。具体而言,第一,修订了以《邮政条例》为邮政基础性

---

① 中国第二历史档案馆藏:《邮政总局有关编制邮律及邮政条例之公布文件(1911—1924 年)》,卷宗号 1-645。

法规的邮政法律体系。邮政法律法规的修订,使得邮政事业的发展有法可依,有了法律的保障。第二,构建了邮政组织制度、业务制度、管理制度以及邮政人员选拔与考核制度。此类邮政制度的构建与有效运行,使得邮政事业的发展有了动力源泉,为邮政事业的发展提供了制度保障。第三,邮政业务的发展。邮政业务又分国内业务与国际业务两块。国内业务是指邮政相关的经营性业务,如邮政包裹、邮件、邮票、明信片、新闻纸、印刷物、贸易契约、商业传单、货样、简易人寿保险,以及储金与汇兑业务。国际业务主要是指中华邮政与加入万国邮政公会的联邮各国彼此之间展开的邮件、包裹、保险信函业务。除此之外,邮政的规模也在这一时期得到极大扩充,从最初创办的通商口岸扩展至全国所有省份,形成两套邮务体系:一是邮政总局与邮务管理局组成的中央地方邮政体系;二是邮务区、一二三等邮局、邮务支局、邮寄代办所组成的地方邮政体系。

综上所述,邮政作为国家专营的经营事业在北洋政府时期取得了空前发展,恰巧这些发展又是在政府力量较弱的时期。笔者以为进行此项研究可就邮政法律体系、邮政制度、邮政人员群体等相关问题进行探索,进而尝试解释为何会出现弱政府能力治下的国家经营事业发展问题。

二、学 术 史 回 顾

近代中国邮政主要由海关邮政、大清邮政、中华邮政三个发展阶段组成。近代中国邮政试办于1878年,即海关试办邮政时期;正式创办于1896年,该年大清邮政正式创办,民国时期更名为中华邮政。邮政经过清末民初的发展,成为近代中国颇有成绩的一项国家经营性产业。又因邮政发展过程中必须要处理与中国自古已有的官方通信机构——驿站系统、民间通信机构——民信局、外国在华设立的"客邮"等几组邮政市场主体的关系,涉及邮政主权的统一、构建统一邮政市场、邮政业务的发展,以及邮政体系的建设等问题,故而邮政史研究已成为历史学界与经济史学界关注的一个交叉研究领域。目前学界关于邮政史的研究已经取得较为丰硕的成果,研究视角广及邮政发展史、邮政职能、邮政管理效率、邮工问题、邮政储金与汇兑、邮政涉外事项等多个领域。

(一) 邮政发展史

邮政发展史,即近代中国邮政发展历程问题。该问题主要涉及近代中国邮政创办年份、不同时段的发展状况以及邮政与海关、驿传系统、民间信局之间的关系等方面内容,是研究近代中国邮政问题的重要关注领域。

1. 关于邮政起始年份问题

围绕中国邮政试办、创办有三说:一是 1840 年说,此为龚达才观点;二是 1878 年 3 月 23 日说,朱祖强、孙少颖、张林侠、晚晴、杨新平、刘茜等持此类观点;三是 1896 年 3 月 20 日说,孙保民等;各持己见,莫衷一是。[①]中国邮政起始年份虽有三说,目前普遍较为接受的是 1896 年 3 月 20 日说。

2. 海关与近代中国邮政

中国邮政最初由海关试办,正式创立时亦由海关总税务司负责开办、推广与管理,因而有海关邮政的说法,海关与邮政的关系成为邮政研究者关注的一个不容忽视的领域。海关邮政相关研究大多盛赞海关对近代中国邮政的孕育之功,阐述海关在近代中国邮政的创立、推广以及构建近代邮政制度

---

① 龚达才:《"中国近代邮政史"源于何时?》,《中国集邮报》,2006 年 4 月 7 日第 6 版;王宏伟:《孙少颖中国近代邮政史应提前 18 年》,《中国集邮报》,2006 年 3 月 28 日第 1 版;朱祖强:《对中国近代邮政创办日期的新见解》,《通信企业管理》1988 年第 1 期;杨新平、刘茜:《一卷中国近代邮政起源档案》,《中国档案》2002 年第 5 期;张林侠:《中国近代邮政创始于 1878 年》,《中国集邮报》,2006 年 3 月 17 日第 6 版;晚晴:《中国邮政》,1992 年第 1 期;孙保民:《质疑与思考》,《通信企业管理》1988 年第 1 期,2015 年 8 月,《文史》亦刊文认为中国近代邮政诞生的日期是 1896 年 3 月 20 日。

与运行机制的过程中的作用。①当然，也有研究指出海关邮政是中国邮政发展的初级阶段，其级别不高，开办地域仅限于口岸城市，更因洋员把持，有侵害中国邮权的一面，此又回到"客卿"问题上，不再赘述。②

3. 驿传体系、民信局与邮政关系

在邮政未兴之前，就通信而言，官方依赖驿传，民间专有信局。邮政次第扩展以后，传统驿传体系与民信局进行了裁改与整合。传统驿传体系的衰落与新式邮政的强势兴起，尤其是邮政在轮船、铁路、电报的支撑下在功能、时效性与运输量方面对传统驿传体系的绝对比较优势，使得裁改驿站归并邮政成为清末以致民国初期，驿邮发展的趋势，并最终在民国时期得以完成。驿邮转型过程的梳理与转型原因的分析，便成为研究清末以来驿邮关系问题的主要内容。如晚晴、樊清、刘文鹏、苏全有、史煜涵、易伟新、蒋波等都对该问题进行过梳理③，驿邮转型问题的全貌基本得以呈现。

在传统时期，民信局本为专营民间通信寄递业务机构与官方之驿传互不干涉，独立承担并独占着民间通信寄递业务。民信局采取多种方式拓展民间通信寄递业务，大有将民间通信寄递业务连接一体的趋势。徐建国指出近代民信局寄递网络以沿海沿江一线为主干，呈中心城市、中等城市、城镇三个层级展开。各区域中心城市民信局的寄递网络展开具有各自的特点，表明在区域内部经济联系密切的基础上，区域联系日益加强，并呈现出地区经济一体化的发展趋势。④邮政的出现与次第扩展使民信局的发展势

---

① 姚琦：《海关与中国近代邮政的创办史》，《上海电力学院学报》2003 年第 4 期；黄臻：《清末海关邮政50 年》，《中国海关》2007 年第 5 期；张雪峰：《海关孕育中国近代邮政》，《大经贸》2011 年第 1 期。
② 刘广实：《中国海关邮政三议》，《上海集邮》1998 年第 9 期。
③ 晚晴：《步履蹒跚的清代前期邮政》，《中国邮政》1992 年第 2 期；樊清：《古邮驿的衰落与近代邮政的兴办》，《河北师范大学学报（哲学社会科学版）》2002 年第 1 期；刘文鹏：《清代驿传体系的近代转型》，《清史研究》2003 年第 4 期；苏全有：《清末邮传部研究》，北京：中华书局 2005 年版；《论清末的裁驿》，《重庆邮电大学学报（社会科学版）》，2008 年第 1 期；史煜涵：《清末邮驿之争》，《科教导刊》2010 年第 2 期；易伟新：《从驿站到近代邮政制度的演变》，《湖南师范大学学报》2010 年第 4 期；蒋波：《从大清邮政到邮传部 中国近代邮政事业的诞生》，《国家人文地理》2013 年第 233 期。
④ 徐建国：《近代民信局的寄递网络研究》，《安徽史学》2009 年第 3 期。

头不再。自邮政创办以来,邮政业务渐广并与民信局争夺民间通信寄递业务。民信局虽然采取多种形式予以反抗,却无法与具有官方势力支持的邮政相抗衡,最终难逃裁撤。易伟新、胡婷、凌彦、吴昱、徐迟、丁乐静等对此问题皆有详细的论述,①在民国时期梳理邮政的文献中,如交通部、铁道部交通史编纂委员会编印的《交通史邮政编》(1930 年 11 月初版),交通部总务司第六科编辑的《中国邮政统计专刊》(交通部印刷所 1931 年 1 月印刷),王桎所著的《邮政》(商务印书馆 1933 年版),张樑任编著的《邮政常识问答》(邮政图书出版社 1936 年版),以及顾锡章编的《邮政常识》(全国邮务总工会宣传部 1941 年 9 月版)亦有相关记载。

　　将研究视角下移,关注地方民信局的发展态势,亦是民信局研究中一个颇受关注的领域。连城以重庆民间信局为个案,通过考察近代重庆民信局发展历程,认为虽然近代重庆的民信局逐步使民间信息不通的状况有所改善,并为近代邮政的兴起提供了条件,但民信局在与邮政的竞争中败下阵来,逐渐退出历史的舞台。郝东升考察了山西票号在民信局与邮政之间争夺市场中所持立场,指出山西票号在利益面前选择官方权威、抛弃民信局,亦是民信局衰败的重要原因。此外,苏全有、崔海港、徐临源、王维进分别对近代上海、江苏、宁波等地区民信局兴衰历程予以阐述。②

---

① 易伟新:《晚清的邮权统一政策述论》,《重庆邮电大学学报(社会科学版)》2006 年第 1 期;胡婷:《民信局的取缔与邮政的近代化》,《重庆邮电大学学报(社会科学版)》2007 年第 1 期;凌彦:《民国邮政与民间信局的关系析论——以 20 世纪 30 年代的厦门为中心》,《中山大学学报(社会科学版)》2007 年第 3 期;吴昱:《新制与抵制:晚清邮政转型中的大清邮政与民信局》,《河北师范大学学报(哲学社会科学版)》2014 年第 3 期;徐迟、丁乐静:《清末民初邮政近代化中的官民之争——以镇江民信局与国家邮政的关系为中心的历史考查》,《江苏科技大学学报(社会科学版)》2014 年第 4 期。

② 连城:《重庆民信局发展初步研究》,《法制与社会》2008 年第 29 期;郝东升:《大清邮政官局与民信局之争——以山西票号为观察面》,《沧桑》2010 年第 6 期;苏全有、崔海港:《论近代上海民信局的兴衰》,《重庆邮电大学学报(社会科学版)》2012 年第 6 期;苏全有、徐临源:《江苏民信局兴衰述评》,《重庆邮电大学学报(社会科学版)》2013 年第 3 期;王维进:《论近代宁波民信局的兴衰》,《重庆邮电大学学报(社会科学版)》2013 年第 6 期。

4. 中华邮政

近代中国邮政在经过清末十几年的经营后,在民国时期已有很大发展,基本上具备了解决清末以来邮政发展过程中尚待解决问题的条件。进入民国后,近代中国邮政更名为中华邮政,步入新的发展阶段。交通部成立后大力支持邮政总局对内裁驿归邮、取缔民信局,对外撤销客邮,完成邮权统一,并加入万国邮联,与海外诸邮联会员国实现联邮。邮政当局致力经营擘画邮政发展事项,通过调整完善邮政组织与管理机制,健全邮政设备,扩展邮政业务范围,邮政资产得以增值,使得近代中国邮政迎来发展的黄金时代。故而致力于民国邮政研究者,多围绕收回邮权、邮政改革与统一管理、邮政快速发展以及邮政对中国社会近代化的影响等问题展开。

晚晴、陈钢、胡婷、陈艳君、崔红欣、范彬、阮义召、刘静等便持邮政黄金时代观点,认为辛亥革命后至抗战爆发前的 20 余年是近代中国邮政发展的"黄金时代",表现为邮政财务扭亏为盈、邮政资产得以增值,不仅为现代邮政事业的发展奠定了坚实的基础,更对国民经济的发展以及近代中国社会的各个方面产生了积极的影响,成为近代中国社会近代化的一种助推器。[①]

许莉探讨清末民初鼎革之际特定政治环境下的邮政改革问题,黄泽纯则认为近代邮政部门对侨批业的规范行为,是邮政整合业务和邮权扩展的体现,刘敏则从清末邮政国家化需求下清政府对邮政管理部门调整的角度入手,探索中央机关近代化问题。[②]贾秀堂从民国时期邮政主管部门统一邮

[①] 晚晴:《近代邮政的"黄金时代"》,《中国邮政》1992 年第 5 期;陈钢:《近代中国邮政述略》,《历史档案》2004 年第 1 期;胡婷、陈艳君:《旧中国中华邮政的统一与发展述论(1912—1937)》,《黄山学院学报》2005 年第 4 期;崔红欣:《晚清中国邮政的近代化》,河北师范大学硕士学位论文,2007 年;范彬:《现代化视角下的近代中国邮政述略》,《重庆邮电大学学报(社会科学版)》2008 年第 5 期;阮义召:《南京国民政府邮政事业建设略述(1927—1937)》,《凯里学院学报》2009 年第 1 期;刘静:《中国邮政的近代化之路》,《文教资料》2013 年第 30 期。

[②] 许莉:《清末民初政治变迁下的邮政改革》,河北师范大学硕士学位论文,2011 年;黄泽纯:《清末至民国时期我国邮政部门对侨批业的管理》,《广东教育学院学报》2009 年第 2 期;刘敏:《晚清邮政近代化与中央机关的调适——从总理衙门到邮传部》,《前沿》2013 年第 4 期。

政管理权的研究视域,考察民国时期南京国民政府邮政部门与北洋政府邮政部门如何通力合作以改革邮政系统,收回为洋人即"客卿"控制的邮政管理权。[①]

区域邮政研究,多以省区即邮区为单位,研究成果或介绍地方邮政发展状况,或考察地方邮政业务,或介绍地方邮政制度,指出邮政发展过程中取得的成绩与存在的不足,揭示地方邮政中存在着城乡发展不平衡的特性,阐明地方邮政作为全国邮政的有机组成部分对全国邮政全局发展的贡献以及对推动近代中国社会发展进程的作用。

区域邮政研究的成果涉及山东、天津、山西、陕西、新疆、贵州、四川、重庆、湖南、广东、福建、江苏等省份[②],其中关注贵州、湖南、福建等三省邮政的研究颇具特点,均从晚清开始分为三个紧邻的时段,考察直至 1949 年的邮政发展状况。吴晓秋关注贵州邮政取代传统邮驿的原因;顾文栋认为民国时期贵州邮政基本是一个积极开拓、不断前进的过程,表现为全省邮路长度、邮政业务点、收寄函件量皆成倍数增加,他指出社会经济的外在机制和邮政机构的内在功能是邮政事业发展的根本所在,而非政权因素;顾可尾聚

---

① 贾秀堂:《南京国民政府为收回邮政管理权所作的努力》,《兰州学刊》2009 年第 10 期。

② 王欣:《试论山东近代邮政》,《山东师范大学学报》1998 年第 5 期;肖欣红:《天津近代邮政的产生及其发展研究(1878—1928)》,华中师范大学硕士学位论文 2009 年;田明:《邮政与中国近代社会——以山西为中心(1896—1937)》,山西大学硕士学位论文,2005 年;端婷婷:《民国时期陕西邮政研究》,西北大学硕士论文毕业论文,2013 年;苗健:《新疆近代邮电事业的创建与发展》,《新疆社会科学》2008 年第 1 期;杨和平:《中华民国时期新疆邮政业研究》,新疆大学硕士学位论文,2011 年;吴晓秋:《论清代贵州传统邮驿的历史变革》,《贵州文史丛刊》2007 年第 3 期;顾文栋:《民国时期贵州邮政事业的发展》,《贵州文史丛刊》1989 年第 4 期;顾可尾:《解放前贵州邮政储汇的梗概》,《贵州文史丛刊》1991 年第 2 期;李重华:《清末民国时期的基层邮政——以原四川省为例》,《邮电史研究》2006 年第 6 期;李致远:《抗战时期西川邮政研究》,四川大学硕士学位论文,2007 年;连城:《重庆民信局发展初步研究》,《法制与社会》2008 年第 29 期;易伟新:《晚清湖南邮政述论》,《湖南大学学报(社会科学版)》2001 年第 1 期;谭友谊:《广东近代邮政的创办与发展》,《文史博览》2008 年 10 月;陈慧群:《晚清福建邮政官局研究(1897—1911年)》,福建师范大学硕士学位论文,2013 年;胡中升:《1911—1928 年福建邮政的发展》,福建师范大学硕士学位论文,2006 年;焦建华:《竞争与垄断:近代中国邮政业研究——以福建批信局与国营邮局关系为例(1928—1949)》,《学术月刊》2007 年 1 月;顾臻伟:《苏中邮电事业早期现代化进程(19 世纪末—1949 年)》,扬州大学硕士学位论文,2007 年。

焦解放前贵州的邮政储汇,认为贵州的邮政汇兑系以吸收个人存款和办理限额汇兑与银行资本的经营活动不同,应基于其业务范围来评判贵州邮政储汇的社会效应。①湖南邮政研究除有易伟新梳理晚清湖南邮政发展状况的专文外,湘潭大学 2008 年三篇硕士学位论文对湖南邮政发展历程进行系统的爬梳。王斌、廖发棠、于忠元三篇硕士学位论文分别研究 1899—1937 年、抗日战争时期、1945—1949 年等三个不同时段湖南邮政阶段特征。王斌主要研究在 1899—1937 年间湖南邮政统一邮权的问题,廖发棠通过介绍抗战时期湖南邮政发展情况,分析了抗日战争时期湖南邮政的作用,于忠元解析 1945—1949 年间湖南邮政对湖南经济发展、社会进步发挥的作用,并指出湖南邮政在此时期存在着城乡发展不平衡、邮务腐败、人民的通信自由受到限制等问题。②陈慧群梳理了 1897—1911 年间福建邮政官局建立背景、发展过程、运行管理、地方特色、历史作用以及存在问题,认为晚清福建邮政得以快速发展即是得益于其独有的地方特色,并指出晚清邮政官局发展过程中存在着不稳定性问题;胡中升认为福建邮政先进的邮政人事制度和福建地方政府对邮政的保护,是 1911—1928 年间福建邮政得以稳定快速发展的原因所在,不过此时期福建邮政受制于邮政经济发展制约,存在着发展不平衡性的局限;焦建华通过考察国营邮局掌控福建批信局手段的案例,阐明中国近代邮政具有浓厚的垄断特征。③

---

① 顾文栋:《民国时期贵州邮政事业的发展》,《贵州文史丛刊》1989 年第 4 期;顾可尾:《解放前贵州邮政储汇的梗概》,《贵州文史丛刊》1991 年第 2 期;吴晓秋:《论清代贵州传统邮驿的历史变革》,《贵州文史丛刊》2007 年第 3 期。

② 易伟新:《晚清湖南邮政述论》,《湖南大学学报(社会科学版)》2001 年第 1 期;王斌:《湖南邮政研究(1899—1937)》,湘潭大学硕士学位论文,2008 年;廖发棠:《抗战时期湖南邮政研究》,湘潭大学硕士学位论文,2008 年;于忠元:《1945—1949 年的湖南邮政》,湘潭大学硕士学位论文,2008 年。

③ 胡中升:《1911—1928 年福建邮政的发展》,福建师范大学硕士学位论文,2006 年;焦建华:《竞争与垄断:近代中国邮政业研究——以福建批信局与国营邮局关系为例(1928—1949)》,《学术月刊》2007 年第 1 期;陈慧群:《晚清福建邮政官局研究(1897—1911 年)》,福建师范大学硕士学位论文,2013 年。

　　田明与端婷婷分别从邮政制度入手,考察近代山西、陕西两省邮政发展状况。田文借助"公共领域"理论,从邮政制度建设角度考察山西邮政向近代邮政转变的社会景象及山西邮政沿革,认为邮政与近代社会间的互动有助于构建起开放的社会体系。①端文则认为,肇始于清末的陕西邮政在整个民国时期的发展状况是高峰与低谷并存,人事管理制度、视察制度、财务制度不断完善,推动了民国时期陕西邮政规模扩大、效率提高。他同时指出,陕西邮政也存在着城镇与乡村邮政发展不平衡、人事管理上不健全、邮运方式整体上较为落后等不足,制约了其进一步发展。②史雷、胡贝贝分别对晚清民国关中地区邮政、民国时期陕西邮政的发展状况予以考察。③史雷利用历史地理学的理论方法对晚清、民国前期及国民政府时期等三个不同时段关中地区邮政局所的布局特征进行比较研究,并分析上述三个时期关中地区邮务运营情况,揭示邮政发展与社会环境之间的关系。胡贝贝指出民国时期的陕西邮政虽然发展缓慢,但在邮政局所、邮政网路及业务等方面都得到了一定的发展。抗日战争时期国民政府"开发西北"的政策,为陕西邮政的发展奠定了基础,促进了陕西经济、交通和文化事业的发展,并给陕西民众生活带来了便利。陕西邮政的发展亦受到自身发展不平衡性、匪患、天灾、物价上涨等因素的制约。

　　苏丽萍、张箭、李致远、曾潍嘉等致力于近代四川地区邮政研究。④苏丽萍、张箭认为抗战时期国民政府为抗战计,在四川境内采取调整邮政机构与

①　田明:《邮政与中国近代化——以山西为中心(1896—1937)》,山西大学硕士学位论文,2005年。
②　端婷婷:《民国时期陕西邮政研究》,西北大学硕士学位论文,2013年。
③　史雷:《晚清民国关中地区邮政发展研究——以邮政局所的变迁为中心》,陕西师范大学硕士学位论文,2012年;胡贝贝:《民国时期陕西邮政发展研究以1931—1945年为中心的考察》,延安大学硕士学位论文,2013年。
④　李致远:《抗战时期西川邮政研究》,四川大学硕士学位论文,2007年;苏丽萍、张箭:《抗战时期四川的邮政通讯建设》,《重庆邮电大学学报(社会科学版)》2007年第5期;曾潍嘉:《时空交织下的区域邮政版图再现——近代四川邮政空间复原研究(1891—1945)》,西南大学博士学位论文,2016年。

邮务局所、增辟邮路、办理军邮、设立秘密邮路等措施,使得四川邮政局所增加、邮路增多,邮政网络得以形成,邮政业务亦经营有色。这两位作者认为抗战时期四川邮政以邮差递送为主,铁路、公路、水路有限,其发展途径呈现出某种程度的倒退。李致远利用四川省档案馆所藏的《西川邮政管理局》以及"四川省档案馆藏邮局内部资料"等档案资料,借助于地方邮政志、邮政史料选编、文史资料等邮政文史资料文献,对抗战时期的西川邮政进行了系统研究。通过对比抗战前后西川邮区发展状况及邮政内部的人事管理制度,李致远认为西川邮政组织和邮政业务在抗战时期得以快速发展,既是西川邮区自身良好的制度建设运行机制使然,也受益于抗战时东部人员、物资、学校等的内迁。曾潍嘉依据对四川邮政的发展演化历程的分析,将1891—1945年期间四川邮政的转型过程分为邮政试办时期、邮政正式成立时期、邮政独占时期三个不同阶段。在邮政试办时期,四川邮政形成了以重庆为中心的东部沿长江分布的带状邮政集中地带;在邮政正式成立时期,四川邮政展现出围绕省内邮政核心地带的内部完善和外围扩展趋势;邮政独占时期则是四川邮政空间无差别的均衡扩充发展期。曾潍嘉认为,1891—1945年间四川邮政空间拓展的根本原因在于四川邮政在制度发展层面所体现出的良好适应性。这种适应性体现在四川邮政自上而下的制度设计与由下而上的区域特性在邮政空间的塑造力方面,并未存在过剧烈的对抗,使得邮政的制度发展与空间构建处于这一对冲关系的平衡地带。

区域邮政研究中关注不同区域之间邮政联系的研究成果较少,仅有戴鞍钢认为开埠以后,[①]上海地区的电讯、邮政事业获得飞快的发展,促进了与毗邻的长江三角洲之间经济的互动和发展。在国内居于前列的上海与长江三角洲地区邮政、电讯的发展,为此后该区域邮政的全面发展提供了必要的基础和条件。

---

① 戴鞍钢:《近代上海与长江三角洲的邮电通讯》,《江汉论坛》2007 年第 3 期。

邮政空间研究是区域邮政研究新的关注点。基于梳理邮政网点、邮政路线等近代邮政空间要素,考察邮政发展模式及近代化中国城市体系特征。①

通过上文的梳理,可以发现区域邮政研究虽取得了丰硕成果,但仍有明显的不足。区域邮政研究的范围有待拓宽,尚未得到关注的省份,需要予以相应的关注;比较研究多关注同一省份的不同时期,不同省区或邮区之间的比较研究较为缺乏,全国邮政与地方邮政的关联问题亦未被关注。

(二) 邮政制度、职能、效率

在邮政史研究中,涉及探析邮政制度、职能、效率等问题的研究成果尚不多见,属于学界关注较为薄弱的研究领域。

1. 邮政制度

民国邮政著作多为邮政当局编纂的邮政制度与邮政法规文件,以介绍邮政体系与邮政制度建设为主,学者著作亦大都围绕介绍、解释这些邮政制度和办事规程展开,②如王桎、奚楚明、顾锡章、刘承汉、张樑任、赵曾珏等;除张樑任《中国邮政》外,基本上未有涉及民国邮政运作机制的研究,邮政运行过程中对既有制度损益或变迁更少有问津者。关于邮政法律法规的研究,除法学研究社编行的《邮政法规》外,关注邮政法律法规的仅有刘承汉所著的《邮政法总论》。刘书梳理了邮政组织、邮件保护、邮费、邮件运输与补

---

① 王哲:《近代中国邮政空间的"国进民退"》,《历史地理研究》2021年第2期。
② 中华民国交通部邮政总局编印:《民国十年邮政事务总论(内述二十五周邮政经历之状况)》,1921年;中华民国交通部邮政总局编印:《邮政章程(第十二版)》,1926年;交通部、铁道部交通史编纂委员会编印:《交通史邮政编》,1930年11月初版;奚楚明编辑:《邮政办事手续》,邮务海关专门学校1930年印行;王桎:《邮政》,上海:商务印书馆1933年版;法学研究社编:《邮政法规》,1935年9月版;张樑任:《中国邮政》,上卷《中国邮政行政》,商务印书馆1935年10月—1936年11月印行;中华民国交通部邮政总局编:《邮政规程》,交通部邮政总局驻沪供应处印,1936年;张樑任编著:《邮政常识问答》,上海:邮政图书出版社1936年版;刘承汉:《邮政法总论》,上海:商务印书馆1939年版;《中国邮政概述》,出版地、出版者不详,1941年6月;顾锡章编:《邮政常识》,重庆:全国邮务总工会宣传部1941年9月版;《邮政人事管理规则》,1943年6月1日交通部公布施行,供应处刊发;赵曾珏编著:《中国之邮政事业》,重庆:商务印书馆1945年12月印行;行政院新闻局印行:《邮政储汇》,1947年12月。

偿等相关事宜的法规,至于该类邮政法律法规的施行情况,却未有详述。

当前邮政史研究众多学者里胡中升、张青林、金燕、叶美兰是为数不多几位关注邮政制度研究的学者。胡中升认为近代中国邮政人事制度沿袭了以英国文官制度为蓝本的海关人事制度,在当时的社会条件下具有较大历史优越性,推动了近代中国邮政事业的发展。张青林从新式海关和清政府这两个近代邮政建立的主导者各自的行动入手,考察新式邮政与旧式的通信系统网络和社会关系网络间的互动,阐述近代邮政的生成过程。金燕、叶美兰从客邮与制度建设两个方面,阐释了英国邮政对晚清邮政的影响。①前文回顾区域邮政史研究提及的田明、端婷婷、李致远等学者对邮政制度研究均有涉及。

2. 邮政职能与效率

邮政职能与效率亦是邮政研究领域里关注较少的研究议题。关于邮政职能问题,岳谦厚、田明认为近代邮政发展中的悖论在于近代邮政发展改变私人领域的交往方式,张扬了公共领域,国家对邮政的掌控又加强了对私人领域与公共领域的控制。②目前邮政研究成果中留意邮政效率问题的亦不多见。陈志蓉在其硕士论文里从投入产出效率视角,运用数据包络理论,分析中国近代邮政的投入产出效率,得出投入产出具有较强的关联性的结果,具体表现为邮政对新技术的接受能力强,重视技术的创新与推广;产出指标中营业收入指标和汇兑开发额对邮政的有效性影响较大,邮件和包裹指标对其影响较小;投入指标中的营业支出和职工人数对邮政的有效性影响最大,邮路里程和局所数影响很小;邮政更多依靠管理提高效率。③胡婷认为

---

① 胡中升:《近代中国邮政人事制度探析》,《重庆邮电大学学报(社会科学版)》2008年第1期;张青林:《确立新制度:晚清新式邮政再研究》,厦门大学硕士学位论文,2014年;金燕、叶美兰:《英国与晚清中国邮政发展研究(1840—1911)》,《南京邮电大学学报(社会科学版)》2014年第4期。

② 岳谦厚、田明:《中国近代邮政创立及其发展中的若干悖论》,《天府新论》2009年第1期。

③ 陈志蓉:《基于数据包络法分析民国邮政的投入产出效率——以1919—1930年24个邮区为例》,厦门大学硕士学位论文,2014年。

上海邮政供应处的成立，标志着全国性邮政供应机构的产生；其以"集中管理""分层负责"为主要特色的物资管理制度推动了近代邮政物资供应业务的逐步拓展、供应效能的不断提升。①

邮政制度作为邮政运行的规范，关涉邮政组织、业务、管理、人事等各项制度建设与运行问题。从上文所述的邮政制度研究现状中可知，既有的邮政制度研究成果多聚焦于邮政管理制度、人事制度，阐述邮政管理制度、人事制度的作用，对其他如邮政组织制度问题、业务制度问题尚未予以应有的关注。至于邮政制度如何运作以及邮政当局如何处理制度运行遇到的问题，亦少有见诸纸端。

（三）邮工群体

邮政人群是推行邮政制度、拓展邮政业务的关键，是解读邮政问题的关键因素之一。目前学界关于近代邮工群体的研究主要集中在邮政职工管理与邮政职工运动等方面，其中尤以上海邮政工会及上海邮工的罢工事件为关注点。

1. 邮政职工管理

邮政职工管理属近代中国邮政人事制度范畴，具体涵盖邮政人群选拔、任用、考核、薪给、福利待遇、职责、奖惩等多个方面的内容。交通部、铁道部交通史编纂委员会编印的《交通史邮政编》，交通部1943年6月1日公布施行的《邮政人事管理规则》，仇润喜主编的《天津邮政史料》，四川省地方志编纂委员会编纂的《四川省志·邮政电信志》，长沙市地方志编纂委员会编纂的《长沙市志第九卷交通邮电卷》等史料，或为邮政人事制度专书，或含有邮政人事制度方面内容。②张樑任的《中国邮政》上卷《中国邮政行政》、赵曾珏

---

① 胡婷：《近代中国邮政物资供应制度述论》，《南京邮电大学学报（社会科学版）》2019年第6期。

② 交通部、铁道部交通史编纂委员会编印：《交通史邮政编》，上海：民智书局1930年版；《邮政人事管理规则》，1943年6月1日交通部公布施行，供应处刊发；仇润喜主编：《天津邮政史料》，北京航空航天大学出版社1992年版；四川省地方志编纂委员会编纂：《四川省志·邮政电信志》，成都：四川辞书出版社1993年版；长沙市地方志编纂委员会编纂：《长沙市志第九卷交通邮电卷》，长沙：湖南人民出版社1998年版。

编著的《中国之邮政事业》亦皆有探讨民国时期邮政人事制度内容。邮电史编辑室编写的《中国近代邮电史》、修晓波编著的《邮政史话》,对近代邮政人事管理制度进行了纲要性叙述。①北京邮政管理局文史中心编的《中国邮政事务总论》(上、中、下三册),简要记录了 1904—1942 年邮政人员数目、名称的变动情况及邮政职工的工作环境和工作状态,有助于了解近代邮政职工的工作状况。②

李致远、胡中升对北洋政府时期及近代中华邮政人事管理制度的内容和特点进行了归纳和总结,指出近代中国邮政制度具有公开考试、选拔人才,保障确实、使能久任,管理严格、以求效率等特点,都对近代中国邮政人事管理制度持肯定、积极的态度。樊清对近代中国邮政人事制度的态度与李、胡二人大致相同。赵岳峰的硕士论文《湖南邮政早期变革进程研究》中亦有涉及邮政人员管理方面的内容。③

2. 邮政职工运动

近代上海邮务工会与邮工运动研究是目前学界研究邮工问题的主要致力领域。研究成果中既有对上海邮工运动事件本身的考察,亦有借关注邮工群体生活探讨邮政人群与近代上海社会变迁之间关系的作品。

饶景英通过对被称为中国黄色工会"一大台柱"的上海邮务工会的剖析,解析中国黄色工会的演变、特点及其影响,借此研究国民党统治区域的

---

① 胡婷、叶枫:《近代中国邮政职工(1869—1949)研究综述》,《重庆邮电大学学报(社会科学版)》2016 年第 5 期。

② 张樑任:《中国邮政》,上卷《中国邮政行政》,上海:商务印书馆 1935 年 10 月—1936 年 11 月印行;赵曾珏编著:《中国之邮政事业》,重庆:商务印书馆,1945 年 12 月印行;邮电史编辑室编写:《中国近代邮电史》,北京:人民邮电出版社 1984 年版;北京邮政管理局文史中心编:《中国邮政事务总论》,北京燕山出版社 1995 年版;修晓波编著:《邮政史话》,北京:社会科学文献出版社 2000 年版。

③ 李致远:《北洋政府时期中华邮政人事制度述论》,《天府新论》2006 年 S2 期;胡中升:《近代中国邮政人事制度探析》,《重庆邮电大学学报(社会科学版)》2008 年第 1 期;樊清:《一枝独秀的北洋中华邮政》,《文史精华》2002 年第 4 期;赵岳峰:《湖南邮政早期变革进程研究》,湖南师范大学硕士学位论文,2009 年。

工人运动。荣宏亮认为1932年邮政工人罢工,导致政府与上海邮务工会对峙,并引起外国在华重设"客邮"的危险。虽在各方势力的努力下,邮政工人罢工得到和平解决,并给邮工争取了一些经济利益,但是并没有解决任何实在性的问题。相反,罢工结束后,国民政府加强了对邮工组织的监管与控制。田明、何建国认为,当时的中国共产党对邮工组织的特殊性认识不足、政治诉求的宣传又未能被邮政工会组织理解是导致上海邮务工会这一邮工组织"变色"的原因。周楠指出,上海邮务工会与国民党和封建帮会关系十分密切,具有浓厚的封建性和官办性,是国民党特种工会的典型代表。张荣杰将邮工群体置于整个近代社会大变迁背景之下,考察邮工生活、薪资待遇、工作状况以及邮工群体的政治主张等,指出上海邮务工会积极参与邮政事务,为改良邮政建议献策;具有强烈的社会责任感,积极协助调解工潮;邮务工会与国家社会的互动,展现出既合作又对抗的态势;提倡劳资合作,反对阶级斗争;都体现了近代中国黄色工会的复杂性。①

目前学界关注邮工群体有两个主要研究视角,一个从人事制度方面探索邮政当局对邮政员役的管理,另一个考察近代上海的邮工运动。邮工运动研究多聚焦上海邮工,虽具典型性,仅限于上海一隅,未免有失全面。从既有的邮工群体研究成果来看,邮工研究仍有拓展的空间。如上海以外地区邮工运动研究、邮政职工中华洋员役的比较研究等。

(四) 储金与汇兑

邮政储金汇业局是邮政系统中专营邮政储金与邮政汇兑业务的金融机构,是南京国民政府金融体系的重要组成部分。研究邮政储金汇业局,

① 饶景英:《关于"上海邮务工会"——中国黄色工会的一个剖析》,《史林》1988年第2期;荣宏亮:《1932年上海邮政工人罢工事件研究》,四川大学硕士学位论文,2007年;田明、何建国:《第一次国共合作时期的邮务工人运动——以上海邮务公会(工会)为中心的考察》,《党的文献》2009年第6期;周楠:《特种工会组织的典型——上海邮务工会》,《华章》2010年第16期;张荣杰:《民国时期上海邮工与邮务工会研究(1912—1937)》,华东师范大学博士学位论文,2012年。

既能理清邮政储金汇业局发展情况、运行机制以及在南京国民政府金融体系中的作用,又可以此管窥南京国民政府金融政策的实施状况与效果以及南京国民政府金融制度建设与金融格局的演变。徐琳曾先后发文阐述南京国民政府时期邮政储蓄制度的演变以及抗战时期邮政储金汇业局在国民政府金融体系中的地位与作用,并以此解析国民政府战时金融统治政策的运行情况与成效,并在《近代中国邮政储蓄研究(1919—1949)》中梳理了中国近代邮政储蓄发展的基本脉络,对邮政储蓄发展中的资金运作与治理结构等问题进行了分析,揭示了邮政储蓄的发展特性,探讨了作为公共部门的邮政在金融领域渗透及扩张的原因、路径与影响。[1]贾秀堂从多维研究视角对邮政储金汇业局进行解剖,涉及南京国民政府邮政储金汇业局在南京国民政府国家建设计划以及中国邮政金融近代化进程中的地位与作用、邮工与政府金融监管、邮政储金汇业局农村放款与南京国民政府农村建设,以及从邮政金融的角度考察政府与社会的关系等问题。贾秀堂认为,邮政储金汇业局是南京国民政府国家建设的重要组成部分,其开展的业务是为国家服务的,是中国邮政金融近代化关键的一环,南京国民政府借助邮政储金汇业局加强邮政金融监管的目的仍然是让邮政金融为政府所用,邮政储金汇业局向农村放款拯救农村经济就是很好的说明。[2]

基于此,贾秀堂认为邮政储金汇业局创办简易人寿保险业务亦持有相

---

[1] 徐琳:《试论抗战时期的邮政储金汇业局》,《社科纵横》2007 年第 11 期;徐琳:《近代中国邮政金融:发展阶段及演变特征(1919—1949)》,《中国经济史研究》2007 年第 4 期;徐琳:《试论南京国民政府时期邮政储蓄制度的演变》,《南京社会科学》2010 年第 7 期;徐琳:《近代中国邮政储蓄研究(1919—1949)》,上海交通大学出版社 2013 年版。

[2] 贾秀堂:《南京国民政府"邮政储金汇业局"研究(1930—1937)》,华东师范大学博士学位论文,2008 年;贾秀堂:《从邮储之争看南京国民政府对邮政金融的监管》,《暨南学报(哲学社会科学版)》2012 年第 9 期;贾秀堂:《邮政金融市域下的政府与社会研究:以 1930—1937 年长三角为考察对象》,桂林:广西师范大学出版社 2012 年版;贾秀堂:《20 世纪 30 年代南京国民政府农村建设研究——以邮政储金汇业局农村放款为视角》,《中国经济史研究》2013 年第 2 期。

似的观点,指出邮政储金汇业局办理简易人寿保险业务本质上是为国民政府集聚资本,却也吸收了社会游资,给中下层民众生活提供了一定的保障。吴越则爬梳了邮政储金汇业局创办简易人寿保险的初衷、曲折的发展历程、特点,以及与人寿小保险公司的关系。[①]

诸君文则关注汪伪时期的邮政储金汇业局,并以上海汪伪邮政储金汇业局之接收为例,梳理抗战胜利后国民政府对汪伪上海邮政储金汇业局的接收始末,阐明接收、清理活动对于整个民国时期邮政储金业务发展所起到的特定作用以及全国范围内接收敌伪金融的意义,以此透视抗日战争胜利后上海金融接收的概况。[②]

(五) 涉外事项

目前,学界关于邮政涉外关系的研究主要表现在国内涉外与国际涉外两个方面。国内涉外是指在中国主权和领土范围内处理与在华开办邮政业务的外国邮局(客邮)以及在华从事中国邮政相关工作的外国人(洋员,或称客卿)之间关系的事件或活动,即国内涉外分为"客邮""客卿"两点;国际涉外是指中国邮政主管部门(清末为邮传部,民国为交通部)为实现加入万国邮联与各国联邮以及取消客邮等目标有关的邮务外事活动,即国际涉外分为"加入万国邮联""联邮""取消客邮"三点。

"客邮"研究是研究近代中国邮政问题所无法回避的议题。"客邮"的研究成果依其内容大致可分为两点:第一,阐述"客邮"对中国邮权的侵犯以及对中国创办邮政的示范与影响;第二,述及"客邮"在近代中国出现、发展直至被撤销的历程。持第一类观点者有刘亚中、吕元元、胡中升、黄国盛、王

[①] 贾秀堂:《民国时期邮政简易人寿保险的开办》,《华东师范大学学报(哲学社会科学版)》2010年第4期;吴越:《前邮政储金汇业局创办简易人寿保险始末》,《上海保险》1997年第1期。

[②] 诸君文:《战后汪伪金融接收述评——以上海汪伪邮政储金汇业局之接收为例》,复旦大学硕士学位论文,2008年。

斌、王再华、冷东、沈晓鸣、刘波等。①梳理"客邮"在华发展历程的研究成果，早期多出现于民国学者介绍、梳理邮政概况和普及邮政知识的著作或民国交通部及所属机构编纂的邮政资料中，如王桯的《邮政》、顾锡章的《邮政常识》以及民国交通部交通史编纂委员会编纂的《交通史邮政编》和交通部总务司编辑的《中国邮政统计专刊》。②亦有不少学者关注"客邮"在华从出现至撤销历程中的相关问题，尤其是撤销客邮问题述有专文。如杨新明、刘肇宁、陈波、胡门祥、孙英、曾繁花、刘永连等学者都对在华客邮始末及撤销客邮问题进行了梳理，③其中刘永连在利用广东省档案馆藏近代邮政专卷分析英国撤销"客邮"时，指出在英国"客邮"撤出中国的过程中，中英双方不仅存在着维护各自利益的交涉斗争，而且展开了更多内容和形式的友好合作，为我国邮政制度的近代化和顺利发展打下了良好的基础。

"客卿"研究的视角则集中于以赫德、帛黎、铁士兰为代表的洋员与近代中国邮政之间的关系，如凌弓、张瑜、贾熟村等围绕海关洋员的双重身份，指出海关洋员虽为外国人，亦是中国邮政官员；既是外国攫取中国邮权的代理

---

① 刘亚中：《试论"客邮"》，《淮北煤师院学报·哲学社会科学版》1989 年第 4 期；吕元元：《略论"客邮"的兴衰》，《中山大学研究生学刊(社会科学版)》1996 年第 3 期；易伟新：《略论晚清"客邮"》，《益阳师专学报》2000 年第 2 期；胡中升、黄国盛：《客邮对福建邮政的影响》，《重庆邮电大学学报(社会科学版)》2007 年第 4 期；王斌：《略论中国近代邮政主权的收回》，《湖南工业大学学报(社会科学版)》2010 年第 4 期；王再华：《客邮业务及其对我国近代邮政的影响》，《人民论坛》2011 年第 32 期；冷东、沈晓鸣：《中国最早外国邮局考论》，《南京邮电大学学报(社会科学版)》2012 年第 4 期；刘波：《清末"客邮"问题的产生及影响》，《云南社会科学》2013 年第 4 期。

② 交通部、铁道部交通史编纂委员会编印：《交通史邮政编》，1930 年 11 月初版；交通部总务司第六科编：《中国邮政统计专刊》，出版地不详，交通部印刷所 1931 年印刷；王桯：《邮政》，上海：商务印书馆 1933 年版；顾锡章编：《邮政常识》，重庆：全国邮务总工会宣传部 1941 年 9 月版。

③ 杨新明：《近代中国邮权的丧失和收回》，《求索》1997 年第 2 期；刘肇宁：《北京"客邮"史略》及其续篇，《集邮博览》2002 年第 2、3 期；陈波：《汉口五国租界"客邮"始末》，《集邮博览》2004 年第 6 期；胡门祥：《英国在华邮局撤销始末》，《重庆邮电大学学报(社会科学版)》2007 年第 5 期；胡门祥、孙英：《近代中英撤邮交涉论析》，《宁夏社会科学》2007 年第 6 期；曾繁花：《民国时期广州邮政业述略》，《重庆邮电大学学报·社会科学版》2009 年第 2 期；刘永连：《从英国"客邮"撤出看近代中西关系的复杂层面——以广东省档案馆藏文献为基础》，《暨南学报(哲学社会科学版)》2013 年第 5 期。

人,亦是推动近代中国邮政创办、发展的有功之臣。①田明认为"客邮""客卿"不能简单地划归一类。因为"客邮"是侵害中国邮政主权的行为,博弈主体是国与国;而"客卿"是聚焦于中国邮政的行政管理权,对于中国历届政府是内政。②

加入万国邮政联盟是近代中国邮政的一件大事,自清末至民国,邮政当局和中国历届政府一直未停止申请加入万国邮联的步伐,待加入万国邮联后便积极与各国建立邮政业务联系,实施联邮,并借机与在华设立"客邮"各国展开会谈,撤销外国在华"客邮"。因加入万国邮联和撤销外国在华"客邮"的目标,分别于民国三年(1914 年)、十一年(1922 年)得以实现,以至于凡民国邮政文献中皆有相关记述,或专章记录,或附录于书后。③丁进军曾连续撰文介绍清末中国加入万国邮联的尝试,并对未能成功的原因进行解析,认为虽未能加入万国邮联,但清政府为加入万国邮联对邮政机构及邮政管理制度进行了调整,以期与国际邮政接轨的措施,加快了邮政的近代化进程。④胡中升认为中国迟迟未能加入万国邮联,时任海关总税务司赫德有着不可推卸的责任,清政府的昏聩无知以及英法对中国邮权的争夺都是其重要因素。

---

① 凌弓:《论海关洋员与中国近代邮政》,《史林》1994 年第 1 期;张瑜:《赫德与晚清邮政的近代化》,辽宁师范大兴硕士学位论文,2011 年;贾熟村:《赫德与中国近代邮政》,《东方论坛》2012 年第 3 期。

② 田明:《"客邮"、"客卿"与邮权——兼论中国近代政治的历史境遇》,中国社会科学院近代史研究所青年学术论坛 2009 年卷。

③ 中华民国交通部邮政总局编印:《民国十年邮政事务总论(内述二十五周邮政经历之状况)》,1921 年;交通部、铁道部交通史编纂委员会编印:《交通史邮政编》,1930 年 11 月初版;交通部总务司第六科编:《中国邮政统计专刊》,出版地不详,交通部印刷所 1931 年 1 月印刷;王柽:《邮政》,上海:商务印书馆 1933 年版;顾锡章编:《邮政常识》,重庆:全国邮务总工会宣传部 1941 年 9 月版;赵曾珏编著:《中国之邮政事业》,重庆:商务印书馆,1945 年 12 月印行。日本在东三省设立的"客邮"并未得以撤销。

④ 丁进军:《晚清中国与万国邮联交往述略》,《历史档案》1998 年第 3 期;《中国与万国邮联的早期交往》,《中国档案》1999 年第 7 期;胡中升:《近代中国迟迟未加入外国邮联的原因探析》,《重庆邮电学院学报(社会科学版)》2006 年第 1 期。

中国台湾地区的学者对近代中国邮政研究成果不多,目前刊登可查者有章秀菊的《我国现代邮政人事制度之研究》、陈怡芹的《日治时期台湾邮政事业之研究(1895—1945)》、何辉庆博的《1934年华满通邮之谈判》、徐雪霞的《近代中国的邮政(1896—1928)》、廖德修的《抗战时期国民政府的邮政事业》等几篇硕博士论文。①关于上述几篇文章主要内容见杨焕宇《近代中国邮政史研究状况综述——以近年来硕士论文为例》一文。

综上所述,目前学界关于邮政问题研究主要呈现出以下特点。

第一,涉及领域广。

邮政史研究所涉领域已涵盖邮政涉外事项、邮政发展史、区域邮政研究、邮政职能、邮政管理效率、邮工问题、邮政储金与汇兑等多个方面,基本覆盖了邮政史研究的方方面面。

第二,区域邮政研究成果显著。

区域邮政史研究无疑是邮政史研究中致力最多的一个方面,其成果也最为丰硕。区域邮政研究基本上遍及各个省区,道明了区域邮政发展取得的成绩与存在的不足之处。

第三,研究视角下移。

对于邮政人群的研究,以往学界关注点多集中于以赫德为代表的洋员群体,通过分析邮政洋员的活动,解析邮政洋员对近代中国邮政发展的双重作用。对邮政人群中的华员,尤其是处于邮政人群中下层的邮工团体,几无着墨。关于民国时期上海邮工问题的几篇文章弥补了这方面的不足。

尽管邮政史研究取得了极为丰硕的成果,其仍有某些不足,且须待学界继续致力之处。

第一,缺乏比较。邮政人群中洋员与华员比较研究,不同区域之间的比较研究尚未得到很好的研究。

---

① 详见杨焕宇:《近代中国邮政史研究状况综述——以近年来硕士论文为例》,《重庆邮电大学学报(社会科学版)》2010年第3期。

第二,制度层面关注薄弱。邮政史研究的成果虽涉及邮政领域的许多方面,却对邮政的制度建设问题着墨不多。治邮政史,如不深入邮政内里分析其制度建设及运行问题,论及邮政发展概况,就说服力而言是稍显欠缺的。

第三,对邮政法规体系缺乏关注。民国时期是邮政法律法规体系快速发展、逐步健全的阶段,从北洋政府时期《邮政条例》的修订到南京国民政府《邮政法》的颁布,以及一系列相关的邮政组织法与邮政业务法规的颁布实施,标志着民国时期邮政法律体系初步构建完整。然而,目前学界关于邮政法的研究成果尚付阙如。

基于既有邮政研究存在的不足,从事邮政史研究者应将更多的研究视野放在以下几个方面:

第一,开展比较研究。邮政人群中华洋员之间的比较,可依据邮政人员统计资料,就华洋员教育背景、比例问题进行梳理,关注华洋员在职务、升迁、待遇方面的异同之处,探析华员、洋员在邮政逐步发展中的作用。不同邮区之间的比较研究应从邮政基础设施建设、邮政业务经理情况等方面展开。邮政基础设施中邮务机构与邮路表明一邮区邮政的规模,邮运工具是否使用火车、汽车、轮船甚至飞机等现代化运输工具以及邮政业务经营状况表明邮区邮政发展状况。不同邮区之间的比较,既可梳理各邮区邮务发展情况,亦能对全国邮务状况有总体上的认知。

第二,理清邮政制度建设问题。邮政制度是确保邮政发展的规则性纲要。邮政制度计分四纲,即邮政组织制度、邮政管理制度、邮政业务制度及邮政人事制度。各项邮政制度从不同方面对邮政事务进行规范。研究邮政制度建设,既要叙述各项邮政制度内容,亦应阐明制度的运行机制以及各项制度具体运行情况,更须关注邮政制度变迁的轨迹。换言之,关注邮政制度问题,既要关注邮政制度文本内容,亦要留意邮政制度文本内容落到实处的运行效果,以及邮政制度在实际运行中的调整与变迁路径。

第三,解析邮政法律法规体系。法律是各项事业发展的保障,邮政事业亦不例外。民国时期邮政立法成果丰硕,形成了以邮政基础法、业务法、组织法为主要内容的邮政法律法规体系,是邮政事业得以有效发展的法律保障。治邮政史应该关注邮政法规的修订、实施以及依据邮政法规出台的相关规程,并从邮政法制与法治两个方面探讨邮政立法问题。

三、相关概念界定

近代中国邮政共分三个时期,即海关邮政时期、大清邮政时期、中华邮政时期。以大清邮政为界,大清邮政创办于1896年3月20日,是日清廷发布上谕正式办理邮政,称为大清邮政官局,即大清邮政。大清邮政的前身为海关邮政。海关邮政又分兼办与试办两个阶段。海关兼办邮政历史可追溯至1866年,是年总理衙门令总税务司兼办邮政。海关试办邮政始于1878年3月23日,是日清政府发布上谕,由海关总税务司负责试办并推广邮政。海关总税务司择口岸城市,试行办理邮政。中华邮政是民国时期中国邮政的官方名称。民国元年1月1日,交通部成立,主管轮、路、电、邮四政。交通部改大清邮政为中华邮政,委托邮政总局综理全国邮务。此后在民国时期,中华邮政的名称在中国大陆沿用到1949年。

本书研究时段是1912—1928年。1912年交通部成立后,即将大清邮政更名为中华邮政,委托邮政总局综理全国邮务,邮政总局驻北京。1927年7月,南京国民政府在南京成立交通部,另置邮政司,与北京政府相对峙。同年10月在南京设立邮政总局,邮政司长兼局长,总办仍由北京邮政总局总办铁士兰担任。1928年6月北京克复,设邮政总局于上海,邮政复归统一,结束邮政系统南北对立之势。①邮政总局驻北京时间与北洋政府统治时

① 张樑任:《中国邮政(上)》,上海:商务印书馆1935年10月—1936年11月印行,第42页。

期基本吻合，本书以北洋政府时期邮政制度为研究对象，故研究时段定为1912—1928年。

四、研　究　方　法

一是文献研究法。利用历史学的史料搜集法，搜集用于支撑本项研究的相关研究史料。在占有大量丰富详实可用史料的基础上，对各类史料进行整理、解读，提炼支撑本项研究的核心资料。

二是田野调查法。参观邮政博物馆，提升对近代中国邮政发展历程的总体认知。条件允许的话，对从事邮政事业的相关人员进行口述采访。选取部分具有代表性的邮政遗存进行实地调研，在田野调查中提升对邮政的认知水平。

三是经济学的理论分析框架与数理统计。分析邮政制度的运行与邮政人群，在制作各类邮政业务状况表、邮政包裹数目及收支状况表的基础上，基于数理统计的理念与方法，分析邮政业务经营状况。

五、资　料　来　源

本书以1912—1928年北洋政府时期邮政制度为研究对象，立足于邮政制度研究，聚焦北洋政府时期邮政发展情况，尝试探索法律、制度建设、制度运行与经济实效即邮政事业发展的关系。本项研究需要使用邮政法律法规体系、邮政组织、管理、业务、人事等各项制度内容及1912—1928年间邮政各项统计资料，而上列各项资料内容又散落于各处，这增加了资料搜集的难度。但是学术研究的重要前提即于占有丰富详实可用的资料，否则难以起笔。为此,笔者曾先后到中国国家图书馆、中国第二历史档案馆、浙江图书馆、浙江省档案馆、杭州市档案馆、上海图书馆、上海市档案馆、重庆市档案馆、北京市档案馆、天津市档案馆、华东师范大学图书馆、上海社会科学院图书馆、上海社会科学院经济研究所资料室、上海社会科学院历史研究所资料室等机构搜集研究资料,以便展开本书的写作。具体而言,本书资料来源主要为以下几类。

档案史料。如中国国家图书馆藏邮政法规资料,中国第二历史档案馆藏交通部及交通部邮政总局卷宗,浙江省档案馆藏浙江邮务管理局相关档案资料,上海市档案馆藏上海邮务管理局相关档案资料,重庆市档案馆、北京市档案馆、天津市档案馆所藏近代中国邮政相关档案资料。

邮政制度书籍。如《邮政章程》《邮政纲要(第一册)》《邮政纲要(第二册)》《邮政法规》《邮政规程》《邮政人事管理规则》,以及邮政各部门办事细则、办事规程、实施方法等。

邮政统计资料。如《中国邮政统计》《中国邮政统计专刊》《邮政事务总论》《邮政事务年报》《邮政局所汇编》《交通部邮政总局通邮处所集》《交通部所管邮政题名录》等。

报刊资料。如《申报》《益世报》《东方杂志》《中华邮工》《交通月刊》《交通公报》《银行周报》《密勒氏评论报》《江苏省公报》《浙江司法半月刊》等期刊报纸资料。

其他资料。如《交通史邮政编》《交通史总务编》《邮政海关算学大全》《邮政会议汇编》《天津邮政史料》《四川省志·邮政电信志》《长沙市志第九卷交通邮电卷》《中国邮政》上卷、《中国之邮政事业》《中国近代邮电史》《邮政史话》《邮政》《邮政法总论》,以及近人研究著作、文章等,详见学术梳理部分,不再赘言。

第一章
邮政基础法规解读——《邮政条例》

　　《邮政条例》是近代中国邮政系统自清末创办以来第一部基础性法规。该部法规于 1921 年 10 月 12 日由时任中华民国大总统徐世昌以教令形式予以颁布。《邮政条例》的出台既为近代中国邮政行业发展提供了法律保障,亦是邮政行业运行的规范。保障体现在内谋邮政行政,外争邮政主权;规范则是对邮政行业的有效运作而言。既然《邮政条例》对邮政行业具有如此重要的功用,那么该部法规是如何出台的、涵盖哪些内容、实际施行状况如何,便成为考察该部邮政基础性法规的重要视角。本章拟从《邮政条例》修订过程、邮政条例内容的解读以及实际施行情况着手对该法规进行系统考察。

第一节　《邮政条例》的修订

　　自清末创办以来至北洋政府时期,中华邮政已经过了十余年的发展,邮政建设渐有成效,清末遗留的"裁驿归邮"问题、"办理经费"问题、"邮政管理权"问题等在北洋政府时期均已得到解决,具体表现在全国驿站基本裁撤,邮政管理权由海关收归交通部,邮政收支在 1915 年实现扭亏为盈。随着邮政的继续发展,对内谋邮政行政之根据,对外取消"客邮",谋邮政主权之统一,又成为邮政发展过程中亟待解决的问题。北洋政府时期邮政发展面临

的困局,呼唤一部基础性的邮政法律以使邮政发展有法可依,进而解决邮政
发展过程面临的难题。修订邮律活动便应时而起。

    自1915年6月交通部设立邮律起草委员会提议修订邮律始,至1921
年10月《邮政条例》正式公布,此次邮律修订活动历时六年余。在六年多的
修订时间里,邮律草案经邮政司(1915年由邮传司改称)、邮政总局、交通部
参事厅、法制局、司法部等部门反复修改11稿,名称亦由"邮律"变为"邮政
条例"。邮律修订活动可谓波折不断。

一、修订过程

    交通部主导修订邮律的活动肇始于1915年6月7日,是日交通部为修
订邮律,设立邮律起草委员会,派周万鹏为邮律起草委员长,徐洪、陈斯锐、
蒋祎祖、范静安、王文蔚、铁士兰、巴立地、申玛思为起草委员,起草委员负责
邮律及其附属规划,分别编订草案,会商参事审议后详候核夺。[①]第一版邮
律草案即为该委员会起草,并送邮政总局斟酌审核。邮律起草委员会却并
未作为主要起草机构负责邮律草案的拟定活动,原因在于该委员会各委员
均隶属邮传司(民国五年改称邮政司)或邮政总局,起草的邮律草案必须经
过邮传司及邮政总局等主管机关审核,审核达标方可,如此出现自拟自审现
象,既不合乎修律程序,且流程难免繁琐重复。为求手续便利起见,编订草
案事遂仍由邮传司会商邮政总局办理。各委员各以司局人员资格在司或局
内研究并互行协商。而邮律起草委员会遂未正式开会亦未正式取消。邮政
总局与邮政司成为修订邮律的实际负责机构。

    邮政总局草拟的邮律草案正式拉开了修订邮律活动的序幕。邮政总局
直隶于交通部,管理全国邮务,指挥监督所属各机关。邮政总局设有局长一
人、总办一人、会办一人。邮政总局局长由交通部派任,承交通总长之命,督

---

① 交通部、铁道部交通史编纂委员会编:《交通史邮政编》第一册,上海:民智书局1930年版,第
71页。

理邮政事务;邮政总局总办亦由交通总长派任,襄助办理邮政事务;会办由总局遴选保荐呈请交通总长派充,襄助邮政事务。北洋政府时期,邮政总局下设总务股、营业股、稽核股、联邮股、文牍股、经济股及供应股等七股,后裁撤经济股又添置储金股,仍保有七股。各股设股长承邮政总局总办之命主持股务,副股长及股员襄助股长分理各该股事务。除供应股设于上海外,其余各股均设于北京邮政总局内。①

邮政总局草拟的邮律草案内容共计二十六条,分为建设、邮局之主要权项及义务、邮局之特权等三章。三章二十六条内容涉及邮局来历、邮局专办事项、邮政营业范围、邮件寄递手续、邮资、邮票、邮局担保汇票、邮件保护、邮件赔偿、邮件特权及万国邮会等方面。该草案提交后,起草委员会委员即对草案内容进行审阅,并由委员徐洪对其中的第一章建设、第二章第一、第七、第九、第十二、第十三、第十五、第十八、第十九以及第三章的第二十六等条内容予以签注,或改、或增、或删。从邮政总局所拟的邮律草案内容来看,虽有后来颁布邮政条例基本框架之形,却有失清晰细化,内容亦未完全覆盖邮政事宜。如对侵害邮政的行为的惩处虽有规定,处罚之根据却未言明;对邮政员役、代运邮件者的相关规定尚未明确表达。

邮传司在审阅邮政总局所拟邮律草案之后,重新拟定邮律草案(以下称为第一稿)。邮政司为交通部四司之一,其他三司为总务司、电政司、航政司,直属于交通部。邮政司为监督主管邮政机关之一,职掌有五:(1)关于监督考核全国邮政事项;(2)关于监督邮政储金及汇兑事项;(3)关于管理经营国营邮政航空事项;(4)关于监督民营航空承运邮件事项;(5)关于改善邮政职工待遇事项。②邮政司监督主管的事项由下设的总务科、经画科、通阜科、综合科等四科具体负责,各科职掌区划,详见《邮政司办事细则》。③

───────────────

① 张樑任:《中国邮政(上)》,上海:商务印书馆 1935 年 10 月—1936 年 11 月印行,第 49 页。
② 同上书,第 45 页。
③ 交通部第八十八号部令公布《邮政司办事细则》,1913 年 7 月 3 日。

　　邮传司所拟草案未像邮政总局所拟草案按章分条,该草案共计三十八条,内容涵盖邮政营业范围、邮件寄递与收取、邮资、邮局专用物、邮件保护、邮件赔偿、邮件特权、邮政员役及涉外事项等方面。相对于邮政总局所拟草案,邮传司重拟之草案不仅内容涉及面更广,还明确提出邮件由国家经营委任主管官厅管理,细化了邮政经营事项,增加了对不同类型邮件寄递与收取事宜的规定,对代运邮件者因故意行为导致邮件损毁、遗失、耽延以及违反禁制的处罚等内容。邮传司草案中明文规定,触犯某些条款内容或哪些违制行为是要受到依据刑律予以科罚的,此举已有将邮政事项纳入法制轨道的用意。待民国五年邮传司改称邮政司后,邮政司司长姚国桢在呈交通部次长文中即言明,关于科罪各条应由本部咨商司法部得其同意,再将全案咨送国务院转交国会呈请大总统公布。此版草案已具有《邮政条例》的雏形。

　　邮政司将修改后的邮律草案提交交通部审议,此为邮政司拟定的邮律草案第二稿(以下称为第二稿)。邮政司呈交通部的邮律草案稿件分四个部分共四十三条,内容是对邮政司所拟第一稿的细化。第一章为第一条是关于邮政宪纲的内容,开宗明义申明邮政由政府掌管;第二章自第二条至第二十四条,关于邮政权责的规定,划定了邮政经营主管范围、邮费、邮政享有的特权、邮件寄递等内容;第三章从第二十五条至第四十条为邮政之科罪,侵害邮政行为的惩处及依据;第四十一至四十三条是第四部分为附则,是关于国际联邮事务、邮政代办人的内容。第二稿草案条例清晰,较为接近颁布的《邮政条例》的内容,实为《邮政条例》的蓝本,以后各稿均是在此稿基础上进行相应的修订。

　　第二稿呈交通部后,时任交通总长许世英即将草案批交参事厅审议。①

①　许世英,字俊人,又称静仁。安徽秋浦(今东至)县人。先后在北洋政府、南京国民政府担任要职。北洋政府时期历任交通总长、安徽省长、司法总长,并于段祺瑞执政府时期任内阁总理。南京国民政府时期先后任全国赈灾委员会委员长兼全国财政委员会主席、驻日大使、内政部禁烟委员、行政院政务委员及水利委员会委员。1947—1949年任蒙藏事务委员会委员长。1964年病逝于台湾。著有《许世英回忆录》。

参事厅,交通部下设官厅之一,掌管交通部法律、命令等事务。1912 年 7 月 18 日大总统命令公布经参议院议决的《各部官制通则》第十三条规定各部设参事二人至四人,承总长之命令掌拟及审议法律命令案事务。交通部设参事四人。①1914 年 7 月 10 日大总统申令《修正交通部官制》第十四条规定交通部置参事四人承长官之命,掌修订关于本部主管之法律命令案事务。1916 年 8 月,交通总长许世英的提案经国务会议议决仍适用 1912 年 8 月参议院之交通部官制。自民国元年以后,交通部关于法律事项均由参事厅主管。②

邮政总局又会商邮政司于第十四条后新增第十五条,原第三十三条(新增第十五条后改为第三十四条)后新增第三十五条,将第二稿修改为四十五条。除新增两条外,邮政司、邮政总局又对第二稿的第二至四、第七、第九、第十、第十二至十五、第十八至二十四、第二十九至三十一、第三十三至三十五、第三十九、第四十一等条进行修改,对以上条款内容,或删、或增、或改。此即邮政司草拟之第三稿。第三稿与第二稿,除一些条款内容的修补外,内容几无差异。

1918 年 11 月,邮政总局呈交通部谓邮律编纂一事自 1915 年 6 月间起草委员会成立至今,底稿(即邮政司第三稿)虽在本部存案,却仍未修订颁行。加之第一次世界大战将次告终,邮政博议大会届时必将举行。邮律是邮政博议大会所必要的准备材料,在会各国均有邮律,独我国虽经入会,③尚无邮律;若大会期间询及我国邮律,必将无所措词。且平时与邮会各国往来亦有因案叩及邮律之事,是则邮律的颁布不但为对内之根据,更为对外之要需。邮律颁布与否实于邮务前途大有关系。是年 12 月邮政司将前第三

---

① 北洋政府时期交通部历任参事见交通部、铁道部交通史编纂委员会编:《交通部总务编》第一册,"交通部参事表",南京:交通史总务司 1937 年版,第 162、163 页。
② 交通部、铁道部交通史编纂委员会编:《交通史总务编》第五册,南京:交通史总务司 1937 年版,第 270 页。
③ 1914 年 3 月 1 日,我国正式加入万国邮联,成为会员国之一。

稿交邮政总局再加研究,对草案稿件中应行斟酌之处加以签注,并呈交通部长鉴核。邮政总局着重对其中的第十二、十三、十五、二十各条酌量进行分别删改,并得到邮政司的认可。此后,邮政司又指令参事厅对邮政总局所做修改进行审核。

参事厅对邮政总局修改的邮律草案提出了十五处签注意见。参事厅第一条修改意见指出将邮律改为邮政条例。参事厅改邮律为邮政条例的理由有二。第一,本部所管关于电信、民业、铁路、邮政储金等项章制,其以大总统教令公布者,具名之曰条例。本案事同一律,自应援例办理。第二,如用邮律标题,势必须提交国会通过,殊费手续。本案既利在迅速颁行,以便于第一次世界大战议和会内乘机提议,以谋邮权统一。故不如改名邮政条例,先行呈请公布,嗣后再从容提交国会改名邮律。第二条修改意见即建议只列条款内容,不再进行分章。参事厅认为"查原文依次规定,均甚清晰,似无庸再行分章,以免赘疣"。①参事厅第三条至第十一条的签注是关于草案内容的,是对草案条款内的第四、第十三、第十五、第十七、第十九、第二十二、第三十三、第四十一等条内容进行修改的相应意见。参事厅第十条意见拟在原案第四十一条之后拟增一条"邮政机关员役违反本条例应受法律处分者须立即斥革,嗣后各邮政机关不得再行录用"为第四十三条。

邮政司在接到参事厅附具的修改意见后与邮政总局会商因修订邮律事关中国在巴黎和会上提出撤退客邮一层大有关系,希冀从速办理。邮政总局即审核参事厅拟改邮律草案意见,除第四条"得经营左列事务"未按参事厅意见改为"得经理左列事务"外,基本赞成了参事厅拟改邮律草案的意见。参事厅核复后亦同意邮政总局意见,至此邮律草案改为《邮政条例》草案,条款定为四十六条,并咨送法制局审查。

法制局是民国时期的法律编制机构。民国时期,先后有两个法制局。

---

① 交通部、铁道部交通史编纂委员会编:《交通史邮政编》第一册,上海:民智书局 1930 年版,第81 页。

一为中华民国北京政府国务院直属机关,设于南京临时政府时期。主要职权为拟定法律、命令;对于法律、命令提出制定、废止或修改的意见;审定各部拟定的法律、命令;保存法律、命令正本;礼制的拟定和审定。1912 年 5月,国务院改为总统府直辖的政事堂,法制局亦随之改为政事堂直属机构,改"保存法律、命令正本"这一职权为"调查、编译各国法制"。1916 年 5 月,恢复为国务院直属。1924 年 12 月 4 日,临时执政段祺瑞下令改组为"临时法制院",1926 年 1 月再度恢复原名,设局长 1 人,参事 8 人,秘书 1 人,金事2 人,主事 2 人,编译 2 人及调查员若干。1928 年因北京政府垮台而结束。另一为 1927 年南京国民政府设立划拟与修订法律的专门机构。分掌拟定及修订关于经济法规、条例案,官制、官规及一切行政法律,条例案;修订民、刑等法规及一切关于司法法律条例案。曾制定案属法,继承法等草案。1928 年南京国民政府试行五院制,设立法院后,即被取消。①

交通部在咨法制局文中再次申明,修订《邮政条例》刻不容缓之由。交通部指出《邮政条例》对内、对外至关重要,尤其在巴黎和会提出撤销客邮、统一邮权问题的重要性。"查邮政以条例为保证。我国开办邮政二十余载,条例尚付阙如。现因欧战讲和,亟宜趁此时机提出撤销客局之问题,以谋邮权统一。惟邮政条例亟盼从速施行,相应将该条例草案咨送贵局审查并希迅予见复。再该条例第三十五条对于处断骗取邮件人犯,适用刑律何条,请明为规定。"②

交通部此番咨询法制局提供的《邮政条例》草案四十六条内容未有分章,逐条呈列。该稿实为自草案提出以来之第七稿,第七稿内容大体上与正式公布的《邮政条例》内容无甚差异。法制局在给予交通部及邮政总局的复

① 刘政、边森龄、程湘清等编:《人民代表大会制度词典》,北京:中国检察院出版社 1992 年版,第627 页。
② 交通部、铁道部交通史编纂委员会编:《交通史邮政编》第一册,上海:民智书局 1930 年版,第85 页。

文中提出六项修正意见，聚焦于四个问题。第一，邮政专营范围。法制局在修改意见中认为我国邮政机关尚未十分完备，人民利用邮政机关的习惯亦未普遍养成，加之国际通例中大多数邮会国家亦仅以信函、明信片、报纸为邮政专营范围；正式建议将邮政专营的范围限于信函、明信片，其他如书籍、报纸、货样、贸易契据及其他可以递送之件，以邮政兼营为宜，并不排斥其他经营运送业者从事相关经营。法制局鉴于邮政专营实质上是与民争利，与《中华民国临时约法》中人民营业自由的规定相违，建议邮政的专营事项应由国会议决公布为宜。第二，邮费。法制局以草案中邮费定率未有明文详细规定，如委之于邮政章程不足昭重，建议以教令规定予以颁行。邮费以邮票表示，对于不贴邮票、贴票不足及免邮费的范围与办法亦应增入明文。第三，代运邮件。第七稿中十四、十五两条明令铁路、轮船负有代运邮件之责，法制局立足于当时铁路未能竟归国有、外国轮船公司亦有不少，如此规定对于外轮是否方便可行，请邮政总局予以斟酌。第四，骗取邮件的刑律处罚。交通部在咨法制局文中特意申明草案第三十五条对于处断骗取邮件人犯适用刑律何条，请予明细的问题，法制局在答复中肯定了此点。

对于法制局的签注及相关疑问，邮政总局给予的答复中认可了邮政专营以信函、明信片为限的提议。对于代运问题，邮政总局认为第七稿的规定虽无法强令各外国公司依照办理，实为防范将来之计。至于法制局提议的以教令的形式颁行邮费相关规定，邮政总局认为邮政章程已经详备，无需再另以教令公布。此后交通部派员往复法制局商讨第七稿草案中的具体细节，法制局又将草案内容修改为四十三条，并送交司法部审议签注。①法制局将经其修改及司法部签注的草案送至交通部复议。法制局在附文中强调

---

① 司法部为管理全国司法行政事务的主管机关，设置于南京临时政府时期。南京临时政府成立后，设立司法部管理民事、刑事诉讼案件，户籍、监狱、保护出狱人事务并其他一切司法行政事务，监督法官。见曾宪义主编：《新编中国法制史》，济南：山东人民出版社1987年版，第427页。北洋政府时期承国务院(一度改为政事堂)之命办理全国司法行政事务。

邮政机关人员伪造邮票、妨害秘密、窃取邮件等犯罪行为,依照国际惯例惩处均较刑法加重,草案第二十七至二十九条相关条文亦应仿此例,加重惩处,第三十九条从犯不得减等规定亦与此例同。司法部的五条签注内容则是对第二十七、第二十八、第三十四、第三十六、第三十九等条内容与刑律相关用词的斟酌,就各条本身的内容不予评价。

交通部责令邮政总局、邮政司就第八稿分别签注,以便国会开会审查时便于修正,并于 1919 年 8 月协定最后的《邮政条例》草案,亦即第九稿。1920 年 4 月,邮政总局以我国将赴邮政大会,邮律关系紧要,应请政府于我国赴会之先,提前公布施行,并提议在第十六条后加一条内容为"所有航空之具(如飞艇飞船等类)经过中国领土飞行者均须依交通部所定办法负运送邮件之责",第三十九条后加一条内容为"无论何人借用邮递或意图借用邮递寄送物件而该物件未经国课官吏满意者抑或无论何项禁令之物件借用邮递寄送者均以刑律第(待定)条处以……"。邮政总局签注修改后的第十稿草案经参事厅核复可行,并以万国邮会在即,前项邮政法案急应提前公布,以便有所依据。惟经国会议决势必需延时日,不如由部咨呈国务院先行定名条例呈请大总统以教令公布。

1920 年 5 月交通部又增加条例三款,并送法制局核复,此案即第十一稿。于原案第十七条后加一条"各种航空之具(如飞艇飞船等类)在中国领土一定区域以内准许飞行者均须依交通部所定办法负运送邮件之责",又于原案第三十九条后(新加入第十七条后即类推为第四十条)加两条,第四十一条"无论何人藉邮递走私者依刑律第……条处断",第四十二条"无论何人藉邮寄送违禁物品者依刑律第……条处断"。法制局对交通部所增三条无异议,只是指出"走私"所代表的漏税方面,刑律尚未有专门条款。交通部即将第十一稿草案及法制局签注及复文送交国务院提请国务会议从速议决。虽然《邮政条例》草案已经成熟,并得到交通部、法制局、司法部等相关部门的认可,不过此次提交国会议决并未通过。原因在于提交国会议决时,在众议院获得通过,至参议院讨论表决时,京畿地区发生战事,以致参议院停会,《邮政条例》草案成了悬而未决之案。参加万国邮政代表大会之前完成《邮政条例》修订情事虽经各相关机构反复商讨和推动,终未取得圆满结果。

　　一年后的 1921 年 9 月时任交通总长张志潭以太平洋会议开会在即,邮政条例事关撤销客邮事重,再次提出国务会议说贴拟请国务院转呈大总统以教令形式予以公布,待参议院开会时再追加讨论,并将条例草案提交国务会议公决。国务院函复交通部提出《邮政条例》一案经国务会议议决照办。交通部将《邮政条例》呈请大总统以教令形式公布。1921 年 10 月 12 日,时任中华民国大总统徐世昌以总统教令第三十二号公布了《邮政条例》,至此《邮政条例》正式得以颁布施行。从 1915 年 6 月 7 日成立起草邮律委员会至 1921 年 10 月 12 日公布施行,历时六年余,《邮政条例》的出台可谓一波多折。

二、《邮政条例》修订过程中的相关问题

(一) 修订《邮政条例》的目的

　　修订邮政法规的最初目的在于"谋邮政行政之根据,以期邮政业务安全"。[1]谋邮政行政根据,保障邮政业务安全一直是修订邮律的目的所在。不过随着时势的转移,修订邮律目的的内涵得以扩增。邮政司所拟修的草案第六稿至终稿第十一稿,每稿都加入了修订邮律在邮政涉外事项方面的因素。1918 年 11 月邮政总局呈交通部文中认为:

　　　　欧战将次告终,邮政博议大会届时必将举行。当会议之际,邮律系所必要。在会各国均有邮律,我国虽经入会,尚无邮律。若询及我国邮律,我将无所措词。且在平时与邮会各国往来亦有因案叩及邮律之事。是则邮律之颁布,不但为对内之根据,对外之要需。[2]

① 交通部、铁道部交通史编纂委员会编:《交通史邮政编》第一册,上海:民智书局 1930 年版,第81 页。
② 同上书,第 79 页。

邮政总局第一次将邮政对外关系方面的考量加入修订邮律活动。邮政总局请求交通部"早将前拟底稿核定,实于邮务前途大有关系"。①"于邮务前途大有关系"除指对内谋邮政行政之根据,期邮政业务安全外,对外方面的内容在 1919 年第七稿草案中得以明确,即"此事于我国在欧战和会提出撤退客邮一层,甚有关系"。②第七稿草案明确了一部公开颁行的邮律对中国在巴黎和会上撤退客邮、统一邮权关系重大。修订邮律的对外目的在于撤退外国在华客邮、统一邮政主权。1920 年第十稿草案进一步细化邮政涉外事内容,即除前几稿提及的撤销客邮问题,又加入了国际联邮问题;认为此项法案于国际联邮问题关系綦巨。③自第一稿至第十一稿,修订邮律的初衷与目的随着邮政涉外事项内容的变化呈现出相应的内容,由最初的对内谋邮政行政之根据、保障邮政业务安全,逐步演变为涉及包含对内、对外两个维度并举的立法考量。现实需求推动了邮律内涵的逐步丰富。

(二) 参与修订的机构

此次《邮政条例》修订的过程中,参与修订活动的机构随着修律进程的推进逐步扩大,关涉的部门随之增多。参与修订《邮政条例》的机构最初仅限于交通部内的邮律起草委员会、邮传司、邮政总局等三个机构,以邮政总局、邮传司为主,修律活动尚未溢出交通部管辖范围。随着修律活动的持续推进,交通部参事厅、法制局、司法部等机构相继参与其中。参与修订邮律机构变为六个,其中法制局、司法部属管理法律修订的专管职能部门。邮政司(1916 年以前称邮传司)、邮政总局负责起草法案并就法案相关内容进行商酌,参事厅、法制局、司法部负责草案内容的审核签注。

---

① 交通部、铁道部交通史编纂委员会编:《交通史邮政编》第一册,上海:民智书局 1930 年版,第 79 页。
② 同上书,第 81 页。
③ 同上书,第 89 页。

（三）修订程序

《邮政条例》的修订过程严格按照法定程序进行。在整个修订流程中，无论是草案拟订及修订，还是各参修机构就草案内容进行签注，抑或是《邮政条例》的议决，无一环节不是按照法定程序进行。时任邮政司司长姚国桢就《邮政条例》关于科罪各条的处理，即是《邮政条例》修订程序的写照。姚国桢在呈交通部次长文中即言明："关于科罪各条，应由本部咨商司法部，得其同意，再将全案咨送国务院转交国会通过，呈请大总统公布，以符法定程序。"①符合法定程序是《邮政条例》修订过程中各参与机构始终坚守的原则。

（四）修订人群

参与修订《邮政条例》的法制局、司法部本就为主管全国法律编制事情机构，两部门参与修订活动的人员自然亦为熟悉法律知识的专业人员。交通部参与修订的人员，长期任职于交通部所属电、邮系统，熟谙邮政业务，精通邮政运作，能够针对邮政事业发展情况提出相应的立法举措。从邮律起草委员会的人员组成即可见一二。邮律起草委员会以周万鹏为委员长，徐洪、陈斯锐、蒋袆祖、范静安、王文蔚、铁士兰、巴立地、申玛思为起草委员。

周万鹏长期在电报系统任职，曾任中国电报总局提调和襄办、中国电报总局总办、交通部邮传司司长兼邮政总局局长和电政监督等要职。②徐洪为监生出身，历任交通部参事、邮政司总务科科长、邮政司司长、邮政司帮办、邮政总局会办、代理邮政总局局长，屡获嘉禾章。③王文蔚历任邮政司经画科科长、邮政司司长，邮政总局提调，邮政总局会办。④

铁士兰，法国人，光绪二十二年入海关，民国六年继帛黎任邮政总局总

① 交通部、铁道部交通史编纂委员会编：《交通史邮政编》第一册，上海：民智书局1930年版，第77页。
② 上海邮电志编纂委员会编：《上海邮电志》，上海：上海社会科学院出版社1999年版，第761、762页。
③ 邮政总局所属上海供应股印行：《交通部所管邮政题名录》，第十五版，第205页。
④ 徐为民编：《中国近现代人物别名词典》，沈阳：沈阳出版社1993年版，第334页；交通部、铁道部交通史编纂委员会编：《交通史总务编》第一册，南京：交通史总务司1936年版，第154页。

办,先后获法、中、意、挪威等各等勋章。①巴立地,意大利人,光绪三十二年
入海关,历任山西邮务局长、贵州邮务长,屡获各等勋章。②申玛思,英国人,
光绪十六年入海关,民国二年暂兼代理邮政总办,副邮务长,获嘉禾章。③

第二节 《邮政条例》的解读

　　1921 年 10 月 12 日颁布施行的《邮政条例》是中国邮政领域第一部基础
性的法规。④此条例由时任中华民国大总统徐世昌以教令形式予以公布。

　　《邮政条例》共四十七条,除第四十七条为明定该条例自公布日施行不
涉具体邮政事务外,第一至四十六条均为邮政事务方面的内容。四十六条
邮政事务性的内容虽包罗邮政事务方方面面,但不外乎“人”与“事”两个维
度。与“人”有关的维度分邮政员役、代运邮件者、地方官员、寄件人与收件
人等四个方面;与“事”有关可从邮政业务、邮费、邮件寄递与接收、邮件保
护、邮政的特权、邮件赔偿、涉外事务等七个方面。

一、关于“人”的条款

　　邮政员役、代运邮件者、地方官员、寄件人与收件人等四类邮政相关群
体,以及邮政员役、寄件人与收件人两类相关群体贯穿于整个邮政事务的流
程之中,《邮政条例》规定的权利与义务亦不尽相同。

(一) 邮政员役

　　邮政员役,履行邮政行政、开展邮政业务经营的公务人员群体。北洋政

---

① 邮政总局所属上海供应股印行:《交通部所管邮政题名录》,第十六版,第 142 页。
② 同上书,第 144 页。
③ 同上书,第 146 页。
④ 依公布的时间顺序,中国邮政领域第一部法规是 1913 年 7 月 3 日公布的《邮政司办事细司》,第
　 一部以“条例”命名的法规是 1918 年 11 月 24 日公布的《邮政储金条例》,该条例仅限于邮政系
　 统之储金业务,施行范围有限,并不适用于整个邮政系统。

府时期邮政员役由邮务官、邮务员、邮务生及捡信生组成,共分四个班次,即
"四班制"。邮务官、邮务员、邮务生及捡信生各有等、级,依照各班员役的教
育资历与经验履历,教育代表个人素养,经验履历考察个人办事能力,以考
试和考核的方式逐级、逐等的予以升迁。随着等级的擢升,邮政员役的薪
资、待遇会有相应的提高。邮政员役负责执行邮政公务,对邮政事业的发展
关系重大,《邮政条例》中关于邮政员役的条款着墨最多。四十六条内容中,
仅邮政员役相关的条款即有十条。《邮政条例》第八条规定,邮政员役在执
行职务时"经过道路桥梁关津及其他交通线上有优先通行权并得免纳通行
费。遇有城垣地方,当城门已闭时,得随时请求开放"。邮政员役在执行职
务时能够便宜从事。第十三条规定所有在中华民国领土范围内均须依照交
通部制定的办法负责运输邮件及包裹,负责运送包裹的铁路"须备有足容邮
政机关员役及邮件包裹之车辆"。第三十九条的内容是保障邮政员役执行
公务的,"于邮政机关员役执行职务时加以妨害者,依刑律妨害公务罪处
断",邮政员役执行公务不受任何人干涉,否则即依照刑法妨害公务罪处置。
此三条是关于邮政员役在履行职务时享有的便利。

　　《邮政条例》中关于邮政员役的条文更多的是对这一群体的约束及违犯
《邮政条例》后的惩处。第二十条规定"邮政机关员役关于其职务事项,未经
该管长官特准,不得为法律上之证人"。第三十三条是关于邮政员役履行职
务的规定,"邮政机关员役无正当事由拒绝寄件人之交寄邮件或将邮件遗失
或故意延误或毁损者,处以百元以下五元以上之罚金"。此条明晰了邮政员
役不履行职务或不能有效地履行职务时受到的相应惩罚。第十九条、第二
十八条、第三十条、第三十一条、第四十四条等五条内容是跟刑律有关的关
于邮政员役的内容。第二十八条规定"伪造或变造邮票及邮局发行之明信
片、邮制信笺者,依刑律伪造有价证券罪处断。其知情而发售或行使者亦
同。邮政机关员役犯前项之罪者,加一等处罚"。一般人等伪造、发售、行使
有价证券,即依据刑法予以治罪。邮政员役如犯此罪,加一等惩治。第十九

条要求"邮政机关员役不得开拆他人之封缄信函或泄漏明信片所载之内容",除非"依法律之规定,应由主管官署检阅或扣留者不在此限",明令"邮政机关人员不得侵犯邮政汇兑及邮政储金之款项"。第三十条内容将第十九条的内容予以细化并在惩处上更加量化。第三十条规定"邮政机关员役违反第十九条第一项之规定者,依刑律第三百六十二条加一等处罚。违反第十九条第二项之规定,有窃盗或侵占之情事者,依刑律第三百六十七条或三百九十二条加一等处罚"。针对邮政员役违反第十九条内容规定者,一律按照刑律予以加重惩治。第三十一条是有关邮政员役犯有盗窃罪的处罚内容。"邮政机关员役窃取邮件包裹之全部或一部分者,依刑律窃盗罪加一等处罚。其削脱或窃取邮票者亦同。"邮政员役犯有各种职务罪,在刑律上皆有相应的惩处且比一般人等犯此类罪者罪刑更重。

第四十四条则是关于邮政员役如有不善举动触犯刑律并受到刑律处罚时不得再从事邮政机关职务的规定。该条内容规定凡"邮政机关员役依本条例受刑罚之宣告者,不得复从事于邮政机关之职务"。邮政员役一旦犯有《邮政条例》所明令禁止的罪刑,受到刑律的惩处,即被永远革除邮政系统。

（二）代运邮件者

代运邮件者,是指邮政系统之外的从事运输业的个人或团体。按照《邮政条例》第五条内容所示,代运邮件者是"无论何人不得经营信函、明信片之收取寄发及投递之事业,但左列各款不在此限:一、承揽运送业者随货物发送之凭据;二、临时雇用或委托特定之一人向特定之一人收取或递送信函"。第五条明确了代运邮件者的经营运输业的业务范围。第三十二条是关于代运邮件者私拆代运物品及犯有盗窃罪应有的惩罚。此条内容为"第三十条、第三十一条之规定于有代运邮件之责者,适用之"。第四十三条是对代运邮件者营业的约束及触犯这些约束的惩处。该条规定"负代运邮件之责者,有左列各款情事之一时,如系个人处以五十元以下五元以上之罚金;如系公司或合伙处以五百元以下五十元以上之罚金,并得酌量情形停止其营业。一、无正当事由拒绝邮件之代运者;二、遗失邮件或故意延误毁损者;三、违反禁制者"。此条内容对代运邮件者未能有效履行职责时的情形以及视违反情节轻重给予的相应惩处作出了明细规定。

（三）地方官员

邮政为国家专营事业,各级地方行政官员对于邮政事业及邮政产业负有维持保护之责。《邮政条例》第十二条即是相关内容的安排。该条内容为"检察官、警察官及其他地方行政官员除依本条例之规定应付完全之责任外,对于邮政事务及邮政产业须以实力维持保护之"。邮政为交通部主管的国家专营事业,邮政事务及邮政产业得到各级行政系统的维持与保护是确保邮政能够持续稳定发展的重要条件。

（四）寄件人与收件人

寄件人与收件人,顾名思义分别指邮件交寄人与取件人。《邮政条例》保护寄件人与收件人享有的权利,明确了寄件人与收件人应履行的义务。第三十三条及第四十三条两条是为保障寄件人享有交寄邮件的权利对邮政机关及邮政代办机关作出的相应规定。第三十三条"邮政机关员役无正当事由,拒绝寄件人之交寄邮件或将邮件遗失或故意延误或毁损者,处以百元以下,五元以上之罚金",此即对邮政机关员役的要求。第四十三条规定负代运邮件之责者如无正当事由拒绝代运邮件,故意延误或毁损邮件,如系个人处五十元以下五元以上罚金,如系公司或合伙处以五百元以下五十元以上罚金,若情节严重,可停止其营业。第二十三条即规定"挂号快递邮件如有遗失保险邮件包裹及保险包裹如有遗失毁损时,寄件人得向邮政机关请求损害赔偿"。寄件人所寄邮件及包裹有遗失、毁损情况出现,寄件人享有向邮政机关请求损害赔偿权。但并不是所有遗失的邮件及包裹都能得到赔偿,如邮件及包裹有以下四种情况,则不在赔偿之列:一、其损失之事由,出于寄件人或受取人之过失者;二、邮件之性质有瑕疵者;三、因天灾地变及其他不可抗力而损失者;四、在外国境内遗失依其国之法,邮政章程定之。邮件及包裹如因上述情事导致遗失或损坏,邮政机关不负赔偿责任。

《邮政条例》明确了寄件人应履行的义务。条例的第四十一条、第四十二条严禁寄件人利用邮件企图漏税或寄送违禁物品,一经发现即依照相关法令予以处置。第四十一条是对违规利用邮件企图漏税的规定,"无论何人利用邮件藉图漏税者,依关于课税之法令处断"。第四十二条是关于寄送违禁物品的禁令,"无论何人利用邮件寄送违禁物品者,依刑律及其他法令之规定处罚"。此两条规定了寄件人利用邮件时所应回避的事项,如有违犯,即会受到相关法律的制裁。

至于收件人,《邮政条例》仅有第二十六条规定收件人至邮局取件时应履行的义务。第二十六条"邮政机关因欲确知受取人之真伪,得使受取人为必要之证明"。收件人欲取得邮件,必须提供相关的证明,以防冒领邮件情况的出现。

二、与"事"相关的内容

邮政业务、邮费、邮件寄递与接收、邮件保护、邮政的特权、邮件赔偿、涉外事务等涵盖了《邮政条例》中邮政事务性内容之全部。此七类邮政事务性内容,既有邮政常识和邮政知识,亦涉及邮政事务运作的制度性安排。

(一)邮政业务

邮政业务分独占与兼营两种。独占业务又分对内与对外两类,对内独占,以业务为范围;对外独占,以领土为范围。邮政独占业务在《邮政条例》第一条、第二条即有明确的说明。第一条为"邮政事业专由国家经营"。第二条为"信函、明信片之收取寄发及投递为邮政事业"。邮政事业专由国家经营,即指除国家外任何个人或团体组织均不得染指邮政事业,不容染指的邮政事业专指信函、明信片的收取、寄发及投递。换言之,信函、明信片的收取、寄发及投递为内容的邮政事业为国家垄断性经营,任何个人及团体组织均不得从事。对外独占是指一国领土主权范围之内的邮政事业仅由该国垄断经营,其他国家或国际组织不得从事。此项对外独占的内容在《邮政条例》里尚未有明文规定,原因在于清末以来大量"客邮"的存在,虽有给近代中国创办、发展邮政以示范的作用,却也实实在在地侵犯着中国邮政主权,这是不争的事实;近代中国邮政虽经开办,却未能取消"客邮",统一邮政主权,即便条例里有明文规定亦无法实施。故《邮政条例》中未有邮政对外独占的条款。邮政兼营业务较为广泛,除邮政专营的信函、明信片的收取、寄发及投递外,其他可资寄送的业务邮政都可兼营。条例的第三条、第四条详列了邮政兼营的各项业务。第三条为"邮政机关除第二条事项外,得兼营报纸书籍及其他印刷物、货样及贸易契据、其他可以递送之件等左列各种物件之收取、寄发及投递"。第三条邮政兼营业务实则为经营运输业相关业务。第四条是邮政兼营运输业务及银行业务的条款,规定由邮政兼营的业务共有五种,即汇兑、包裹、储金、凡加入万国邮会各国之邮政机关所经营之事务、其他依法律命令之所定属于邮政机关之事务。

《邮政条例》对违犯邮政专营者即施以相应的惩处。制裁危害邮政独占的情形可分为三种:(1)侵害信函经营权之制裁;(2)侵害邮票发售权之制裁;(3)侵害标志使用权之制裁。[①]这些制裁危害邮政独占的条款有第二十七至二十九条、第四十条等四条内容。第二十七条既对危害邮政独占经营业务者,处以五百元以下五十元以上之罚金,亦对交寄的邮件科罚邮资。第二十八条是对伪造或变造邮票及邮局发行之明信片、邮制信笺的惩处,该条规定"伪造或变造邮票及邮局发行之明信片、邮制信笺者,依刑律伪造有价证券罪处断。其知情而发售或行使者,亦同。邮政机关员役犯前项之罪者,加一等处罚"。第二十九条是关于冒用邮政专用物及其旗帜标志的内容。"冒用邮政专用物及其旗帜标志者,依刑律第二百五十条加一等处罚。"第二十八、二十九两条如有违犯,实属违法行为,惩治皆依刑律。第四十条是对

---

① 刘承汉:《邮政法总论》,上海:商务印书馆 1939 年版,第 105 页。

未经许可售卖邮票及邮制信笺进行科罚的内容："未经邮政机关许可，发卖邮票、明信片及邮制信笺者，处以五十元以下五元以上之罚金。"

邮政兼营业务中的报纸、书籍及其他印刷物、货样及贸易契据、其他可以递送之件、包裹等项业务本属日常的运输业务；汇兑、储金本属银行业务；此类业务分布于不同行业，没有理由也无法做到邮政专营。

因此，邮政独占的范围仅以业务上的专营为限，即以信函、明信片之递送为限。兼营业务，除非法律有特别规定，否则任何个人与团体均有权自由经营。

（二）邮费

邮费即邮资，是指交寄邮件时向邮局所应支付的费用。邮费是开办邮政业务、发展邮政事业费用的来源。近代中国邮政自开办以来，即采自给政策，国库未尝拨付办理基金，亦未有任何补助，以邮政收入抵补邮政开支。邮政收入主要是指邮费收入。邮票的发行权利是为国家所有。邮政为国家所独占，邮票代表邮资收入，邮票由国家发行，理所当然。《邮政条例》第六条规定："邮费之交付，以邮局发行之邮票、明信片、邮制信笺及照章盖用之邮政事务戳记或立券报纸上之戳记，表示之。邮费定率于邮政章程定之。"此条明晰了邮资给付的四种方式，即（1）邮票；（2）明信片；（3）特制邮简；（4）证明邮资已付之戳记。邮费定率，由邮政章程予以规定。邮票是邮费给付与否的凭证，邮票的效力自然要予以明确。要确保邮票有效力，必须具有以下五个要素：（1）特定的形状；（2）特定的发行机关；（3）特定的价格；（4）特定的使用方法；（5）特定的使用期限；完全具有此五个要素，邮票效力方为完整。条例第七条明确了邮票的效力，"邮票及邮局发行之明信片、邮制信笺有污损时，失其效力"。此盖国家为防止伪造或变造邮票，或防止洗刷重用起见，对于已有污损，或粘贴不得其法，致有掩盖者，均不能不否认其效力，否则邮票无以辨认。邮票、明信片、邮制信笺是邮费的支付凭证，其重要性不言而喻，因此对于伪造或变造以及未经邮政机关许可售卖者，依据刑律都会受到相应的惩罚。此在第二十八、第二十九及第四十条中有明文规定,在解读邮政独占时已有阐述,兹不赘述。

此外,我国邮票尚有两点仍须留意。

一是紊乱的币制对邮票使用的限制。唯我国各省币制不一,邮票价格业已刊印于票面,徒以各省货币涨落不时,邮票不能尽以国币发售,故事实上亦间有不能一律,而于邮票上加印"限某省贴用"之字样,以示防限者,事虽创例,亦属因时制宜,未可厚非耳。①

二是邮票使用的地域范围。此点邮政条例虽未规定,却关涉国际法,即外国邮票不能有缴纳邮费的效力。一国之邮票,仅供使用于其领土之内,一经逾越领土范围,则失其本身价格。在邮票的适用地域上,不可不注意之点。此点,即便民国二十四年颁布之《邮政法》亦未有明确指出及相关规定。②

(三)邮件保护

邮件的保护,是指邮件内的信函、物品与邮件封面所填相符,邮件被接收时完整无损,邮件不被作违法违禁之用。简言之,即邮件内容与检查两部分。邮件内的信函或随寄物品是寄件人寄予收件人的,邮局必须保证收件人收件时邮件是完好无损的,任何人不得做违犯此项内容的事情,否则即会受到相应的惩处。经手邮件转寄的邮政机关员役如有私拆信函或泄漏明信片内容的行为,便会受到来自刑法的惩处。此为条例第十九条之内容。但也有例外,第十九条规定:"依法律之规定,应由主管官署检阅或扣留者,不在此限。"至于邮政机关员役或代运邮件者窃取邮件、包裹,骗取、窃取或无故开拆、藏匿、毁弃他人邮件以及骗取或窃取他人邮寄财物和误收他人邮件恶意不缴还者,更是为《邮政条例》所不容之事,此类举动皆要依据刑律的相关条文予以处断。此为条例第三十一条、第三十二条、第三十四至三十六等条关于邮件保护的内容。

---

① 刘承汉:《邮政法总论》,上海:商务印书馆1939年版,第132、133页。
② 同上书,第133页。

为保证邮件所寄内容正当,必须对邮件所寄内容进行检查。既要检查邮件所寄内容与所填单据是否相符,更要检查是否有藉邮件寄递违禁物品或意图漏税之举。此即《邮政条例》第四十一条、第四十二条关于邮寄检查条款的内容。不过亦应注意到,关于邮政检查的内容过于泛泛,至于由谁检查、检查出的违禁物品或漏税举动由谁处置,放在何处等问题,并未有明文规定,而且对检查的类型,如和平时期的检查与军事时期的检查,亦未作区分。

（四）邮件交寄、递运、接收

邮件的交寄除邮政保护中所言各项为邮局收寄邮件时等法定环节外,尚有邮件封面书写内容及书写格式、邮局封装等需要注意的事项。当然,前文已有涉及的寄件人与收件人的权利与义务等内容,亦是邮件交寄、接收方面的注意事项（见对人方面之邮件代运者及寄件人与收件人）。邮件的递送是指寄递邮局在接收寄件人交寄邮件,审查无误后,递送至收件邮局的中间环节。《邮政条例》第十三至十八等条规定,所有中国之铁路、往来于中国各口岸或由中国口岸开往外国口岸、驶行于内河的轮船及其他定期往来于一定航路的运输轮船公司、长途汽车、飞艇飞机及其他各种在中国领土允许飞行的航空器等均负有沿途代运或免费运送邮件、包裹的义务,且在运寄邮件、包裹时须备有足够容纳邮政机关员役及邮件、包裹的空间。各类交通工具代运邮件及包裹时,在开行前应将邮政机关交运之件逐件接收,到达后应即按照邮政机关所指定之邮政机关逐件点交。如此可尽量保证代运的邮件、包裹不致有丢漏的情况出现。

需要指出的是,邮政条例中对无法投递及无人接收的邮件的处理,并未有明文规定,这是该条例中关于邮件条款中缺失的部分。

（五）邮政的特权

邮政享有的特权,除前条邮件的交寄、递送、接收中第十三至十八等条享有的免费递送权或代运权外,尚有优先通行权、免税权、防卫权及地方政府保护权等权利。《邮政条例》第八条是邮政优先通行权的内容。该条明令

"邮政机关之员役因执行职务暨所有邮件、包裹及邮政公用物经过道路、桥梁、关津及其他交通线上有优先通行权,并得免纳通行费。遇有城垣地方,当城门已闭时,得随时请求开放"。第十条又言:"邮政机关公用物除由外洋运到各件应纳海关进口税外,概免各种税捐。"第十一条规定"关于邮政事务无能力者对于邮政机关之行为,视为有能力者之行为",确保邮政在受到侵害时,具有防卫权。各级地方行政官员有保护邮政的义务,第十二条要求"检察官、警察官及其他地方行政官员除依本条例之规定应付完全之责任外,对于邮政事务及邮政产业须以实力维持、保护之"。

除以上各项权利外,邮政还有一项设置收受邮件专用器具的权利,如邮筒、邮箱等。《邮政条例》第九条就明文规定:"邮政机关得于道路、官署、学校、宅地、商店、工场及其他公众出入之处所,设置收受邮件专用器具。但除道路外,须得管理人之同意。"

(六) 邮件赔偿

邮件的赔偿,是指邮件在交寄后出现遗失、误投、延迟、无法投递、毁损致寄件人或收件人直接、间接发生损害,邮政机关得向寄件人或收件人进行赔偿。邮件的赔偿内容在邮政条例第二十三至二十五条有详细的说明。第二十三条界定了邮件赔偿的范围及不受理赔偿的情况。需要赔偿的范围是"挂号快递邮件如有遗失,保险邮件、包裹及保险包裹如有遗失、毁损时,寄件人得向邮政机关请求损害赔偿"。关于赔偿的方法,《邮政条例》未有明文,按照邮政章程中关于赔偿的内容进行。如果有以下情况出现,则邮局不受理赔偿。第一,其损失之事由出于寄件人或受取人之过失者;第二,邮件之性质有瑕疵者;第三,因天灾地变及其他不可抗力而损失者;第四,在外国境内遗失,依其国之法、邮政章程定之。由此四种情况导致寄件人或收件人发生损失时,邮局是不受理赔偿的。第二十四条指出,"挂号快递及保险邮件、包裹及保险包裹,如有遗失或误投或延迟或无法投递致寄件人或受取人直接间接发生损害时,邮政机关除照前条赔偿外不负其他责任",且"前项邮件包封及包裹内附装之某物如有遗失或损坏致寄件人或受取人直接间接耗有费用者,邮局亦不负责"。第二十五条规定:"各种邮件及包裹依寄件人之指定递交受取人或退还寄件人时,如表面无私拆痕迹,重量并不减少者,不得以毁损论。重量虽减少,其减少之原因由于该物件之特性者,亦同。"

从上述三条关于邮件赔偿的规定可以看出,《邮政条例》对邮件补偿是采取有限赔偿的原则。邮件在正常的邮寄流程中发生毁损或遗失,邮局均须予以赔偿。不过该类赔偿得能够确定责任出在邮局经手流程时,且责任在邮局一方,寄件人或收件人方能得到赔偿。即便采取有限赔偿原则,以上规定在情理上亦有待商榷的内容。比如第二十四条中邮件发生毁损或遗失导致寄件人或收件人耗费额外的费用,邮局亦不负责的条文,以及第二十五条邮件及包裹如表面无私拆痕迹,重量并不减少者,不得以毁损论都是不尽完善的。邮件已经遗失或毁损发生的额外费用,仍有寄件人或收件人承担,于情于理都不太能说得通;如果邮件或包裹在寄运途中破碎,邮件或包裹表面亦无私拆痕迹,重量并不减少,明明是邮局的责任,却不得以毁损论,邮局亦不担责。

（七）涉外事务

《邮政条例》第四、第四十五条是关于邮政涉外事项的条文。第四条关于邮政兼营的事务中有"凡加入万国邮会各国之邮政机关所经营之事务",此条扩大了邮政的营业范围,使邮政业务不止限于国内事务,但不是专营国外事务。第四十五条明确了邮政总局承交通总长之意旨处理邮政涉外事项的原则。"关于邮政事务,遇有万国邮会发生之事项,应由邮政总局承交通总长之指挥处理之。"此即《邮政条例》中处理邮政涉外事务的准则。

三、《邮政条例》的特征

基于上文对《邮政条例》内容的梳理,拟就该条例的特征问题作一探讨。

立法全面、法网严密是《邮政条例》展现的第一个特征。《邮政条例》四十六条事务性条款包含邮政员役、代运邮件者、地方官员、寄件人与收件人、邮政业务、邮费、邮件寄递与接收、邮件保护、邮政的特权、邮件赔偿、涉外事务等 11 项内容。此 11 项内容明确了邮政人群的权利与义务,划分了邮政业务范围,同时界定了邮政运作的流程与准则。

采用附属刑法的立法策略是《邮政条例》的第二个特征。附属刑法是指规定在经济法规、行政法规等非刑事法律中的有关犯罪的刑罚的附属刑法规范的总称。[①]《邮政条例》中有关科罚的条目,如邮政条例第二十九条、第三十条、第三十一条、第三十四条、第三十五条、第三十六条、第三十八条、第三十九条、第四十二条、第四十四条,均是对刑律相关内容的直接运用。司法院院字第一〇九一号解释即是《邮政条例》这一特征的写照。司法院在院字第一〇九一号中解释道:"邮政条例中关于处罚条规,为特别刑事法令。凡关于该条例之科罚,均应由司法机关以判决行之。"由此可见,《邮政条例》内关于处罚的规定,皆以刑律为依据,均为刑事特别法的运用。[②]

理法结合是《邮政条例》的第三个特征。《邮政条例》各项条文第二十七条之前多为邮政及邮政人群权利的表述。第二十七条至第四十四条是邮政事务中违法行为的界定与惩处。《邮政条例》作为邮政领域的基础性法规,详定有关邮政事业法律条文,本就为题中应有之义。《邮政条例》第三至五条、第四十六条等条款又是该条例较为合乎情理的体现。这些条款的内容划定邮政兼营业务的同时对与邮政相关的经营运输行业者的利益亦有考虑,并予以兼顾。

重内轻外是《邮政条例》的第四个特征。四十六条事务性条款中涉外事项内容非常之少,除第四十五条是邮政涉外事项内容外,仅有第四条第四款稍有涉及。重内轻外的特征极为明显。

---

① 储槐植主编:《附属刑法规范集解》,北京:中国检察出版社 1992 年版,第 1 页。
② 刘承汉:《邮政法总论》,上海:商务印书馆 1939 年版,第 21 页。

第三节　《邮政条例》的施行

《邮政条例》的出台对近代中国邮政事业发展影响深远,此后近代中国邮政沿着法制与法治两条轨道运行。法制是指《邮政条例》这一邮政领域基础性法规出台后,推动了邮政立法工作的进程,邮政法规体系逐步构建。法治是指《邮政条例》成为近代中国邮政运行的准则,它的施行规范了邮政系统的运行,使得邮政运行有法可依,为邮政事业的发展提供了法律保障。

一、邮政法规体系的逐步构建

《邮政条例》正式公布施行后,近代中国邮政立法工作进入了飞速发展阶段。从 1921 年 10 月 12 日《邮政条例》出台至 1936 年 11 月 1 日《邮政法》的施行,十五年时间里,《长途汽车代运邮寄规则》《邮运航空器乘客取缔规则》《邮政储金法》《邮政国内汇兑法》《检查邮件包裹私递麻醉药品办法》《私运邮件罚金充奖暂行规则》《邮局代订刊物简章》《邮局代订刊物办事细则》《邮转电报章程》《邮转电报章程施行细则》《邮局代购书籍章程》《邮局代购书籍声请登记规则》《邮局代购书籍办事细则》《交通部邮政总局组织法》《交通部邮政总局办事规则》《邮政储金汇业局组织法》《国内小包邮件办法》《简易人寿保险法》《简易人寿保险章程》《特种考试邮政人员考试条例》《存证信函简章》《存证信函简章施行细则》《邮政代办所规则》《各区邮政管理局组织通则》《邮政局代售印花税票办法》等二十五部邮政法规先后修订并施行,加上《邮政条例》出台前已经公布施行的《邮政司办事细则》(1913 年 7 月 3 日)、《邮政储金条例》(1918 年 11 月 24 日)、《邮政储金条例施行细则》(1919 年 5 月 26 日)、《修正邮政储金条例施行细则各条》(1920 年 12 月 8 日)等五部法规,再加上《邮政条例》及《邮政法》共计三十二部邮政法规。上述邮政法规又可以分为基础性法规、组织类法规、业务类法规等三类。

基础性法规。邮政基础性法规有两部,一是《邮政条例》,一为《邮政法》。在《邮政法》出台前,《邮政条例》是邮政法律体系里唯一一部基础性法规,扮演着邮政基本法和行政法的角色。待《邮政法》出台后取代了《邮政条例》的基础性地位,成为邮政行政法和基本法。

组织类法规。邮政组织类法规是指邮政法规体系里规定邮政机关的组成和活动原则的法规。《交通部邮政总局组织法》《邮政储金汇业局组组法》《邮政总局设计委员会章程》《邮政储金汇业局监察委员会章程》《邮政人事规则》《邮政人员须知》《交通部邮政总局办事规则》等法规属于邮政组织类法规。

业务类法规。邮政业务类法规是指邮政法规中关于开展邮政业务及业务运作的法规。邮政业务类法规包括《邮政储金法》《邮政国内汇兑法》《简易人寿保险法》《简易人寿保险章程》《长涂汽车代运邮件规则》《邮局代订刊物简章》《邮局代订刊物办事细则》《邮局代购书籍章程》《邮局代购书籍声请登记规则》《邮局代购书籍办事细则》《存证信函简章》《存证信函简章施行细则》《国内小包邮件办法》《邮局代售印花税票办法》《邮转电报章程》《邮转电报章程施行细则》《邮政航空器乘客取缔规则》《检查邮件包裹私递麻醉药品办法》等多部法规。

三十二部邮政法规涵盖了邮政事务的方方面面,为近代中国邮政事业的发展提供了法制保障,基本奠定了我国邮政法律法规的体系格局。

二、《邮政条例》的施行

《邮政条例》颁布施行后,虽从法理上得以遵行。然而各类违犯《邮政条例》相关内容的事情时有发生,交通部及邮政总局仍须应对各类问题。邮政条例在具体的施行过程中遇到的问题,表现在民间运输业及民信局与邮局争利,夹带私信、冒用商标以及邮政员役违犯条例或职务犯罪等方面,有对条例规定不了解导致的误区;《邮政条例》内容释义及适用问题,亦是《邮政条例》实行过程中遇到的问题。

（一）与民间运输业及民信局争利

民信局是从事民间通讯业与递运业的营利组织。《邮政条例》公布施行以前,民信局与邮政局均从事寄送书信,汇递包裹及银钱业务。《邮政条例》公布后,便从法律上限制了民信局从事上述业务。《邮政条例》第一条、第二条、第五条、第二十七条等条明确规定邮政为国家经营,无论何人不得经营信函、明信片之收取寄发及邮递,如有违反规定者处五百元以下五十元以上之罚金并按邮章所规定之数将各该邮件科罚邮资。①仅允许曾经邮政局许可或于《邮政条例》施行后三个月以内呈请邮政局许可者,视为邮政局代理机关的民信局,可不适用《邮政条例》第五条之规定。即便此类民信局,在邮局认为必要时,仍得停止邮政营业。②鉴于《邮政条例》上述条款内容基本将民信局排除在民间通讯行业之外,故各地民信局纷纷起而抗争,反对《邮政条例》,要求暂缓施行《邮政条例》。

浙江全体民信局、全盛局呈请交通部"以邮政条例限期挂号声请暂缓,藉维生计。条举理由二大种及请愿意旨五种,要求十五年后再议"③。扬州商会呈《邮政条例过严民局生机将绝乞矜全》至江苏省长请求江苏省长代为转达意见至交通部。交通部对此的答复是饬令各邮区邮务局严格执行《邮政条例》相关规定,民局倘有不遵办者,即由当地邮局施以扣留处罚或停止营业。④至于江苏省长接江都县知事呈扬州商会函请解释《邮政条例》第四十六条的函文,交通部答复到"各国办理邮政均不许民间经营邮件事业,我国现仍准各民局继续开设,本系体恤商艰,惟各民局均须遵章办理","所有

---

① 《邮政条例》第一、第二、第五、第二十七等条。
② 《邮政条例》第四十六条。
③ 《申报》,1922年3月21日第10版。
④ 《江苏省长公署批第二百六十九号〈呈邮政条例过严民局生机将绝乞矜全〉》,《江苏省公报》1922年第2915期,第7页。

经邮局准以投递信函为营业之民局,应将所收寄往各处之信件装成总包,按章完纳邮资,交由邮局转寄。倘不遵办,当地邮局得扣留处罚或停止其营业以重条例。该商会所请将邮政条例第四十六条但书明白解释,训令江苏邮务管理局饬各处邮政局公布之处,应毋庸议。相应咨复贵省长查照转饬遵照可也"①。对于民信局释疑的声请及暂缓施行《邮政条例》的要求,交通部的答复均以维护《邮政条例》的执行为准绳,并饬令各邮区邮务管理局切实执行《邮政条例》内容,对于违犯《邮政条例》内容之事,予以相应惩处。

《邮政条例》对邮政局与民信局经营活动范围予以的界定,使得民信局在信函、明信片等邮件业务方面蒙受巨额损失。鉴于寄运信函、明信片的不菲收入,以致有些民信局便铤而走险,违章私自寄带邮件。南京邮务长为整饬不守定章的民信局,一面针对无锡九家违章私寄信函、明信片的民信局特订办法予以整饬,一面通告邮区内所有民信"凡未经邮政局许可的寄信营业机关,自邮政条例公布之日起一律停止营业,于邮政条例施行后三个月以内呈请邮政局许可者得视为邮政局之代理机关,但邮政局认为必要时仍得停止其营业。如有民局未至邮政局挂号者,即请由地方官勒令歇业并由法庭条例办理决不宽待"。②

奉江苏沪海道尹公署第二二八号训令以上海邮务区内各城镇市乡陆路如汽车、土车、脚夫等,水路如小轮、航船、划船等,仍有到处揽收信件、贪利私带情事,实为邮政前途障碍,令行上海等县署转达警所商会暨市乡各公所,分别传谕禁止私带。为杜绝违抗《邮政条例》事情发生要求各县署缮发布告并《邮政条例》及邮政局所地方,择冲要地方张贴,俾舟车一切人等咸知儆戒。③上海县知事即以江苏沪海道尹公署训令布告"仰阖邑舟车一切人等

---

① 《交通部咨江苏省长为邮局所许营业之民局应将信件作总包交邮局寄递扬州商会所请解释邮政条例第四十六条但书之处应无庸议》,《交通公报》1922 年第 63 期,第 52、53 页。
② 《申报》,1921 年 11 月 25 日第 12 版。
③ 《申报》,1926 年 4 月 27 日第 14 版。

一体遵照,毋行揽收信件,贪利私带,致妨邮务。倘敢故违,定行严究不贷。切切此布"。①其他如松江、昆山、太仓、川沙、南汇、奉贤、金山、青浦、嘉定、宝山、崇明、海门、启东等县均发布类似布告,一律严禁舟车人等私带信件,如有违犯,不稍宽贷。②

浙江邮务管理局也以浙省内各县镇乡市轮船、航船、划船等夹带信件有碍邮务进行,抄具邮政条例函请省署通行禁止,并令各道尹转饬所属布告人民知照,以免处罚而维邮务。③

民信局与邮政局之间因信息不对称出现的矛盾是邮政条例颁布施行之后所遇到另一类问题。海宁民局案就是其中的代表。

《邮政条例》颁布施行后,海宁民信局去函杭州总商会谓民信局挂号影响当地商业原因,经由邮局向袁化、斜桥、郭店、丁桥、祝家桥、旧仓、许村、周王庙、诸桥、鄞野庙、新仓、黄湾等村镇,汇寄银款诸多不便。上列各处均无邮政汇兑便利,而民信局能用行船输送现银,较为便利。若民信局向邮政局挂号,海宁当地的银钱汇兑业务会受到影响,从而波及当地商业。于是杭州总商会即将此函上呈至邮政总局,呈请予以海宁民信局等寄运信件暂缓向邮局挂号。邮政总局接函后,即饬令浙江邮务管理局派副邮务长吴翌清赴海宁调查实际情况。

吴翌清副邮务长给浙江邮务管理局的报告详述了海宁地区民局、邮政局所以及彼此业务联系状况。吴副邮务长在报告中写道:

一 海宁民局,计有全盛顺成林永和几家,系与距海宁四十五里之硖石交换寄件。伙同券快船一只,船上用人二名,每月工费共十五元。另向收件人索取资费。其船每日午前六时半,自海宁开行,午前十一时抵硖石。嗣于十二时由硖石返掉,于下午四时半抵海宁。其船夫系于

---

① 《申报》,1926年4月27日第14版。
② 《申报》,1928年7月27日第16版。
③ 《申报》,1926年5月19日第9版。

途中郭店、斜桥、庆云桥、伊桥,四处村镇收取并投递信件。

　　二　以上四处村镇或已设有代办或已设有村镇信柜。每日由海宁发往各该村镇之邮件,计共四次,均系发往斜桥经转。该处即设有代办所一处。

　　三　邮局并无需用民局之处,亦无由伊等投递之邮件。

　　四　邮局亦不用民局船只。①

从吴副邮务长的报告中可知,海宁当地确有几家民信局开展海宁与硖石之间的邮件寄件业务。民信局开展业务的几处村镇,有邮政局所设立。吴副邮务长不仅调查清楚了海宁地区民信局经营业务以及邮政局所的部分状况,还在报告中说明了海宁民信局请求暂缓向邮政局挂号的原因。吴副邮务长报告里记录的与商会书记徐懋元的对话,即民信局要求暂缓向邮政局挂号的原因所在。

　　该书记坚以民局系向各该村镇输运包件之唯一机关。在该书记之意,似以为民局一经挂号,不惟民局收寄之信件,必须经过邮局,即银物包件亦须交邮局经手。副邮务长当即晓以挂号之法并指明邮政条例内所载之件,一面明白谕以邮局对于民局寄送包裹及银物不欲干涉,只有信件必须由邮局经过。至是该书记乃始领悟并允向民局解明一切。②

从吴副邮务长的说明中,我们知晓,原来海宁民信局声请暂缓向邮局挂号的原因并非有意违犯邮件由国家专营的规定,而是认为民信局向邮局挂号,会影响银钱及包裹等项业务的开展。这是由于民信局对《邮政条例》内容不了解产生的误会。迨吴副邮务长将《邮政条例》关于民信局向邮政局挂号的规定解释清楚后,双方的分歧亦即得以澄清。该案是一桩典型的信息不对称对《邮政条例》的执行所带来的影响,也反映了《邮政条例》颁行后在

---

①② 《邮政总局呈交通部民局挂号仅信件一项至包裹及银物听由民局代寄可不干涉请转谕海宁民局等按照条例寄送信件必须经由政府之邮局挂号方能有效附录报告》,《交通公报》1922年第66期,第10—12页。

向社会普及其内容方面仍有待提升。

（二）夹带邮件

如果说各邮务管理局及地方政府布告禁令等禁止私带邮件，是声明性或者警告性的措施，而针对违禁私带邮件的处理即是步入实质性的惩治阶段。轮船茶房私带信件案、河安轮大宗邮件私运案是惩治违犯《邮政条例》的较为典型的案件。

轮船茶房私带信件案是指往来于平阳、瑞安、上海等处的瑞安轮船茶房宁波人余志林私带邮件的事情。余志林所在的瑞安轮船由平阳开驶回申停靠十六铺九号码头，海关抄班员蔡洸照章登轮检查，在余志林处查见商号托带之信件一百二十五封，其中大半未粘邮票，间有虽粘邮票，未经邮局盖章，确属私带邮件。蔡洸随即电告水巡捕房由巡捕房派探员沈长珊登轮将余志林连同信件及回单簿一本押入捕房，一面通知政府管理局饬派巡员陆攸同投水巡捕房声明一切。余志林违反了《邮政条例》第一、二、五、二十七等条款规定，随将余志林及信件簿据移送地方法院认办，依法予以惩治。①

河安轮是属于招商内河轮船公司湖州班的船只。由于上海邮政当局早先接到密报，称河安轮拖带的新大利客船一只、无锡快船一只、绸庄船一只等客船上老大水手在湖州私带大宗未贴邮票的信件，由湖州到达上海后私自分送，以图营利。上海邮政当局派稽查员张光枢会同洋关抄班关员唐远达、殷之钺搭乘关轮，等候河安轮驶抵海关码头时，尾随至苏州河口，即命河安轮停驶，各员上船分别搜查。当在新大利老大绍兴人胡少堂身畔搜出十六件，新大利茶房湖州人韦金生身畔九件，新大利水手绍兴人陈阿祥身畔四十二件，新大利茶房绍兴人徐金甫身畔十五件；绸庄船之主湖州人潘连桂身畔五十二件，绸庄船船主盛泽人汝阿二身畔六件；无锡快船老大无锡人沈文林身畔十六件，共计一百五十六件，连同簿子二本、折子一扣。人、证并送洋

_____

① 《申报》，1935 年 5 月 23 日第 11 版。

关水巡捕房,经审讯彼辈同认私递邮件图利不讳,当以违犯国府邮政条例第二条私运邮件罪,饬将七犯派探胡长青于午后解送地方法院讯办。所搜信件交邮员带回按照欠资办法处理。[1]

上述私带邮件类案件的一大特征在于,利用往返各地的航班等出行工具,夹带私运邮件,同属违犯《邮政条例》的案件。对于该类案件的处理,即依照《邮政条例》相关内容予以处置,私带邮件交由邮局按照欠资邮件处理,夹带私运人员则依法送至地方法院审理。

(三)冒用商标

《邮政条例》第二十八条规定:"伪造或变造邮票及邮局发行之明信片、邮制信笺者,依刑律伪造有价证券罪处断。其知情而发售或行使者,亦同。邮政机关员役犯前项之罪者加一等处罚。"第二十九条规定:"冒用邮政专用物及其旗帜标志者,依刑律第二百五十条加一等处罚。"《邮政条例》对伪造、变造邮票及邮局发行之明信片、邮制信笺,冒用邮政专用物及其旗帜标志的行为均依照刑律相关规定予以惩处。商标局注销华达烟草公司邮票牌香烟商标即是该类案件之一例。

邮票牌香烟是华达烟草公司出品的一款香烟品牌,华达烟草公司的这款香烟是在烟盒上仿印形状类似帆船式一分邮票的图形,流行于市面后被称为"邮票牌香烟"。华达烟草公司的这一举动与《邮政条例》第二十八条、第二十九条的规定相悖,加之上海邮务管理局所属邮政局发现本埠平常信一件,寄信人将该香烟盒上所印之一分邮票式样剪下粘贴,冒充邮资。如此一来,利用邮票牌商标冒充邮资,危害邮政案证俱全。故而上海邮政管理局以此向商标局函询华达烟草公司是否有在商标局注册在案,要求商标局如有注册备案请予以吊销并饬令华达烟草公司不再售卖印有邮票式样的香烟。由于华达烟草公司已于1930年12月24日在商标局注册,注册证编号

---

[1] 《申报》,1936年9月19日第13版。

为第一三三三三号，在商标局注册备案，故而该案以商标局注销华达烟草公司邮票牌香烟商标结终。①

（四）邮政员役职务犯罪

《邮政条例》对邮政员役在履行职务时亦有相应的规定，如违反这些规定，犯有渎职罪，即会受到应有的惩治。

宁波邮政总局邮差姜慎康利用职务之便揭窃邮票五百余件，实属重大职务犯罪。姜慎康对犯罪事实供认不讳，经审讯，按照《邮政条例》邮政员役明知故犯者加重一等治罪的规定，判处姜慎康有期徒刑二年，并承担诉讼费用。②

奉天邮局管理银钱员黄德业亏空巨额公款，案发后即被移交法庭按律究办判处长期徒刑并控追回所亏公项。因黄德业亏空公款数额巨大，在奉天只有一部分追回，故邮政总局总办电令广东邮务长致电香山县长严密察访黄德业在原籍香山或在外有无财产可能查抄抵偿。及尚有何亲族，得复迅速即呈明以凭核办。③承德二等邮局长韩景琦亏空公款一千一百六十元，所亏之款不仅由其保家如数偿清，还依据《邮政条例》第十九条、第三十条规定予以从重处理。④

（五）《邮政条例》内容释义及适用问题

《邮政条例》的某些条款内容有附属刑律、民律的特点，尤其是关于违犯《邮政条例》规定或犯有侵害邮政的违法行为，均依刑律予以惩治，或加等或减等。附属刑律、民律是维护邮政运行及《邮政条例》贯彻实施的重要法律武器。不过随着民国时期刑律、民律为刑法、民法所取代，附属法律的适用问题亦随之出现。

浙江高等法院就曾致电司法院咨询关于邮政条例中附属刑律的条款随

---

① 《申报》，1932年10月29日第4版。
② 《申报》，1924年6月29日第12版。
③④ 《各地邮政人员被惩案》，中国第二历史档案馆馆藏，卷宗号：1-321。

着刑法的颁布施行,产生的《邮政条例》刑名适用疑义问题该如何处理。司法行政部将浙江高等法院电函中的问题转咨司法院,认为随着刑法的颁布施行,《邮政条例》中附属刑律的相关规定与现行刑法条文已有不同,导致《邮政条例》内明示适用刑律某条,于刑法每无该当条文。司法行政部举《邮政条例》第二十九条所定犯行依刑律第二百十五条处罚,而刑律该条原属于第十五章妨害交通罪之内,迨刑法施行,包举于刑法第十一章公共危险罪之内。唯刑法第十一章无与刑律第二百十五条相当之条文,于援用上无所适。其余各条(第三十、第三十一、第三十四、第三十五、第三十六、第三十八、第三十九等条)亦有同一与类似之困难。此项《邮政条例》是否已不适用,抑或仍旧适用,而于依照刑律处罚各条例如刑法无规定者,迳依刑法办理。①

司法院给予的答复是:"现仍援用之邮政条例第二十九条规定所依之刑律第二百十五条,刑法已将其情形,包括规定于第二百零二条之内。至同条例第三十第三十一第三十四第三十五第三十六第三十八第三十九等条,所称依刑律各条云者,在刑法上均有相当条文。"②司法院依据上述判断,认为浙江高等法院关于《邮政条例》部分条款适用疑义的问题在刑法中均有相当条文,依旧是有法可依,附属刑法问题并不存在适用问题。

附属民律遇到与附属刑律相同的问题。1927年8月12日,南京国民政府发布训令,"凡从前施行之一切法令,除与党纲主义或与国民政府法令抵触各条外,暂准援用之列"。③依此《邮政条例》仍属援用范畴,不过1930年5月民法颁布施行,《邮政条例》第二十三、第二十四两条关于赔偿遗失挂号快递邮件保险邮件包裹及保险包裹之规定与民国十九年五月施行之民法第一百八十八条之规定存在出入。鉴于此,交通部即函司法院,由于《邮政条例》

---

① 《解释邮政条例所定刑名如何适用疑义》,《浙江司法半月刊》1934年第5卷第5号"解释",第11页。

② 同上书,第10页。

③ 《解释邮政条例疑义公函》,《浙江司法半月刊》第4卷第20号"解释",第4页。

第二十三、二十四条与民法第一百八十八条不无出入,是依据特别法优于普通法之原则该邮政条例第二十三第二十四两条继续有效,还是按照民法第一百八十八条的规定处理邮政条例第二十三、二十四条的情形? 司法院将交通部此函内容交司法院统一解释法令会议议决,认为"邮政条例乃关于邮政事业之特别规定,其因遗失挂号、快递邮件及保险邮件、包裹、保险包裹,所负之赔偿责任,自应适用该条例第二十三条、第二十四条之规定"。① 司法院对于附属民法的条款是按照特别法优于普通法之原则,承认在处理《邮政条例》第二十三、二十四两条内容情形时,依据邮政条例规定办理,并未向附属刑法一般,完全依照刑法条文进行相应的处置。这是《邮政条例》在附属法律方面的一个有待继续追究之点。

《邮政条例》在运行中遇到的诸多问题,考其原因,既有当事各方受利益驱使使然,亦有《邮政条例》本身不足之处所致,凡此种种表明,《邮政条例》的内容仍有待改进之处。

小　结

基于上文对《邮政条例》的修订过程、内容解读及施行情况等方面的考察,可就以下问题进行讨论:

政府部门的作用。无论是在《邮政条例》修订环节还是其运行过程中,政府部门均发挥了相当的作用。政府部门如交通部及部属邮政司、邮政总局、参事厅,法制局、司法部等在修订《邮政条例》进程中均出力甚多。在修订过程中,交通总长虽屡有变更,但历任交通总长均十分关心其修订进展情况,不仅亲自批阅草案内容,更多次提请国务会议及上书大总统就邮律修订

---

① 《解释邮政条例疑义公函》,《浙江司法半月刊》第 4 卷第 20 号"解释",第 3 页。

情况及公布事宜进行汇报并争取尽早公布。交通部的强力推动是《邮政条例》得以出台的重要因素。在《邮政条例》的具体施行过程中,地方政府部门及官员亦多有助力。其如浙江省署颁行禁令禁止各县镇乡市轮船、航船、划船夹带私信,江苏沪海道尹公署亦曾颁布训令严禁携带夹带信件,违者予以严惩。地方政府部门的积极介入是《邮政条例》能够正常施行的重要保障。

附属立法的特征。附属立法既是《邮政条例》的立法特征又是其运行的重要法律保障。《邮政条例》中不乏附属刑律、民律的条款,尤其是条例中关于科罚的条目,均是对刑律或者民律相关条款及内容的直接运用。附属立法的特征极为明显。附属刑律、民律又为《邮政条例》的施行提供了法律保障。如有违犯《邮政条例》相关内容情事发生,刑律及民律的相关条款内容即是惩处此类情况依据。

《邮政条例》存在的不足。《邮政条例》在内容方面本就有"重内轻外"的特征,条例全文关于邮政涉外事项方面的内容不仅非常少,且多一带而过。尤其是对于撤销"客邮"有关谋邮政主权之统一方面的内容,更无着墨。条例只是法的表现表现形式,以《邮政条例》命名虽为权宜之计,然并非法,也就不完全具备法的效力。

《邮政条例》作为中国第一部正式公布施行的邮政基础性法规,填补了中国邮政自大清邮政正式创办以来在法律领域的空白。《邮政条例》的修订既是邮政业务发展的根据,亦是撤销"客邮"、统一邮政主权、参与国际邮联事务的需要。尽管《邮政条例》修订过程波折不断,法制流程虽繁琐却鲜明,内容涉及面虽广却也不乏有待改善之处,但毕竟使我国邮政事业从此沿着法治轨道演进。此后,近代中国邮政在组织法和业务法两个领域相继修订、颁布了一批法律、法规,①邮政法律体系得以构建和逐步完善。

---

① 详见法学研究社编:《邮政法规》,南京:美兴印务局1935年版,第1页。

第二章
邮政组织与管理制度

邮政制度是规范邮政机构运作流程、完善邮政运行机制的准绳，也是推动邮政业务有序发展的保证。自 1896 年大清邮政正式创设以来，其制度建设进程一直在逐步推进。待至民国肇立，交通部取代邮传部成为主管路、轮、电、邮四政的中央职能部门后，邮政制度建设进入了一个新的发展阶段。具体到北洋政府时期，除前文中所述的在邮政立法方面，颁布的一系列邮政法规使得邮政事业得以有法可依、依法推进外，邮政制度建设在交通部及邮政主管部门的推动下，在组织、管理、业务及人事等方面取得了长足进步，[①]为此时期邮政稳步发展提供了制度性保障。

第一节　组　织　体　系

北洋政府时期，邮政组织体系的最高机构为中央职能部门交通部，除交通部外，尚有交通部所设主管邮政事务的邮政司（1916 年前称邮传司），邮政总局以及邮务管理局，一、二、三等邮局，邮务支局，邮政代办机构等各级邮政机构。这些邮政机构中，交通部、邮政司、邮政总局属于邮政中央机关；

---

① 邮政人事制度方面的内容，详见第四章。

邮务管理局,一、二、三等邮局,邮务支局,邮政代办机构属于地方邮务机关。北洋政府时期的邮政组织体系即由中央、地方①两套组织系统构成。

一、中央邮政系统

中央邮政系统由交通部下辖的邮政司与邮政总局组成,是邮政系统的行政管理机关。邮政司、邮政总局负责监督、管理全国邮政事务,不具体参与邮务一线的经营业务。

(一) 邮政司

邮政司是交通部所设四司之一,为监督主管邮政机关。邮政司名称在北洋政府时期前期改动较为频繁。其名初即为邮政司,1913 年国民政府修改官制,交通部各"司"均改为"局","邮政司"亦改为"邮传局",下置邮务课;1914 年,"邮传局"又改为"邮传司";1916 年 8 月,"邮传司"又改名"邮政司"。②邮政司下设总务科、经画科、通阜科、综合科等四科分掌司内事务。邮政司各科职掌各有分工,负责邮政司所属日常庶务,维持邮政司的正常运转。

总务科职掌如下:

关于办理机要事项

关于厘定华洋员司合同保障事项

关于保存档案事项

关于本司收发文件事项

关于编制统计事项

关于处理报告请愿事项

---

① 此点与民国邮政相关著作中部内、部外的分法相类似。据顾锡章编著的《邮政常识》所载:"部内置一邮政司,外设一邮政总局,邮政司长兼任邮政总局局长。"见顾锡章编:《邮政常识》,重庆:全国邮务总工会宣传部 1941 年版,第 28 页。

② 顾锡章编:《邮政常识》,重庆:全国邮务总工会宣传部 1941 年版,第 28 页。另见张樑任:《中国邮政(上)》,上海:商务印书馆 1935 年 10 月—1936 年 11 月印行,第 41、42 页。

　　　　关于编定管理章程及筹备改良事项

　　　　关于审订各局所编制及薪俸事项

　　　　关于审核邮局人员任免升迁降调及考成事项

　　　　关于编定邮局人员酬劳抚恤等章程事项

　　　　关于编译邮会入会章程事项

　　　　关于保管司印事项

　　　　关于刊造大小邮局关防钤记图记事项

　　　　关于编定中外地名录及邮政一切用语事项

　　　　关于审订国际邮务条及邮件交还章程事项

　　　　关于综合本司会计及购置一切应用物件事项

　　　　关于不属各科事项①

　　总务科所管事务最多,举凡机要事项、华洋各员合同保障事项、档案保存、文件收发、统计编制、处理报告请愿、邮政章程编订与改良、薪俸与人员升迁、抚恤、保管印信、编修邮政资料、会计等各项庶务,均由总务科综理。

　　经画科职掌如下:

　　　　关于调查国内邮递情形事项

　　　　关于调查国外邮政情形事项

　　　　关于筹划撤销各省客局事项

　　　　关于筹划裁并驿台各站办法事项

　　　　关于筹划停止各省民局事项

　　　　关于监督代办邮局事项

　　　　关于筹备邮区人口之调查事项

　　　　关于筹划邮局之添设及变更事项

　　　　关于添设各省乡镇递信专差事项

————————————

① 　交通部部令第八十八号:《邮政司办事细则》,中华民国北京政府 1913 年 7 月 3 日公布。

关于测绘邮界道里总分图事项

关于监察邮递方法事项

关于分化邮区及推广邮线事项

关于管理火车及汽车中收送邮件事项

关于军事邮政之管理事项

关于审核各邮局产业事项①

经画科职责在于筹谋、规划邮政发展事务。主要负责调查国内、国外邮政情形,筹划邮政局所之增减及变更事项、信差之添设,统一邮政管理权如撤销"客邮"、裁撤驿站、归并民间信局,推广邮政基础设施,管理邮政运寄及军事邮政,审核邮局产业等各项事务。

通阜科职掌如下:

关于筹办邮便储金事项

关于邮便汇兑及其改良事项

关于筹造邮票信片事项

关于管理款项出入事项

关于审核全国邮局人员薪金工资事项

关于处理代货主收价及筹办代债主索偿事项②

通阜科所掌事务均与邮政款项相关。如筹办邮政储金、汇兑事务,审核邮政人员薪资,筹造明信片及代货主收价、索债事项等。

综合科职掌如下:

关于编造岁出岁入预算决算报销各项银钱册籍事项

关于审核总分各局账目用款事项

关于考核各邮局报告现业情形事项

---

① ② 交通部部令第八十八号:《邮政司办事细则》,中华民国北京政府 1913 年 7 月 3 日公布。

关于经理处分邮政营业上所属之损害赔偿诉讼事项①

综合科则主管邮政账目、编制邮政预算决算以及邮政营业方面的损害赔偿诉讼事项。

从四科职掌邮政事务来看,邮政司所管邮政事务既有国内邮务,亦涉及国际邮政事项;既有邮政业务,亦有邮政人事;凡邮政所设之事项,几乎皆被囊括。

邮政司内各级机关施行科层负责制。邮政司司长承交通总长之命综理本司一切事物,指挥监督司内各员。各科科长承司长之命总理本科事务,得司长允准可暂代执行司长一部分职务。各科科员承长官之命助理本科事务。雇员承长官命令办理文牍及庶务。②

(二) 邮政总局

在海关邮政时期,邮政总局由总税务司监管,具体负责邮政事务的官员称总邮政司。1912 年 4 月 28 日,邮传部接管邮政时,设有局长、总办各一员,总司局务。③民国时期,邮政总局直隶于交通部,局长由邮政司司长兼任。邮政总局的职责更予以明细,所属机构设置更加完整。《交通部邮政总局职务规则》及后来修订颁布的《交通部邮政总局组织法》均开篇明言:"邮政总局,管理全国邮务,指挥监督所属机关。"④北洋政府时期,邮政总局设局长一人,由交通部简任,承交通部总长之命,督理全国邮务;总办一人,由交通部总长派任襄助局长办理邮政事务,并具体负责总局及全国邮政事务;会办一人,由邮政总局遴选合适人员保荐并呈请交通总长派充襄助邮政事务,不过邮政总局会办一职自邮传部接管邮政时奏设,却一直未有派员实任。1914 年春,由交通部暂派提调一人代之,以王文蔚充任。1917 年裁撤

_____

① ②　交通部部令第八十八号:《邮政司办事细则》,中华民国北京政府 1913 年 7 月 3 日公布。

③　交通部、铁道部交通史编纂委员会编:《交通史邮政编》第一册,上海:民智书局 1930 年版,第 210 页。

④　交通部:《交通部邮政总局职务规则》,1917 年 8 月 16 日。南京国民政府修订:《交通部邮政总局组织法》,1935 年 3 月 1 日。

提调缺,1922 年 5 月会办也被裁撤。1924 年 11 月 21 日复设会办。①邮政总局下设各股负责办理日常事务,每股置股长、副股长。股长承总办之命分掌各该股事务,副股长及股员分理各该股事务。北洋政府时期,邮政总局初设四股,一总务、二通译、三稽核、四供应,与其他各股不同的是,供应股一直设于上海,其他各股设于北京邮政总局内。1913 年增为六股,一总务、二文牍、三稽核、四营业、五联邮、六供应。待至 1919 年开办邮政储金业务时,又增设储金股,亦在北京邮政总局内。

至 1927 年 7 月,国民政府交通部成立于南京,另置邮政司,与北京政府交通部邮政机构相对峙。同年 10 月,邮政总局在南京设立,邮政司司长兼局长,总办仍以北京邮政总局总办铁士兰担任(当时铁氏仍驻在北京)。因政体关系,在当时的邮政机关中产生了双重组织。至于各邮区以下,则一切照常,1928 年 4 月,交通部改革邮政公职,公布邮政章程,改局长为总办,改总办为会办,派司长刘书蕃兼充总办,铁士兰仍为会办;设总务、秘书、考绩、财务、稽核、经划、供应、联邮、汇兑、储金十处,置处长、副处长、佐理员、事务员。是年 6 月,北京克复,铁士兰南下就职,人员案卷,随同南迁,设总局于上海,由此邮政主管机关又复合为一。此外,俱与前无异。②北洋政府时期,邮政总局内除会办一职设裁屡有反复外,局长、总办之职,未有变动;总局所辖办事机构名称由股改为处。为适应处理全国邮政事务的需要,邮政总局内办事机构由最初的总务、通译、稽核、供应等四股,增至总务、秘书、考绩、财务、稽核、经划、供应、联邮、汇兑、储金等十处。③

---

① 交通部、铁道部交通史编纂委员会编:《交通史邮政编》第一册,上海:民智书局 1930 年版,第 210 页。

② 张樑任:《中国邮政(上)》,上海:商务印书馆 1935 年 10 月—1936 年 11 月印行,第 42 页。

③ 此后,1930 年,储金处、汇兑处并入邮政储金汇业局。1931 年,考绩处裁改为考绩课,隶属于总务处;财务处改名为会计处,以稽核处并入;秘书处裁改,设主任秘书一人,秘书二人至四人,形成总务处、会计处、经划处、联邮处、供应处等五处。见张樑任:《中国邮政(上)》,上海:商务印书馆 1935 年 10 月—1936 年 11 月印行,第 50 页。

邮政总局所辖各处分工不同,各处皆有相应职掌。各处职掌分类如下:

总务处掌管关防、收发文件,办理翻译及发各邮区文牍,会同各处处理各项公务,处理不属于其他各处事项。

秘书处办理呈部及与各机关暨民众往来一切文牍及批示,并办理关于法律事项以及收发往来电报。

考绩处掌管全国邮政员工之记录、任免、升调、请假等事宜,并经划员工组织,拟定员工待遇及处理关于员工其他事项。

财务处掌管全国邮政财务,办理预算、决算及国内外汇兑事务,监察、印制及分发全国邮票。

稽核处稽核全国邮政一切账目,办理决算,审核人员出差旅费、医药费,处理损失邮件,赔款及关于稽核其他事项。

经划处经管邮政产业,监督建筑工程,规划邮务局所、邮递路线及其他发展邮务事项,修订邮政章程、邮政舆图,办理邮件统计。

供应处制造、选购以及供应各种邮用物品,印制明信片及各项邮政出版物。

联邮处掌管国际联邮事务,拟订联邮合同,核算联邮账目,办理联邮统计及联邮文牍。

汇兑处稽核国际汇兑及代收货价账目,清理国际及国内汇票及代收货价票,监察各邮区汇兑事务,核定汇费定章。

储金处办理储金文牍,运用储金款项,稽核各邮区储金账目,处理关于储金其他一切事务。[①]

邮政总局下辖十处,每处均有专责,确保邮政总局日常事务得以分工处理。如上所述,若遇有相关问题,即可责成相应处室予以处理。不过,邮政总局十处室虽分工细致,却难免有职责重合之处。例如,财务处所管事务有

---

① 张樑任:《中国邮政(上)》,上海:商务印书馆 1935 年 10 月—1936 年 11 月印行,第 51 页。

邮政财政、办理预算、决算及国内外汇兑事务,监察、印制及分发全国邮票,稽核处所管业务中同样稽核全国邮政一切账目,且办理决算事项。如此,两处之间便有业务重合之处。且财务处与汇兑处办理国内外汇兑事务方面也重合,汇兑事务本为汇兑处专责。财务处办理监察、印制及分发全国邮票的职权又与供应处的职权重合。制造、选购以及供应各种邮用物品是供应处所管之事,财务处分发全国邮票似无必要。①

二、地方邮政系统

地方邮政系统以邮务区即邮区为划分标准。每一邮区设立邮务管理局,作为邮政总局的派出机构综理所在邮区内邮政事务。邮务管理局不仅总管所在邮区邮务,亦参与邮务一线的经营业务。每一邮区除邮务管理局外,分设一、二、三等邮局及邮务支局、邮政代办机关经营邮区内的邮政业务。

(一) 邮务管理局

邮务管理局亦称邮政管理局。邮务管理局介于邮政总局与一、二、三等邮局之间,为管理所属邮区区域内一、二、三等邮局及一切邮务之机关,指挥监督邮区内邮政事务。②邮务管理局要追溯自大清邮政时期。清光绪二十二年(1896年)邮政创办时,为便于管理,分"全国为三十五邮界,每一邮界,设一邮政总局,派一邮务总办统辖之。邮界之较大者,又分为副邮界。副邮界有五,每一副邮界,设一副总局,派一副邮务总办管理之"。③因北京为首都,特设一邮政总局管辖一切邮务外,其余各邮界之总局均设于该邮界之通商口岸内,副邮界之数五,皆隶于各副邮界县务分司之下,该分司即驻在副

---

① 十处职掌多有重复,是南京国民政府时期邮政总局处室屡有合改的原因所在。
② 顾锡章编著:《邮政问题详解》,上海:中华邮工函授学校发行,1936年版,第37页。
③ 交通部、铁道部交通史编纂委员会编:《交通史邮政编》第一册,上海:民智书局1930年版,第194页。

邮界之省城。宣统二年(1910 年)重定区域分为邮界十四、副邮界三十六，共为五十区。每一邮界设总局，派邮务长一员管理，兼辖副邮界数区。[①]管理区域由以通商口岸为标准改为以行政区域为标准。"全国邮区之划分，以省区为标准，大概每一省为一邮区，惟有若干省区，或以地域过大，或以地域过小，或以特殊情形，故邮区之划分，有一省为二邮区者，有数省为一邮区者。如江苏邮区，并非包括江苏全省，其中经除去上海附近十余县连上海市区划为上海邮区。甘肃、青海、宁夏三省合并为甘肃邮区。"[②]此外，东三省为一邮区。至 1913 年，全国邮区共分为二十一区，分别是直隶、山西、河南、陕西、甘肃、新疆、东三省、山东、四川、湖北、湖南、江西、贵州、江苏、上海、安徽、浙江、福建、广东、广西、云南。二十一区中又约之为北部、中部、南部、东部四大区，北部为直隶、山西、河南、陕西、甘肃、新疆、东三省、山东等邮区，中部为四川、湖北、湖南、江西、贵州等邮区，东部为江苏、上海、安徽、浙江等邮区，南部为福建、广东、广西、云南等邮区。[③]

1919 年 7 月，北京邮政局脱离直隶邮务区，升为管理局；1921 年 7 月，东三省邮区一分为二，成立奉天邮务区与吉黑邮务区。1922 年 8 月，四川邮区亦划为两邮区，即东川邮务区与西川邮务区。全国邮务区全数共为二十四，即北京、直隶、山西、河南、陕西、甘肃、新疆、奉天、吉黑、山东、东川、西川、湖北、湖南、江西、江苏、上海、安徽、浙江、福建、广东、广西、云南、贵州。[④]每一邮区设一邮务管理局，以邮区名称冠于管理局之前，如北京邮区，其管理局名称即北京邮务管理局，管理局多设于省城。北洋政府时期全国邮务区、邮务管理局设置情况如表 2-1。

---

① 交通部、铁道部交通史编纂委员会编：《交通史邮政编》第一册，上海：民智书局 1930 年版，第 204 页。
② 顾锡章编：《邮政常识》，重庆：全国邮务总工会宣传部 1941 年版，第 46 页。
③ 交通部、铁道部交通史编纂委员会编：《交通史邮政编》第一册，上海：民智书局 1930 年版，第 205 页。
④ 西藏邮区邮务管理局，驻地为拉萨，自 1913 年一直处于暂行停办状态，故不计入在内。

表 2-1　北洋政府时期邮区邮务管理局分布情况

邮　区	邮务管理局	驻　地
北　京	北　京	北　京
直　隶	直　隶	天　津
山　西	山　西	太　原
河　南	河　南	开　封
陕　西	陕　西	西　安
甘　肃	甘　肃	兰　州
新　疆	新　疆	迪　化
奉　天	奉　天	奉　天
吉　黑	吉　黑	哈尔滨
山　东	山　东	济　南
东　川	东　川	重　庆
西　川	西　川	成　都
湖　北	湖　北	汉　口
湖　南	湖　南	长　沙
江　西	江　西	南　昌
江　苏	江　苏	南　京
上　海	上　海	上　海
安　徽	安　徽	安　庆
浙　江	浙　江	杭　州
福　建	福　建	福　州
广　东	广　东	广　州
广　西	广　西	南　宁
云　南	云　南	昆　明
贵　州	贵　州	贵　阳

　　资料来源:交通部、铁道部交通史编纂委员会编:《交通史邮政编》第一册,上海:民智书局1930年版,第205、211、212页。

每一邮区的邮务管理局设局长一人，管理全区邮政事务。局内设置本地业务股、内地业务股、总务股、计核股四股，分理管理局及所辖邮区邮务，每股设有股长，每股之下又设组，各设组长及若干组员。①邮务管理局局长由邮政总局总办就相当资历之邮务长中遴选，呈请交通部部长派充；各股股长通常以相当资历之高级邮务员充任，惟超过下列业务标准，各股股长均以副邮务长充任：第一，本地业务股管辖当地邮政支局在十五所以上者；第二，内地业务股所辖内地一、二、三等邮局在一百所者；第三，计核股每年每区全部邮政收入达五十万元以上者。②邮务管理局局内各机构主管长官均由邮政总局负责铨选，惟邮务管理局局长及符合业务标准的本地业务股、内地业务股及计核股股长，于邮务长系统内产生，为高级邮政人员。

邮务管理局不仅综理全区邮政事务，亦直接参与邮政经营业务，邮务管理局经营邮政业务场所即设于邮务管理局内。邮务管理局通过经营邮政业务，既可熟悉邮局业务流程，亦可了解邮政经营过程中所面临的问题。邮务管理局虽无邮政事务决策权，却可在上报邮政总局的邮政事务报告中对该区邮务情况进行陈述，使得邮务一线的实情能够及时有效地传递给邮政总局；邮政总局依据邮务管理局所呈邮政事务报告，获悉经营一线邮务情况，便对全国邮务有一全盘掌握；即使邮务一线出现问题，邮政总局亦可对症下药，予以解决。邮务管理局经营邮政业务将管理与经营合二为一，实为改良邮务的良方之一。

(二) 一、二、三等邮局及邮务支局

邮务管理局局外设有一、二、三等邮局及邮务支局，以及邮政代办所等邮政机构。一、二、三等邮局及邮务支局，以及邮政代办所均为处于邮政业务一线的邮政机构，属于邮政业务机构。

一、二、三等邮局依据业务盛衰划分，其划分标准为：

① 交通部部令：《各区邮政管理局组织通则》，1936 年 1 月 10 日公布。
② 顾锡章编著：《邮政问题详解》，上海：中华邮工函授学校发行，1936 年版，第 38、39 页。

大概每月营业收入在二百元左右,开发汇票在一千元左右者,设立三等邮局;每月营业收入在六百元左右,开发汇票在六千元左右者,设立二等邮局;每月营业收入在五千元左右,开发汇票在二万元左右者,设立一等邮局。①

各等邮局设立标准主要为两个业务指标,即每月营业收入与开发汇票额。三等邮局设立标准是每月营业收入在银元二百元左右,开发汇票在银元一千元左右;二等邮局较三等邮局有所提升,每月营业收入在银元六百元左右,开发汇票在银元六千元左右;一等邮局设立标准最高,每月营业收入在银元五千元左右,开发汇票在银元二万元左右。需要指出的是,各等邮局设立标准中看重的是一局每月的营业收入,而非营业额,并非如汇票般达到一定开发汇票额数即可。当然,无论设立哪一等邮局,必须两个标准均达到方可。一、二、三等邮局因规模大小不同,经营业务亦有繁简,大概一等局举凡各种邮政业务,类多经办;二等局则较简略,三等局除经办普通业务外,对于储金,保险业务,甚少经办。②

一、二、三等邮局又有甲、乙之分,如一等甲级邮局、一等乙级邮局。甲级邮局较乙级邮局为重要。当然亦有因特殊情形而定等级的情况,转口邮局即一例。"所谓转口邮局者,即交通上需要转运之邮局也;转口局本身或属至小,然因上下辗转关系,该局经手钱财及所负责任如大局,故必需提高该局之等级,令较为资深之邮员任局长,保证金较多而较安全也。"③转口邮局作为转运之局,处于各邮区各等邮局与邮务管理局的中转位置,且以转运钱财为主,故该类局所的地位实属重要。

一、二、三等邮局,每局设局长一人,员役若干人,人数之多寡系依规模之大小而定。一等邮局业务最繁、规模最大,故人数最多。一等邮局在局人

① 顾锡章编著:《邮政问题详解》,上海:中华邮工函授学校发行,1936年版,第45页。
② 同上书,第46页。
③ 张樑任:《中国邮政(上)》,上海:商务印书馆1935年10月—1936年11月印行,第78页。

数自数十人至百人不等。二等邮局业务范围较一等邮局为简,人数亦较一等邮局为少,二等邮局在局人数一般三四人至十余人。三等邮局业务范围最小,人数至多四五人,最少者,设一局长、一信差而已。"至职务之分配,人数较多之局,可以各专其事,人数较少之局,大都一人兼任数事,若小规模之二、三等局则一切局务均须局长办理也。"①各等邮局人员多寡全视营业规模大小、业务繁简而定,如此可依业务情况添删人员,节省不少费用,不失为一个可行的方法。然而局内监督问题却无法回避,一等局业务较烦人数亦多,监督不成问题;二、三等局,人数较少,尤其是三等局局员少则仅有一局长及一信差,难收互相监督之效,尤其是在邮务进行之中时,易于滋生弊端。

一、二、三等邮局的业务范围有繁有简,规模有大有小,人数有多有少,因此各等局局长人员资质亦有不同。一等甲级邮局局长,以相当资格之副邮务长充任。一等乙级邮局局长,以一等六级高级邮务员以上之人员充任。二、三等邮局局长,以三等二级初级邮务员以上之人员充任,但因公务情形需要,得派邮务佐署理三等邮局局长。②一、二、三等邮局局长人员的派充,可谓各以邮局等级为准则。

一、二、三等邮局,作为经营一线业务的邮政机构,每日均有各类业务账目清单,以记录局内经营状况。一、二、三等邮局每日账目清单,计有现金出纳账、邮票登记簿、汇兑印纸登记簿三种。每月须分门别类填具收支决算总账单、薪水单、银行存款凭证、汇换银钱盈亏誊清账、存款及总结每日账目清单、互拨公款誊清单、揽收邮件酬报单、早班及民船包运邮件费单、零星运费单等各类清单,呈报管理局察核。③各邮区邮务管理局依据各类清单得以了解本邮区邮政营业状况。

各邮区除设有一、二、三等邮局外,尚有邮务支局设立。邮务支局不分

---

① 顾锡章编著:《邮政问题详解》,上海:中华邮工函授学校发行,1936 年版,第 47 页。
② 邮务员、邮务佐等级与班次,见第四章。
③ 顾锡章编著:《邮政问题详解》,上海:中华邮工函授学校发行,1936 年版,第 48 页。

等级,凡经营邮政业务的局所,如该局所提供的邮政服务不敷邮局所在区域民众需要时,均有邮务支局设立。故所管地域广阔、业务较为繁盛的一等邮局,一般多有邮务支局设立;二等邮局所辖区域较小,业务不比一等局繁盛,故并非每处二等邮局都设立邮务支局;三等邮局设有邮务支局者,为数最少。当然,邮务管理局除管理该邮区邮政事务外,同样经营各项邮政业务,因其均设于省城地方,业务繁忙,所以各邮区管理局所在地,均设有邮务支局。

邮务支局局内人员设置情况与一、二、三等邮局相类,每一支局均设有局长一人、员役若干人,局内人数多寡、规模大小全视该支局业务繁简程度而定。

（三）邮政代办机关

各邮区邮务机构,除邮务管理局,一、二、三等邮局及邮务支局外,尚有邮政代办所、邮政信柜、代售邮票处等三种邮政代办机关。各邮区设立邮政代办机关是基于以下考量:

> 邮政为国营交通事业,以便利民众为主旨,故邮局之设,贵于普遍。惟乡镇陋邑,营业清淡,设立邮局,定然入不敷出,不予设立,又背便利民众之主旨。故设立邮政代办机关,委托当地商家代办,以资救济此种缺陷。[1]

设立邮政代办机关的原因在于,补救邮政局所未能普及广大农村地区的缺陷,并以此推广邮政业务,扩充邮政的影响。

邮政代办所设立,多由于一地邮政营业规模尚未达到设立三等邮局,各邮政代办所按地域所在,分别隶属于邮务管理局或一、二、三等邮局。邮政代办所以地名命名或以街道命名。邮政代办所经营业务范围与三等邮局无甚差别,如发售邮票、明信片、特制邮简及印花税票,经营寄递普通信、挂号

---

[1] 顾锡章编著:《邮政问题详解》,上海:中华邮工函授学校发行,1936 年版,第 48 页。

信、汇兑及包裹诸类。"惟汇兑则非大款汇兑,而为小款汇兑,即每一汇票最多寄十元是也。如超过十元,则另开汇票,小款汇兑除收汇费较高外,受款人取款之手续亦异。至包裹之重量亦有限制,不若三等局寄递,可达二十公斤也。"①邮政代办所所开发汇票有数额限制,一张汇票以十元数额为限,超过十元即须另开汇票。邮政代办所亦经营寄递包裹业务,只不过所寄包裹重量较为有限,重量较三等邮局为轻。

每一邮政代办所设置代办一人。邮政代办人"由邮政管理局或其代表,遴选正当殷实商号主人委派之。邮政管理局委派代办人,须发给执照。前项执照,应于该代办人卸职时缴销之"②。邮政代办人由邮务管理局或其代表在正当殷实的商号主人中遴选,一旦选中代办人,该邮区邮务管理局发给代办人代办执照,代办执照是代办人从事相关代办业务的合法凭证。邮政代办所代办经营各项邮政业务所需的邮用物件均由所在邮务管理局统一发给,如邮政代办所招牌、信箱、邮戳以及办理邮务所需之单据簿册等,代办人不得自制。对于邮务管理局提供的招牌信箱及邮局通告,邮政代办所应悬置或张贴显明之处,便于民众观览。

纵观邮政代办所业务经营范围,除某些数额或重量与三等邮局有差别外,实无不同。邮政代办所经营业务规模达到设立邮局的要求时即由邮政代办所升为三等邮局,一旦升为三等邮局,即须按照三等邮局要求填充局内设施。邮政代办所实际上是三等邮局的准备阶段,但并非所有邮政代办所均能升为三等邮局。

信柜是邮政代办所之外的又一类邮政代办机关。"邮政信柜,意即设有信柜,有人经营之小局也。负责人于邮局指定之时间内,自信柜中取出信件,加以记数送往其管辖之邮局。"③由此观之,信柜仅是一类小型邮政派出机关。信柜有两种:"一曰城镇信柜,一曰村镇信柜;城镇信柜设于邮局所在

---

①③　张樑任:《中国邮政(上)》,上海:商务印书馆 1935 年 10 月—1936 年 11 月印行,第 84 页。
②　交通部:《邮政代办所规则》,1935 年 11 月 20 日。

地；村镇信柜设于信差经过之乡镇。均由邮局委托商家代办。"①城镇信柜的设立是因为一地邮局设立邮务支局开支较大，如非必要，尽量不予设立。城镇信柜委托商家办理、经营，分担邮局一部分经营业务，而又无须额外的开支；村镇信柜设立，则是一地无邮政代办所存在，以信柜代替邮政代办所方便民众邮寄需要。设立邮政信柜的出发点在于节省邮务费用开支。信柜代办的邮政业务较为有限，除普通信函、明信片及挂号邮件外，几乎不再代办其他邮政业务。

城镇信柜逐步演变为代售邮票处。顾名思义，代售邮票处仅仅代售邮票，不经营任何邮政业务。代售邮票处多设于邮局所在地，只售卖小量邮票，邮票额度多不满一元。代售邮票处的存在仅仅是免去民众至邮局购买邮票的不便。村镇信柜所设之处，一般均是由于无邮政代办所设立，故作为乡村传递邮信机关，其存在实属必要。当然，此三种代办机关的设立是以各地邮务现时需要为准，并无一定标准。

每一邮区除邮务管理局四股，一、二、三等邮局及邮务支局，邮政代办所，以及信柜外，尚有巡员设置。②巡员由各邮区邮务管理局所设。每一邮区巡员数额保持在四人至八人，由邮务管理局局长在所属邮务员中遴选，呈请邮政总局委派，承长官之命，巡查各所辖邮局一切事物。巡员为邮务视察的基层组织，负责视察各邮区所属一、二、三等邮局及邮务支局、邮政代办所。巡员分本地视察员与内地视察员二种。本地视察员及内地视察员分别隶属于邮务管理局四股中的本地业务股及内地业务股。本地视察员与内地视察员各有职掌，其巡视区域及巡视内容大致如下：

> 本地视察员视察管理局所在地之各支局，驻在管理局内，随时轮流查视各支局局务、账务；内地局以包括地域较广，故每一邮区多划分为

① 顾锡章编著：《邮政问题详解》，上海：中华邮工函授学校发行，1936年版，第52页。
② 巡员即视察员，在民国时期不同时段叫法不同，1930年以前多称"巡员"，以后多称"视察员"。

若干视察段,每视察段驻内地视察员一人,负责查视段内各局所。同时在每一视察段并设置村镇邮务稽查一二人,负责查视各代办所、村镇信柜、邮站等低级邮政机构以及邮差邮路之联络。①

本地巡员的巡察范围以邮务管理局所在地为限,常驻邮务管理局之内。巡察内容有二,即邮务管理局所在地各邮务支局局务与账务。内地巡员的巡察范围为每一邮区除邮务管理局所在地之外的所有一、二、三等邮局,邮务支局与邮政代办机构。内地巡员的巡察范围较为广阔,故每一邮区又划分为若干个巡视段,每段内驻有内地巡员一人,负责巡察段内各局所局务、账目。每一巡视段内又设村镇邮务稽查,专巡邮政代办机构及邮差、邮路的联络等内容。巡员代表邮务管理局对邮区内所属各邮务局所进行巡察,力争减少邮务差错或将邮务事故降至较低的限度。

差长(即稽查差)是每一邮区邮务机构中专司信差投递事务稽查的机构。差长多设于管理局投递组以及内地一、二等较大邮局投递事务较繁的邮务局所处,负责稽查所有信差的投递事务。

此外,地方邮政系统中尚有无着邮件处理处的设置。无着邮件处理处不属于邮政管理局组织系统,附设于重要管理局所在地,全国共有三处无着邮件处理处,分别设于北京邮务管理局、上海邮务管理局、广东邮务管理局等三处管理局内。三处无着邮件处理处所管区域如下:

> 第一无着邮件处理处设于北京邮务管理局内。凡北京、河北、山西、河南、陕西、甘肃、新疆及山东各邮区属之。第二无着邮件处理处设于上海邮务管理局内。凡上海、浙江、江苏、安徽、江西、湖南、湖北、东川及西川各邮区属之。第三无着邮件处理处设于广东邮务管理局内。凡广东、广西、福建、云南及贵州各邮区属之。②

三处无着邮件处理处由北向南依次设立。第一无着邮件处理处管理北

---

① 赵曾珏编著:《中国之邮政事业》,重庆:商务印书馆,1945 年印行,第 65、66 页。
② 刘承汉:《邮政法总论》,上海:商务印书馆 1939 年版,第 66 页。

京、河北、山西、河南、陕西、甘肃、新疆及山东等北方邮区内的无着邮件。第二无着邮件处理处办理上海、浙江、江苏、安徽、江西、湖南、湖北、东川及西川等邮区的无着邮件事务。第三无着邮件处理处管辖广东、广西、福建、云南及贵州等邮区无着邮件的处理。

无着邮件处理处设主任一人,由所在地之邮务管理局局长兼任。处员若干人,由主任就所在地邮务管理局局内之邮务员佐调用。

第二节　各级邮政机构的权限与职责

基于上文对北洋政府时期邮政系统内各级邮政机构的组织框架的梳理,可知邮政组织体系里共分中央邮政系统、地方邮政系统两类,两类邮政系统各由相应的邮政机关组成。处于不同层级的邮政机构,其权限与职责各不相同。

一、邮政行政机构

邮政行政管理机构由邮政组织体系中的邮政司、邮政总局、邮务管理局构成。兹对邮政司、邮政总局、邮务管理局等三类管理机构的权限与职责分而述之。

(一) 邮政司

邮政司司长承交通总长命令,总理本司一切事务,指挥监督司内职员。邮政司内各科科长上承邮政司司长之命掌理本科事务。邮政司司长可就"本司管辖事项得分别重轻以职务之一部分委任科长暂时代为执行,各科科员承长官之命助理本科事务,雇员承长官之命办理缮写文件及其他庶务"。①邮政司

① 交通部公布:《邮政司办事细则》,1913 年 7 月 3 日。

及所属各科均实行行政首长负责制。各科员承科长之命办理本科属范围内事务,各科科长承邮政司司长之命办理所在科属科务。至于邮政司内经常性事务如收发文件、处理日常事务办法、司内会议等,均有详细定制。其收发文件按收文、发文分别办理。接收文件按如下规定处理:

凡文件到司,由总务科收文专员点收、摘由、编号,经总务科长查对,即呈司长核阅。但事关紧急者,得先呈司长或先送某科核办。凡有洋文文件,由总务科译出再照前项办理。

附有现银、钞票、证券物品之文书,须于收文簿及到文面上逐一注明。其现银等物即送主管之科,由接收人签字慎存。

凡应呈堂核阅文件经司长阅后,即行呈堂。

文书科送到收文经司长核阅后及别处送到文件经司长核阅并应呈堂者,于呈堂后,由总务科按照本司各科执掌分归各科办理。到文面上须注明某科字样。

到文有与数科互相关联者,得依其性质分别轻重,依次填明数科字样,送交填写在前之科主稿,会同他科办理,俾资接洽。①

邮政司接收的文件分一般文件、附有银钱类文件、呈堂文件三类。邮政司接收文件本属总务科分内之事,文件到达邮政司后,一般均由总务科收文专员点收、摘由、编号,呈交邮政司司长核阅后存档。洋文文件在翻译成华文后,再按程序处理。文件内附有银钱证券等物品者,在收文簿及文件上面标注所附之物,并交由主管科室签字谨慎保存。呈堂文件按照呈堂文件程序处理。若一份文件与不止一科有关联,则按照该文件与关联各科关系紧要程度,依序办理。

至于寄发文件,亦须总务科登记、摘由、编号,填明日期后由总务科发文专员办理。如所发文件需要盖用印信,则在收发处用印,封发。文件发出

---

① 交通部公布:《邮政司办事细则》,1913 年 7 月 3 日。

后,再按编号予以存档。至于以邮政司名义寄发的文件,由承办的科室呈邮政司司长签字盖印后再交由发文专员办理。

各科日常事务由各科科员按照该科所管范围内事务按照各科办事细则办理。如遇有重大事件,应商承科长办理或由科长商承司长核定办法,再行拟办。但所办之人须署名为凭,以作查视之用。

借阅司内文件档案亦有相应的规定:"凡各科或别厅、司借阅文件,管理案卷专员立即检出,用调查案卷簿送交,由接收员画押为据。交还时则由管理案卷专员在该簿上注明退还日期,归回原档。"①当然,各科事务或所办事务如有相互关联者,则应彼此协商妥善处理,如若意见不一,须商请司长裁夺。

邮政司就以下情形得召开各科会议:"一、事涉二科以上有一科以上科长陈请者,二、关于一事件科长与科长意见不合陈请者,三、法规草案及各项单行章程之规定须得同意者,四、其他由司长认为应付会议者。"②各科会议时司长、各科科长及经司长指定之科员、司长约定的邮政总局人员均应与会或报告相关事项。各科会议开会时,由司长或司长指定职员任会议主席。会议结果对司长并无约束效力。

(二) 邮政总局

邮政总局上承交通部之命,管理全国邮政事务,"为全国邮政最高之行政机关"。③邮政总局局内科室设置已如前文所述。邮政总局总办、会办掌握局内人事任用权利。各处处长"由总办、会办会同遴员,呈请交通部长委派,承长官之命,分掌各处事务。副处长、佐理、事务员,由总办、会办委任之。副处长、佐理员,均须呈报交通部备案"④。各处处长虽由邮政总局总

①② 交通部:《邮政司办事细则》,1913年7月3日。
③ 顾锡章编:《邮政常识》,重庆:全国邮务总工会宣传部1941年版,第37页。
④ 交通部:《国民政府交通部邮政总局章程》,1928年8月24日。见刘承汉:《邮政法总论》,上海:商务印书馆1939年版,第45页。

办、会办报交通总长委派，各处处长人选，皆由总办、会办遴选，如不能通过总办、会办遴选的环节，便无法出任处长之职。副处长、佐理员由邮政总办、会办商量委任，呈报交通部备案，更是直接由总办、会办任命。总局局内职员，多以邮政系统内人员填充。

局中公事均须呈由总办核阅，由局长核行。各处职员均须服从长官之命令，办理各项公务。局内日常行政事务分为考勤、文书、出纳及会计、庶务、会议等项。

考勤是邮政总局日常性事务之一。邮政总局规定每天办公时间为八小时，如遇局内职务繁忙或特别事务必须处理，可由各处处长临时延长。总局要求局内职员按照规定时间办公，不得迟到早退，因故迟到早退者须向所在处室主管长官陈明理由、得其许可。总局要求各处设置考勤簿，规定局员到局时亲自签到，以考察局员是否按时到局办公。签有局员名字的考勤簿在规定到局后的十五分钟内送往主管长官核阅，以此查看局内各员是否按时临局办公。如总局职员因病或因事不能到局时，应照章具书向主管长官请假；如若因事从急，则应托请其他职员向主管长官陈明事由并代写请假单据。若因请假贻误局务，仍由本人负责。职员出差请假及差竣假满，均须注明于考勤簿备查。各处会室对于所属各职员请假事由及日数应随时登记，于每月月末，列表移送考绩处办理。总局为求局内职员专心局务，要求职员在办公时间内非因公事不得接见宾客。

邮政总局收发文件事宜由总务处办理。邮政总局收发文件流程与邮政司收发文件流程相类。文件到局后由总务处接收、摘录、编号，按文件上所写内容依次分派各处。文件内容重要者或机要文件，由总务处处长阅后送秘书处登记、编号、留存，呈交总办、局长核批，再发还各处。收到文件如有附件，均须随文附送不得遗落丢失。各处应设收文分簿，将从由总务处送来的文件逐一登簿、记录事由、编列号数，并由经收人在总务处收文簿上加盖图章或签字，以明责任。各处收到文件登记后，应随时送呈主管长官核阅、批示、办理。凡有互相关联的文件应由关涉各处拟稿或会同拟办,但会拟者须会同签名,以示处理。总局发文先由各处处长审阅,签名后登记送总务处转秘书处呈总办、局长核定,核定完毕后再交由总务处登记编号,用印封发。

凡对外重要文电须用部文的,须经总办、局长核阅后呈送交通部总长或次长核定,并交部内专员以部文流程外发。

会计及出纳事项主要由总局内财务处、稽核处职掌。总局账册报表在交通部会计长的指导下依中央会计法规定办理。局内负责财务计核人员不得兼理出纳事项。总局一切办公费用由总务处依照既定预算额度支付,每月月末总务处将局内用度造具清册与各项簿册单据一并送交稽核处审核。局内员工薪金由总务处依据所造薪金单分发,领薪者签名或盖章,以为凭据。出纳事务亦由总务处登记存簿于每月终送交稽核处审计。

庶务主要包括局内办公所用器物如文具、单式、家具、公共卫生及局员办事态度等。总局内办公所需一切文具、单式、购置家具等均由总务处负责办理。总务处每半年向供应处请领各项办公用品,家具须编号登记,并存于总务处内。总务处按照各处填送的经各处处长签字的领物单内容发放。遇有急需就地置办的物品,各处处长签字后送请总务处核办。置办费用在银元一百元以上的,须呈请总办、局长核准。局内物品无论请领、购入、发出、收回还是现存物品,均应由总务处随时登册备查。

总局公共卫生事项亦由总务处负责经办。总务处有随时整顿、改良之权,并可督率公役人员厉行清洁,以保持局内卫生整洁。局内雇员及公役办事勤惰、服务态度良好与否,亦归总务处察核。

邮政总局为征集意见、整饬局务起见,可由局长、总办随时召集局务会议,局长、总办可临时指定会议列席人员。局务会议议决事项由局长、总办核定施行。

(三)邮务管理局

邮务管理局作为邮政总局的派出机构,负责所在邮区的一切邮政事务。

邮务长作为所在邮区的最高行政主管,代表邮政总局总办行使管理权。邮区行政事宜实行邮务长负责制。邮务长职责以 1919 年为分界点,前后不尽相同。

1919 年以前,各邮区邮务长职务计分四纲:"(一)邮区内发生之各重要事项使邮政总局总办得以洞悉,(二)邮区内之公务使之办理完善,(三)所属人员随时使之及格,(四)对于各官吏保持亲善之交际。"[1]四纲中第一项是邮务长向邮政总办就邮区内事项的汇报事宜,第二、三项是邮务长对所在邮区内邮政事务及邮政职员方面的职责,第四项是对邮务长在社交方面的要求。这四纲成为判断邮务长是否合格的标准。如果某邮区邮务长未能按上列四纲履行职务,说明该邮务长缺乏胜任邮务长职务所必备的才干与能力。邮政总局总办会考虑派员予以替换。

邮政事务中有两项是邮务长须事必躬亲的,即邮务长应筹划办法使邮件的运寄投递确能稳妥,设法使邮政款项的保存确系安然无虞。此两项事务,邮务长任内必须亲力亲为。

每一邮区虽有巡员设置,邮务长仍须就邮区内下列事项进行视察:

(一)各邮务饬令及规则,确经实行。

(二)各项违章及舞弊之举动,确经立即记明并即制止。

(三)遇有无论关于何事之声诉,确经调查。如系为所必需并经予以整顿。

(四)所遇之非常事项或新见之特点或单独之事实,确经逐日特行存记。关于此层应饬所属,于未离办公室之前,按日将寻常事项外,曾否出有或遇有何事报明。

(五)邮票等项及邮局款项,确经悉心点查,经理妥为收存,并只按足敷简短及明定期限所用之数,发寄属局。其发寄且须妥防危险。

---

[1] 交通部、铁道部交通史编纂委员会编:《交通史邮政编》第一册,上海:民智书局 1930 年版,第214 页。

（六）汇兑事务及其册籍以及现款账目均须躬自特别注意。

（七）饬备之各项册报，确于相当日期悉心备具，妥寄邮政总局总办。①

邮务长视察内容包括邮务饬令、规则的施行情况，违规举动的调查与处理，声诉问题的办理，局内日常事务的记录，邮局款项的收存与寄发，留意汇兑事务与现款账目，寄往邮政总局总办内容的准备等各项邮务。邮务长视察的内容均是维持邮区内各项邮务正常运转的常规事项。邮务长在视察时如发现违规事项，应立即了解情况进行相应处理。

除应洞谙所管各局分内应为之事及邮区内习惯外，邮务长应使管理局内及邮区内邮务职员熟知职责、掌握邮务处理流程。为此，邮务长应将"公务条分类别并于所属各员间，为之精析分派"，视察新入局"人员确令遍历局中各项公务"，并使新调到人员"熟悉当地办公手续及其习惯"。②当然，如果由某一邮区调往他邮区人员不熟悉邮局的日常普通职务，则应追究该员原在邮区邮务长责任。为获得邮区邮务情况，邮务长须随时赴管理局内各股及所管邮政局所视察邮务及邮务职工办事态度。

邮务长在涉外事项方面权限极小。如遇有涉外事项问题，邮务长应本"凡涉及领事及工部局等等之问题务应避免参与；即遇似属较在邮务范围以内之事，邮务长亦应免于自蹈或致邮政总局总办蹈与含有与领事或公使馆冲突之何项举动，惟应极力就地和平解决"的原则进行处理。③从该条规定可以看出，在邮政涉外事项上，邮政总局对邮务长的要求是避而远之。

1919年以后，邮务长主要围绕人事管理、业务兴革、财务支出履行职责。④

邮务长在人事管理方面权限如下：

凡三等一级及其以下各级邮务员工之奖惩，及退职事项，得由各区

<hr>

① ② ③　交通部、铁道部交通史编纂委员会编：《交通史邮政编》第一册，上海：民智书局1930年版，第215页。

④　1919年以后邮务长职责大体固定，几无变动。

邮务长按章审核办理；但裁退及退休者仍应呈报邮政总局核夺。

　　除署副邮务长、会计长、会计处资深人员，及一等局长外，邮务员佐如请给长期假，而假内所遗职务，毋须调派他区人员递补者，得由各区邮务长斟酌公务情形，分别按章准驳。

　　各区副邮务长、会计长及一等局长呈请不逾二十四日之事假，得由各该区邮务长，斟酌公务情形，分别按章准驳；并得遴派该区相当人员暂代职务，惟须随时呈报备案。

　　各区邮务局长每月内事假不逾三天者，无论在埠、离埠，职务得交邮区副邮务长或会计长暂代，毋庸先行呈准；惟须随时呈报备案；但此项事假仍按现章以每年二十四天为限。

　　各区邮务局长、会计长及一等局长应支之各项津贴，除须由总局令饬变更者外，得以各区邮务长援案发给；巡员津贴之增加，亦得由邮务长按章办理之。①

邮务长人事管理权限涉及所在邮区邮政职员的奖惩、退职（含裁退、退休）、请假、薪给、巡员津贴以及请假等事项。三等一级及以下班次各级邮务员工的奖惩与退职事项由邮务长按章办理，裁退与退休事项须呈报邮务长核夺。邮区内各级邮政职员请假由邮务长照章或准或驳，如准假，请假人员职务须另派人员代替；邮务长因假离开，职务由副邮务长或会计长暂为代理。邮员所应领取的津贴，亦由邮务长依章发给。

邮务长在业务兴革方面的权限如下：

　　增减各局功能志号，如"货一""货"，"空"，"快"，"轮"，"轮一"，"联"字等功能时，于不增加员工范围内，邮务长得酌于核办。惟须于变更后在本月份邮区事务月报内呈报，以便编入邮政局所汇编之补编内。

_____

① 顾锡章编著：《邮政问题详解》，上海：中华邮工函授学校发行，1936年版，第39、40页。

二三等局及其甲乙两级互相升降事,于不增加员工范围内,邮务长得酌于核办。关闭临时局所,变更邮路,及更改局所名称,更改最近电局名称等项,均得由各邮务长自行核办。惟均须于变更后在本月份事务月报内呈报,以便编入邮政局所汇编之补编内。

各区与承运人所订邮运合同,如因更换新约,内容毫无变更,或虽有变更,而原则无关出入;或邮运范围仅属乡村小路,或长途汽车合同,已有部颁规则可循者,均无须呈请核示,仅须于签订后,以副张迳寄总局经划处备查。惟通饬第四零七号及第一二九一号所订各条办法,须切实遵守,每季仍须依照向例,将所订新约,列入季报内呈送总局备核。①

邮务长在业务兴革方面的权限包含:在不增加邮务职员前提下增加各局功能志号与二、三等邮局及甲、乙两级相互升阶事宜;关闭临时局所;变更邮路;更改局所、最近电局名称等项。邮务长均可自行办理,仅须于月报中上呈邮政总局备案即可。与承运人签订邮运合同,如与邮务原则并无出入,邮务长自行处理即可,惟须事后将副本寄往邮政总局经划处备核。

邮务长在经济支出方面权限如下:

各区邮务长在不逾越预算范围之内,得依本办法之规定酌量开支。

各区邮局新订或续订租房契约,如比较原租金所增不逾百分之十(但其全年增加金额不得逾二百元),或所增金额,每年不逾百元者,得由邮务长核准。

凡购置局用家具,每次不逾五十元者,得由邮务长核准。

局有房屋、局用家具,及运邮船只车辆之修理;其他公用物之购置,每项不逾五十元;或租赁局屋之修理,每局每年不逾二十五元者,均得由邮务长核准。

① 顾锡章编著:《邮政问题详解》,上海:中华邮工函授学校发行,1936年版,第41页。

员工因公受伤之医药费用,不逾二十五元者,得由邮务长核准。

邮用帆布袋,各种制服旗帜等,由邮务长函供应处按照预算核发。

其余邮政支出,如印刷当地应用单册文具,扎束邮件之绳纸,修补洗染制服,运输邮政用具,零星办公费用,及运邮费用等,均由邮务长在预算范围内核准支付之。①

邮务长在经济支出方面权限主要是关于日常邮务所需各项器物的购置以及邮务员工因公受伤医药费开销等内容。各邮区邮务长在预算范围之内,可对邮区内所需费用酌量开支。邮区内邮局租房契约上涨不逾百分之十或不逾银元百元的,邮务长核准即可签订。各类邮用器具如家具、邮运船只、车辆及其他公用物购置价格不超过额定银元的,邮务长核准便可购置。邮用帆布袋、制服、旗帜等由邮务长函请供应处按照预算要求发放。至于邮政支出用度,如印刷当地应用单册文具、扎束邮件之绳纸、修补洗染制服、运输邮政用具、零星办公费用及运邮费用等,邮务长在预算范围内按照相应标准核准即可支付。

二、邮政业务机构

邮政业务机构主要指邮务管理局,一、二、三等邮局,邮务支局,以及邮政代办所等邮政组织。邮务管理局事务由所在邮区邮务长负责,已如前述,不再赘言。

(一) 一、二、三等邮局

一等邮局在邮区内的地位仅次于管理局,二等邮局稍次,三等邮局最次。每一邮区施行分段管理,界内"按照必要情形得划分为两段或数段,管理局为中心点之一段,其他各段均由一等邮局管理之"。②邮区内除管理局

---

① 顾锡章编著:《邮政问题详解》,上海:中华邮工函授学校发行,1936 年版,第 42、43 页。
② 交通部、铁道部交通史编纂委员会编:《交通史邮政编》第一册,上海:民智书局 1930 年版,第 212 页。

直辖的中心段外,其余各段均由各一等邮局管理。段内邮务局所皆由一等邮局管理,具体由一等邮局长负责。

二等邮局"乃系从前之支局及内地局以及其他各局所提升,分别隶于管理局或一等邮局,并监督三等邮局以及邮寄代办所"①。二等邮局多由支局、内地局改设,直隶于管理局或一等邮局,监督三等邮局及邮政代办所。

三等邮局多由二等邮局或邮政代办所改设。二等邮局邮政业务经营状况未能达到要求者往往被降为三等邮局,邮政代办所业务规模达到三等邮局时,便会提升为三等邮局。三等邮局管理权限多限于所在局内,职权微小。

邮务支局管理权限与三等邮局同,仅限于所在局内人员与局务。

一、二、三等邮局及邮务支局在邮政组织体系中处于经营邮政业务一线,各等局及其附设支局业务经营好坏直接关系邮政成败。邮政业务经营状况往往系于局长一职。各等邮局局长对内综理全局局务,对外应付公众,并随时处理各项临时事件,故各等邮局局长除负有服务精神与精明强干之才外,仍须注意分内各项职掌。各等邮局局长履行职责,专注于业务、财务、员工管理等三个方面。

各等邮局局长履行业务职责,须注意下列各项:

(一)邮件、包裹之收寄、分拣、封装、递交及稽查。

(二)信箱、信筒内邮件提取之稽查。

(三)邮件转运时间及方法之稽查。

(四)汇兑及储金之收付。

(五)信柜、信筒等设在地点与该地点交通变迁情形之注意。

(六)各邮路联络情形及投递时刻之比较。

---

① 交通部、铁道部交通史编纂委员会编:《交通史邮政编》第一册,上海:民智书局1930年版,第214页。

（七）所属区域内邮务发展与需要，情形之调查及报告。①

各等邮局长对局内经营的邮件、包裹寄递业务，储金、汇兑业务，邮政基础设施，区域内邮务情形调查等均须留意处理。邮件、包裹、储金、汇兑为一邮局业务四大纲，经营状况关系邮局业务经营成败，各等邮局长尤须注力于此。信柜、信筒、邮路、联络情形、办公时刻均关涉邮政业务，各等邮局长亦须尽心尽力。至于调查区域内邮务情形，呈报上级管理机构，本就是邮局长作为一局主管长官分内之事。

各等邮局长财务方面职掌，内容包含局内公款出纳，请领邮票、印纸，编制、发放各项账册与统计册，调查所在区域内金融情形、调拨款项方法、用度情况，考核汇兑、储金、运费、租金、售价票率，并缮具相应报告呈报主管机构，管理邮政公款等各项财务事宜。各等邮局长管理财务所须遵守条规，具体如下：

（一）所有本局一切公款之出纳，及邮票、印纸等之请领，应按照另订专章办理，并妥为保管。

（二）各项账目计算书及各种统计册报之编制及按期寄发。

（三）所在地方金融情形及调拨款项方法，费用之调查与注意呈报。

（四）汇兑、储金、运费、租金及售票价率等之考核，并随时呈报。

（五）所有邮政公款，非经管理局之令准，不得移存任何银行、钱号或转借外人，非按章及令准，不得擅自动用之。

（六）各局最高票款存额，如有不敷分配，得呈请管理局核准增加之。但不得多积浮存现金。②

各等邮局长谨守上项各条处理局内财务条规，处理上列各项财务事宜，

---

① 顾锡章编著：《邮政问题详解》，上海：中华邮工函授学校发行，1936 年版，第 55、56 页。
② 同上书，第 56、57 页。

确保局内财务事务井然有序地运行。

各等邮局长作为所在邮局局内最高行政主管,除应注意业务与财务两大事项外,还应从员工调遣、办事技能训练与品行考察,信差及工役制服整洁、保证书的检查与保管等方面致力于局属邮务职员的管理。①邮局长按照职员能力特点与职位要求调遣局属员工,监督局属员工工作态度。邮局长为求局属员工办事效率,得于员工入职前及在职时就各项邮务办理流程予以训练,在训练过程中对局属员工的个人品行进行考核,存簿备案后在事务报告与考核评语中依据实情填报。局属员工制服穿戴整齐与否,事关邮局形象,故邮局长须时时检查制服穿戴是否整洁。每一员工入局时均须交具保证书,此项保证书内容是否属实,保证书保管事项均属邮局长职责。上述邮局长对于局属员工的管理,亦是局内各项事项得以有序开展的保障。

各等邮局长均秉承管理局局长之命,综理局务,除按章履行邮局长职责之内各项事项外,切须注意自身的言行举止,以为全局员工表率,上行下效,维护邮政纪纲。

(二) 邮政代办所

充任邮政代办者不属于邮政职员序列,以殷实的商号主人充理。邮政代办人享有一部分邮政员役的权利,如受训权、实习权以及获得相应报酬的权利。邮政代办人经理邮政代办所应按所在邮区邮务管理局的规定从事经营。邮政代办人被选定后,应于委派之初,到主管邮局实习,或由邮局派员训练,学习如何经理各项代办邮政业务。邮政代办人应得之报酬,即月薪与津贴,由主管邮务管理局核定发给。邮政代办人薪给由固定报酬与寄件酬款两部分组成。邮政代办人固定薪水报酬自二元至十余元不等,寄件酬款以该代办所寄递的书信、汇兑、包裹的件数为凭,依件受款,不过款额相当有

---

① 顾锡章编著:《邮政问题详解》,上海:中华邮工函授学校发行,1936 年版,第 57 页。

限。邮政代办人因代办所改设邮局而停止职务，考核其平时办事成绩，如属优良，可按服务时间，每满一年，给予等于半个月薪额的奖金。①

邮政代办人除享有权利之外，更多是履行代办人的义务。邮政代办人办理邮务，应遵守邮政章则，服从主管邮局及邮务管理局巡员指挥。为保证邮政代办人不致中途携款逃离，代办人接受委派时，须取具两家殷实商号保证书各一纸，其保证金额总数，不得少于国币二百元。如若邮政代办人携款逃离，所携款项由保证人填补。如遇保证商号迁徙、闭歇或其主人亡故时，邮政代办人应立时报告主管邮局，并呈送新具保证书。邮政代办人应在自己经营的商号内置备一间房屋或地方，专事办理邮务。邮政代办人对于经办邮政事务，除已公布者外，不得向外宣泄。邮政代办所营业时间，以当地商号营业时间为准。邮政代办人待人接物，态度须谦和，不得假借邮政名义，干预超出职掌之事。邮政代办人经营各项邮政业务时，如改良各项业务或其环节，可向上级主管邮局或管理局直陈。邮政代办人对于其本地及邻近地方一切与邮务有关情况，应立即向主管邮局，详细呈报。邮政代办所发售邮票、明信片、特制邮简及印花税票，均应按照邮务管理局所定额数向主管邮局请领，所售上项票不得有其他来源；按其票面价值收受现款，如系辅币，应遵照邮务管理局核定公告的价率折合计算，不得擅行订率。邮政代办人不得利用邮袋装运私人物件。邮政代办人或其使用人或任何受其委办之人，对于代表所经管之各项邮件、包裹及邮政款项、公物，如有丧失毁损情事，除因不可抗力者外，概由邮政代办人负责赔偿。邮政代办人告退，须于一个月以前向主管邮局书面声请，但告退未奉批准，或虽经批准而尚未有人接替时，不得擅自停办邮务。邮政代办人如有违反规定，未将邮政款项与私人款项分开保管，且未详细照章造报账册，一旦被发现，即予以撤换；若其行为有触犯刑律者，即送请司法机关办理。②

---

①② 交通部：《邮政代办所规则》，1935 年 11 月 20 日。

邮政代办所之代办人履行邮政当局规定的各项义务远比享有的权利为多,且如有违规行为,即会受到相应惩处。即便如此,邮政代办所仍然是所有邮政机构中为数最多的一类,在北洋政府时期最多时有 9 719 处,遍布广大乡村地区。[①]为何会有如此多邮政代办人乐此不疲地经理邮政代办所呢?其原因须从邮政当局与邮政代办人两方面进行考量。

对于邮政当局而言,开办各等邮局及邮务支局皆须耗有相当的开支,且以上各等邮局基本设于城镇地区,业务触角无法深入广大乡村地区。邮政代办所弥补了这一缺憾,邮政代办所设于乡村地区,邮政当局可借邮政代办所向广大乡村地区尤其是农村地区推广邮政,扩大邮政业务经营范围与邮政的影响。更何况邮政当局除向邮政代办人发给少数薪酬外,盖无支出可言。如此费省而事成,何乐而不为呢?邮政代办人经理邮政代办所,办理各项邮政业务,其出发点并非获得邮政当局发给的微薄薪酬。邮政代办人的身份是了解这一群体经理邮政代办业务的关键。邮政代办人均为商人出身,本身即经营商业,此为其获得收入的大宗来源。此类商人借助邮政代办所经营邮政代办业务,可达到两个预期:"以邮递之关系,可招揽不少之主顾,此为彼本身业务计,一也;邮政信誉至佳,又得为邮政之代办机关,得增社会之地位,二也。"[②]邮政代办人经理邮政代办所、经办各项邮政代办业务,既能招揽主顾,扩大自己拥有的商号经营的业务,又能借邮政代办所提升自己的社会地位,诚一举两得之美差也。邮政代办机关薪水与酬款皆非常有限且非常低,其发展并不占用邮政资源,反而能扩大邮政业务、规模,确为可以大加推行之事。当然,充当邮政代办人的条件与其预期利益亦是有一种双赢的保障。

就邮政总局与各邮区邮务管理局之间的关系而言,邮务管理局为邮政总局的臂膀,分担邮政总局一部分行政管理权力,邮务管理局综理所辖邮区

① 交通部总务司第六科编:《中国邮政统计专刊》,南京:交通部印刷所印,1931 年版,第 29 页。

② 张樑任:《中国邮政(上)》,上海:商务印书馆 1935 年 10 月—1936 年 11 月印行,第 85 页。

内邮务,并参与邮区内邮政经营业务,为各邮区邮政局所的中枢;一、二、三等邮局,如其肢体,负责分理邮区内邮务;邮务支局为一、二、三等邮局的派出分设机构,实为一、二、三等邮局的肢体。邮政代办所、信柜等代办机构,又如邮政触须,深入并渗入一、二、三等邮局及邮务支局影响未及之处,扩展邮政业务范围,延伸邮务经营区域。如此中枢与肢体的组织构架,既组成了北洋政府时期较为完整的邮政组织体系,亦建构了北洋政府时期邮务系统的管理架构。

第三节　管　理　制　度

邮政管理制度,即邮政系统的行政运作机制,涵盖行政与监督两个领域。邮政管理在行政方面主要为上级邮政行政机关向下级邮务营业机关拨发以邮票为代表的印价票及下级邮务营业机关向上级邮政行政机关呈交出售印价票所得的银钱;邮务监督方面主要由自上而下的视察机制与自下而上的呈报机制两套体系组成。与邮政组织体系中央邮政系统、地方邮政系统的分类不同的是,邮政管理制度主要是针对地方邮政系统各级邮务机构,这些邮政管理制度规范是由中央邮政系统与处于地方邮政系统顶端的邮务管理局负责施行。即邮务行政机关管理、监察邮务营业机关,邮务营业机关向邮务行政机关呈报。

一、行政管理

邮政总局对邮政全局事务负总责,邮政行政管理即由邮政总局委托邮务管理局具体负责执行。邮务管理局邮务长在人事管理、业务兴革、经济支出方面权限已如前述,毋庸赘言。兹就邮务长在邮政业务管理方面事宜做一简述。

邮务长在邮政业务管理方面事宜主要是邮票、印纸的拨发以及钱款的拨汇。

（一）邮票、印纸的拨发

邮务管理局按邮区内一、二、三等邮局，邮务支局，邮政代办所，信柜，代售邮票处发售邮票及所需用的开发汇票印纸的定额直接拨给。管理局直接拨给定额的邮票及印纸，是指由管理局直接拨给每一等邮务机构，即如一、二、三等邮局所需邮票及印纸各有定额，代办机构所需邮票及印纸亦各有定额，当然代售邮票处仅拨给邮票，此等定额由管理局按照其业务需要核定，并直接拨给，并非如管理局拨给一等邮局，一等邮局拨给二等邮局般逐级拨给。一等邮局向二、三等邮局发拨邮票、印纸的情况，仅有怀宁一等邮局一处。原因在于，江苏、安徽两邮区合并为苏皖邮区时，怀宁一等邮局代行部分邮务管理局功能。管理局直接拨给邮区内所辖各级邮务机构是因为邮票及印纸均关涉钱财，如此一来便可防止一等邮局经手钱财过多滋生流弊。

邮务管理局如遇拨给一、二、三等邮局，邮务支局，邮政代办所的邮票及汇兑印纸或拨给信柜、代售邮票处邮票不敷使用时，一、二、三等邮局以及邮务支局、邮政代办所、信柜、代售邮票处均可向邮务管理局申请续领邮票或印纸。但申请续领邮票、印纸须遵照既定程序。一般而言，各级邮务营业机构须将所领定额邮票及印纸售卖款项直接寄呈邮务管理局负责管理会计事务的副邮务长（因一等邮局长地位与副邮务长相埒，故一等邮局在续领流程上是向邮务长声请续领，不过具体办理仍由管理会计事务副邮务长负责），并叙明续领邮票及印纸数额。管理会计事务副邮务长接到续领申请后，即将领款单交与管理局会计处票款稽核台，邮票台按数照发，并登记于"收发登记簿"内，以便稽查。管理局拨给邮票、印纸及各级邮务机构声请续领邮票、印纸流程即如图2-1。

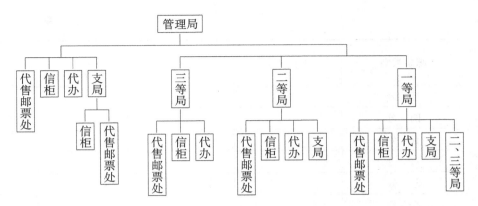

资料来源：张樑任：《中国邮政（上）》，上海：商务印书馆1935年10月—1936年11月印行，第96页。

图 2-1 邮区寄发邮票印纸程序

一、二、三等邮局，邮务支局及邮政代办所除邮务管理局拨发及声请续领邮票外，还可申请预领邮票。所谓预领邮票，是指一、二、三等邮局，邮务支局及邮政代办所可向邮局预先申请领取邮票，待邮票售出后将所售款项交付邮务管理局。一、二、三等邮局，邮务支局，以及邮政代办所于请领邮票时，须呈具预领邮票请领单，除详细列明邮票种类、明信片外，仍须将局所内所存邮票予以登记报告，以便管理局知晓情形防止发生滥领邮票弊端。邮票请领单格式如表2-2。

表 2-2 邮票请领单

_____等邮局/邮寄代办所请票单照第____号谨请____局发给下列邮票明信片等、欠资邮票（登入____月份账）

邮票类别	现存邮票	请 领	
		邮票数目	价 值
半　分			
一　分			
一分半			
二　分			
二分半			

续　表

邮票类别	现存邮票	请　领	
		邮票数目	价　值
三　分			
四　分			
五　分			
六　分			
七　分			
八　分			
一　角			
一角三分			
一角五分			
一角六分			
一角七分			
二　角			
二角五分			
三　角			
四　角			
五　角			
请领票价统共			
请领人： 　　　　　等邮局长 邮寄代办		发票单照号数（由核对存款人员填写）	

资料来源：张樑任：《中国邮政（上）》，上海：商务印书馆 1935 年 10 月—1936 年 11 月印行，第 90 页。

邮务管理局审查请票单后，如所请邮票数、明信片数、欠资邮票数及代办所现存邮票数、明信片数及欠资邮票数总和未超过"预付定额"邮票，则如数发给。邮政代办所预领邮票与一、二、三等邮局及邮务支局预领方法仍有区别。邮政代办所预领邮票是预付定额邮票。所谓预付定额邮票,是指邮务管理局依据邮政代办所缴纳的保证金及实际需要邮票数额,预先垫付一定额度的邮票,以便邮政代办所得以灵活周转业务,但为安全起见,此项预付定额额度一般不超过邮政代办所缴纳的保证金。

(二) 钱款的拨汇

邮务管理局向各级邮务营业机构拨款则由直拨与协拨两种。所谓直拨即邮务管理局依所属各级邮务营业机构用款需求,由管理局直接拨给款项。协拨即指邮务管理局指令邮务营业机构就近向用款邮务机构拨款。每一邮区内一、二、三等邮局,邮务支局,邮政代办机关的营业款项除去用度外,所余款项均须直接解缴所在邮区邮务管理局,如有管理局指令拨付邻近邮务局所应用,亦须直接协拨。邮区拨款系统如图 2-2:

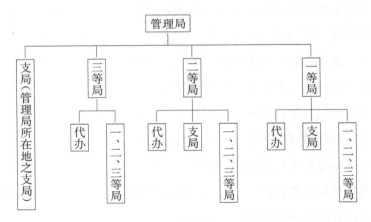

资料来源:张樑任:《中国邮政(上)》,上海:商务印书馆 1935 年 10 月—1936 年 11 月印行,第 98 页。

图 2-2 邮区拨款系统

一、二、三等邮局,邮务支局及邮政代办机构向邮区邮政管理局呈报局所账务时,均为直接呈报邮务管理局。每一邮区内一、二、三等邮局及邮务管理局所在地邮务支局以及邮政代办所、信柜等机构的一切账目,均由邮务管理局直接稽核查对,各等局所之间除其所属局所外,财务上并无隶属关系。邮区账务系统如图 2-3。

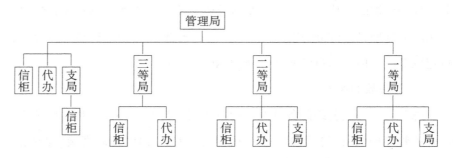

资料来源:张樑任:《中国邮政(上)》,上海:商务印书馆 1935 年 10 月—1936 年 11 月印行,第 99 页。

图 2-3　邮区账务系统

二、邮务监督

邮务监督在邮政行政系统内由邮政总局监督邮务管理局,在邮务营业系统内则由邮务管理局监督邮区内所属一、二、三等邮局,邮务支局及邮政代办机关。邮务监督方面主要由自上而下的视察机制与自下而上的呈报机制两套体系组成。自上而下的视察机制是指邮务管理局派出巡员对邮区内所属邮务营业机构进行巡视。自下而上的呈报机制包含两个方面的内容,一是邮务管理局按月、季、年向邮政总局呈报邮区账目报告,邮政总局即依此考核邮区邮务进展状况,透览全国邮务事宜;二是邮务营业机构向邮务管理局按月呈报局所账目报告,邮务管理局依据此项按月账目报告考核各局所营业情况及邮区内邮务情形。

（一）自上而下的视察机制

邮务管理局设有巡员视察所在邮区一切邮务。巡员,亦称视察员,分本地视察与内地视察二种,视察范围各有专职,已如前文所述。凡担任邮务管理局巡员之职者,须熟练掌握分内之事,办事任劳任怨,谨慎从公。巡员视察邮务,须从普通职务、调查、划一局内办公手续、邮务之扩展、报告等五个方面入手。

1. 普通职务

巡员普通职务计分三项："甲、调查管理局所属各局视察服务优美者,有否予以鼓励以及相当之诱掖,其有舛误及弊病情事曾否予以举发;乙、筹设并保持全区邮务划一办法;丙、设立新局,开创邮路,体察所经各地方之所需,条陈一切,以便酌量推广邮务。"①巡员视察邮务时须随身携带委任状,以为巡视邮务凭证,巡员每到一处邮务局所应于未举行调查之前,将随身携带的委任状向该邮局长或代办人出示。巡员履行普通公务时应自寻住所、自办食宿,不得接收邮局员役及邮政代办人的任何礼物或在其处食宿,如有食宿事情发生,须将每日津贴付给该邮局长或邮政代办人。如巡员视察邮务时遇有特殊情况须从由邮局垫支公款,须将此事报知邮务长并确保所支款项已登录垫支邮局解缴管理局款项内。巡员履行普通职务时对待各局所人员应礼貌谦逊,在和煦氛围中考核邮局员役的邮务知识。巡员巡视邮务局所时应严守邮局长发给的公函,如若此公函内容显系秘密情事,则一概不得外泄。如有宣泄事情发生,巡员须承担相应的责任。

2. 调查

巡员调查职务内容最为广泛、牵涉领域最多。巡员视察邮务局所时须从调查邮局及邮政代办所、巡员自守秘密、行程必须严密、周巡之前应先查悉存款详细数目、密查、调查局内账目、核对所存现款及邮票数目、调查汇票事务、邮务弊端、调查局员及查验保证书等项、随时更新通告、负愆邮员、局所之容积及情形、调查局内家具邮袋文具等件、查验查单及验单之登记簿、查验无法投递函件、调查统计、调查档案等方面着手进行。巡员视察邮务时行程必须严密不令邮局人员或代办人知晓,巡视之前应先查看邮局或代办所内详细存款数目。巡员查看局所内账目、现款及邮票数目、汇票事务等与账目相关内容时应单独查核,不允邮局人员或代办人在旁。巡员还应查看

---

① 交通部邮政总局编纂:《邮政纲要》,"邮务视察员规则",1941 年重印。

邮局或代办所业务统计是否按规定格式填写,档案有否妥善保存以及局所情形、邮用器具是否完好且敷邮用。巡员如发现邮局或邮政代办所局务有待改进之处,当即令邮局长或代办人改进。巡员如发现有邮局人员舞弊情事,须查核清楚舞弊详情,并报知邮务长。如查出凡有舞弊情事者为邮局长,巡员立即撤销邮局长之职,暂领邮局长直至管理局新派邮局长履职时止。

3. 划一局内办公手续

巡员划一局内办公手续共有四项,分别是统一办公手续、划一局所外观、训练邮政代办、邮件包封之搬移。统一办公手续亦有两层含义。其一,所有同一邮区内邮局及代办所应遵循相同的办公方法;其二,向邮局人员申明所有邮政员役升迁晋级加薪的标准均先论办事能力后计资历。①巡员依次鼓励邮局人员及各邮局、代办所之间营造办事精善、奋发努力的氛围。局所外观划一,是指巡员巡视邮务局所时应尽量促成同一邮区内外观上彼此相似,局所内外整洁干净,邮用招牌式样统一且悬置于显明之处,查看邮政员役办公时是否穿着统一服装。训练邮政代办则指巡员在巡视邮政代办所时应训练新设邮政代办所之代办人,使其堪以熟练履行邮务。邮件包封之搬移,则是要求巡员在巡视邮务时,遇有火车、轮船等装运邮件,应查看装运之法是否妥当、邮件是否安全,以及所有邮件是否按时投递。

4. 扩展邮务

巡员扩展邮务职责,主要包含谒见官府及邮政之保护、开设邮务局所、条陈较良及较省之邮班事务。巡员巡视地方邮务无论是视察邮务局所还是开设新局所,均须往局所所在城邑地方官处拜访,以请求官府保护赞助邮政事业。此外,巡员还须走访银号及商铺阐明邮政便利,推销邮政。巡员如奉委派至某处开设新局或邮政代办所,须尽力妥善处置。如新开邮局,巡员应于繁华地方购置或租赁可供使用的屋宇,租赁房屋应保证租价不高于当地正常租价。如

---

① 交通部邮政总局编纂:《邮政纲要》,"邮务视察员规则",1941 年重印。

新设邮政代办所,巡员须于有声望及营业属于繁盛的商铺中择取,并请地方官绅襄助。巡员还应尽力训练代办人使之熟练应对邮务。所有新开局所情事,巡员均应颁发通告,俾使当地民众及机关团体知晓。条陈较良及较省之邮班事务是巡员视察邮务时必须留心之事。缘于巡员视察邮务必定对所巡视区段内邮班事务较为了解,邮班事务优点何在、存在哪些问题、如何改良等问题,巡员均较他人熟悉,故可针对区段及邮区内邮运情形,提出改良条陈。

5. 报告

巡员视察邮务时须缮具巡查报告,即巡员日记。巡员于视察邮务时随时备具日记一本,将巡查情形、报告资料及所耗费用逐日详细登记,用于巡视完毕时,缮具业务报告书。巡员应于日记本内用华文登记各项巡查详细情形以便日后再次巡查时备作参考。此项日记本共五十页,巡员所巡视之各局所均须留存一份。巡视报告书均为管理局及邮政总局参考的重要文件,其中各项确实可靠的条陈更是改良邮务之泉源与将来邮务具体操作之规章,故此报告书缮写均须条陈缕析简明扼要。

巡员巡查时履行上述五项职务,"确能察觉及减少弊情,通管理局与各局之声气,免彼此之隔膜而利邮政之革进"。①巡员制度在管理邮务方面确有其优越之处,但亦须注意的事实是,巡员巡查邮务时耗费颇多,是邮政的一项固定开支,随着巡查频率提升,耗费日益加繁也是不争的事实。倘若巡员稽查疏忽,不恪尽职守,致不能发觉舞弊情事,潦草签字完结巡事,如若将来发现弊端,巡员亦应负其责任。②

(二) 自下而上的呈报机制

自下而上的呈报机制是由下级邮务机构向上级邮务机构呈报财务账目报告,上级邮务机构可依此财务账目报告把握全邮区乃至全国邮务事宜。自下而上的呈报机制由一、二、三等邮局向邮务管理局呈报与邮务管理局向

---

① 张樑任:《中国邮政(上)》,上海:商务印书馆1935年10月—1936年11月印行,第101页。
② 同上书,第103页。

邮政总局呈报两个层级组成。

1. 一、二、三等邮局向邮务管理局呈报财务账目

一、二、三等邮局向邮务管理局呈报财务账目系指一、二、三等局按月向邮务管理局呈报各项账目,以便邮务管理局知悉所属局所状况。一、二、三等局呈报管理局最重要账目,莫过于每月造报的"收支决算总账",该账分营业收入与营业支出两大项。收入项共有六款,具体分类如下:

(1)邮政营业收入

(2)储汇营业收入

(3)代汇代收各款

(4)存簿储金

(5)邮票储金

(6)互拨款项①

营业支出项亦有五款如下:

(1)邮政营业支出

(2)储汇营业支出

(3)代兑代收各款

(4)存簿储金

(5)互拨款项②

上述收支各项之下又分数目。上述收支各项即为一、二、三等邮局呈报管理局的基本账目,账目内容包罗一、二、三等邮局一切收支数目。收支决算总账虽包罗收支数目,然却过于笼统,并无具体细节。如邮务局所上月各种票券结存多少、本月收到几何、本月出售及剩余数额,于总表内均无法得知。

邮务局所收支总账内,每月仅录收支总数,由于未有相应的结存数目,收支总数是否详实可靠,并无保证。为便利稽核起见,一、二、三等邮局在呈

---

① 张樑任:《中国邮政(上)》,上海:商务印书馆 1935 年 10 月—1936 年 11 月印行,第 99、100 页。

② 同上书,第 100 页。

报收支决算总账时,尚须附具票款暨现金出入总结及余存账、各种清单、薪水单、邮政出版物季结(每季附呈)、银行存款凭证、汇换银钱盈亏誊清账、存款及总结每日账目清单、互换公款誊清账、揽收邮件酬报单、旱班及民船包运邮件、费单、零星运费单等各式单据,单据格式由邮局印定。其他如旅费、邮用器具添置费等亦均须附入收据,作为凭证。

一、二、三等邮局所管辖的邮务支局及代办所收支账目,直接列入其管辖局收支账目之内,由管辖局一并呈报邮务管理局。

至于邮政代办所收支月账分类与一、二、三等邮局收支账目相类,亦分收方与支方。邮政代办所收入项下含邮票、明信片受款,主管局协拨款项。倘若邮政代办所辖有信柜,信柜收入亦应一并列入。邮政代办所支出款项有代办薪水、解缴主管局款项,如有管辖信柜,信柜薪水亦一并列入。邮政代办所如有"预付定额邮票",亦须列入代办所账目。邮政代办所账目登记表见表2-3。

表 2-3　邮政代办所账目登记表
中华民国＿＿年＿＿月＿＿邮寄代办所账目

由管理局预付定额邮票	收　入		支　出		兑换行情		
						邮政定价	市价
	元	角分	元	角分	小洋		
入本代办所月售出邮票进款					铜圆		
代办管辖信柜售票进款					制钱		
该管辖局发来弥补开销不敷之协款					呈报人 邮寄代办人		
由本代办＿＿月份薪水＿＿							
代办管辖信柜＿＿处酬报(随信柜酬报单＿＿份)					核对人		
缴该管局盈余款					＿＿等邮局长		
统计							

资料来源:张樑任:《中国邮政(上)》,上海:商务印书馆1935年10月—1936年11月印行,第92页。

表内兑换行情一栏是为防止不正当行为及便于稽查起见,该账目内印有兑换行情。邮政代办所账目表呈报主管局时,须备两份;一份由主管局保留以备查核,一份由主管局附于收支决算总账内呈报邮务管理局。

2. 邮务管理局向邮政总局呈报财务账目

管理局呈报邮政总局之账目,计有每月、每季及每年呈报三种。"每月呈报者,名为财务月报(District Financial Statement);每季呈报者,名为邮政账目每季决算书(Quarterly Abstract of Account);每年呈报者,名为管理局及所辖各局所 XX 会计年度邮政储金汇业营业报告(Financial Results of Each Postal Establishment)。"①兹分别述之。

各区财务月报,由各区邮务管理局呈报邮政总局会计处,财务月报内有管理局财务账目收支总数,凡邮局损益账、存簿储金账、定期储金账、现金账、邮局投资账、储汇局投资账、放款透支账、邮局暂记账、营造及产业账、邮局应付未付账、邮局暂收账、奖励准备金账、储金邮票账、邮政划条账、属局在途金账、国内汇票及代收货价账、国际汇票及代收货价账等,无不应有尽有。②邮政总局依据各邮区管理局所报此项财务月报,即可明了各邮区邮务管理局财务状况,并对全国邮政财务状况了然于胸。

邮务管理局每季度缮具邮政账目每季决算书,分营业支出与营业收入两部分内容。营业支出下,分员役、办公费用、运输邮件包裹费、赔折之款,共四项;营业收入项下分售票进款、立券寄费、发售邮政出版物之进款、杂项进款、特别收入,共五项。每项之下,又分"目","目"之下,又详分"节"。③该决算书为邮政总局了解全国各邮区营业收支状况的依据,并依此编造邮政总决算书。

邮务管理局除按月呈报财政月报以及按季度呈报每季决算书外,尚须

---

① 张樑任:《中国邮政(上)》,上海:商务印书馆 1935 年 10 月—1936 年 11 月印行,第 106 页。
② 同上书,第 106、107 页。
③ 同上书,第 107 页。

呈报年报,即管理局及所辖各局所会计年度营业报告。年报包含八栏:局所、局所类别、收支数、各局互拨数、每月收支平均数、所辖代办所每月邮件平均数、所辖代办所每月邮件酬劳金、备考。①邮政总局依据各邮区邮务管理局呈报的年度营业报告,即可理解一年内全国邮政进行状况,并依此编纂年度邮政事务总论。

邮务管理局按月、季度、年呈报邮政总局的报告,内虽含各邮区每月、每季度及每年邮政财务及事务情形,然各管理局呈报邮政总局时均属"撮要列明并只将事实简略声述"②,仅为邮务管理局大概情形,并非事无巨细。故邮政总局依此并无法获得各邮务管理局财务及邮务进展确切情况。何况邮务管理局呈报各项报告只是筛选过后的数据,其真实性亦无法得到完全保障。此问题在北洋政府时期并未得到很好的解决。③

小　结

本章内容通过对邮政组织体系、邮务机构权限及管理制度的梳理,可就以下问题拟作一探讨:

邮政组织制度的完整性。邮政组织制度以邮政组织体系为框架,形成了部内、部外两套邮政组织架构。部内,即交通部内;部外,即交通部下辖地方邮政机构。交通部部内邮政组织体系由交通部、邮政司、邮政总局组成,其中邮政司与邮政总局虽未明确地位区分,但邮政司却实实在在地充当交通部与邮政总局的中转机关。部外邮政组织由邮政总局,邮务管理局,一、

---

① 张樑任:《中国邮政(上)》,上海:商务印书馆 1935 年 10 月—1936 年 11 月印行,第 108 页。

② 交通部邮政总局编纂:《邮政纲要》,"邮区事务月报",1941 年重印版。

③ 此问题是在南京国民政府时期解决的。南京国民政府时期,邮政总局派出视察员视察邮务管理局,与邮务管理局视察所辖邮区内邮务局所的巡员形成两级视察制度。

二、三等邮局,邮务支局,邮政代办机构等邮务机构组成。邮政总局充当了部内邮政组织与部外邮政组织的衔接机构的角色。部外邮政组织内又以邮务管理局为衔接机关,连接邮政行政机关与邮政营业机构。邮政组织经过部内、部外邮政中间机构的串联,形成完整的邮政组织体系,奠定了构建邮政组织制度的基础。

以邮政总局、邮务管理局为核心的邮政管理制度。部内邮政机构为纯邮政行政机构,负责督理全国邮政事务、制定邮政发展策略、经划邮政发展方向,并不参与具体的邮政业务经营。邮政总局综理全国邮务,为邮政行政机构中具体负责邮政运营的机构。地方邮政系统除邮务管理局兼跨有行政管理与业务经营外,一、二、三等邮局及邮务支局、邮政代办机构均为纯粹经营邮政业务机构,处于邮政业务一线,无行政管理职责。各邮区邮务管理局是地方邮政管理制度的中枢。各邮区邮务管理局上承邮政总局管辖邮区内一切邮务,总管邮区内行政与监督事宜。邮票、汇兑印纸的拨给及其售卖后银钱的呈交,均由邮务管理局负责,并汇总至邮政总局。邮务监督方面自上而下的视察机制与自下而上的呈报机制,均以邮务管理局为中枢。巡员由邮务管理局邮务长派遣,视察结束后向邮务长汇报事宜;各级邮政营业机构向邮务管理局呈报邮务相关报告。

监察制度的缺失问题。邮政管理制度中,邮务管理局权限非常之大,凡涉及地方邮政事宜,均由其总管。邮务管理局兼行政与营业两重职责,将行政管理与业务经营合为一处,可就地方邮务及管理各项事宜条陈邮政总局,俾使总局了解邮务,是邮务管理局的优势所在。但北洋政府时期,邮政总局赋予了邮务管理局相当的权限,却未有相应的监察机制。邮务管理局邮务长具有在邮区做大的资本,也就无法避免滋生弊端,监察缺失问题至为明显。这一问题正是南京国民政府时期邮政总局设立视察员视察邮务管理局、邮务系统实行两级视察制度的原因所在。

邮政司与邮政总局的定位问题。邮政司与邮政总局均为监督管理全国邮政事务的主管机关。两者之间并无明确职务划分,地位亦无高下之别。邮政司所辖四科职责多与邮政总局下设各处有重合之处,且遇有职掌重合之处多以邮政总局执行,由此导致邮政主管机关不明的问题。"于外表上观之,邮政司设于部内,且根据行政系统主管当属于邮政司;就实际观之,则一切邮政设施及计划多由两总局草拟,由部核定,则主管似又属于两总局。此种组织,徒增行政之手续,徒费公文往返周折之时间,且国帑亦因之而耗损。故无论于何点观之,均有改良之必要也。"① 邮政司在行政上确与邮政总局有重复之处,诚如张樑任所言不无缺点。在交通部与总局之间加一中间机构,于监督上倒也非绝对多余。邮政司长兼任邮政总局局长,可将部内与部外联系在一起。不过正是这种看似重叠的设置,却在一定程度上解决了清末遗留的邮政管理权问题。在交通部与总局之间加一中间机构,可将部内与部外联系在一起;重叠的职权使得邮政总局与邮政司就某些邮务进行商讨,加之局中公事均由兼任邮政总局局长的邮政司长核行,一定程度上起到划分邮政总办职权的功效,缓解了邮政总办总揽一切邮务的状况。邮政司与邮政总局的定位问题在北洋政府时期一直未能得到解决。

　　邮政代办机构地位与待遇。邮政代办机构有邮政代办所、信柜、代售邮票处等,其中信柜分城镇信柜及村镇信柜,代售邮票处即由城镇信柜发展而来。代办机构本意为补救邮政局所未能遍及广大农村或偏远地区而设。邮政代办机构负责人本业为商人,经营商业是其收入大宗来源,基于扩大经营和提升社会地位的考量,办理代办业务。但是代办人代办收入微薄,须提供专门地方办理代办业务,并向主管邮局汇报本地及邻近地方邮务情形;各项经营业务或邮用公物如有闪失,均须代办人负责赔偿。如邮政代办所经营有方,该处代办机构即会升为三等邮局,由邮政当局派员办理,代办人不再负责;如经理不善,巡员巡视时便会予以相应的惩处;邮政业务经营过好或

---

① 　张樑任:《中国邮政》,上海:商务印书馆 1935 年 10 月—1936 年 11 月印行,第 48 页。

过差对代办人均无裨益。何况邮政代办人申请办理代办业务还须觅具殷实铺户作为保家进行担保。邮政代办人所需履行的义务远较享有的权利为多。邮政代办机构补救了邮政局所未能遍及的不足,却未能获得相应的地位及待遇。

中央邮政系统纯为邮政行政机构,负责督理全国邮政事务,制定邮政发展策略,经划邮政发展方向,并不参与具体的邮政业务经营。地方邮政系统除邮务管理局兼跨有行政管理与业务经营外,一、二、三等邮局及邮务支局、邮政代办机构,均为纯粹经营邮政业务机构,处于邮政业务一线,毫无行政管理职责。各项邮政业务的有序开展离不开行之有效的业务制度规范。

第三章
邮政业务制度

　　根据不同的划分标准,邮政业务有不同的类别。邮政业务按性质,共分邮政专营业务、邮政兼营业务两类。邮政专营业务是指《邮政条例》中明确规定的由国家专营的信函、明信片业务。邮政兼营业务主要指寄送业务、银钱业务与代理业务。寄送业务由新闻纸类、刷印物类、贸易契类、商务传单、货样类、包裹类各项寄送门类组成;银钱业务即为储金与汇票两项业务。代理业务是指邮政营业机构代理的售卖印花税票、代订刊物与代购书籍等业务。如按寄递手续划分,又分普通邮件、挂号邮件、快递邮件、代收货价邮件、保险邮件以及存证信函等各项业务。邮政业务开展的成功与否是邮政事业发展前途的关键之所在,各项邮政业务的有序开展离不开行之有效的业务制度规范。

第一节　按性质分类

　　邮件按性质分类,分为邮政专营业务、邮政兼营业务两类。每类业务之下,又分小类。邮政专营业务,有信函、明信片两类。邮政兼营业务,又分寄送业务、银钱业务与代理业务三类。寄送业务、银钱业务与代理业务之下又细分具体邮政业务。每一类邮政业务均有其办理流程与需要遵守的业务规范。

一、邮政专营业务

邮政专营业务,是指由邮政垄断经营的业务,其他任何团体、组织及个人均不得经营。《邮政条例》开宗明言:"邮政事业专由国家经营,信函、明信片之收取、寄发及投递为邮政事业。"[1]邮政专营业务的范围即专指信函、明信片的收取、寄发与投递。

(一) 信函类

信函是指经由邮局所寄的邮件作为信函类纳费寄递,并不仅指普通书信而言。[2]信函类邮件可从邮件内容、寄件形式、寄件价值三个方面,予以判定。其一,以邮件内容为标准。凡寄件属于事实及个人之性质者,无论全文或一节系用笔所书或由打字机及他项相同之法所缮,即按信函类纳资寄递。其二,以寄件形式为标准。无论封固及开露以及其余邮件之包封,如封固不能验视者,统照信件之资例交纳邮资。其三,以寄件价值为标准。凡封套装有已经签押之银行支票、银行汇票或各项刷印之纸,具有银钱价值之表示者,或已用未用之邮票压印之信函或电报等项,亦均按信件类纳资。[3]

邮寄信函时应注意以下三点:第一,封面之姓名住址务求详细,字迹切忌潦草,免使邮局分拣投递不易辨认;第二,信封或封皮应择质料坚固者,免使装运时擦破,而致无法投递;第三,邮票须固贴于封面左角上,以免脱落,而便销盖。[4]

信函类邮件重不得逾五公斤,至于尺寸一项,凡信函因其尺寸不能装入邮袋者均不收寄。寄往国内信函无论挂号与否均须先付邮资。寄往外洋已入邮会各国之信函,如挂号者须先将邮费付足;若系寻常信函,其邮费付足

---

① 大总统教令第三十二号:《邮政条例》,1921 年 10 月 12 日公布。
② 顾锡章编著:《邮政问题详解》,上海:中华邮工函授学校发行,1936 年版,第 88 页。
③ 《邮政章程》,1922 年版,收录于交通部、铁道部交通史编纂委员会编:《交通史邮政编》第一册,上海:民智书局 1930 年版,第 137 页。
④ 顾锡章编著:《邮政问题详解》,上海:中华邮工函授学校发行,1936 年版,第 90 页。

与否任听寄者之便。但未曾付或未付足费之信件,即按欠资办理。所寄信件重量超过五百公斤时,必须预先付足邮费,否则不允收寄。寄往未入邮会各国信函,于寄件时须将邮资预先付足。

挂号信函除照纳邮费外,不论重量、价值、尺寸,国内除蒙古、新疆者一律加收挂号费五分,往来蒙古、新疆者一律加收挂号费一角,寄往日本者加收挂号费七分,寄往日本以外各国加收挂号费一角。挂号信函如需掣取收件人或投寄局回执(即双挂号),于挂号费外另加回执费。国内除蒙古、新疆者一律加收回执费五分,往来蒙古、新疆者一律加收回执费一角,寄往日本者加收回执费三分,寄往日本以外各国加收回执费一角。掣取回执单据的目的在于确认所寄信函确已递交收件人。

(二)明信片类

明信片分国内互寄与寄往国外两类,国内互寄又分就地投送界内与各局互寄两种。寄往国外的明信片专寄国外,国内互寄中就地投送界内一种是指仅在每一邮务管理局所辖区域内寄用的明信片,各局互寄是指各邮务管理局之间互寄使用的明信片。每一种明信片分单双两类,双明信片系两片明信片连成,一片由寄者书写,另一片由收者答复。国内互寄的明信片亦可用于寄往国外,寄用时只需于明信片上加贴足额的邮票即可。明信片的优势在于寄费低廉,且无须购用信封信纸,简短无秘密的通信用明信片最为合适。

明信片根据来源又有官制与私制之分。官制明信片由邮局所造,其邮票即用印于票之正面,表明邮资之数;私制明信片为私家所造或备私家之用,其上不用邮票,仍须黏贴邮票以作邮资。无论官私制造的双明信片,明信片正面均须印有邮政明信片字样;私制的单明信片则无须如此。

明信片一般用纸板或不碍办事手续的质料制造,明信片之尺寸至大者长不得逾十四公分,宽不得逾九公分;至小者须长及十公分,宽及七公分。

寄递明信片时,邮票应贴于明信片正面上端右角,收片人之姓名住址及如何投递等字样均须明确写于明信片正面的右半幅,明信片后面及正面左半幅可由寄片人黏贴宽不得逾二公分长不得逾五公分写有收片人或寄片人姓名住址的签条,但此签条须以薄纸写就,且全行黏于明信片的后面或正面的左半幅。

国内互寄的双明信片应于第一片与第二片正面印有邮政明信片等字样,双明信片之各半片其制印各法须照单者办理无异,只将上下两片叠合。寄双明信片者可将其自己姓名住址书于回片之正面或黏贴签条书写亦可。寄往外洋各国的双明信片应于第一片正面用法文印就"Carte Postale avec re'ponse paye'e"字样,标明已经付足寄回邮资;第二片正面亦用法文印就"Carte Postale re'ponse"字样,表明此片为回片。所有第一、第二两片邮寄办法均与单明信片相同,上下两片叠合,不得于周围黏固交寄。寄双明信片者可将其自己姓名住址书于回片正面或黏贴签条均可。双明信片的回片须用发片国邮票预行缴纳邮资,此项明信片从原寄国收到时必须两片相连并未撕开,并于回片寄回时,仍系由原投递国邮局缴回原寄国,其预付资费始能有效,否则即按未付邮资者办理。各项明信片如不按以上所定的字样、尺寸、格式等项办理,一律按信函类收取邮资。所有邮寄的明信片必须露寄,不得装入包皮或封筒之内;否则即按信函类收费。当然,明信片上如缮写秽亵淫邪讪谤谩骂等字句或言词或有折叠、剪裁及以他法更改的情况,此类明信片均不予以寄递。寄往国外的明信片,如片上印有模仿邮票花样者,不得向美国、比利时、埃及、英国、瑞典、瑞士等国发寄。

寄递明信片时可照章挂号,挂号明信片办理流程与信函类同。但双明信片的回片,寄件人不得先为挂号。

二、邮政兼营业务

邮政兼营业务系指邮政兼营之财货流通及为其他机关代办之业务,私人团体亦得经营之。[①]换言之,即邮政专营业务以外的业务。邮政兼营业务

---

① 顾锡章编著:《邮政问题详解》,上海:中华邮工函授学校发行,1936 年版,第 90 页。

由邮政寄送业务、银钱业务与代理业务组成。《邮政条例》就明定邮政机关除专营邮政事业外得兼营"报纸、书籍及其他印刷物，货样及贸易契据，其他可以递送之件，汇兑、包裹、储金"等各项业务。①

(一) 寄送业务

邮政兼营寄送业务由新闻纸类、刷印物类、贸易契类、商务传单、货样类、包裹类各项寄送业务组成。邮政各项寄送业务均有相应的规章以规范业务的开展。本节从各类寄送业务范畴、封装、寄递和寄递注意事项等流程对相应业务制度予以细化。

1. 新闻纸类

新闻纸共分三类，一为平常新闻纸，一为立券新闻纸，一为总包新闻纸。平常新闻纸是指在中国境内报馆及其他出版机关出版的报纸及刊物，已向邮局平常挂号而享新闻纸类交寄优益者。②平常新闻纸寄费较印刷品低廉。立券新闻纸是指在中国知名报馆及出版机关出版的华文或洋文新闻纸，每期出版不逾十日，数目在五百份以上、每份在十公分以上者，可向邮局挂号享受立券的利益。③立券新闻纸寄费较平常新闻纸更为低廉且迅速。总包新闻纸是指在中国知名出版机关出版的华文新闻纸，寄往轮轨所通而又派有经理人之处，可向邮局挂号订立合同作为总包新闻纸交寄。④总包新闻纸主要是便利报馆将所刊报纸寄往外埠经理人。因为报馆到邮局向派有经理人之处寄递报纸时，无须每份书写收件人的姓名住址，只要装订成捆，即可交寄。

新闻纸类邮件的寄交必须至所在邮区邮务管理局挂号，交局寄递的新闻纸应按指定的出版日期挨次编号，装订时不用木板布皮等套或他项坚实物质装订，以散张成帙为宜。新闻纸寄往外洋如系寄往已入邮会国家应按

---

① 大总统教令第三十二号：《邮政条例》，1921 年 10 月 12 日公布。
②③ 顾锡章编著：《邮政问题详解》，上海：中华邮工函授学校发行，1936 年版，第 92 页。
④ 顾锡章编著：《邮政问题详解》，上海：中华邮工函授学校发行，1936 年版，第 93 页。

刷印物纳费,如系寄往未入邮会之国应按每五十公分收费五分,其余手续悉照刷印物类办理。新闻纸寄往国内及未入邮会各国,邮寄资费均须预付;新闻纸寄往已入邮会各国,邮寄资费虽非必须预行付足,至少亦须按照邮局相关规定预付一部分。至邮局交寄时,平常及立券新闻纸每包重不得逾二公斤,长、宽、厚各不得逾四十五公分;如系捆束成卷,径宽不逾十公分,长可至七十五公分。新闻纸或一份单寄或数分总捆成包寄递时,捆束时应以包封内装新闻纸易于查验为宜,不得将包封完全封固。新闻纸包封之上只准书写寄件人、收件人姓名住址,新闻纸具体的名称以及无法寄递时如何处理等内容。外国新闻纸如果有外国挂号标记表示在该国为挂号新闻纸类,亦可按照新闻纸类纳费交寄。

除上诉寄递注意事项外,每一类新闻纸均有相应的邮寄手续。

平常类新闻纸交寄时,须将下开各款逐一报明。

报纸名称(华文或洋文)、主笔及馆主姓名、发行处所、几日一期。

每期发行若干份,如系业经出版并应随呈一份或数份作为式样。

若经邮局准为挂号,应将(中华邮政特准挂号认为新闻纸类)等字排印于该报名目之下,与号数日期同列一行之内。倘主笔及馆主姓名与几日一期两项,无论有何项更改必须呈请重新发给执据;发行处所与每期发行份数,如有何项更改,须将执据缴呈改正。

平常新闻纸大抵系以一份寄一处,黏贴邮票交邮局按平常邮件寄递投送。[①]

立券类新闻纸交寄时,须呈具三项内容。其一,寄交份数及重量。每期交由邮局投送本埠、外埠各多少份、每份的重量。其二,寄费。邮费按每次交寄份数(或系一份一寄或系数份作为一束)核算。本埠每一百公分收费银元五厘,外埠每五十公分收费银元五厘。按月所计邮费共系若干,准其扣减

---

① 《邮政章程》,1922年版,收录于交通部、铁道部交通史编纂委员会编:《交通史邮政编》第一册,上海:民智书局1930年版,第142页。

百分之二十。其三,注意事项。立券新闻纸交寄时须将"中华邮政特准挂号立券之报纸"字样印于报纸名目之下,并呈平常挂号执据及报纸三份以作式样。按月邮资应尽次月初五日以前清付。倘于所限期期内未经如数照缴,即将该报停收,俟所欠邮费清付后,再为收寄。报馆应以等于一个月邮费款项预存邮局,此项存款之数目得随时更订。俟经该报馆函请终止立券契约时,如邮费截至终止之日业已付清则原存之款即准发还。凡遇捏报违章等弊,得将该款一部或全数没收。每次交寄报纸应随附报馆主笔签字及标书日期之小条一纸,开明本埠共计若干束、若干份,外埠若干束、若干份。此项小条装订成簿,由邮局供备。每束重量不得超过二公斤。报纸送交邮局投送由邮局加盖特别戳记,即可在本部投递或寄往凡有邮局之处,一概无需再纳邮费。

总包类新闻纸,适用于轮轨汽机所通且派有经理人之处,除上述邮寄平常及立券新闻纸所需注意各项,如寄交重量、随呈式样及寄费办法外,交寄时仍须呈具下列各项内容:

新闻纸挂号时应将"已在中华邮政挂号按照总包特别优益寄送之报纸"字样印于报纸名目之下。交寄之时必须至少以每五十份结束成捆装于框内。惟不得每件折卷,亦不得每件分交各人,所有每捆、每框,应将寄往处所之地名显明书写。

总包新闻纸必须在发行之钟点后二十四点钟内交寄。

总包新闻纸如由轮船运送系按此预定双方便利办法,在指定之轮船上由该报所派切实经理人手内收寄,无须海关准单。至寄抵时,亦按该项办法交由该报指定之经理人接收。其由火车运送者,大抵必在邮局交寄。惟经邮务长核准,亦可在火车上邮局专间逐交逐收。

邮费按每份重不逾一百公分收取银元一厘,续加之每百公分亦按银元一厘收纳。①

---

① 《邮政章程》,1922年版,收录于交通部、铁道部交通史编纂委员会编:《交通史邮政编》第一册,上海:民智书局1930年版,第144、145页。

总包新闻纸相较于平常及立券新闻纸寄递办法,细化了总包新闻纸寄递包封方法,增添了交寄时间,借助轮船、火车寄递时寄、收手续等相关内容。

2. 刷印物类

刷印物一类包含内容较广,下列各类交邮局寄递之件,均属于刷印物范围。

书籍或缝订或装订者。

各项小册。

印就之音乐谱。

各项名片。

各项刷印物印出送核之件,无论是否附有写本之原稿者。

以纸压印点记或志号使之凸起或志号使之凸起,以备瞽者之用者。

各项雕版所印之书。

摄影片及夹入摄影片之簿册。

各项画幅无论曾否着色。

无论曾否着色之图样及舆图。

各项货色价目册及通启知单、通告并各类布告。

又除打字机器打出之件及压字架印出之件外,大凡用各项纸张或皮纸或纸板印就者,无论系活版排印或系刻板刷印或系石印以及易于辨认之他项机器所印者,均归刷印物类纳资。①

寄往国内、国外之洋文新闻纸及按期出版物未经邮局挂号认为新闻纸类。

举凡寄往国外及未经邮局挂号新闻纸,装订或缝订及雕版印刷书籍,各项小册、名片、音乐谱、画幅、图样及舆图,货色价目册、通启知单、通告、布告,刷印及压印物件均属刷印物类,赴邮局交寄时须按刷印物类缴纳资费寄

① 《邮政章程》,出版者、出版地不详,1916 年版,第 27、28 页。

递。此外，凡用机器誊印、手抄或打字机器打印打出内容相同且数量至少有二十份的一类稿件，经邮局验明后亦可照刷印物类纳资寄递。邮票及银钱票类不在刷印物范畴之内，应以信函类纳资。

刷印物类投递时，包封之上所应填写各项内容均以清楚、具体，便于投递与接收为宜。刷印物类包封之上应写明寄者商号行业、姓名住址，并允许投寄人用笔或机器将发寄日期、标志商号行业以及寄件人、收件人之姓名住址写明或更改。如所寄为名片或贺年片，除准写寄者姓名住址职衔等字外，并准写问候、道谢、庆贺、慰唁以及关于礼节上字样。只不过此类礼节上字样有字数限制，以五字为限。如投寄人所寄刷印物为送核稿件，"核定寄还时可以附寄原稿，并准于该送核稿件内更改增添字样，叙明体裁如何，式样如何，印法如何等事。此项添改之事，倘无余隙可书，准其另加附章写明"。[1]即便刷印物并非送核稿件，若有错印之处亦可以修改。刷印物上如有需要提醒收件人或阅览人注意之处，可添写标记及在字旁或章句旁添画墨线，以示突出。刷印物如经由轮船寄递，报告单内可以写明进出口日期及船名。请帖、集会传单上可以书写被请者姓名、聚会日期、地点及相请缘由。

寄往国内及未入邮会各国的刷印物，须预先将所需邮费付足。寄往已入邮会各国虽不须将邮费完全付足，至少亦须预付邮局规定的一部分。刷印物以扎束成捆的方式寄送时，每包重不得逾二公斤，长、宽、厚各不得逾四十五公分；成卷者径宽不得逾十公分，长不得逾七十五公分。

刷印物类邮件装置办法并无统一要求，寄递刷印物时可以裹以封皮或衬以木棍或护以夹板，或置于两端开露之封筒或圆管，或装入两端开露及未经缄口的封套内，或将寄件折叠用绳捆束均无不可。寄递刷印物类时，无论如何封装，必须便于邮局人员将包封邮件抽出查验。各项名片及其式样与不折叠之明信片相类的刷印物，发寄时可无须装于封套或包封内，亦无须用

---

① 《邮政章程》，出版者、出版地不详，1916年版，第29页。

绳捆束及将本件折叠。"各项厚纸片如系本国所制,其上载有邮政明信片字样或系外国所制,无论用何国文字载有词意与邮政明信片相同之字样,并遵照本章程第五十二条以下关于刷印物各普通规则办理者,即可按刷印物纳费。否则均按明信片类办理并适用关于明信片之一切章程及罚例。"①除此之外,寄往国外的刷印物类除缴纳相应的邮费外,仍须按照寄往国的相关规定缴纳入口关税。该类国家有澳大利亚国、比利时国、巴西国、加拿大国、哥伦比亚国、意大利国、日本国、葡萄牙、妥玛王岛阿柱达安奇拉(安哥拉)等处,阿非利加洲东疆之葡属殖民地、葡属印度、俄罗斯国(含芬兰国)、英属塞设勒、塞拉哕奈及索马里兰,南阿非利加联合地计分好望角、纳达尔、鄂兰吉、脱兰斯瓦等省,瑞典国,英吉利国即系英格兰、爱尔兰、苏格兰、威尔士,美利坚国、委内瑞拉国、乌拉圭国。

刷印物类在邮局交寄后,一般由笨重邮班发寄。刷印物类邮件总包的签牌均会清晰地表明"由笨重邮班寄递"字样,以避免运寄时出现错误。由于刷印物类在邮局投递时所费资费含有运送与投递费用,故刷印物类寄达后由邮局人员送至包封上的地址处,无须收件人至邮局领取。邮局收到书籍类刷印物后,应查核此类包件所贴邮费是否足额。如有缺额,按欠资办法向收件人补收。作为刷印物类寄递的包件,后经查出内中装有应纳较高邮费的物件情况,应立即将该包件没收,将寄件人以意图欺骗邮局的罪名送官惩办并将详情呈报邮政总局局长请示办理。

缺失姓名住址无人声领的刷印物,按照下述办法办理。第一,邮件总包开拆后,应将损伤之各件暂行另置一处,以待未经损伤各件办毕时,再行办理。第二,凡无内容之包封应悉心查验。如查于相当内容显有适足之表示,应将各该件重行装入,即代投递。第三,凡无内容之包封并未有相当内容之表示者,应随[D.—331]或[D.331x]单式加封送交寄件人。第四,凡收到未

---

① 《邮政章程》,1922年版,收录于交通部、铁道部交通史编纂委员会编:《交通史邮政编》第一册,上海:民智书局1930年版,第148页。

随包封之件于发出通知单（即［D.—331］或［D.331x］单式）后未经随即声领者，应列入所领发之单式作为当地通告编列号数，至少按每月一次揭示。如按当地情形认为相宜，即应按多次揭示此项当地通告，应于邮局柜外公众驻足之地方悬挂普通告示牌上张贴。①

3. 贸易契类

贸易契是指各项纸张文件或半书写、半刊印或全书写，所叙皆非己身私事，又未能列入刷印物类者。即如下列各项，均属于贸易契类范畴：

各项已收、未收之账单。

银行所寄包封，内装空包支票簿及空白存款收付簿等类。

已经书写之银行存款收付簿，其所装之封套两端显露，邮局易于查看者。

期票。

各项提单，船只舱口单。

各项房地契及抄录之房地契。

各项词讼之案卷。

各项保险执据。

各项发票及货单。

各项送印及登报之底稿。

各项抄写之音乐谱。

已开之信件及旧时已用之明信片。

学生之课本或删改或未删改者。

凡书写之件与以上情形相同者。②

贸易契类包含内容非常之广，其如账单、支票簿、存款收付簿、期票、提单、舱口单、房地契、讼词案卷、保险执据、发票、货单、送印及登报底稿、抄写

① 交通部邮政总局编纂：《邮政纲要》，"刷印物类"，1941年重印版。
② 《邮政章程》，出版者、出版地不详，1916年版，第37、38页。

的音乐谱、已开或已用之明信片、学生课本等均属贸易契类。贸易契类邮件上如载有字符可作为约定的隐语,导致与"所叙皆非已身私事"相抵触者,即不能作为贸易契类寄递。

贸易契类邮件,每包重不得逾二公斤,长、宽、厚各不得逾四十五公分。贸易契包件若裹成卷,其径宽不逾十公分,长可至七十五公分。贸易契包封两端可用绳捆束以期稳妥,但须易于开解俾可察验。如系封装严密,即按信件类纳资。寄往未入邮会各国,寄费须预为付足。

4. 各类传单

不注明收件人之通告,如依下列之手续,即可按照传单在本地收递或寄往他处投递。此项寄件之内必须为平常纸之各单张,印于一面或两面均无不可,惟不得有手抄之字迹,各张语意必须相同,折否任便,不得注定姓名住址或装于封套之内;货色价目册重量极轻,每册不逾三十公分者,可按单张传单收寄办理。[1]

此项通告如系就地投送邮件,无论交某邮局均可在本地投递。传单类邮件亦可交由各大局转由国内各他局分送,只不过经过转寄的传单类邮件均按刷印物类办理,转寄时应于包封之上书写"交寄某邮局查收,内装相同之传单若干张,希代分送"字样,[2]其资费除照刷印物之资料付给外并将上列之本地投递邮费一并加入。传单类邮件包封,亦须开露以便查验。大凡洋文传单系向外国人住所投送,华文传单系向中国人住所投送。邮费每百张或百张以内额定一角。

5. 货样类

商品实系用作标样,并无售卖性质,即可按照货样交局邮寄。若邮寄包件内装有货物以售卖为目的,又或者因订购所发者以及物品由此一平人寄

---

[1] 交通部邮政总局编纂:《邮政纲要》,"各类传单",1941 年重印版。

[2] 《邮政章程》,1922 年版,收录于交通部、铁道部交通史编纂委员会编:《交通史邮政编》第一册,上海:民智书局 1930 年版,第 154 页。

交彼一平人而实非用作表样者,为数无论多寡,一概不准按货样类寄递。投递局如查出所寄货样类邮件内确实装有商业用品或具有商业价值物品,均按包裹类与货样类相差的邮费价额,向收件人补齐,方可允准收件人领取。

货样类邮件尺寸有相应的规定。国内各处寄递货样类邮件,每件重不得超过三百五十公分;寄往国外,每件不得逾五百公分。货样类邮件长以三十公分为限,宽以二十公分为限,厚不得超过十公分。若系成卷长度应在三十公分以内,径宽最多为十五公分。每件货样类邮件包封之上仅允许书写寄件人姓名住址,制造标志、商标号数、价目、重量、容积、尺寸以及货样的出处与性质的说明性文字。

货样类邮件邮寄时必须按照该类邮件寄递办法装入袋、匣或开口信封之内,但须方便邮局开验为宜。如果邮件装封方式,使得邮局不能方便地查验,即以信函类收取邮费,邮局亦可直接拒绝收寄。如若货样类包件所装物品为玻璃物件、油腻或流质物品、燃料末粉、活蜜蜂等,则必须依照邮局根据不同物品的性质制定的相应封装方法进行封装。玻璃物件具有易碎的特行,所以邮局货样类包件封装规定,"玻璃物件,须用木箱或金类所制之匣妥固封装,以免损害邮件及邮局人员"。①油腻或流质物品又有易于融化与不易融化之分,该类物品的封装在货样类中最为繁琐。

油水之类或易于镕化之品,须先以玻璃瓶严密封装,嗣将每瓶分装于木匣内,用木屑或棉花及一切能吸水之物填实。应填多寡,以瓶破足能将水吸尽为合宜。然后再装入金类或木类所制之箱,用螺丝盖盖严,或装入坚厚之皮匣亦可。如用透空之木板制匣装寄,其木板至薄处须厚二公厘半且于匣内塞足吸水之物并有顶盖,即不必外加箱匣。

凡油腻物品不易融化者,即如软药膏、树胶、柔软胰皂、松香之类,

① 《邮政章程》,1922 年版,收录于交通部、铁道部交通史编纂委员会编:《交通史邮政编》第一册,上海:民智书局 1930 年版,第 155 页。

寄递时虽不至如油水物类之周折,然亦须先用布袋或皮纸袋或木匣装好,然后再装入木箱或金类所制之箱或坚厚皮箱之内。①

油水或易于镕化物品采用分层封装的方法进行封装。首先将该类物品放入玻璃瓶内严密封装,然后将装满的玻璃瓶放入已经填入适当木屑或棉花的木匣内,再装入金属类或木质类箱子中,用螺丝盖盖严。当然,使用厚度在二公厘半且于匣内塞足吸水之物并有顶盖的透空木板制成的木匣作为装寄油水或易于镕化物品,亦无不可。软药膏、树胶、柔软胰皂、松香等不易融化的油腻物品,封装方法虽不如易融化之类周折,仍须按照先用布袋或皮纸袋或木匣装好,然后再装入木箱或金属类箱子或坚厚皮箱内的流程进行封装。

现色干粉料应装于皮袋或胶布袋或坚实油纸袋内;无色干粉料,须装于木匣或金类所制之匣或厚纸匣内。干粉料装入袋匣内后,其外封以再加一麻布袋或皮纸袋为宜。活蜜蜂须装置于相应的匣子内。装置活蜜蜂的匣子,须达到既可易于查看又能免除危险的要求。②

玻璃物件、油腻或流质物品、燃料末粉、活蜜蜂等货样,或具有危险性,或在邮寄途中破碎时对其他邮件有一定的危害性,为安全起见,封装方法较其他各类邮件严密。此外,如所寄物品为逐件分寄的钥匙、剪折的鲜花枝、晒干或制过的动植物等博物学品、地层质料或用于医学研究装于简管之内的动物体内浆液,如其封装方法均属妥当,不致伤害他人,均可遵照货样办理寄递。

6. 包裹类

包裹是指除信函、明信片外,"凡可以邮寄而非违禁之物件,装成包裹之形式,依照包裹手续交寄,是为邮政包裹"。③邮寄包裹事务由交寄、运送及

---

① ② 《邮政章程》,1922 年版,收录于交通部、铁道部交通史编纂委员会编:《交通史邮政编》第一册,上海:民智书局 1930 年版,第 155 页。

③ 顾锡章编著:《邮政问题详解》,上海:中华邮工函授学校发行,1936 年版,第 138 页。

投递三部分构成,可分为国内及国际两类。国内者即往来寄递国内各处之包裹,国际者即往来寄递外洋各国之包裹。此外,并须酌视包裹情形分为应纳税厘或准免税厘,必应保价或未经保价,请代货主收货价或无须代收货价,笨大之件或重量尺寸不逾限制,可由邮局送投寄件人住所或应由收件人到局自领。

关于收寄局所,国内包裹,在设有邮局地方均可收寄;国外包裹一般须在标有"庚"字标记的专门从事寄递国外包裹业务的局所收寄,普通局所亦可收寄国外包裹,收费较标有"庚"字局所为贵。各国均有禁止输入的物品清单,此类禁寄清单以万国邮会发出的通告为准,寄件人可向所在邮区邮务管理局咨询。

收寄包裹均有既定的时间。邮局收寄包裹的工作时间与邮局营业时间并非完全重合,包裹所寄内容多与商业及民众生活相关,每一邮区所辖各局收发包裹时间,由该邮区邮务长综合考虑本地商业情形及民众习惯,酌定公布,以方便民众生活与商业往来。

凡交寄包裹必须按照邮局制定的包裹封装办法妥实封装。寄件人至邮局交寄包裹须用坚固箱、匣、筐、篓之类封装,依据包裹内装之物的性质,考虑路途远近、天气情况以及运寄情形等因素的影响,封装妥固。如果所寄包裹内为贵重及紧要物品,除用坚固箱匣装置外,仍须用帆布、麻布等类妥包密缝或用他法封紧,并于各缝口上用火漆封志,加盖特式图章。如果包裹封装用绳捆系,绳端结扣处亦须用火漆封志并加盖特殊式样图章。包裹所寄之物为刀叉针类或流质及易于融化之物,须用相应的器具予以封装。尤其是流质及易于融化物品,必须封装于瓶罐壶盒等类器具之中,再装入已填充适当吸水物质的坚质木箱或金属箱内。总之,封装包裹的目的即在于尽量避免包裹内装物品被轻易地开拆盗取。邮局有权拒绝收寄不按规定封装的包裹,如若中途查出有包裹未按封装方法封装,虽允递送,所有损失均由寄包人自担责成。凡包裹经西比利亚(即西伯利亚)转寄者,除封装如坚固箱内外,其缝口处至少须以自用图记加盖封志四枚。①中华邮局付给津贴轮船由中国寄往美国或菲律宾的包裹,封装办法以易于海关启验为准。

投寄包裹,寄件人、收件人姓名住址信息均须正确完整清晰。收件人姓名住址可在所寄包裹封皮或包皮上面书写。如无法在包裹封皮上书写,可用嵌以金属小孔的羊皮纸版等明系于包上,并将写有收包人姓名住址等详细信息的纸张夹放包内。如果因纸牌或包上姓名住址遗失,导致意外情况出现,邮局不担责成。包裹上出现姓名住址误写或不详细或无姓名住址等情况,即以无法投递包裹处理。寄件人投递包裹时,亦应将本人姓名住址联系方式等信息留局备存,以便所寄包裹出现意外时,方便邮局联系。

邮局收寄包裹的重量与尺寸,均有相应的规定。一般而言,国内包裹重量以十公斤为限,国外包裹重量虽不受十公斤限制,亦须遵照国外包裹寄费专章所定重量为准。至于包裹尺寸方面,包裹尺寸计算以两端距离最长者作为长度,以最粗厚一部分四周作为横周。包裹至少长七公分半,宽、厚各五公分。寄往已通轮船火车之处的包裹,长及横周合计可至一百八十公分,但长度不得超过一百公分;寄往轮船火车未通之处的包裹,长及横周合计可至一百四十五公分,但长度不得超过四十五公分。包裹超过前述尺寸时,如所在投寄邮局认为可以转寄,亦可准予收寄。但须在应纳邮费的基础上再加收百分之五十的邮费。

包裹内装物品在邮局投递之前,须全部付清所应缴纳的关税及其他各项税种。如何缴纳及纳税额度,可向邮局咨询。报税清单应附于所寄包裹之上。国内包裹除取道香港、东京寄往云南,须用两份报税清单外,其余均用一份;寄往外洋各国包裹以投递国章程所定报税清单份数为准。包裹内所装物品应与税单一致,如有捏报不实行为,一经查出,不但由海关将该包充公,寄包人亦应受到惩办。

---

① 《邮政章程》,1922 年版,收录于交通部、铁道部交通史编纂委员会编:《交通史邮政编》第一册,上海:民智书局 1930 年版,第 168 页。

包裹内除报税清单上所列物品外,只准附有报税清单或发票及写有收件人姓名住址的纸张。包裹内亦不准附寄小包,交给异于包裹封皮上所书之人,如有此种行为一经查实,投递局即加倍收取包裹邮费。如包裹内所寄为金银器具或珠玉宝石等贵重物品,无论寄往国内抑或寄往国外,均须按照相应包裹保险条规进行保险。

邮局开办有送件到家业务,即将寄件人所寄包裹直接投送至收件人住所。此项业务仅须寄件人在交寄包裹时多加一角寄送费即可。

包裹在投送过程中如因人力难施之事或因他项情节以致遗失者,即由原寄局立将遗失之事通知寄包人。若包裹内系易于霉变之物且已有霉变之征兆者,不论行至中途或已至寄往之处,邮局立即代为售卖并不先行知照寄包人,所售之款寄还寄包人查收。若无法售卖者,邮局即将该包销毁。①

关于收取包裹,收件邮局收到寄件人所寄包裹一如寄件人在投寄邮局所做的一样,均须填明报税清单,以作海关查验凭证。外洋寄到的包裹,中国海关一律予以征税。直接寄往内地的包裹,由内地收件人设法在就近通商口岸缴付税款。虽说内地邮局亦可代收海关对外洋寄来包裹征收的税款,但必须依照通商口岸海关所定税额收取。倘使收件人对于内地代收税额数目有所疑问,势必经由该内地邮局与海关往返函询,如此一来难免耽误包裹的投送。直接在通商口岸缴纳海关征收税额即可省去此类麻烦,但给收件人带来不便,因为收件人须由内地至通商口岸处海关缴纳税款。寄往北京的外洋包裹,收件人在北京付税即可,不必拘泥于通商口岸。

包裹由他处寄到时,收包邮局应立即缮发领包招贴邀收件人赴局领取包裹,同时应将包裹拆开存于邮局以备海关查验。如若包裹未随有报税清单,收件人应于邮局所备的单式上依照报税清单式样填写清楚。寄到的包裹内所装物品并不在海关应行纳税之列,又或已经寄包处海关验讫注有免

---

① 《邮政章程》,1922 年版,收录于交通部、铁道部交通史编纂委员会编:《交通史邮政编》第一册,
　　上海:民智书局 1930 年版,第 173 页。

税字样,包裹寄到后收件人到邮局直接领取即可。如寄件人在投寄时已缴纳投递费,则邮局应立即派遣邮差将包裹径直送至收件人住所。包裹被收件人收取后,应掣取收据,以为凭证。"包裹无论保险或代货主收价与否,或无法投递,或收主不收,或因收主迁移寄包人呈请改寄他处者,其寄费或保险等费均应再行满纳,由邮局酌情向寄包人或收包人索取。如有税项以及其余应付之款,该寄包人或收包人亦须照付。"①

此外,美国寄来的包裹,自投到领包招贴之日算起,超过二十一日且非因不能免之情形以致领取延误,即向收件人按每包每日收取逾期费华币银元五分。包裹寄往日本时亦有相应的规定。包裹在日本时,自向收包人缮发领包招贴之日起,倘于二十日内未经领取,则日本邮局即向收包人按每包每日收取逾期费日币五钱。②

无人领取包裹的处理。无人领取或收包人不收的包裹,如若包裹上注有本人不在即交某人代收或无人收领即从速寄回字样,邮局即可按照寄包人所写处理;无上述字样的包裹,邮局应立即去函询问寄件人如何办理。如果因为往返询问延迟的缘故,导致包裹内物件发生霉变情事,邮局不担责成。如所寄包裹无人领取,寄件人可请邮局按照下述方法处理:

再付新费,请由邮局速将该包寄回。

再付资费,请由邮局将该包交付他人代收或转寄他处,交本收包人或他人收领。

请邮局向原收包人再发领包招贴一次。

请将该包拍卖,由该寄件人自行担负责成。③

国内互寄包裹无人领取,而收包邮局函询寄包人已经三个月仍未收到切实回信的,即将该包裹退回原寄邮局。国外寄来包裹无人领取者,除与该

《邮政章程》,1922 年版,收录于交通部、铁道部交通史编纂委员会编:《交通史邮政编》第一册,上海:民智书局 1930 年版,第 172 页。

② 同上书,第 167 页。

国订有他项合同者不计外，以六个月为限，六个月后寄件人仍无回信者，予以退回原寄邮局。所有邮局无法投递且经过函询寄件人不愿领回的包裹，邮局可照章进行拍卖，所得款项全归邮局。

寄收包裹应留有收据与回执。寄件人至邮局寄送包裹，须在邮局窗口索取执据。寄件人拿到寄包收据之后，寄件流程才算完成。如果寄件人同时投寄多个包裹，寄件人应将包裹送由海关查验，并提供两份海关查验总单据交予邮局，一份邮局签收暂作收据，以此作为撤换单个包裹收据的凭证。凡经由中华邮局付给津贴的轮船寄递往来美国及菲律宾群岸的包裹，按普通或挂号交寄均无不可。只不过该类普通包裹，发给注明"未挂号"字样的不列号收据；挂号包裹，则发给列号收据。收件人赴邮局收取挂号包裹时，亦应向邮局备具收据，以备查证。

寄件人除向邮局索取收据，还可向邮局声请索收收包人回执，以确认所寄包裹确被收取。回执上一般由收包人亲自署名，表明确实收到所寄包裹；亦有由邮局在回执上注明"已交本人"字样，以为收包凭证。索取回执须付回执费，国内包裹在包裹寄费之外加收五分，蒙古或新疆两省区加费一角，国外包裹除寄往日本加收回执费三分外，其余各国均收回执费一角。所有回执费必须在寄送包裹时预先足额缴纳，以足额邮票黏贴包裹之上。此项回执邮票应于包裹寄费邮票分开黏贴，以免混淆。寄交英国或取道英国转寄的包裹，仅有保险包裹一类，准予索取收包人回执。

（二）银钱业务

银钱业务由汇兑与储金两项业务组成。银钱业务是邮政当局利用邮政局所遍布的特征，开展的汇兑与存储业务。

1. 汇兑业务

汇兑业务是指邮局以开发与兑取汇票的方法，为商贾及民众在国内指定地方汇寄款项。邮政局所遍及广大城乡地区，利用邮政汇寄款项，无远弗届，故此项业务对服务国民经济发展及便利民众生活均有裨益。汇兑业务根据汇票交寄手续,分为普通汇票与电报汇票。普通汇票将汇票封入信封内交邮局寄递,电报汇票则由邮局用电报汇划;普通汇票汇划时间长,电报汇票汇划时间短。[①]汇兑业务根据汇票往来区域又有国内汇兑业务与国际汇兑业务之分,国际汇兑业务出现于1918年,较国内汇兑业务为晚。办理汇兑业务的局所在1916年之前仅限于邮务管理局、一等邮局及大多数二等邮局,1922年时除邮务管理局、一等邮局、二等邮局外,部分三等邮局亦可办理。[②]

汇兑局所起初有甲、乙两类。甲类汇兑局大抵为开通轮船、火车之处,以轮船、火车运寄汇票。每张汇票不得逾一百元,每人每日只准开发三张,共三百元。甲类汇兑局与乙类汇兑局互兑汇票每张不得逾五十元。乙类汇兑局多为未通轮船、火车之处,用其他方法运寄汇票。每张汇票无论乙局与乙局或甲局与乙局均以五十元为限,每日只准开发两张,共一百元。[③]

随着汇兑业务的发展和汇兑局所的扩增,汇兑局所的类别亦相应增多。1922年时,根据开发及兑付汇票的面额、张数及往来区域,汇兑局所分类已扩展至四类。其分类如下:

(甲)开发及兑付均以银元五十元为限之汇票。如只两张统共不逾银元一百元,即可于同日之内向同一之人或系开发,或系兑付。此类邮局之地名,详见下集注有乙、丙字样各处。

(乙)开发及兑付均以银元一百元为限之汇票。此类汇票如只三张统共不逾银元三百元,即可于同日之内向同一之人或系开发,或系兑付。此类邮局之地名详见下集注有乙(一)、丙(一)字样各处。

(丙)开发及兑付均以银元二百元为限之汇票。此类汇票如只三张统共不逾银元六百元,即可于同日之内向同一之人或系开发,或系兑

① 顾锡章编著:《邮政问题详解》,上海:中华邮工函授学校发行,1936年版,第163页。
② 1930年后,办理汇兑业务的邮政局所已扩展至邮政代办所。
③ 《邮政章程》,出版者、出版地不详,1916年版,第62页。

付。此类邮局之地名详见下集注有乙(二)、丙(二)字样各处。附注：所有邮务支局均可开汇票，惟其中仅有指定之各局兑付汇票系于下集标明。

（丁）另有数处中华邮局可向香港、英国以及荷兰国所属东印第斯各邮政开发汇票并兑付各该邮政所发之汇票。此类邮局之地方详见下集注有壬字各处。

上海及广州邮局亦可与澳门邮政互换国际汇票，欲知国际汇兑事务详细章程可向邮局询问。[1]

汇兑局的分类由两类增至四类，是其业务扩增使然。汇兑业务扩增既有经营汇兑局所规模与范围的扩大，亦有业务权限的拓展。交通部邮政总局《通邮处所集》"下集"标有"乙、丙"字样的局所，即为办理国内汇兑业务邮政局所。[2]不同标注的局所，其办理汇票额度不同。汇兑局标有"乙、丙"字样，开发及兑付汇票额度每张为五十元，每日可开两张；标有"乙（一）、丙（一）"字样者，开发及兑付汇票额度每张为一百元，每日可开三张；注有"乙（二）、丙（二）"字样的汇兑局，开发及兑付汇票额度每张为二百元，每日可开三张。国际汇兑业务开办之初，仅与香港、英国以及荷兰所属东印度等少数国家和地区间有汇票业务往来。此外尚有上海与广州两地汇兑局可与澳门邮政互换国际汇票。国际汇兑业务办理区域随着与中华邮政联邮的国家和地区的逐步增多，亦在次第开展。至 1928 年，世界主要国家如英国、美国、法国、德国、意大利、日本、荷兰及其殖民地、领地，以及埃及、加拿大、阿根廷、哥伦比亚、委内瑞拉等国家均与中华邮政开展国际汇兑业务。

2. 储金业务

储金业务制度主要包含存款人、储金总额及储金超过定额办法，关于储

---

[1]　《邮政章程》，1922 年版，收录于交通部、铁道部交通史编纂委员会编：《交通史邮政编》第一册，上海：民智书局 1930 年版，第 176 页。

[2]　交通部邮政总局编印：《通邮处所集》，1926 年版，第 4 页。

金簿、取款单规定及储金邮票,储金存入及取出,利息,储金终止,存款人亡故后之储款等六个方面。储金业务制度规定了邮局经营储金业务的实施细则与办理流程。

存款人、储金总额及储金超过定额办法。存款人有两类,一为自然人,一为社会团体及学校。中华民国居民无分男女老幼,皆可为存款人至邮局办理存款事务。如存款人患有残疾或其他各种疾病以致不能自行处理个人财产时,可由家属一人或可资信任之人作为存款代理人,代理存款人至储金局办理存款。存款代理人须年满二十岁且无国家法律规定的不宜充作代理人的各项限制时,方可充任。存款人开户存款时应亲自前往储金局领取正式开户请愿书并于请愿书内填明认可邮政储金章程。请愿书填完后,由存款人签名或盖章或书押作证。存款人姓名或住址,抑或姓名住址两项及其印章,遇有何项更改,均应向邮政储金局通知,不得有误。[1]各项公益团体及学校由持有正当凭据的代表赴储金局申请开户,在所持凭证为储金局审核认可并经邮政总局认为合适后,即可作为存款人开户存款。无论以个人或以团体名义为存款人的存款账户,存款人只能有一户,违者立即将存款人所存款项发还停止存款人继续存储。

根据《邮政储金条例》规定,"邮政储金之总额每人以二千圆为限,每次存入须满一圆以上。但学校及其他公益团体之储金总额得增至三千圆。储金总额逾前项数目者,其逾额之储金不给利息"[2]。个人存款总额连本带息以二千元为限,每月存款额以一百元为限;公益团体及学校储款总额连本带息以三千元为限,每月储款额以一百五十元为限。凡个人储款如超过二千元或公益团体及学校储款如超过三千元,超过部分均不再给息。

储金簿、取款单规定及储金邮票。储金簿是存户存取储金的记录载体

---

① 交通部部令第一八四号:《邮政储金条例实施细则》,1919 年 5 月 26 日公布。
② 《邮政储金条例》,《交通月刊》1918 年第 25 期,第 34、35 页。

与凭证。存户存储款项时须将所存款额于储金簿上填明，取款时须携带储金簿及取款单以为凭证，否则不予取款。存款人应将储金簿妥慎保存，倘因存款人疏忽致被他人获得并诈取存款，储金局对于存款人遭受的损失概不负责。存款人如将储金簿遗失，须立即通知原存储金局请求挂失，以免其存储款由他人诈取。存款人至开户储金局挂失时应将储金簿遗失原由、遗失储金簿号数与该存款人姓名、年龄、籍贯、职业、住址、印章等详细情况告知储金局，储金局局员即将存款人遗失之储金簿登记号数予以挂失。存款人挂失后，申请领取新储金簿时须缴纳两角的储金簿工本费。如存款人能证明其所遗失的储金簿确因不可抗力所致，领取新簿亦可不另收费。假如存款人遗失的储金簿失而复得，则存款人应将找到的储金簿上交储金局注销。存款人不慎将其储金簿污损以致使用不便或不能使用时，须由本人亲自到开户储金局申请换领新簿，经储金局验明属实，即将旧簿注销并登记号数标明该号数储金簿于某年某月某日换给新簿。换簿费用两角。"储金簿不得视为正当抵押品，无论个人团体均不得持该项存簿为要求偿债之用。"①储金簿仅为存款人存取款项的凭证，不得用作抵押。如有抵押情事，储金局概不受理。

储金邮票是储金局办理的一种存款数额在银元一元以下的存储业务。储金邮票由储金局发售，面额有五分、一角两种。存款人在储金局购买储金邮票时，免费领取一张备足空格可黏贴十枚或二十枚储金邮票的储金券。存款人购买的储金邮票黏贴于储金券上，交由办理储金业务人员盖戳涂销，贴满一元后，再交由储金局作为现款收储，并登记录入储金簿。②

储金存入、取出及终止。储金存入及取出是邮政储金业务关键环节，《邮政储金条例》及《邮政储金条例实施细则》中均应相应的条款。《邮政储金条例》第六条规定："持有邮政储金簿者不问在何地之邮局均可存入、支

---

①②　交通部部令第一八四号：《邮政储金条例实施细则》，1919 年 5 月 26 日公布。

取,各邮局通储之方法由交通总长以部令定之。通储金未办以前,邮政储金之存入、支取,以储金簿所记载之邮局为限。"①存取局所以是否开办通储金业务为标准,分为两类。凡开办有通储金业务局所,均可就近存取;未开办通储金业务局所,存款人只能在开户储金局存取款项。

存款人第一次赴储金局存款时,须按申请储金簿流程办理储金簿。存款人在第一次以后存入款项,应先将储款与储金簿一并交储金局验收,待验收完毕后由储金局将其存入金额依次记入储金簿,填记完毕即将存簿交还存款人收执。储金局工作人员在存款人储金簿上填记存款人存入金额时,遇有数目不符情况,应与存款人核对,或由存款人及时请储金局予以更正。存款人自己不得在储金簿内书写涂改。存款人每次存入金额须满银元一元,不足一元的零数,按照储金邮票方法办理。②

关于储金取出,存款人取出储金分为一部分之取出及全部之取出。③存款人取出储金之一部分时,须先向储金局领取邮政储金取款单,依式填写并加盖与邮政储金请愿书单上相同的印章、签名或画押,均无不可。存款人将储金簿与取款单交由储金局验明无讹,即可付款。"支取储金在二百圆以上者,须于前一日通知邮局;在五百圆以上者,须于前二日通知邮局。"④存户支取额度在银元二百元以上的,须提前一天通知邮局;支取额度在银元五百元以上的,须提前两天通知邮局。存户如未能提前通知邮局,则无法支取上述金额。倘若因储金局有特别情形致使存款人未能按预约日期提取储金情况,储金局应将提款期限适当延展。同一储金簿在同一阳历月内至多只能取款两次,但提取利息或停止账户情况例外。存款人如欲停止储金账户,应将其储金簿呈出并通知储金局人员将停止日期内储金簿内所有款额及利息照章算清,得出储金账户停止时存款人提取的总数。存款人依据储金局清算的提前总数填具支款单,于三日内提取所有款项。如有特殊情况,提款期

①④　《邮政储金条例》,《交通月刊》1918 年第 25 期,第 34、35 页。
②③　交通部部令第一八四号:《邮政储金条例实施细则》,1919 年 5 月 26 日公布。

限须予以宽展期限,此项展期以款项提取完结为止。存款人提取款项完毕后,将取款单交由储金局作为收据。

存款人开户时由代理人代办的,取款时仍须由代理人按照取款手续办理。如能证明本人确有可以处理己事能力时,亦准其照原存时所附条件支取其账户内款项。

存款人每次取出储金数目由储金局于储金簿内填明。储金局人员如在存户储金簿内发现有填注涂改情事,储金局立即停止付款并将该存簿扣留呈请邮政总局查核。储金簿如遇有污损且未换给时,存款人均不得支取储金。

储金利息。《邮政储金条例》规定:"邮政储金之利息自存入之日起按年计算,其利率由邮政总局拟定呈请交通总长核准公告,利率有变更时亦同。"[1]储金利息在开办此项业务时定为常年四厘二毫。邮政储金簿每半年由储金局检阅一次,并计算利息总额拨入储金项内。储金利息每年六月、十二月进行结算。如果存款人储金簿按照规定期限到储金局接受检查核阅,那么本期利息不得拨入储金。[2]存款不及一元的零数,不给利息且凡是利息额不及银元一分的利息均不计入。利息结算期限以存款日之次日起算至提款前一日为止。存款人可随时以利息单领取利息现款,亦可将此单交储金局请将利息加入储金簿内作为存款。如因利息加入存款总额,而致存款额度超过规定的存款总数时,储金局不再收存。存款人五年内无存取款活动亦无其他请求,储金局应将存款人所存款项停止给息。如存款人为自然人,储金局应通知其于第六年内赴局提取;若为代理人或团体存款,遇有特别情形须展长存款期限,备具申请书经由存款储金局转呈邮政总局核准,邮政总局核准后仍可继续给息。

存款人亡故后之储款。如有开户存款人亡故情事,"须由应当承受遗款

---

①②　《邮政储金条例》,《交通月刊》1918 年第 25 期,第 34、35 页。

之人呈出系属近亲之凭证并缴验储金簿,除该亡故者留有遗嘱或他项准据声明所存之款按他项办法处置外,即可将亡故者之存款于亡故日期六个月后交其领收"。①存款人亡故,其所存款项如无遗嘱及其他声明,以近亲继承的方法进行处理。

(三)代理业务

代理业务是指邮政营业机构代理的售卖印花税票、代订刊物与代购书籍等业务。代理业务并非邮政经营性业务,仅是邮政为便利民众购买印花税票、书籍、刊物等相关物品而接受相关机构委托,代为办理售卖事宜。

1. 代售印花税票

邮局代售印花税票是受财政部委托,财政部为便利人民自由购贴印花税票起见,委托邮政总局代为出售印花税票。邮局代售印花税票业务,可从代售机关及其权限、报酬、义务、印花税票式样等方面予以解析。

代售机关及其权限。财政部委托邮政总局代为出售印花税票,因之邮政总局为出售印花税票总机关。管理局和一、二、三等邮局及邮务支局为发售或分售处,邮政代办所及各邮政信柜为代售处。代售印花税票的邮务机构,上至邮政总局下迄邮政代办所、信柜,门首均应悬挂印有"印花税票字样"的标识,以便民众购买。代售印花税票的邮务机构其业务范围仅限于代售印花税票,凡涉及印花税票检查、处罚等各项情事,均不得参与或干预。但邮局查出有私售印花税票情事时,应立即报请地方官厅严加取缔。邮务机构领取印花税票时得享受运送便利,"各邮政局所领得之印花税票经过关卡应一律放行不得留难"。②

报酬。邮务机构代售印花税票均有报酬。邮务机构代售印花税票获得报酬是用于弥补代售印花税票时所用印刷表册、账单及工作汇费等项费用。邮务机构代售印花税票报酬来自售卖印花税票的提成,该项提成以售卖印

---

① 交通部部令第一八四号:《邮政储金条例实施细则》,1919 年 5 月 26 日公布。

② 《代售印花税票办法》,见法学研究社编印:《邮政法规》,出版地不详,1935 年版,第 103 页。

花税票数额的百分之六为准。

代售义务。邮务机构代售印花税票业务，在取得报酬的同时，应履行相应的义务，如缮具营业报告，解交售卖印花税票税款及接受财政部对该项业务开展情况的检查等。邮务机构代售印花税票，须缮具营业报告。各邮区邮政管理局将每月所售税款数目，分省份及所属邮区内各地邮局，按规定式样编造按月报表及清单呈报邮政总局核明，送由税务署转呈财政部查核。此项报表与清单应由邮政总局加编简明总表呈送交通部并分送税务署备查。邮务机构百分之六的提成，亦应于此简明总表中列明。各邮区邮务管理局每月月末将邮区内每月印花税款总数的四成就近解交各该区管理局所在地之中央银行或税务署指定之银行，列入财政部税务署印花税款账户，掣取收据以为解交凭证。各邮区邮务管理局须将解交收据连同每月印花税款总数剩余六成及月报表清单一并解交邮政总局核收。代售印花税票的邮务机构除缮具报表清单及解交款数义务外，尚须接受财政部对代售印花税票账目的检查。"各邮局代售印花税票之账目，财政部得随时以命令派员或指定各省官员查对。但须先期咨请交通部转饬接洽。"①代售印花税票的邮务机构隶属于交通部，财政部欲对代售印花税票的邮务机构办理此项代售业务的账目进行检查，必须得到交通部允准，方可进行。邮务机构代售印花税票如因代售人员过失导致印花税票有损毁或遗失情况出现，亦须担负相应责成。"但因邮局人员不法或过失，以致遗失者，应由邮局负责追偿。"②如非邮局人员过错而致印花税票有损失时，如"印花税票如有被匪抢劫或因地方变故或火灾以及他种不可抵抗原因，致有丧失，邮局概不负赔偿责任"③。此类印花税票损失情况的处理，"应由相关邮局将丧失情形报请当地地方官

① 交通部邮政总局编纂：《邮政纲要》，"印花税票"，1941年重印版。
② 《代售印花税票办法》，见法学研究社编印：《邮政法规》，出版地不详，1935年版，第103、104页。
③ 《代售印花税票办法》，见法学研究社编印：《邮政法规》，出版地不详，1935年版，第104页。

厅具函证明并呈报该管邮政管理局转呈邮政总局核夺,再行转呈交通部咨请财政部核销"①。

印花税票式样。印花税票共有五类,分为一分、二分、一角、五角、一元。②所有面额印花税票票面必须清晰完整,否则不准使用。邮务机构出售印花税票亦须遵守此点。"各邮局所领印花税票如受有损伤或污坏不能出售者,应由相关邮局述明理由呈由该管邮政管理局转缴邮政总局掉换信票。邮政总局应将原受损伤或误坏之票呈请交通部转咨财政部核销。"③印花税票如其受有污损,有失清晰完整,必须经邮政总局转呈交通部咨请财政部予以销毁。

2. 代购书籍

代购书籍即公众欲购买某种书籍时不汇款向该书局或出版机关直接购买,而将款交与当地邮局代为购买。④邮局办理代购书籍业务可为民众免除两种因购买书籍产生的不便。其一,民众直接向书店汇款购买书籍手续繁琐、耗时过长问题。其二,邮局代购书籍,将民众购书款项暂存邮局,由邮局代为购买并寄递,不仅用费较廉且无须担心书店收款而不发书情况的出现。邮局代购书籍业务,可从代购目录、登记规则、缴费、收领、时限等方面进行梳理。

代购目录。邮局代购书籍,均有相应的代购书单。邮政总局每月或每季度刊行一次代购书籍目录,每年编辑代购书籍总目录。邮政总局刊行的代购书单"应分别载明书类、书名、著者或译者姓名,发行所名称、地址,发行年月、版次、版本,装订样式、册数、重量、邮费、实售价目、登记邮区及号数,并得附载不逾五十字之简单说明"。⑤邮政总局将载有上列信息的代购书单

---

①③ 《代售印花税票办法》,见法学研究社编印:《邮政法规》,出版地不详,1935年版,第104页。

② 《邮政章程》,1922年版,收录于交通部、铁道部交通史编纂委员会编:《交通史邮政编》第一册,上海:民智书局1930年版,第136页。

④ 顾锡章编著:《邮政问题详解》,上海:中华邮工函授学校发行,1936年版,第180页。

⑤ 交通部:《邮局代购书籍章程》,1934年9月12日。

分配给全国各地邮局,并由邮局放置于公开处所任人阅览。民众可以代购书单上所列书目,选择想要购买的书籍。

　　登记规则。邮局应将出版机构出版的不在禁止寄递之列的书籍依式登记,供民众订购。如所列书籍版本或数额不敷,发行人声请登记时应予以注明。登记书籍,须缴纳费用。发行人每登记一部书籍,须缴纳一元登记费。代购书籍声请登记单具体格式如下:

　　　　(一) 书类(共分二十类,类名见书目编制体例)

　　　　(二) 书名(如系译本并附注原书名)

　　　　(三) 著者或译者姓名(如系译本并附注原著者姓名)

　　　　(四) 发行人姓名

　　　　(五) 发行所名称

　　　　(六) 发行所地址

　　　　(七) 出版年月及版次

　　　　(八) 版本

　　　　(九) 装订样式

　　　　(十) 册数

　　　　(十一) 重量及邮费(重量及邮费为一部书,加适当之包扎时至毛重及其应收之邮费重量以公分为单位。惟发行人自愿免收邮费则可注明"免收邮费"字样免填重量。)

　　　　(十二) 实售价目(即发行人门庄零售之实价)

　　　　(十三) 不逾五十字之简单说明或目录

　　　　(十四) 附注(古版或其他不能供多数人随时定购之书籍,发行人应于声请登记时声明之。)①

　　发行人登记代购书籍时,即以上列登记单式样用正楷字体依次填写。

_____

① 交通部:《邮局代购书籍声请登记规则》,1934 年 9 月 12 日。

该单式正副各一份,填好后一份交邮局,一份由声请登记者本人留存。发行人声请登记时,必须注明其登记书籍并不在禁运范围且愿意遵守邮局所定收费标准缴纳手续费。已经登记的书籍,如果查有违反相关法令或邮政章程情况,应予以撤销登记,登记费用概不退还。如发行人不愿在邮局续订代购或因其他原因不能续订,应提前一个月通知原登记邮局予以撤销,但登记费亦不退还。

收费。购书人委托邮局代购书籍应按照代购书籍所列的费用,预先缴纳"书籍实价之全部(发行人门庄零售实价)、邮费(连挂号或快递费),按本章程第十二条应收之汇费",该章程第十二条"书价及寄费发汇时免收汇费,超过每元二分时,得向购书人征收其超过之数"。①上项所有费用缴清后,邮局给予购书人收费执据作为凭证。邮局在购书人所缴书价费用中扣除手续费,余下费用汇寄发行人。手续费扣除标准是教科书类扣留书价费用的百分之二十五,其他书籍扣留书价费用的百分之二十。

收领。购书人接到邮局收领通知后,携带申请购书时邮局给予的缴费凭证与声请单到订购邮局领取所订书籍。如购书人所取书籍与原声请单内所订书籍不符,即依据缴费凭证与声请单向邮局索要预先缴纳的所有费用,同时将书籍交邮局退还发行人。退还邮费由邮局向发行人征收,与购书人无关。

时限。邮局收到发行人寄来的代购书籍,均有一定的保留期限。"如定购之书籍寄到而无法投递或经两次通告购书人不到局领取已逾两个月时,邮局当将原书退还发行人并汇还其邮费(挂号费快递费在内)",购书人可于书籍"退还后三个月以内,依购书人之请求发还其书价之七成,逾期不得再行请求"②。购书人在规定期限内请求发还所缴费用时,邮局只发还原订代购书籍价格的七成,其他所缴邮费、汇费等概不退还。

---

①② 交通部:《邮局代购书籍章程》,1934 年 9 月 12 日。

3. 代订刊物

代订刊物即邮局受公众之委托,代向他处书局及出版机关订定各项刊物。①邮局开展代订刊物的初衷与代购书籍相类,均为推广文化、便利民众阅读。邮局开展代订刊物业务,既能使各项出版物扩大销售量与销售规模,亦可免去民众与发行商为订购刊物往返通信的繁琐流程。代订刊物流程与代购书籍非常相似,具体而言,代订刊物按照下述办法操作:

> 凡新闻纸杂志,发行已满一年,每期发行数目,新闻纸在五千份以上,杂志在一千份以上者,均可向邮政管理局登记,作为"邮局代订刊物",由各地邮局张贴广告,代为推销。公众如欲选订,可将刊物定价交邮局免费汇寄,代为订阅;邮局于售价内,扣除手续费,计杂志百分之十五,新闻纸百分之三十,余数汇交发行人。所有按期出版之刊物,亦由邮局收转订户。②

新闻纸或杂志向邮局声请登记作为"邮局代订刊物"的标准是发行时间一年以上,每期发行数目新闻纸为五千份以上,杂志一千份以上。满足此标准的刊物,即可依照邮局所制的声请书式样填写申请登记并缴纳登记费国币十元。登记完成后,邮局发给执据并将发行人申请登记刊物列入"邮局代订刊物"清单。邮务管理局核准登记代订刊物后,应将代订刊物详细信息如"刊物名称、登记执据号数、发行地址、几日发行一期、每期发行份数、每三个月、半年及一年之售价与寄费","转知各邮区并报邮政总局备案"。③如果发行人有违反法令或邮局章程行为时,邮局将撤销已发给的登记执据。

各邮务管理局核准登记后,应将登记的刊物详情通知全国各局所张贴并令各局所受理代订业务。各邮政局所接到管理局通知后,应于邮局张贴广告,作为推销之用。民众即可依据邮局广告张贴内容选择订购的新闻纸

---

① 顾锡章编著:《邮政问题详解》,上海:中华邮工函授学校发行,1936 年版,第 179 页。
② 同上书,第 179、180 页。
③ 交通部:《邮局代订刊物办事细则》,1934 年 4 月 1 日。

或杂志,缴纳订购费用。民众只须缴纳申请代订刊物的费用及邮费,无须缴纳汇费。邮局按照代订刊物价格收取一定比例的手续费;杂志类收取其价格的百分之十五,新闻纸类收取其价格的百分之三十。订阅人赴邮局申请代订刊物时,邮局应将"订户号数、订户姓名、订户详细地址、刊物名称、起讫日期"等详细信息留存,以备刊物到局时,由信差按照上诉信息将订阅人所订刊物投递至订阅人手中,无须订阅人亲自到邮局领取。

邮局有义务对到局刊物进行查核,确保收到刊物与代订刊物一致。"代订刊物之局所收到代订刊物时,应先查明封面所书份数及订户号数与内容是否相符,然后交由信差按照代订刊物投递一览表分别投送。"[1]邮局虽受理代订刊物业务,却不负责成,邮政代订刊物"如有中途停刊、遗漏或因故被扣情事,邮局概不负责赔偿责任"[2]。如发生上述情况,邮局可代订阅人进行查询并将缘由通知订阅人。

第二节 按寄递手续分类

上述按邮件性质划分的各项邮件业务,如按寄递手续划分,又分挂号邮件、快递邮件、代收货价邮件、保险邮件,以及存局候领等各项业务。本节从各项业务办理办法、回执、收件、注意事项等环节,对各项业务办理制度规范予以解析。

一、挂号邮件

凡上述邮政专营及兼营业务,由寄件人自行贴足普通邮资,投入邮筒、邮箱、或由邮局依据规定时间提取封发,交寄时邮局既不发给凭单,投递时

---

① 交通部:《邮局代订刊物办事细则》,1934 年 4 月 1 日。
② 交通部:《邮局代订刊物简章》,1934 年 4 月 1 日。

亦不掣取收据，均属普通邮件。普通邮件寄递流程即按上文各项业务制度流程办理即可。挂号邮件即相对于普通邮件而言。

挂号邮件是指邮件在邮局柜台或窗口办理寄递业务时收取寄件收据，邮件在交寄局及转寄局均有收转登记。如此，寄件人便可在规定期限内随时查询邮件踪迹。邮局开办此项业务既昭慎重，又便于查考。邮局开展挂号邮件业务的流程包括挂号办法、回执、收件、注意事项等。

挂号办法。寄件人赴邮局办理挂号邮件，须按照邮局贴示的章程或在邮局人员的指导下办理。挂号邮件须在其书写住址一面上端标注"挂号"字样。邮件除信函类交寄时不得有拆封或重封痕迹外，还须无下述情况，方可进行挂号：

一、封面所书寄件人之姓名、住址，系属捏造或姓名不全者。

二、用铅笔书写姓名、住址（惟以紫色铅笔书写者不在此限）。

三、封面写明内装物件之价值者。

四、封内装有应税各物者。

五、姓名、住址均不清楚详细或所书均属费解者。①

寄件人至邮局办理挂号业务，如所寄邮件装有应税物品或于邮件封面写明所寄邮件价值以及姓名、住址没有详细书写清楚，凡有此类状况，其所寄邮件均不得办理挂号。如果寄件人交寄时所写姓名、住址，并非自己个人信息，用紫色铅笔书写个人信息，亦不得办理挂号邮件。寄件人在邮局进行挂号寄件时，还须做到"须用坚固封套或包皮妥为封装。如非信函之类，其封装之法不得有碍察验。邮费及挂号费必须预以邮票贴足，未经付费或所付资费不足之挂号邮件，经特别通融准予收寄者，对于欠资一层应按未挂号邮件欠资办法办理"②。寄件人为保障所寄邮件得以顺利挂号，封装既要妥固又不得有碍查验，且须预先以邮票付足资费。信函类邮件如一次寄递数

① 《邮政章程》（第十二版），1926 年印行，第 42 页。
② 同上书，第 44 页。

量在两件或两件以上时,应分件投寄,不得捆束或以他法连成一件寄递。新闻纸及告白传单不在此限,允以扎束成捆,按一件寄递。

挂号回执。回执是寄件人查询邮件是否完成投递流程的凭证。挂号邮件计分单挂号与双挂号两种,挂号邮件无论单双均有回执。单挂号邮件由邮局员役给予寄件人执据一张,将邮件妥为寄递。双挂号邮件除依单挂号邮件办理外,在投送收件人时,仍须取回收件人收件回执,并交给寄件人,表明邮局已经完成投递。寄往国外挂号邮件亦以回执为凭。只不过该项回执由邮局在回执上注明邮件"已交收件人"字样,作为邮件妥投证据。寄件人于寄件时未声明索取收件回执,日后却要补取收件回执或赴邮局声请查询邮件是否寄到,如遇上述情况,邮局应让寄件人"将寄件时所领之执据呈出并付等于单挂号费之资费,邮局即可代查或代为补取回执"①。寄件人所付查询费用,如为邮局错误所致,邮局应将查询费用即行原额退还寄件人。寄件人如欲查询寄往国外挂号邮件,"如寄件人已经交付回执之特别资费而有查询情事者,即不再受资费"②;如果寄件人寄件时并未预交收件回执费,如欲查询邮件交寄情况,则须缴纳查询费。补取回执期限,国内挂号邮件除陕西、甘肃、新疆、四川、贵州及云南各省为自交寄邮件之日起十二个月外,余皆六个月。挂号执据是邮件挂号唯一凭证,寄件人在邮件封面或他处所写字迹以及邮局员役在送信簿内的登记均不得作为挂号执据。

大行栈同时交寄大量挂号邮件时,行栈可自备暂用挂号总单两份,随同邮件交予邮局,由邮局员役将各件点验无误后,在一份总单上签名交给行栈寄件人带回,待寄件完成后再用每件邮件执据换回暂用总单。

收件。挂号邮件的投送如系个人,以投送至收件人本人手中或持有收件人委托字据的代收人手中为完结;如系团体组织,含衙署、学校、军营、商店等,均须交给此类团体组织设立的专管邮件寄收人员手中或团体组织所

①② 《邮政章程》(第十二版),1926年印行,第43页。

在处所。如若收件人处于旅途之中，除有收件人委托字句外，均不得交与任何个人或组织代收。收件人收到邮件时，须立即在执据上用信差所备的笔具签署本人姓名、住址及收件日期，加盖本人印信戳记，以为邮件收取完成的凭证。信差人员不得在收件人未完成上项流程时将邮件交与收件人。如有收件人在挂号邮件寄到之前迁居他处情况，倘经收件人函请邮局于邮件寄到之次日代为改寄至新住处，如此则不收改寄费及挂号费。收件人之声请在邮件到局次日以后，且邮件到局次日并非星期日或节假日，则改寄费及挂号费用须由收件人付给。挂号邮件一经收件人收取，邮件责任即告完成。存局候领挂号邮件亦同。

注意事项。邮局员役接待寄件人办理挂号邮件业务时不得代寄件人"书写挂号邮件封面之姓名住址，装置封内之寄件，封志，黏贴邮票"①。所有上项流程均须由寄件人自办或由邮局以外之人代寄件人办理。信筒、信箱原为便利民众投递普通邮件而设，不能作为挂号邮件投递之用。寄件人即便在所寄邮件上贴足挂号邮件所需邮票，此类邮件亦无法享有挂号之利便。

二、快递邮件

快递业务，由邮政章程下集通邮处所编内标有"丁"字之局所承办。②邮局开办的各项邮政业务中，除保险信函、包裹及民局包封外，其他各类邮件均可按快递邮件交寄。凡在《通邮处所编》内标有"丁"字的邮政局所，均须承办快递邮件业务。快递邮件按照寄递区域不同，分为国内快递邮件与国际快递邮件。

（一）国内快递邮件

快递邮件，顾名思义要快。快递邮件之快，要求邮件自寄件人交寄之

---

① 《邮政章程》（第十二版），1926 年印行，第 44 页。
② 《中华民国交通部邮政总局通邮处所集》（第十一版），交通部邮政总局所辖驻沪供应股 1923 年印行，第 4 页。

后,运寄与投送流程无不力求迅速。快递邮件按挂号邮件办理,邮局办理快递邮件所负责成亦与办理挂号邮件相同。寄件人无论于邮局窗口、柜台交寄快递邮件,还是经快信收揽差之手内交寄快递邮件,均应将"快递"或"(EXPRESS)"字样于邮件封面清晰注明。寄件人赴邮局交寄快递邮件时应将其本人姓名、住址的完整信息用邮局提供的笔具书写清楚,否则邮局不负一切责任。该项规定对于国际快递邮件亦适用之。[①]寄件人交寄快递邮件,每件邮件应黏贴快递专据。快递专据"表明该件业由邮局按挂号邮件照收并以最捷之法寄往投递处所。当交寄之时,其快递专据之 D 字一联应盖用邮局或快信收揽差之日期戳记,然后掣交寄件人收执,作为收据。嗣后对于该件有所查询,须将该 D 字一联呈验"[②]。快递专据是快递邮件交寄的收据,犹如交寄挂号邮件时掣取的回执,其 D 字一联更是寄件人查询所寄快递邮件的凭证。寄件人在寄件时可以索取收件人回执,不过须缴回执费五分并以邮票足额预贴。寄件人交寄快递邮件应预先付足所有普通邮资及快递资费,所有资费均以邮票黏贴。国内快递资费标准是在普通邮资外另加收快递资费一角。快递邮件即便黏贴足额邮票投入信箱、信筒者,亦无法享有快递邮件应有的待遇,此点与挂号邮件相同。

收件人在收取快递邮件时,除须于收据一联签名盖戳外,仍须将收件日期及具体时间于收据内填写清楚。

快递邮件在寄递过程中如遇有遗失或迟延情事,寄件人可于六个月内持收据"D 字一联"亲自前往邮局查询,亦可备函将"D 字一联"呈交原寄邮局查问。倘若邮局无法提供收件回执,寄件人可将遗失邮件另备一件再交由邮局免费寄递。当然寄件人亦可向邮局索取赔偿,如邮件遗失非因人力难施之事外,邮局应按遗失挂号邮件办理方法进行赔偿。

---

① 《邮政章程》,1922 年印行,收录于交通部、铁道部交通史编纂委员会编:《交通史邮政编》第一册,上海:民智书局 1930 年版,第 178、179 页。
② 同上书,第 179 页。

（二）国际快递邮件

寄往国外的快递邮件挂号与否，邮局并无硬性要求，听由寄件人选择。寄往国外快递邮件快递资费收费标准为银元一角二分。寄件人如果选择挂号，即应缴纳普通邮费、挂号费及快递费，均以黏贴邮票付费。寄往国外快递邮件封面必须须用大写字母标注"EXPRESS"（快递）字样并在该字样下加画横线。寄件人如欲索取回执，须另缴回执费银元一角，并用邮票黏贴。[1]寄往日本、朝鲜、关东租借地以及台湾的挂号快递邮件，回执费五分。[2]国外寄往中国的快递邮件，仅限于中国设有快递业务的邮政局所办理。中华邮政虽与日本办有互寄快递邮件业务，然日本所属之库页岛及太平洋诸岛因未加入快递邮件事务，并无快递邮件业务往来。

三、保险邮件

保险邮件是指"凡钞票、贵重物品、有价证券以及重要文件，交寄时表明价值向邮局缴纳一项保险费，邮局即负保险之责任，是谓保险邮件"。[3]保险邮件分保险信函及箱匣与保险包裹，其中保险信函及箱匣又分国内与国际两类。

（一）保险信函及箱匣

邮局设有保险信函及箱匣业务，邮局以专门人员办理此项业务。保险信函业务由标注"己"字邮局负责办理，负责办理保险箱匣业务的邮局在通邮处所集内标有"己（一）"字样。

1. 国内办法

寄件人赴邮局办理保险信函及箱匣业务，须在邮局所设办理此类业

---

[1] 《邮政章程》，1922年印行，收录于交通部、铁道部交通史编纂委员会编：《交通史邮政编》第一册，上海：民智书局1930年版，第179页。

[2] 《邮政章程》（第十二版），1926年印行，第138页。

[3] 顾锡章编著：《邮政问题详解》，上海：中华邮工函授学校发行，1936年版，第115页。

务的柜台窗口交寄邮件,并掣取收据。寄件人所寄邮件必须封入特别封套之内,该项封套只能在邮局购买。所有邮局发售华洋各式封套尺寸价值如下:

长十一英寸宽六英寸	每件三分	按华文刷印逐行附译英文
长九英寸宽四英寸	每件二分	按华文刷印逐行附译英文
长五英寸半宽三英寸半	每件一分	只按华文刷印①

邮局售卖的包封保险信函及箱匣的封套共分三种,每种封套尺寸、售卖价格、刷印字样均不相同。长九英寸、宽四英寸与长十一英寸、宽六英寸,两种封套紧贴封面华文字样行下即附有英文翻译。寄件人可按所寄保险信函及箱匣对照尺寸选择购买合适的封套。此类特别封套只备保险信函及箱匣所用,未保险邮件一律不准使用。如果寄件人所寄箱匣类邮件体积过于庞大,以至于邮局准备的最大尺寸封套亦无法将其完全封装,可由寄件人自备封套。但此项封套必须用坚韧质料做成,以保证邮局寄运该类保险邮件时,足以防止免受破损。保险信函类邮件,则只准选用上述三种封套。寄件人寄递保险信函时所用信封为完全透光或边缘有颜色以及开有透光口洞等情形,则须立即替换成邮局置备的信封。

封装及投递。邮局办理保险信函及箱匣业务,定有明确的封装方法。寄件人赴邮局交寄保险信函及箱匣,必须随身附带个人印章,以便盖印于封套封面之上,寄件人如无个人印章或未携带,则邮局拒绝办理该项业务。寄件人在邮局将保险信函装入封套时,"封套上必须用纯净火漆以自用图章加盖封志两个,其封志之火漆种色必须相同"。②两个封志上所印的图章必须清晰且完全一致,印志上的图章应以印色印于封面之上,封面上各字旁不准加画直线。封套上所贴邮票黏贴方法均以清晰可见且对封套封面无遮盖为

---

①② 《邮政章程》,1922 年印行,收录于交通部、铁道部交通史编纂委员会编:《交通史邮政编》第一册,上海:民智书局 1930 年版,第 160 页。

宜。"各邮票中间必须互留空隙以免掩盖封面之损伤,尤不得将邮票折过黏于封套之两面,致封边或有掩盖。"[1]保险箱匣装入封套时,"应用坚韧之绳索周围纵横捆扎,中间不得带有接扣,绳之两端必须结在一起,用纯净火漆封固"。[2]保险箱匣四面要以同样图章用火漆封志,箱匣正面与底面应黏贴白纸,用来填写收件人姓名住址及保险数额。邮局人员在保险箱匣正面加盖邮局戳记并在保险箱匣底面黏贴报税清单。保险箱匣报税清单上所填内容与包裹报税清单一致。无论保险信函还是保险箱匣均不准黏附小条,邮局人员亦不准代寄件人封装邮件或加盖印志。寄件人封装完毕后,须将收件人姓名住址等详细信息写于封套封面之上。如封面有收件人姓名不全、地址不清晰,又或用铅笔书写等情况出现,邮局一概不予收寄。

寄递保险信函及箱匣均须缴纳相应的费用。邮局办理保险信函及箱匣业务除照收邮费、挂号费外,仍须按每一元或一元以内收费一分的费率收取保险费。此项保险费采取叠加方法收取,即保险收费基准为银元一角,所寄保险信函及箱匣每价值一元加收一分。保险信函及箱匣的保险值价上限为银元一千元。倘有寄件人捏报寄件值价,一经查出,不仅失去所有赔偿权,还会受到来自相关法律法规的惩处。信函及箱匣类保险邮件保险数额必须以大写数目正确书写于封套正面。寄件人如若索要回执,须预缴回执费银元五分,以足额邮票黏贴。

收件。保险信函或箱匣寄到时,邮局即用挂号办法将一份寄到通知单寄送收件人,收件人照章缮具收条。邮局不向收件人寓所投递保险信函或箱匣,所有保险信函及箱匣须由收件人本人或持有收件人凭据的代理人亲自在柜台领取。邮局为保证赴局收取邮件人确系收件人或其代理人无误,除应让收件人填写收件凭据并加盖个人印章外,仍须缴回所寄通知单并得

① 《邮政章程》,1922 年印行,收录于交通部、铁道部交通史编纂委员会编:《交通史邮政编》第一册,上海:民智书局 1930 年版,第 160 页。
② 《邮政章程》(第十二版),1926 年印行,第 53 页。

向收件人"索取保结,由当地著名之铺商两家签名盖戳为证"。[1]交领保险信函或箱匣之时,收件人或持有凭据的代收人,应在柜台当场与邮局人员共同检验封志是否完好、封皮有无破损。"倘有舛错,务宜当时向递交人员指明;如无不妥之处,应于收据上签字证明投交其人或其代收人之保险信函确经妥收无误。"[2]凡有收件人回执的保险信函及箱匣,收件人或其代理人必须将收据及回执一并签名盖戳。

2. 国外办法

邮政章程下集通邮处所内各处标有"已"字志号邮局,均加入办理国外保险信函事务。信函内装有纸币、股票、债票等有价契纸及有值价的文件等类得按所报价值数目进行保险寄往与中华邮政开展联邮业务各国或地区。

封装办法。寄往国外的保险信函及箱匣封装办法与国内信函及箱匣封装办法大致相同。保险信函及箱匣只有"装入坚固封套,用纯净火漆以自用图章牢盖印志,并使其互留空间且使其有所印枚数足敷压固所有封套之处,方能收寄"。[3]封套四周印有花色,则在禁用范围之内。每件保险信函及箱匣的形状务必使其表面免有可使不损伤封套或印志即被窃取的可能。封套封面所贴邮票必须妥善黏贴,做到"邮票中间必须互留空隙,以免掩盖封面之损伤;亦不得将邮票折过黏于封套之两端,致令封边或有掩盖"。[4]保险信函封面所写收件人姓名不全或用铅笔填写,邮局概不收寄。普通封套印志方法为:"每一保险信函上之印志,其火漆种色必须相同且须为自用之同式清晰图记。钱币不得作为图章之用。其图记不得仅作直曲方格等形,缘此等形式易于模仿。保险价值之数必须按佛朗即生丁姆注明,且须由寄件人以大写数目及数目字码填写于封套之正面。虽或签字证明亦不

①②　《邮政章程》(第十二版),1926 年印行,第 56 页。
③④　《邮政章程》,1922 年印行,收录于交通部、铁道部交通史编纂委员会编:《交通史邮政编》第一册,上海:民智书局 1930 年版,第 164 页。

得涂抹更改。"①印志及封面书写要求与国内保险信函并无差异。寄往国外保险信函及包裹除清楚填写完整的收件人姓名住址外，还须在封面的左下角清晰填写寄件人姓名住址。

国外保险信函及箱匣保险额度除取用较低限制地方外系三千佛朗，日本、朝鲜等地区为银元一千元。倘若寄件人捏报价值，则寄件人即失去所有赔偿权并应受到相关法律的惩处。寄往国外（地区）保险信函及箱匣，除收邮费、挂号费外，按下列收费标准收取保险费：

三百佛朗	收费三角
六百佛朗	收费六角
九百佛朗	收费九角
一千二百佛朗	收费一元二角
一千五百佛朗	收费一元五角
一千八百佛朗	收费一元八角
二千一百佛朗	收费二元一角
二千四百佛朗	收费二元四角
二千七百佛朗	收费二元七角
三千佛朗	收费三元

保险费对于每三百佛朗数目之畸零视同三百佛朗即整数无异。②

寄往国外保险信函及箱匣内所装物品按其价值共有十类，相应的保险费收费标准亦有十类。寄往国外保险信函及箱匣按收费以叠加的方法，按所寄邮件每价值三百佛朗收费银元三角。

交寄与投递。所有国内保险信函及箱匣交寄与投递方法均适用于国外保险信函及箱匣，二者办理流程完全一致，不再赘言。寄件人如欲收取回

① 《邮政章程》，1922年印行，收录于交通部、铁道部交通史编纂委员会编：《交通史邮政编》第一册，上海：民智书局1930年版，第165页。
② 同上书，第163、164页。

执,亦须预先缴纳回执费银元五分,以足额邮票黏贴。

(二) 保险包裹

办理保险包裹业务邮政局所共有三类:第一类是在通邮处所编内标有"甲"字字样的邮政局所,此类局所办理国内包裹保险业务保险额度以银元五百元为限;第二类是在通邮处所编内标有"甲(二)"字样的邮政局所,此类局所办理国内包裹保险业务保险额度以银元一千元为限;第三类是在通邮处所编内标有"庚"字字样的邮政局所,此类局所为办理联邮包裹收寄局,保险额度上限为银元五百元。①

国内互寄包裹内装有金银器具、珠玉宝石等物品,必须保险;国外互寄包裹内装万国邮政公会章程规定的钱币、金银器、时计表、珠宝等类物品,亦必须保险。国内互寄包裹收件局并非开办保险包裹业务局所,保险只能保至中途最末处保险包裹局为止。最末保险局至收件局之间按照普通包裹寄递。寄往国外保险包裹,如收件国收件局并无保险包裹业务,则此类保险包裹只能在国内保险,出国境以后即按普通包裹寄递。国外寄来的保险包裹,如国内收件局为设有保险包裹业务局所,即可直接保至该收件局;如国内收件局并非设有保险包裹业务局所,则只能保至离收件局最近的保险包裹局,该保险包裹局与收件局之间按普通包裹寄递。

国内保险包裹收费按所保数目每元或其零数收费半分,每件以五分起算。但往来四川的保险包裹除外:"往来四川,无论何局,其保险费均系每元或其零数收费二分,每件以一角起算。而所保数目,除在重庆或万县寄往下游之包裹系以五百元为限外,其余则以五十元为限。"②往来四川邮区保险包裹保险收费以银元一角起收,零数算在整数内,保价每加银元一元收费银元二分。重庆或万县寄往下游的保险包裹保险额度以银元五百元为限,其

---

① 中华民国交通部邮政总局编印:《通邮处所集》(第十一版),1923年版,第5、6页。
② 《邮政章程》,1922年印行,收录于交通部、铁道部交通史编纂委员会编:《交通史邮政编》第一册,上海:民智书局1930年版,第174页。

余则以银元五十元为限。寄件人以足额邮票黏贴于包裹之上用作保险费用，邮局人员必须在寄件收据上注明所保数额并交寄件人收存。如果寄件人所寄保险包裹中途有遗失或全部损坏，邮局须将邮费向寄件人全额退还。

　　保险包裹封装办法与包裹封装办法完全一致，寄件人赴邮局办理保险包裹业务时，按照包裹业务办理办法进行操作即可。但须注意无论国内抑或国外保险包裹，寄件人均须用红色笔在包裹封面及报税清单上填写清楚保险额度、包裹重量、寄件人与收件人姓名住址等详细信息。此类信息一经填写完毕，即不得再做任何涂改。

　　保险包裹收寄方法与其他保险邮件相同，收件局并不将收到保险包裹投递至收件人手中或住处；而是要求收件人或随身附带收件人授权凭证的代理人持收件通知单赴邮局提取。收件人或其合法代理人在邮局柜台或窗口收取保险包裹时，亦应与邮局员役当场检查所收包裹是否有损坏或被拆验等情况，一旦邮局将包裹交至收件人之手，邮局所有责成即告完结。

四、代收货价邮件

　　代收货价邮件，即邮局代寄件人（物主）向收件人收取邮件内所寄物品的价值，包括代收货价挂号邮件与代收货价包裹两类。代收货价挂号邮件是指，除货样外，各类挂号邮件在交寄时报明价格，请求邮局于投递时向收件人代为收取该项货价寄还寄件人。[1]代收货价包裹，是指邮局在交领包裹以前向收包人代索该包价值，其后缴还寄包人查收。[2]代收货价挂号邮件与代收货价包裹虽都属代物主收价，却因内容不同，办理章程存在着一些差异。

　　（一）代收货价挂号邮件

　　代收货价挂号邮件，代收的货价是挂号邮件，因而所有代收货价挂号邮

① 顾锡章编著：《邮政问题详解》，上海：中华邮工函授学校发行，1936年版，第114页。
② 《邮政章程》，1922年印行，收录于交通部、铁道部交通史编纂委员会编：《交通史邮政编》第一册，上海：民智书局1930年版，第175页。

件办理方法必须完全按照挂号邮件规则办理。如所寄代收货价挂号邮件为信函类,必须按照保险信函的办理规则加盖火漆印志。寄件人交寄信函类代收货价挂号邮件,如若对其进行保险,则收件局亦须为保险信函局,其他各类功能局所均不得收递。寄件人赴邮局办理代收货价信函不仅要遵守挂号邮件办理规则,还要遵照邮局保险信函规章办理。代收货价挂号邮件领取方法与其他按手续分类邮件领取方法一致,"必须在邮局领取,该项邮局只能向收件人或经收件人准许接收之人投交,并须俟应行交还寄件人之款数以及各项邮资付清后,始能交给。"①收件局将所有应收货价寄回原寄局,并由原寄局通知寄件人亲自前来或派持可靠证据之人来邮局领取物价款项。寄件人领取应领款项后,此项业务流程方告完结。代收货价挂号邮件按照业务开展区域,分为国内代收货价挂号邮件与国外代收货价挂号邮件。两类代收货价挂号邮件办理规则既有相同之处,亦存在一定的差异。

1. 国内代收货价挂号邮件办法

往来国内代收货价挂号邮件只有通邮处所集内标有"甲(一)"字样邮局方准收寄。代收货价挂号邮件价值亦有限额。"所有代收货价之邮件,每件所报之价值以及应代收取之货价,其数概不得超过银元一千元。"②代收货价邮件款项数额必须在银元一千元以内,超出此数则不代办代收。寄件人除将代收货价挂号邮件所有代收货价银元数目以红墨水用数目名词及数目码子在邮件封面上端左角书写完整外,还应在填写住址一面将邮件实际重量(连皮重量及净重)填写清楚。所有上述邮件封面填写内容均须清楚详细,不得涂擦更改。代收货价挂号邮件所需费用由寄件人以黏贴足额邮票的方式缴纳。此项费用收费标准为"除纳寻常邮费以及挂号费外,并须交付

---

① ② 《邮政章程》(第十二版),1926 年印行,第 48 页。

一项代收货价所需之资费,即合每代收货价银元一元或其畸零之数,纳费二分。"①寄件人缴纳费用含三项,即正常交寄邮件邮费、挂号费以及代收货价费,其中代收货价费采取累加的计算方法,每值银元一元或其畸零之数收取费用银元二分。寄件人缴纳上项费用应由寄件局在寄件收据上填写清楚,交由寄件人保存,以为凭证。此外,收件局如将所收货价以汇票的形式汇寄寄件局,则汇费仍须寄件人在邮局领取货价时补缴。补缴费用数额"按投递局向原寄局开发汇票应收之汇费收取,惟须扣除已付之每元二分"。②代收货价挂号邮件均有投递期限,"凡代收货价之邮件自投递寄到之知单时起,十五日以内,如代收货价之款数未经交付者,应作为无法投递,即行询明寄件人对于该件如何处理"。③倘若代收货价邮件无法投递时,寄件人寄件时缴纳的代收货价费并不退还。

2. 国外代收货价挂号邮件办法

国际代收货价挂号邮件的办理规则与国内代收货价挂号邮件基本相同。国际代收货价挂号邮件亦为通邮处所集内标有"甲(一)"字样邮局。代收货价邮件应按挂号邮件同样资例交付邮费。代收货价费为每件收取基本费银元八分,再按每价值银元一元或其畸零之数加收半分的收费标准进行叠加。上项所需费用亦由寄件人预先用邮票足额缴纳。国际代收货价挂号邮件尤以往来法国与日本的规定较为详细清晰。往来法国的代收货价挂号邮件每件所报之价以及代为收取货价限额不得超过一千佛朗;往来日本者,每件以日币一千元为限。日本寄来的代收货价挂号邮件,收件人在收到通知单十五天以内未赴邮局缴付货价提取邮件,收件局即将邮件退回原寄局。国内寄往法国的代收货价挂号邮件须在填写收件人姓名住址的封面上显著标注"Remboursement"字样,并将代收货价之款数按接收国之钱币用罗马字母及数目字书写清楚。所有填写完整的信息,务必真实有效,一经填完,

①②③ 《邮政章程》(第十二版),1926年印行,第49页。

即不得更改。寄件人应将自己的姓名住址在邮件的正面或背面用罗马字母填写清楚。国内寄往日本的代收货价邮件,寄件人应于书写姓名住址之一面显著标注"代金引换"或"代物主收价"字样及代收货价款数,并用红色墨水在该封面上画两道平行线。国内寄往日本的代收货价挂号邮件除以货价款项须写明所值日本价值外,其他办法均与寄往法国相同。

(二) 代收货价包裹

中华邮政办理代收货价包裹业务的局所,为通邮处所编内标有"甲"字字样的局所。代收货价包裹的代收额以分为限,所有小于分的数额均忽略不计。每件包裹代收货价如标有"甲(二)"字样局所,以银元一千元为限;标有"甲"字样局所,以银元五百元为限;往来四川的代收货价包裹代收货价额度在银元五十元至五百元之间。寄件人赴邮局办理代收货价包裹业务须用红色笔具将包裹代收货价价值银元数目清楚准确地写在包裹上,并将自己及收包人详细姓名住址填写清楚。寄件人交寄代收货价包裹时还应附呈包裹报税清单,清单中亦须写明"按法衡或英衡或华衡注明该件实在重量及其所有之畸零净数若干,总数若干"。[①]寄件信息一经填妥,不准涂改。代收货价包裹收费标准与代收货价挂号邮件一样,"每元或其零数收费二分"。寄件人所缴费用亦须用邮票足额黏贴,邮局员役须将应行代收数目在收件执据上填写清楚并妥善保存。代收货价包裹与代收货价挂号邮件同,如所装之物按寄递规则需要保险,必须依照邮局规定对所寄邮件进行保险。此项包裹装置封志之法与保险包裹相同,所有邮局如何使负责成详见第二百十九等条。[②]代收货价包裹的收领期限是自邮局发出收领招贴或通知后三十日,在此时限内,收包人可亲自前往邮局付足代收款数提取包裹或让持有本人可靠凭据之人到邮局领取。如果自领包招贴发出之日起三十日内,代收

---

①② 《邮政章程》,1922 年印行,收录于交通部、铁道部交通史编纂委员会编:《交通史邮政编》第一册,上海:民智书局 1930 年版,第 175 页。

货价包裹无人领取,邮局即按照无法投递包裹处理。若代收货价包裹无人领取,寄包邮局会返还一部分处理包裹价值给寄件人,返还数额为"原收值百抽二资费之半数,缴还寄包人"①。寄件局收到收包邮局所汇寄的代收货价后,即通知寄件人持有凭证赴邮局领取货价,代收货价领取后,代收货价包裹流程即告完结。

第三节　其　他　业　务

邮件类型除按性质及投递手续分类之外,尚有存局候领邮件、无法投递邮件、改寄邮件、撤回邮件及欠资邮件等五类特殊类型邮件。邮局针对存局候领邮件、无法投递邮件、改寄邮件、撤回邮件、欠资邮件等五类邮件业务范围制定了相应的业务规则,明确了此五类邮件的办理办法。

一、存局候领邮件

存局候领邮件是邮局为便利旅客起见,在邮局设立候领处,将寄件人所寄注有"存局候领"字样邮件,寄存于邮局候领处,由收件人在候领期限内至邮局领取。此项邮件"应由寄件人于封面上,写明某处邮局及收件人姓名,并注明'存局候领'字样,由收件人于普通办公时间,到局领取,每件付费五分"。②寄件人赴邮局寄递存局候领邮件时,应在邮件填写收件人姓名住址一面注明"存局候领"字样,以免所寄邮件在寄到收件局后,未能按照存局候领邮件处理。所有存局候领邮件如有封面上填写伪造姓名、字迹含糊、只有名无姓等情况,邮局概不收寄。寄件人如将所欲办理存局候领的邮件投入

---

① 《邮政章程》,1922 年印行,收录于交通部、铁道部交通史编纂委员会编:《交通史邮政编》第一册,上海:民智书局 1930 年版,第 175 页。

② 顾锡章编著:《邮政问题详解》,上海:中华邮工函授学校发行,1936 年版,第 131 页。

信箱、信筒内,即便黏贴足额邮票亦照无着邮件,送交无着邮件处办理。凡存局候领邮件可由所存之局转寄他处邮局候领,但不得转存同一地点他处局所,亦不得将封面填写清楚姓名住址的邮件改为存局候领。寄件人如在封面上注明邮件留至几日无人领取即请寄回字样,邮局即按所请办理。

收件人至邮局领取存局候领邮件时,应如实回答邮局询问情况,以免出错,将邮件错收。存局候领业务是特别为在旅途中旅客而设,凡是邮件上书有固定住址之人,均不得办理此项业务。存局候领邮件有一定的候领期限。一般而言,存局候领邮件如由国内互寄可存局一个月,国外寄到者可存局两个月,至存局候领期限无人领取,即送交无着邮件处办理。如若邮件寄至"沿海各局应交到口某船某人者,此项邮件可存留三个月,逾期无人领取,即退回原寄之局"。①存局候领邮件经由轮船寄往沿海各处口岸地区邮局存局期限最长,以三个月为限,此类存局候领邮件到期无人收领,即退回原寄局。收件人可在存局候领期限内,于邮局正常办公时间赴邮局领取。

二、无法投递邮件

邮局对于收寄邮件无不尽力设法投递,但亦有因收件人姓名住址不详,或业已移居,不知何往,或因其他原因,以致无法投递者,邮局即按"无法投递邮件"处理。②各类邮件无论因何缘故而致无法投递,均按以下方法办理:

(甲)封面上书有寄件人之详细姓名住址者,邮局既不拆阅。如系国内互寄之件,即迳行退还寄件人;若寄自国外者,即退回原寄局办理。

(乙)若封面上无寄件人之详细姓名住址者,邮局即就近送交天津或哈尔滨或上海或广州之无着邮件处拆阅。如能查出寄件人之姓名住址,即可加封寄还。

(丙)无法投递之包裹,即由邮局致函询问。如寄件人欲将该件退

---

① 《邮政章程》(第十二版),1926 年印行,第 154 页。
② 顾锡章编著:《邮政问题详解》,上海:中华邮工函授学校发行,1936 年版,第 128 页。

回者,应即照付退回之邮费。①

　　邮件封面上有寄件人详细姓名住址的无着邮件,分国内互寄与往来国外两种。国内互寄邮件,邮局即按寄件人姓名住址退回寄件人即可。往来国外邮件,则由邮局退回原寄局,由原寄局通知寄件人赴局办理。无论国内互寄还是往来国外邮件,退寄费用均由寄件人承担。邮件封面上没有寄件人详细姓名住址信息的无法投递邮件,由邮局就近交由无着邮件处理处拆阅。拆阅后如能查出寄件人姓名住址信息,即按"甲"所述方法办理退寄。如若无法投递的邮件为包裹类邮件,邮局应即致函询问寄件人如何处理。若寄件人愿意将所寄包裹退回,即由收件局将包裹退寄寄件局,由寄件局通知寄件人领取,但所耗费用均由寄件人承担。

三、改寄邮件

　　改寄邮件是指邮件在投送收件人之前,由寄件人声请更改收件人姓名住址的业务。寄件人欲将已交寄邮件改寄他处,须由其本人亲赴邮局或由其代理人至邮局呈交原寄邮件封面式样,填写并提交改寄申请。原寄局在审核寄件人声请后,去函收件局询问邮件是否确已投交收件人。如原寄邮件尚未投送收件人,邮局可以寄件人声请予以办理改寄业务。但并非所有邮件均可改寄,"邮局对于寄交暂时离家之人之邮件,除其寓所业经腾空无人居住者不计外,概不承允改寄他处;且对寄交俱乐部、旅馆、缮宿所、寄宿点暨商铺等之邮件,亦不承允代为改寄;并于同一城邑内不得将邮件改为存局候领"。②收件人暂不在家,或为俱乐部、旅馆、缮宿所、寄宿点及商铺等,邮局拒绝接受寄件人改寄声请。对于收件人处于同一城邑内的邮件,邮局允为改寄,但不得再办理存局候领业务。邮件改寄之住址必须特行声明此

---

① 《邮政章程》(第十二版),1926 年印行,第 155 页。
② 《邮政章程》,1922 年印行,收录于交通部、铁道部交通史编纂委员会编:《交通史邮政编》第一册,上海:民智书局 1930 年版,第 188 页。

项改寄之邮件除保险信函外其余无论具何情形于邮局窗口概不投交。当然,如收件局已将邮件投送收件人,则不允办理改寄业务。

凡需改寄之邮件,均须足额缴纳所需资费。倘邮件改寄新址,耗费并未超出原寄地址所需费用,则不需另缴费用。"信函、明信片、新闻纸、书籍、刷印物、贸易契、货样等类投递后,交回改寄不另索费之办法,虽在中国及邮会各国均有此规定。然改寄之国,倘其邮费重于原付之资例者,则该件邮费虽已于原寄时付足,仍须照改寄国之资例另行加补。"[1]譬如寄件人交寄邮件时已将国内之资费付足,本由国内此处寄往彼处,又由彼处改寄外洋,则寄件人须按照国内资例与改寄国资例相差之数补贴邮票,方能改寄,否则收件局即于投递时按相差数额向收件人加倍收取此项费用。邮件如由外洋寄到中国再由中国改寄外洋他国时,寄件人交寄时已付足额邮票,则可不另收改寄资费。欠资及未经付足资费邮件一经改寄,并不收取改寄资费,但收件局于投送收件人时即向收件人加倍收取资费。寄件人如欲将所寄邮件由此邮区寄往彼邮区,若已付足额资费,则仅须加收改寄费。

邮局应寄件人声请截留改寄邮件均有相应期限:"凡有声请逾三个月概不照办。当三个月期满之时,仍照函面所书投递。因历三个月之久,足可决定寄往何处。如在期限未满以前,欲请仍照函面所书投递者,可即告知该管邮局长。"[2]收件局在投递改寄邮件时,一般须向收件人索取收件凭条以为凭证。其他如挂号邮件、快递邮件等各类邮件业务均须向办理此类业务之邮局办理改寄,其他邮局一概不予办理。

四、撤回邮件

寄件人欲将已经交寄的邮件撤回,倘若该件尚未投交收件人,邮局可以允为撤回。但加拿大、马来联邦、英国以及大多数之英国殖民地、印度以及

---

①② 《邮政章程》(第十二版),1926 年印行,第 157 页。

南洋群岛等地,邮件已经交寄邮局,即不准撤回。①寄件人欲撤回邮件须亲赴邮局或由持有寄件人凭据的代理人赴邮局填具撤回邮件声请书。申请人除填写撤回邮件申请书外,仍须附呈一件与所请撤回寄件封面相同的封面。该封面上"所书之笔迹、式样及次序应与原件相同,如能办到,并应用相同之纸,其上并有相同之印记或字号"。②如此邮局即可依照申请书及申请人提供的与原寄邮件封面相同的封面办理撤回事宜。如若申请人所欲撤回邮件系保险信函、快递邮件或包裹,其寄件时收存的邮局寄件执据亦须一并附呈。

申请人声请撤回的邮件,如未离开原寄局即可照其申请免费撤回。倘若邮件已由原寄局寄出,申请人可出资费要求邮局采用发函或发电报的方式予以截留。邮局发函截留资费为银元二角,发电报资费除缴纳二角截留费外,仍须预先足额缴纳电报资费。当然如申请人所欲撤回的邮件为包裹类,除上项费用之外,还须缴付寄回包裹的费用。申请人向投递局自发私电请将邮件撤回,亦无不可。但申请人所发私电未能赶在投递局投递日期前寄到,则投递局可将该件投送。

五、欠资邮件

欠资邮件是指未缴邮费或未足额缴纳邮费的邮件。欠资邮件多为信函与明信片类邮件。一来信函、明信片类邮件资费较少,允许先交寄,待收件人收件时再补交;二是因为此类邮件可直接投入信筒、信柜,邮局员役无法保证寄件人寄件时已贴付足额邮票。邮局对于欠资邮件按下述办法处理:所有未预先付足资费的邮件,收件局向收件人投递时,应按原来应纳之数加倍向收件人索取;资费未经付足的邮件,应按所欠之数向收件人加倍索取。但对于自外洋寄往中国的未经预先付足资费的邮件,邮局收取欠资最少为

---

① 《邮政章程》(第十二版),1926 年印行,第 159 页。
② 《邮政章程》,1922 年印行,收录于交通部、铁道部交通史编纂委员会编:《交通史邮政编》第一册,上海:民智书局 1930 年版,第 189、190 页。

银元四分。凡是未付资费及资费未经付足的邮件,在收件人未经补付所欠资费以前,一概不予投递。收件局在欠资邮件上得做相应标记,以表明此邮件为欠资邮件,即于"欠资邮件之上贴有欠资邮票以标所欠之资若干,收件人若查该件上未有欠资票者,收件人得以拒绝付费"①。收件人如发现欠资邮件上未贴有欠资邮票,即不付费。

上文所述邮政各项业务制度规范了邮局开展各项经营性业务时的办理流程,既便利了邮局开展邮政经营,亦方便了民众赴邮局办理邮政事项。邮局开展各项业务时除按各项业务相应规则办理外,尚须查验寄件人所寄邮件是否含有在邮局禁止寄递之列的物品,如有邮件含有禁寄物品,则邮局拒不接受投寄,且须依法追究寄件人责任。

邮局明令邮件内禁止寄递物品如下:

(甲)凡物之性质能渍污或损坏邮件或伤害邮政人员者。

(乙)爆裂引火及他项危险各品。

(丙)生活之动物。惟蜂蚕不在此例。

(丁)凡海关应税之物品以及交寄成批之货样希图偷漏关税者。

(戊)鸦片、吗啡、高根以及他项麻醉物。

(己)所有淫邪或有伤风化之物品。

(庚)凡物品为发寄国或接收国所不准输入或流行者。

(壬)彩票及关于彩票之广告传单。②

凡邮件含有以上所述各项物品者,一经邮局查出即行充公。倘若有何项因邮件内禁寄物品而受损毁者,所有责任均由该寄件人承担,且邮局可视情节严重与否保留对寄件人采取必要的法律行动。如若邮件所寄为军械及军需用品,且收件人呈具证明邮件确为政府所用或系经政府准许运进者,邮局亦准照交。寄往外洋各国的未挂号邮件内不准附寄钱币、银行钞票、通行

① 《邮政章程》(第十二版),1926年印行,第160页。
② 同上书,第13、14页。

纸币、金银条块、宝石珍饰以及其他贵重物品，即便寄往外洋各国挂号邮件亦须遵守（丁）（庚）两款规定。国内邮件含银行钞票者，只准通过保险信函寄递；钱币及金银条块，则只准附装于保险箱匣之内。此外，无论国内互寄还是往来外洋邮件，如内含海关应税物品及属于金银器具、宝石珍饰及其他贵重物品，均须用包裹或箱匣寄递，且须呈具海关缴税单据，否则即不予以交寄。

当然，邮局如将寄件人所寄邮件遗失或邮件有损坏、损毁时，应视寄件情况承担相应的赔偿责任。挂号邮件遗失且责任在邮局者，邮局均认赔偿。"所有赔偿之款即交给寄件人领收，若寄件人欲将该款交给收件人者，亦无不可。其赔偿之款数，如在国内互寄之邮件，每件照所失之价值计算。惟至多不逾银元十元。若系往来国外者，每件至多不逾五十佛朗克。但必该件证明实系在中国邮局手内遗失者，始允照章赔付。"①外洋各国寄入中国的挂号邮件查系在中国邮局手内遗失者，且与原寄国定有互相认可的一律赔偿的规章，中国邮局方能按章予以赔偿。保险包裹遗失或损坏责任在邮局一方，则赔偿不超过原寄包裹之数，如系部分损失，赔偿额仅限保险额。国内往来蒙古及新疆包裹只有"在未抵蒙古及新疆省以前，或以离蒙古及新疆省之后，遇有遗失损坏者，仍系照常赔付"。②未办有保险的包裹，如有遗失或损失事情发生，责任在邮局者，由邮局向寄件人或收件人予以赔偿。赔偿标准是国外包裹每件不逾二十五佛朗克，国内每件至多银元五元。此类未保险包裹如寄往"澳斯他利亚、百慕大支、英属东亚非利加、西印度、坎拿大、岌朴殖民地、非支、纳答耳、咀鲁兰、新赫布里底、班可斯群岛、桑大可路斯岛、尼安撒兰、鄂兰吉、罗得斯亚、萨兰瓦克、脱兰斯瓦、墨斯哥、巴西、锡兰、英属洪都拉斯、纽芬兰、桑给巴尔、美国"等国家或地区③，如包裹出现遗失或损坏情事，上述国家均不予以赔偿。

---

① 《邮政章程》，1922 年印行，收录于交通部、铁道部交通史编纂委员会编：《交通史邮政编》第一册，上海：民智书局 1930 年版，第 162 页。
②③ 《邮政章程》（第十二版），1926 年版，第 146 页。

　　不过邮件如因误投或无法投递以致造成损失,邮局并不担负责成;当然此类情况邮局应尽力查明详情。如果有以下情况出现,则邮局不受理赔偿:"一、其损失之事由出于寄件人或受取人之过失者;二、邮件之性质有瑕疵者;三、因天灾地变及其他不可抗力而损失者;四、在外国境内遗失,依其国之法、邮政章程定之。"①由此四种情况导致寄件人或收件人发生损失时,邮局是不受理赔偿的。

　　此外,邮政总局总办在对包裹类邮件内遗失或损坏内容进行核定后,有按包裹内装之物购置原寄物品予以赔偿之权。倘若邮局所失邮件在赔偿寄件人之后,又复寻得,以及邮件损毁的部分物品,邮政总局总办均有权处置。

　　邮局本为服务民众之机构,所办各项业务均与民众相关,故而如民众有对改良邮务或祛除邮务习弊的相关条陈及诉函,邮政当局即应虚心接纳。其可取之处,应函报邮政总局总办核夺。

小　　结

　　本章内容通过不同的分类标准,对相应分类标准的邮件业务制度进行梳理,基本明晰了北洋政府时期邮局开展、经营各项邮件业务的办理流程与制度规范。基于上文对邮件业务制度的梳理,拟就邮政业务制度的特征问题予以简单探讨。

　　业务种类齐全是邮局开办邮政业务的重要特征。邮局开办的经营性业务,无论是按邮件性质分类,还是按办事手续分类,每一分类之下都有邮局开办的相应业务。这些业务涵盖各类邮件(非包裹类)业务、包裹业务、挂号业务、快递业务、保价(保险)业务、代收货价业务以及便利民众投寄的存局

---

① 　大总统教令第三十二号:《邮政条例》,1921 年 10 月 12 日公布。

候领邮件、无法投递邮件、改寄邮件、撤回邮件与欠资邮件等业务,业务种类非常齐全。民众如有相关业务需求,赴邮局择其所需,即可办理。

制度建设较为完整是邮政业务的又一特征。邮政开展的众多经营性业务中,每一种业务均有相应的办事规程与业务规范。邮政业务制度里既涵盖了具体业务办事流程,在每一项具体业务中又对寄件人、邮局员役、收件人各项权责都有明确的规定。

邮政业务具有流程明确可操作性的特征。邮局开展的各项邮政经营性业务,均有明确的办事流程,从各项邮件的范围、接收、寄运、投送、注意事项等多个环节,予以规范。民众赴邮局办理邮政业务时,按照各项业务的具体实施办法,遵章照办即可。

邮政业务存在流程繁琐不易操作的问题。流程明确具有可操作性本是邮政业务制度的特征,然而各项邮政业务流程明确却过于繁琐,虽具可操作性却不易操作。邮局开展的各项邮政经营性业务均有明确的办事流程,从各项邮件的范围、接收、寄运、投送、注意事项等多个环节予以规范。此点本为便利民众办理邮政业务起见,然民众赴邮局办理邮政业务时,邮件封面地址的书写、邮件的封装、封志以及邮票的黏贴等各项流程均须寄件人自办或邮局以外之人代办,邮局员役不得代为办理。如此对民众而言却是甚为麻烦,如寄件人不识字,则要么不寄邮件,要么寄件时委托他人,即连邮件封装封志亦须自行办理,邮政员役并不参与上项环节。民众赴邮局办理邮件业务如此繁琐,反不如赴民信局或托人携带邮件方便,此即托带或私带邮件行为屡禁不止的重要原因,亦是邮政当局需要反思予以解决的问题。只不过这一问题在北洋政府时期并未引起邮政当局的重视,亦未有采取相应的措施予以改善。

邮政业务的规章制度明晰了邮政营业机构经营邮政业务的流程,规范了邮务运行的机制,为邮政业务的有序开展提供了坚实的制度保障。

第四章
邮政人群

　　邮政人群是解读邮政问题的关键因素，北洋政府时期中华邮政推行邮政制度、拓展邮政业务全依赖于邮政员役群体。邮政人群即邮政员役群体，含邮务长、邮务官、邮务员、邮务生、经理售票银钱人、捡信生、邮差、信差、杂项人役等各级邮务人员。各级邮务人员按照邮政班次划分为邮务官、邮务员、邮务生、捡信生四班，每一班次又分不同等级。[1]北洋政府时期四班邮政员役里华洋员役共处，在邮政人事制度的规范与约束下，遵守邮政规章，积极拓展邮政业务，发展邮政事业。本章依据《交通史邮政编》《邮政纲要（第一册）》《交通部所管邮政题名录》《中国邮政统计专刊》《邮政事务总论》《邮政事务年报》以及部分邮政档案、报纸期刊等记载邮政员役相关资料的文献，拟从分析邮政员役群体构成入手，梳理邮政人事制度内容，考察邮政人事制度的运行情况，并就邮政人群相关问题作一探讨。

---

① 中华邮政员役班制有四班制与两班制之分。1928年10月1日之前，为四班制，即邮务官、邮务员、邮务生及捡信生四班，每一班各分等级；1928年10月1日始，改为两班制，即将原四班中的邮务官、邮务员、邮务生改为邮务员，捡信生改入邮务佐，形成新的两班，每班亦各分等级。张樑任：《中国邮政（上）》，上海：商务印书馆1935年10月—1936年11月印行，第127—130页。

第一节 邮政员役

北洋政府时期邮政所用员役人数随着邮政规模的次第扩展而增多。该时期每一班次及等级邮政员役数目虽总体上呈现出增长态势,然员役数目变动情形亦较为复杂,历年员役数目增减不一。北洋政府时期中华邮政员役群体按照国籍籍贯标准划分为两类邮政人群:一为华人群体;二为洋员群体,即在中华邮政系统里供职的外国人。华洋员役之间职责各有分工。本节拟从邮政员役的数目及构成情况入手,依据对华洋员役变动及履历情况的解读,分析该时期邮政人群的总体特征。

一、邮政员役数目

邮政员役是发展邮政事业,拓展邮政业务的关键所在。邮政员役历年数目一定程度上反映了邮政经营状况,是衡量邮政事业办理成效的重要指标。邮政用人数量增多,表明邮政业务得以扩展,邮政规模扩大;相反,邮政员役数量减少,则表示邮政经营不善。北洋政府时期是中华邮政用人数量稳增时期,1912—1928 年中华邮政员役职员与工役数均呈现相应的增长态势。1912—1928 年中华邮政员役人数情况变动情况如表 4-1。

表 4-1 中的邮政职员,即邮务长、副邮务长、邮务官、邮务佐、杂项人员、邮务员、邮务生等,在 1912—1928 年增势明显。1912 年中华邮政职员共计 3 131 人,此后逐年递增,至 1926 年已增至 9 170 人,不仅增速较快,增幅亦非常明显。1927—1928 两年邮政职员人数较 1926 年略有下降,但亦维持在 9 000 人以上的规模。

邮务长人数在 1925 年之前总体上在增多,1926 年开始连续下降,1928 年时,这一下降趋势得以扭转。副邮务长人数在 1926 年之前虽偶有减少,

表 4-1　1912—1928 年邮务职工人数

单位:人

年次	职员									工役				总计
	邮务长	副邮务长	邮务官	邮务佐	杂项人员	邮务员	邮务生	检信生	合计	信差	邮差	杂项差役	合计	
1928	34	31	—	3 352	52	5 546	—	—	9 015	7 673	6 767	4 322	18 762	27 777
1927	27	35	139	2	52	1 366	4 243	3 285	9 149	7 889	7 270	4 271	19 430	28 579
1926	28	43	155	2	48	1 420	4 233	3 241	9 170	7 872	7 787	4 147	19 806	28 976
1925	30	36	143	3	50	1 380	3 957	2 882	8 481	7 365	7 731	3 806	18 902	27 383
1924	29	30	141	3	42	1 366	3 737	2 749	8 097	7 053	7 726	3 533	18 312	26 409
1923	29	28	141	3	35	1 262	3 498	2 641	7 637	6 868	7 619	3 209	17 696	25 333
1922	26	23	146	3	12	1 149	3 113	2 533	7 005	6 572	7 386	2 850	16 808	23 813
1921	26	24	133	3	18	1 169	2 571	2 875	6 819	6 402	7 429	2 687	16 518	23 337
1920	24	25	124	4	9	1 166	2 602	2 356	6 490	6 041	7 222	2 532	15 795	22 285
1919	18	23	133	4	2	1 108	2 574	2 002	5 864	5 379	7 042	2 276	14 697	20 561
1918	15	22	124	4	2	1 103	2 574	1 623	5 467	5 056	6 815	2 082	13 953	19 420
1917	15	20	118	6	2	1 083	2 469	1 401	5 114	4 833	6 681	1 938	13 452	18 566
1916	15	19	125	8	2	1 058	2 397	1 274	4 871	4 656	6 568	1 812	13 036	17 907
1915	12	16	127	9	2	1 055	2 399	1 113	4 733	5 205	6 725	938	12 868	17 601
1914	12	13	129	12	2	1 193	2 162	1 076	4 599	5 123	6 722	1 099	12 944	17 543
1913	12	13	121	17	1	1 822	—	1 487	3 473	4 744	6 008	861	11 613	15 086
1912	7	5	118	22	1	1 665	—	1 313	3 131	4 007	5 029	705	9 741	12 872

注:自 1928 年起,邮务长、邮务官、邮务佐、邮务员、检信生均改称邮务佐。唯与 1928 年以前之邮务佐不同。
资料来源:交通部总务司第六科编印:《中国邮政统计》(甲编"邮政统计专刊",南京:1931 年印行,第 160—161 页。

总体上亦呈增加态势，1927 年开始连续下降。

邮务官人数较邮务长、副邮务长人数为多。1912 年邮务官人数为 118 人，历年增减不一，至 1922 年已有邮务官 146 人。此后一直维持在 140 人左右，1928 年邮务官改称邮务员，全部划入邮务员中。

邮务佐在 1927 年之前为邮政职员中人数最少的一类，该类邮政职员人数自 1912 年一直处于逐年缩减的态势，至 1927 年仅有 2 人在役。1928 年邮政员役改两班制后，捡信生改称邮务佐，邮务佐人数因之剧增，改制后的 1928 年，邮务佐人数高达 3 352 人。

杂项人员在邮政职员中亦属人数较少的一类。1912—1913 年杂项人员仅有 1 人，1914—1919 年则维持在 2 人的建制。1920 年，杂项人员开始增多，此后直至 1928 年，杂项人员数目虽有波动，总体上在增多，1927 年已有 52 人，1928 年亦维持这一水平不变。

邮务员一类邮政职员在 1928 年改制之前，人数已属不少，历年虽有增减，但均维持在 1 000 人以上的规模。具体而言，1912—1913 年邮务员人数处于增长阶段，1913 年亦有邮务员 1 822 人。1914—1915 年是邮务员人数递减的阶段，1915 年已降至 1 055 人，降幅较大。1916—1921 年是邮务员人数扭减为增、逐步增加的阶段。在此阶段邮务员人数由 1 055 人逐步增至 1 169 人。1922 年邮务员人数出现微幅减少，1923—1926 年是邮务员人数又一波连续增长的阶段，1927 年则出现下降。1928 年改制后，因邮务官、邮务佐、邮务生均划入邮务员班内，故邮务员猛增，该年这一数字高达 5 546 人。

邮务生在未改入邮务员班之前，即是邮政职员中最多的一类。邮务生人数以 1921 年为界，分为前后两个增长期。1914—1920 年是邮务生的第一个增长期，邮务生由 2 162 人增至 1920 年的 2 602 人。第一个增长期，邮务生人数增幅较慢。在 1921 年出现微幅下降之后，1922 年开始邮务生人数进入第二个增长期，且增速较快，至 1927 年邮务生人数已达 4 243 人。

1928 年改入邮务员班内后,邮政职员中便无邮务生一类。

捡信生人数未改入邮务佐班内之前,亦属邮政职员中人数较多的一类,捡信生人数仅次于未改班前的邮务生。1912—1913 年捡信生人数有小幅增加,1914 年出现一定的降幅,捡信生人数由 1913 年的 1 487 人降至 1914 年的 1 076 人,降幅较大。1915 年开始,捡信生人数迎来一波长达 7 年的持续增长期,1921 年捡信生人数已达 2 875 人,较 1914 年增加了 1 799 人,增幅较大。1922 年捡信生出现微幅减少,1923—1927 年是捡信生人数又一波逐步稳增期,1927 年捡信生已高达 3 285 人。

由邮政职员中各类职员人数的分布及变化情况可知,邮政职员中邮务长、副邮务长、邮务官等高级职员人数远较邮务佐、邮务员、邮务生人数为少。即便 1928 年改两班制后,邮务长、副邮务长人数亦远较改制后的邮务员、邮务佐人数为少。

表 4-1 中清晰可见,邮政工役人数较邮政职员人数为多。邮政工役,即信差、邮差、杂项差役等在 1912—1928 年的增势与邮政职员大致相同。1912—1926 年处于稳步增长态势,1912 年邮政工役人数尚不足 10 000 人,为 9 741 人;1926 年已增至 19 806 人,增幅达两倍之多。1927—1928 年,邮政工役人数出现连续下降,1928 年已跌破 19 000 人关口。

邮政工役中,无论是信差、邮差,还是杂项差役,其人数均属不少,尤以信差、邮差人数为多。

北洋政府时期,信差人数总体上呈现出阶段式增长的态势。信差人数在 1912 年即超过 4 000 人,1912—1915 年是信差人数第一个增长期,由 1912 年的 4 007 人增至 1915 年的 5 205 人。1916 年信差人数较 1915 年有一定幅度的下降,不过持续时间非常短,1917 年即扭跌为涨,并持续增长至 1927 年,出现长达 11 年的稳步增长期。1928 年信差人数相较 1927 年略有跌落。

北洋政府时期邮差人数总体变动情况与信差人数变化情况相似,亦有阶段式稳步增长的特征。1912—1915 年是邮差人数的第一个逐步增长期，1916 年出现微幅下降，1917 年亦扭跌为涨，并持续增长至 1926 年，出现长达 10 年的稳步增长期。1927—1928 年，邮差人数连续下降，1928 年邮差人数相较于 1926 年已减少 1 000 余人。

北洋政府时期，杂项差役人数总体上呈现出稳步快速增长的态势。1912—1928 年间，除 1915 年杂项差役人数出现反复外，其余各年均处于增长阶段。杂项差役由 1912 年的 705 人一路猛增至 1928 年的 4 322 人，十余年间增长了 6 倍之多。

如表 4-1 所示，北洋政府时期邮政员役职员与工役历年变化情况呈现出总体上增长的态势，由此表明该时期邮政领域内用人规模在逐步扩大，很大程度上反映了邮政事业稳步发展的事实。

二、洋员

中华邮政员役群体中华洋共处的格局肇始于邮政创办之时。中华邮政源自海关，故自大清邮政创办之时，中华邮政之邮政员役多系海关出身。迨邮政脱离海关时，此辈人员即随之脱离海关成为邮政专属人员。在邮政员役群体中，依人数而言，虽华员比重远较洋员为高，邮政高级职务中洋员却占有绝对比重。[1]此即《交通史邮政编》中所言："我国邮政高级人员向来借才异国。自民国四年刘书蕃署贵州邮务长后，始以我国人员充任。然仍不及外人之多。"[2]所谓高级邮政人员，即邮务长、邮务官及邮务员等。1915 年以前，除邮政会办一职为华人担任外，其他如邮政总局总办、总局所属各股股长或处长、邮务长、副邮务长均由洋员担任。1915 年刘书蕃署贵州邮区邮务长，是华员担任邮区邮务长级别职务之始，此后华员充邮务长、邮务官

---

[1]　目前学界关于邮政洋员研究，详见"绪论·学术史回顾·涉外事项"部分。
[2]　交通部、铁道部交通史编纂委员会编：《交通史邮政编》第一册，上海：民智书局 1930 年版，第 307 页。

级别职务人员的人数逐步增多。据现有资料显示,1927 年计有洋员邮务长
19 员、副邮务长 15 员(其中 6 员署理邮务长)、邮务官 63 员(其中 1 员署理
邮务长,24 员署理副邮务长);华员邮务长 7 员、副邮务长 20 员(其中 1 员署
理邮务长)、邮务官 76 员(其中 13 员署理副邮务长)[①];邮务高级人员中华洋
比例已不相上下,就人数而言,高级人员中华员已超洋员。表 4-2 是一份不
完全的北洋政府时期邮政洋员数目变动情况表,可就北洋政府时期邮政洋
员数目变化有一直观认识。

表 4-2　1912—1928 年部分年份邮政洋员数目　　　　单位:人

年　　次	邮务长	副邮务长	邮务官	其　他	总　　计
1927	19	15	63	4	101
1926	25	19	72	4	120
1925	26	18	73	5	122
1924	25	17	73	6	121
1923	23	17	77	5	122
1922	23	15	69	6	113
1921	23	16	70	6	115
1920	20	16	71	7	114
1919	18	16	71	6	111
1918	15	18	68	6	107
1917	15	15	65	6	101

　　注:1912—1916 年及 1928 年等年份邮政人员统计资料缺。其他项下人员含邮政建
筑测绘员、供应处印刷课经理员、邮务佐、转运员等。
　　资料来源:交通部邮政总局驻沪供应处编印的 1917—1926 年历年《邮政事务总论》
及 1927 年《邮政事务年报》中邮政人员的相关统计。

　　由表 4-2 可知,北洋政府时期任职于中华邮政系统的洋员数目并不为

---

① 《中华民国十六年邮政事务年报》,第二十四版,交通部邮政总局驻沪供应股 1928 年印行,第
　20 页。

多,少时只有 100 人左右,多时亦仅有 122 人;洋员在邮政职工中的比例綦小,历年所占比例尚未达 1%。

1917—1927 年间供职于中华邮政的洋员多任职邮务长、副邮务长、邮务官,且无论邮务长、副邮务长抑或邮务官,历年人数变动幅度并不为大;其他任邮政建筑测绘员、印刷课经理员、邮务佐、转运员等职务者非常少,多时有 7 人,少时仅有 4 人,在邮政洋员中所占比例非常之小。

邮政员役中的洋员因多由海关划入,入职时间一般均较早。下文以洋员人数较多的 1925 年为例,依据该年《交通部邮政题名录》,对邮政洋员国别及入职年份进行梳理。

表 4-3　1925 年洋员邮务长国别及入职时间表

姓　　名	国籍	初　　到	末　　升	局
多福森‡	挪威	†清光绪二十二年	清光绪三十一年	上海　在假
海　澜‡	英	†十八	清宣统二年	假
希乐思‡	英	†二十二	二	江苏
李　齐‡	英	二十七	三	假
鲁　士‡	法	†二十三	中华民国元年	北京总局
世德邻‡	英	†三十	二	直隶
卜礼士‡	挪威	三十一	五	山西
麦伦达‡	英	†三十一	六	吉黑
塔理德‡	英	†二十六	六	北京总局
杜　达‡	英	†二十五	六	假
阿良禧‡	英	†三十	六	广东
濮　兰‡	法	清宣统元年	六	北京总局
汉　乐‡	英	清光绪三十二年	七	北京总局
司达柏‡	英	†三十二	八	西川
克立德‡	意	三十	八	山东
巴立地‡	意	三十二	八	贵州　己

续　表

姓　名	国籍	初　到	末　升	局
聂克逊‡	英	清宣统元年	九	北京
格林费‡	英	清光绪三十一年	十	奉天
汉恩烈‡	法	三十一	十	云南
阿林顿‡	美	†十一	十	北京总局
穆　霖‡	英	†十四	十二	河南
满诺思‡	英	二十八	十三	湖北
齐尔利‡	意	†二十八	十三	上海供应股
莫罗士‡	英	†二十八	十三	东川
巴　金‡	英	†三十三	十四	福建
阿杜能‡	意	三十二	十四	假

　　甲　暂兼代理邮政总局总办　乙　兼代总务股长　丙　营业股股长　丁　联邮
股股长　戊　稽核股股长　己　由十五年四月起假　庚　文牍股股长　辛　供应股股
长　†　初到海关年份　‡　初入局时系按从前关平银计薪
　　资料来源:邮政总局所属上海供应股印行:《交通部所管邮政题名录》(第十五版),正
文第2页。

　　1925年,共有邮务长26人,来自英国、法国、挪威、美国、意大利等五个
国家。外籍邮务长入职时间最早者在清光绪十一年(1885年),此时大清邮
政尚未正式创办,尚在海关服务;入职最晚的在清宣统元年(1909年),至
1925年服务时间已属较长。外籍邮务长入邮政服务者中英国籍邮务长人
数最多,有16人,意大利国籍者为4人,法国国籍者3人,挪威国籍者2人,
美国国籍者1人。上述外籍邮务长薪水均以关平银计算。

表 4-4　1925 年洋员副邮务长国别及入职时间

姓　名	国籍	初　到	末　升	局
钮　满‡丁	英	†清光绪十八年	中华民国六年	浙江
师密司‡戊	英	三十一	七	湖北
葛　沄‡丁	英	†二十五	八	江西

续　表

姓　名	国籍	初　到	末　升	局
饶　略‡	法	†三十四	九	假
杜和白‡	英	†三十三	十	假
西密司‡	英	三十	十	假　己
科　登‡庚	英	三十四	十	上海
艾　德‡乙丁	挪威	清宣统元年	十一	北京总局
贝雅士‡丁	英	清光绪三十四年	十二	湖南
纳自敦‡戊	瑞典	清宣统二年	十二	直隶
康恩度‡戊	英	二	十二	吉黑
克　定‡	英	清光绪二十二年	十三	假
克和白‡戊	英	清宣统三年	十三	江苏
申陌士‡戊	英	清光绪二十九年	十三	山东
戈裕德‡辛	英	清宣统二年	十三	北京总局
乍配林‡戊	法	清光绪三十一年	十四	上海
守杜裀‡	法	清宣统元年	十四	假
卦　特‡丁	意	清光绪三十一年	十四	甘肃

　　甲　暂派　乙　署经济股股长　丁　署邮务长　戊　邮区副邮务长　己　由十五年一月起　庚　暂署邮务长　辛　邮票监视员　†　初到海关年份　‡　初入局时系按从前关平银计薪

　　资料来源:邮政总局所属上海供应股印行:《交通部所管邮政题名录》(第十五版),正文第3页。

　　1925年,共有副邮务长18人,来自英国、法国、意大利、挪威、瑞典等五个国家。18名外籍副邮务长中英国国籍者有12人,法国国籍者3人,意大利、挪威、瑞典等国国籍者各1人。副邮务长中入职最早的在清光绪十八年(1892年),入职最晚的在清宣统二年(1910年)。副邮务长多任署理邮务长、邮区副邮务长、暂署邮务长、署经济股股长、邮票监视员等职务,薪水以关平银计算。

表 4-5　1925 年洋员邮务官国别及入职时间

姓　名	国籍	初　　到	末　　升	局
超等一级邮务官				
林荣贵‡甲	美	清光绪二十三年	中华民国十三年	山东(烟台)
魏尔士‡	挪威	二十八	十五	假
超等二级邮务官				
薄　图‡乙	法	清光绪三十年	中华民国十四年	广东
克法理络‡丙	意	†二十八	十四	新疆
卧黎尔‡	英	三十二	十四	假
康雅德‡丁	英	†二十九	十四	北京总局
李必多福‡戊	俄	清宣统元年	十四	北京总局
李格司‡乙	英	清光绪三十四年	十四	奉天　己
克气格‡	丹	中华民国元年	十四	假
金　安‡	英	清宣统三年	十五	假
瑞骛士　乙	英	清光绪三十年	十五	东川　己
一等一级邮务官				
爱勃能‡庚	瑞典	清光绪三十四年	中华民国十二年	湖北
贺　美‡庚	丹	中华民国元年	十三	上海
满飞烈‡	英	清光绪三十年	十三	假
戈德兰‡	法	三十三	十三	假
睦　郎‡辛	英	中华民国元年	十三	北京总局
顾诋立师‡庚	日	二	十三	直隶
戴巴唐‡壬	法	二	十四	上海供应股
华希伯‡癸	英	二	十四	北京总局
马古洛‡庚	英	三	十四	广东
睦　兰‡甲	英	中华民国二年	中华民国十四年	北京总局
梅雅士‡乙	美	四	十四	上海
湛　恩‡	英	元	十四	上海丙

续　表

姓　名	国籍	初　到	末　升	局
服部素之助‡	日	二	十四	上海
格连维‡丁	英	三	十四	山东
罗　特‡戊	法	三	十四	北京总局
陶麻结夫‡	俄	三	十四	假
鲍威尔‡己	英	四	十四	湖北（宜昌）
巴连第‡庚	意	†清宣统元年	十四	广东（汕头）丙
一等二级邮务官				
郝尔士‡丁	英	中华民国四年	中华民国十三年	江苏　丙
拉克满‡己	爱	元	十三	吉黑（满洲里）
乐　思 己	美	四	十三	福建（厦门）
那贵士 辛	瑞典	四	十三	北京总局
雷布朗 壬	法	五	十三	上海
蓝尔生 丁	美	五	十四	奉天
金指谨一郎 己	日	六	十四	山东（青岛）
嘉佩林 丁	法	七	十四	河南
和　理 丁	捷克斯洛伐克	五	十四	吉黑
二等一级邮务官				
阿美达	葡	中华民国七年	中华民国十三年	北京总局　甲
米德维	比	八	十三	北京总局　乙
怡赛福	俄	八	十四	湖北
慕　雷	英	八	十四	假
理克德	法	八	十四	假
儒福立 丙	法	八	十四	东川（万县）
德司唐 丁	法	九	十四	江西
白　意 戊	法	九	十四	北京总局
佛兴讷坻 丁己	法	清光绪三十年	十四	西川

姓 名	国籍	初 到	末 升	局
费 显	瑞士	中华民国八年	十四	上海
图 森 丁	比	九	十四	云南 乙
樊德立 庚	法	九	十五	北京总局
二等二级邮务官				
谢李布亚可甫 丁	俄	中华民国十年	中华民国十四年	湖南
雷进德 丁	法	十	十四	山西
三等一级邮务官				
亥 兰 丁	英	中华民国十一年	中华民国十四年	浙江
博 礼 辛	法	十一	十四	上海
萨尔西 丁	法	十一	十四	北京
小松衡一 壬	日	十一	十四	北京总局
村濑茂	日	十二	十四	吉黑(龙井村)
福屋正男 丁	日	十二	十四	东川
邦戴尔 甲	法	中华民国十二年	中华民国十四年	江西(九江)
倭罗诺福	俄	十二	十四	吉黑
纲岛信一	日	十二	十四	北京总局
上野太忠	日	十二	十五	直隶
福家丰	日	十二	十五	上海
田中勘吾	日	十二	十五	奉天
三等二级邮务官				
滨田真一	日	中华民国十二年	中华民国十四年	山东
德 敦	英	十三	十五	西川
龚倍德	法	十三	十五	广东
四等一级邮务官				
冈田时一	日	中华民国十三年	中华民国十四年	上海 乙
思德玲玮尔	荷	十四	十四	江苏
莫利荪	英	十四	十四	福建
顾 林	法	十四	十四	奉天

续　表

姓　名	国籍	初　到	末　升	局
吉田藏人	日	十四	十四	广东　乙
司文森	挪威	十四	十四	北京

关于表中甲乙丙丁及†、‡两符号的说明：

1. 邮务官系列：林荣贵至马古洛，甲　署副邮务长管理烟台一等邮局　乙　署邮区副邮务长　丙　署邮务长　丁　署营业股副股长　戊　署巡核员　己　由十五年一月起　庚　管理邮区会计署副邮务长　辛　暂署秘书　壬　署供应股副股长　癸　派在邮政储金　†　初到海关年份　‡　初入局时系按从前关平银计薪

2. 邮务官系列：睦兰至和理，甲　署总务股副股长　乙　署副邮务长经管邮件(上海)　丙　由十五年二月起　丁　管理邮区会计署副邮务长　戊　署经济股副股长　己　一等邮局长　庚　署副邮务长管理汕头一等邮局　辛　署稽核股副股长　壬　管理联邮处邮务官(上海)　†　初到海关年份　‡　初入局时系按关平银计薪

3. 邮务官系列：阿美达至福屋正男，甲　由十五年二月起　乙　由十五年一月起　丙　一等邮局长　丁　邮区会计长　戊　署联邮股副股长　己　署邮区副邮务长　庚　总局会计　辛　管理大公事房邮务官(上海)　壬　联邮股会计

4. 邮务官系列：邦戴尔至司文森，甲　一等邮局长　乙　由十五年一月起　丙　邮区会计长

资料来源：邮政总局所属上海供应股印行：《交通部所管邮政题名录》(第十五版)，正文第5—8页。

邮务官入职最早的在光绪二十三年(1897年)，最晚的民国十四年(1925年)。1925年共有邮务官73人，来自美国、挪威、法国、意大利、英国、俄国、丹麦、瑞典、日本、爱尔兰、捷克斯洛伐克、葡萄牙、比利时、瑞士、荷兰等15个不同的国家；其中美国国籍4人、挪威国籍2人、法国国籍18人、意大利国籍2人、英国国籍18人、俄国国籍5人、丹麦国籍2人、瑞典国籍2人、日本国籍13人、爱尔兰国籍1人、捷克斯洛伐克国籍1人、葡萄牙国籍1人、比利时国籍2人、瑞士国籍1人、荷兰国籍1人。外籍邮务官尤以英国、法国、日本等国为多，俄国、美国次之，其他国家人数又次之。

1925年共有邮务佐3人，其中2人来自葡萄牙，1人来自英国；邮政建筑测绘员及校对员均来自英国。[①]

1925年邮政员役洋员群体共有122人，来自15个不同的国家，其中以

———————

① 邮政总局所属上海供应股印行：《交通部所管邮政题名录》(第十五版)，正文第9、127—128页。

英国国籍者最多,总数达到46人,且无论是邮务长、副邮务长还是邮务官人数,均以英国国籍者人数最多。法国国籍邮政员役人数亦属不少有24人,日本国籍邮政员役有13人,其他国籍邮政员役人数均未超过10人。

邮政洋员中,不少人具有一定的学历且在邮政系统能展现出满足邮务需求的相应的工作能力。一些洋员具有在母国接受高等教育的经历,此点在《交通部所管邮政题名录》中得以记录。兹摘录部分洋员统计状况予以说明。

白意,科学学位,本部一等三级奖章。

龚倍德,法国科学学士学位,六等嘉禾章、五等嘉禾章、四等嘉禾章、三等嘉禾章。

博礼,巴黎学士学位,六等嘉禾章。

贝雅士,英国师范学堂毕业,英国皇家舆地学会会员,五等嘉禾章、四等嘉禾章、本部一等二级奖章、甘肃省一等奖章。

嘉佩林,法京电气学校文凭,本部一等三级奖章。

顾诋立师,西班牙桑旦宝省日法高等商业学校文凭,五等嘉禾章、本部一等三级奖章。

克和白,英国硕士学位,英国苏格兰学会会员、英国皇家舆地协会会员,五等嘉禾章、四等嘉禾章、本部名誉奖章。

蓝尔生,丹麦哲学学士学位,本部一等三级奖章、福建省三等奖章、六等嘉禾章。①

从教育背景来看,邮政洋员既有通过正规的高等教育并获得相应的学位,亦有专科学校、师范学堂及商业学校毕业,且分布在不同的学科领域,教育背景较为多样。这说明邮政系统对早期入职的洋员并未作过多的硬性要求。当然,此与大多数洋员在入职邮政系统之前就已在海关系统服务多时相关。海关服务的经历便利了洋员进入邮政系统开展相关工作。洋员中亦有不少人身为各类学会会员,此点说明一些洋员是具有专业素养的。各洋员屡受嘉奖表

---

① 邮政总局所属上海供应股印行:《交通部所管邮政题名录》(第十五版),正文第175、183、185、189、199、202、205页。

明洋员在拓展邮政业务及处理日常邮务方面办事确有成效,业务能力较强。

三、华员

华人员役在邮政员役群体中人数最多,分布最广。华员除担任邮务长、副邮务长、邮务官等职务外,其他如邮务佐、杂项人员、邮务员、邮务生、信差、邮差、杂项差役均有涉及,尤其是邮务员、邮务生、信差、邮差、杂项差役等用人多的岗位基本上皆为华员担任。邮政系统任用华员担任邮务长、副邮务长、邮务官等高级职务的时间较晚,1915 年刘书蕃以副邮务长署理贵州邮区邮务长职务是华员担任邮务长级别职务的开端。此后邮政系统内华员担任高级职务的人数逐渐变多,但担任邮务长职务者却一直较少。华员担任邮务长、副邮务长、邮务官等高级职务的人数经历了一个由少逐渐变多的过程。邮政高级华员变动情况如表 4-6。

表 4-6　1912—1928 年部分年份高级邮政华员数目表　　　单位:人

年次	邮务长	副邮务长	邮务官	总计
1927	7	20	76	103
1926	2	24	76	102
1925	3	18	70	91
1924	3	13	67	82
1923	2	11	67	80
1922	2	8	65	75
1921	2	8	63	73
1920	2	6	57	65
1919		6	52	58
1918		4	51	55
1917		4	42	46

注:1912—1916 年及 1928 年等年份邮政人员统计资料缺。其他项下人员含邮政建筑测绘员、供应处印刷课经理员、邮务佐、转运员等。此处高级华员仅指邮务长、副邮务长、邮务官等。

资料来源:交通部邮政总局驻沪供应处编印的 1917—1926 年历年《邮政事务总论》及 1927 年《邮政事务年报》中邮政人员的相关统计。

华员担任邮务长职务出现的时间较晚,直到 1920 年方有陈芨涛、刘书蕃两人分任甘肃邮区邮务长、贵州邮区邮务长。此后,华员邮务长人数长期维持在 2—3 人的规模,1927 年方才增至 7 人,华员担任邮务长人数虽有了一定的提升,然而远较同时期洋员邮务长人数为少。

华员副邮务长人数增长速度较华员邮务长人数为快。华员副邮务长出现于 1917 年,该年华员副邮务长有 4 人,直至 1924 年华员副邮务长人数虽有增长,却较为缓慢。1925 年始,华员副邮务长人数便已超过洋员副邮务长人数,1926—1927 年这一态势仍在继续。

华员邮务官人数在邮政高级华员中增速最快。1917 年时即有华员邮务官 42 人,此后连年增长,1926 年便已达 76 人,10 年间增加了 34 人。

邮政高级华员入邮政时多有官方职衔,此与邮政高级洋员多系有高等教育的背景又有不同。邮政题名录中高级华员背景状况有过相应的统计,仅录其中部分高级华员详细予以说明。

　　　陈芨涛,五品顶戴,二等银色奖章、七等嘉禾章、六等嘉禾章、五等嘉禾章、四等嘉禾章、三等嘉禾章。

　　　张荣曷,监生、候选县丞、五品顶戴,八等嘉禾章、七等嘉禾章、六等嘉禾章、本部二等一级奖章。

　　　张荣昌,五品顶戴,八等嘉禾章、七等嘉禾章、六等嘉禾章。

　　　周易,上海南洋大学机械工程科学士。

　　　钟器,拔贡、中国公学大学部政治经济科毕业,本部二等三级奖章。

　　　刘书蕃,五品顶戴,七等嘉禾章、六等嘉禾章、五等嘉禾章、四等嘉禾章、三等嘉禾章。

　　　谢为霖,候选州同,八等嘉禾章、七等嘉禾章、六等嘉禾章、五等嘉禾章、四等嘉禾章、福建省一等奖章、江苏省一等奖章、本部一等三级奖章。

　　　汤宝楚,监生、贡生、县丞衔、州同衔,八等嘉禾章、七等嘉禾章、六等嘉禾章、本部一等二级奖章。

　　徐洪，监生、候选县丞、候选布理问、提举衔，六等嘉禾章、五等嘉禾章、四等嘉禾章、三等嘉禾章、二等嘉禾章、四等宝光嘉禾章、三等宝光嘉禾章、二等大绶嘉禾章、二等宝光嘉禾章、五等文虎章、四等文虎章、少大夫、本部名誉奖章、日本勋四等瑞宝章。①

邮政高级华员多有职衔，系由传统官吏转变而来，当然亦有接受过新式高等教育的履历。由邮政高级华员所获勋章可知其得升入高级华员班次的原因所在。

与同时期邮政高级洋员人数相比，邮政高级华员人数已经相差无几，甚至有些年份高级华员人数还超过了高级洋员人数。但是必须指出，在邮政高级员役中，担任邮务长职务的华员仍远远少于洋员，因邮务管理局高居地方邮政系统顶端，且施行邮务长负责制，华员邮务长人数偏少表明邮政高级华员在邮政行政管理方面尤其是地方邮政行政领域仍较高级洋员为弱。

高级邮政员役，无论洋员抑或华员人数非常之少，在邮政员役群体所占份额亦较小；邮务生、邮务员、邮务佐、信差、邮差、杂项差役等人数在邮政员役群体中为数最多，尤其是进入1920年代，数额维持在20 000人以上，随着邮政规模的逐步扩充，用人需求增加，这一数字还在不断增大。邮政员役是处理邮政事务、发展邮政事业的关键所在，如何对庞大的员役群体进行规范、约束、引导，调动其工作的积极性，使之在邮政相应岗位上尽忠职守甚至竭尽所能为邮政服务，制定、实施行之有效的邮政人事制度是不可或缺的。

第二节　邮政人事制度

邮政人事制度是邮政当局任用邮政员役办理邮政事务的各项规章与准

---

① 邮政总局所属上海供应股印行：《交通部所管邮政题名录》（第十一版），正文第115、117、122、134、139、140页。

则。邮政人事制度主要规定了邮政当局如何选拔、任用员役,不同班次员役的职责及如何对员役进行考核,以便予以奖惩,以及在局服务员役所享有各项待遇等内容。邮政当局依据邮政人事制度处理邮政员役相关事务,邮政员役在局服务遵守人事制度条规,以之约束在局行为。本节即从员役的选拔与任用、职责与奖惩、薪给与待遇等方面着手梳理各项邮政人事具体制度,以此探视邮政人事制度之概貌。

一、选拔与任用

邮政当局以公开考试方式选拔所需人才,所有想要进入邮政系统任职之人均可报名参加邮政当局举行的考试。应考人员通过考试后,还须经历体检、试用、备具合格保证书等项环节,所有环节全部通过方能正式入邮局服务。所有邮政员役必须服从邮政当局对其职务安排。

(一)选拔

考试是进入邮政系统唯一途径。邮政当局依据邮务需要举行各类考试,凡是满足邮政当局所列应考条件之人,均可依据自身实力报考相应类别考试。考试成绩合格者,方能入围。

1. 考试种类

各级邮政人员必须经过邮局考试并达到及格要求,方有机会录用。邮政人员考试共分高级邮务员考试、初级邮务员考试、邮务佐考试、信差考试四种。不同级别的考试,主考机构、考试地点均不同。高级邮务员考试由考试院考选委员会举行,考试地点由考试院临时公布;初级邮务员、邮务佐、信差考试由考试院委托交通部举行,交通部再交由邮政总局具体负责。邮务佐、信差等考试在各邮区邮务管理局举行,初级邮务员考试或由各邮区邮务管理局举行或由邮政总局指定考试地点。邮局招考一般并无固定时间,遇有公务需要增加员役时,便会公布招考信息。高级邮务员招考信息由考试院于国内著名报纸上登报公布,初级邮务员及邮务佐举行考试时由招考管理局在当地著名报纸上登报公布,信差等招考由当地管理局在门口张贴通告通知。①

2. 应考条件

应邮政考试,需要满足相应的招考条件。不同种类邮政考试,应考人员的资格要求亦不相同。四种邮政人员考试均有相应的条件限制,只有满足各种应考条件之人,方可以报名应考。四种邮政考试各自的应考条件如下。

高级邮务员考试。应考高级邮务员考试者,应为年龄在 20 岁以上、35 岁以下的中华民国国民,且须满足下列各款资格限制之一,始准应高级邮务员考试。

一、公立或经立案之私立大学独立学院或专科学校毕业,得有证书者。

二、教育部承认之国外大学独立学院或专科学校毕业,得有证书者。

三、有大学或专科学校毕业之同等学力,经高等检定考试及格者。

四、有专门著作经审查及格者。

五、现任三等邮务员以上者。②

应考高级邮务员考试的前提是应考人员年龄在 20 岁以上、35 岁以下的中华民国国民,除此之外需要满足上述五项条件中的任何一款皆可。第五款是对邮政员役应考者所做的限制,因邮政员役入局职位在三等邮务员以上者,表明其在邮政系统服务年资已属不短,且具有满足岗位需求的工作能力。五款限制条件除第五款偏重应考人员工作资历与能力外,其余四款均注重考查应考人教育经历。邮局招考高级邮务员,尤其注重应考人员的

---

① 顾锡章编著:《邮政问题详解》,上海:中华邮工函授学校发行,1936 年版,第 56 页。
② 《特种考试邮政人员考试条例》,国民政府考试院令第二号,1935 年 7 月 27 日。应考高级邮务员条件第五条"现任三等邮务员以上者",此点在《邮政人员须知》中为"现任二等以上邮务员服务成绩优良经主管长官审明者"。

教育背景。

初级邮务员考试。报名参加初级邮务员考试人员,则要求年龄在 20 岁以上、30 岁以下的中华民国国民,且须满足下列各款条件之一,方准报名应考。

一、公立或经立案之私立高级中学、旧制中学或其他同等学校毕业,得有证书者。

二、有高级中学、旧制中学毕业之同等学力,经普通检定考试及格者。

三、有高级邮务员应考资格者。

四、现任邮务佐者。①

应考初级邮务员的人员在年龄方面较应考高级邮务员有所加强,年龄上限由 35 岁降至 30 岁。学历方面亦未有应考高级邮务员要求高,只要求中学毕业或具有中学同等学力。满足高级邮务员应考条件者,如欲报考初级邮务员并无不可。已在邮局服务的邮务佐亦可报名参加初级邮务员考试。

邮务佐考试。应考邮务佐考试人员,只须满足中华民国国民且年龄在 20 岁以上、30 岁以下,并具备"公立或经立案之私立初级中学、完全小学或其他同等学校毕业,得有证书者"的学历要求②,即可报名参加。如若应考人现在邮局服务,担任信差职位,亦可报名参加邮务佐考试。

信差考试。报名参加信差考试人员,条件较其他三种考试宽松,只要应考人为年龄在 18 岁以上、30 岁以下的中华民国国民,具有"初级小学毕业者或短期小学毕业者"的文化程度③,即可报名应考。

虽然四种邮政考试对应考人的限制条款各不相同,但其共性在于每一种考试均须应考人具备一定程度的文化知识,以满足所考邮政岗位要求。

----

①②③ 《特种考试邮政人员考试条例》,国民政府考试院令第二号,1935 年 7 月 27 日。

越是级别高的邮政考试,对应考人的要求亦越高。已在邮政服务的邮政员役可依据所处班次,填报相应等级的邮政考试。

应考人根据上项限制条款、结合自身条件决定报考何种邮政考试后,须具备以下报名文件:一、填写报名履历书,二、呈缴毕业证书或其他证明文件,三、呈缴最近四寸半身照片三张,四、缴纳报名费一元(投考信差者免)。①应考人备齐上列投考文件后,将其按所报邮政考试类别寄交。应考人投考高级邮务员者,将报名投考文件寄交考试院;投考初级邮务员、邮务佐、信差者,报名投考文件寄交各该招考之邮务管理局考试委员会。待应考资格审查及格后,应考人须按邮局通知前往指定医院或医生处进行体检,体检合格后方发放准考证,以便应考人持证入场,不合格者退还所缴各件。

3. 考试科目

举凡考试,皆有相应的考试科目,邮政考试亦不例外。高级邮务员、初级邮务员、邮务佐、信差考试不仅报考限制不同,其考试科目亦不尽相同。高级邮务员考试及初级邮务员考试均分第一试、第二试、第三试,第一试、第二试为笔试科目,第三试为面试;邮务佐考试、信差考试分第一试、第二试,第一试为笔试,第二试为面试。

高级邮务员考试科目如下:

第一试科目

一　国文　论文及公文

二　总理遗教　建国方略、建国大纲、三民主义及中国国民党第一次全国代表大会宣言

三　中外历史

四　中外地理

五　宪法(宪法未公布前中华民国训政时期约法)

① 顾锡章编著:《邮政问题详解》,上海:中华邮工函授学校发行,1936 年版,第 57 页。

六　外国文　英德法俄日文中任选一种

第二试科目

一　民法

二　经济法

三　货币及银行论

四　会计学

五　邮政法规

六　邮政公约

七　运输学

第三试为面试,就应考人第二试科目及其经验面试之。①

　　高级邮务员考试三试所考内容最多,笔试科目涉及中外文知识、党政知识、中外历史与地理、宪法、民法、经济法、邮政法规、邮政公约、货币与银行知识以及交通运输知识等内容;考试范围最广,举凡政治、经济、法律、交通运输、历史、地理、语言文字等无所不包。第一试科目偏重工具及常识,第二试科目注重业务相关知识,面试主要是就应考人第二试考试内容、履历经验及临场表现进行测试。

　　初级邮务员考试科目如下:

第一试科目

一　国文　论文及公文

二　总理遗教　三民主义及建国方略

三　外国文　英德法俄日文中任选一种

第二试科目

一　中外历史

二　中外地理

---

① 《特种考试邮政人员考试条例》,国民政府考试院令第二号,1935 年 7 月 27 日。

三　数学　算术及代数平面几何

四　法制经济大意

五　簿记

六　邮政法规

第三试为面试,就应考人之第二试科目及其经验面试之。①

初级邮务员考试虽亦分三试,应试内容已较高级邮务员考试大为减少。第一试语言类内容一如高级邮务员考试,所考政治范围已经缩小。中外历史与地理调整至第二试,除邮政法规外,第二试偏重技术性的实用内容并不注重知识性内容考察,增加数学及簿记内容即是如此。面试环节并无多大变化,仅考查应考人第二试科目及履历经验。

邮务佐考试科目如下:

第一试科目

一　国文

二　三民主义

三　简易外国文

四　本国史地

五　算术

六　常识

第二试为面试,就应考人之第一试科目及其经验面试之。②

自邮务佐考试始,考试减少为两试。考试内容亦大为简化。第一试笔试科目中除国文、简易外国文外,语言文字类不再要求公文及论文写作;史地内容已改为仅限本国内容,外国史地不再做要求;其他科目即是算术知识及一些常识性内容。面试环节虽仍旧以笔试内容及应考人履历经验为主考内容,由于笔试所考科目已经大为减少,故其难易程度亦大为降低了。

―――――――――

①② 《特种考试邮政人员考试条例》,国民政府考试院令第二号,1935 年 7 月 27 日。

信差考试科目如下：

第一试科目

一　简易国文

二　简易算术

第二试为面试，就应考人之第一试科目及其经验面试之。①

信差考试较其他考试而言最为简单。笔试内容仅考简易国文及简易算术，面试环节除对应考人履历经验有所考查外，仅以笔试内容为题简单地进行临场测试。

邮政招考考试科目繁简不一，然其考查的核心却是一致的，即应考人员的教育经历与工作履历。教育经历代表应考人员的学历水平，工作履历显示应考人员的工作态度与能力，此两点正是邮政系统考核员工的主要途径，考试科目的设置显然是有与邮政人事运行直接挂钩的考量。

4. 录取

邮政招考考试满分为一百分。分三试的考试，如高级邮务员考试、初级邮务员考试，前两试各占总分的百分之四十，第三试占总分的百分之二十；分两试的考试，第一试占总分的百分之八十，第二试占总分的百分之二十。②各种考试均以平均分数达六十分为及格，不及格者不予以录取。应考人员第一次或某次参加考试未能全部及格，邮政当局将其已及格之科目保留，下一次再参加同类考试时，可免试已及格科目。但此及格科目免试期以三年为限，如三年内应考人始终未能全部及格，则第四年再参加应考时须全部重考。③如若及格人数超过规定录取名额时，按成绩高低顺序依次录取。凡被录取人员依考试成绩高低顺序任用，但已在邮政服务者，倘遇邮务需要，得优先任用。④凡应邮政考试及格者，由邮政当局发给旅费，不及格者一

①② 《特种考试邮政人员考试条例》，国民政府考试院令第二号，1935 年 7 月 27 日。

③ 顾锡章编著：《邮政问题详解》，上海：中华邮工函授学校发行，1936 年版，第 57 页。

④ 《邮政人员须知》，1943 年版，第 39 页。

概不予旅费。

（二）任用

应考人员考试成绩及格后，即被录取进入邮政系统实习。被录取人员在实习期内熟悉各项邮务，继续学习邮务知识，通过实习考核并备具合格的保证书即可正式成为邮政一员。新录人员入局之后，邮政当局依邮务所需派遣职务予以任用。离局复用人员须依复用人员办法按照相应流程办理。

1. 试用

所有邮政应考人员考试及格，体检合格者，其考试试卷便会呈送至邮政总局总办处核定录用。邮政总局总办核定录用后，即发回录用委任公文。录用人员即进入邮政试用阶段。试用是指应考及格被录用人员在正式成为邮政员役之前，必须经历的一段实习期。邮政当局要求新录人员必须经历试用环节是基于两个方面的考量。一方面在于使新录人员"（一）谙悉邮政各部门基本工作之方法，（二）熟悉邮政重要法规，（三）认识邮政历史及邮政人员服务精神加强其终身服务邮政之信心"①，即加强新进人员对邮政相关知识的系统学习，锻炼工作方法，培养服务精神与意识。另一方面，可资邮政主管人员对于每一新进人员的工作能力、品行学识予以详细观察，依此评判该员是否合适进入邮政服务。倘若新进人员"工作能力及品行学识均在一般水准之下，应及早加以淘汰；如该员可以留用，则应就该员个性及学识造诣，决定该员最适宜担任之工作，以期将来可以量才器使不至用违所长"②。故试用对于新进人员至关重要，新进人员在试用期内的表现如何是其能否正式进入邮政系统的关键；表现良好、达到邮局用人标准，即可进入邮政系统，否则按照优胜劣汰的原则，即予淘汰。邮政当局亦可藉试用一途，选优淘劣，选拔符合需求的人才。

试用内容有三：一是实习，二是阅读各种邮政规章，三是精神训话。三者

①② 《邮政人员须知》，1943年版，第41页。

之中,以实习最为重要。实习期间及程序由各该邮务管理局规定,实习期一般为六个月,由管理局按照管理局内股、组、支局,将实习人员分为若干组依照规定程序前往既定部门轮流实习。实习人员具体的流程安排与实习内容如下:

第一练习时期　在邮务支局二星期

此系使新进人员稔知最简单之邮务意义。庶该员嗣后再学较详事务,即可易于明了。该员在该支局内可谙邮票及其种类之区分并学习如何收取邮资,封发邮件等事。

第二练习时期　在管理局窗柜二星期

该员在此处得以学习售票砝码以及各类寄费价率并收取各类邮件等事。其主管各员应将办事如何,报告总公事房管理员。惟该管理员对于该新进人员仍须躬自察看。

第三练习时期　在分拣及收发邮件处四星期

第四练习时期　在挂号处二星期

第五练习时期　在快递邮件处一星期

第六练习时期　在衔署公文及保险信函处一星期

第七练习时期　在接收及寄发包裹两处各一星期共二星期

第八练习时期　在汇兑处二星期

第九练习时期　办理联邮事务一星期

第十练习时期　办理该员服务邮区内之特别事务二星期

第十一练习时期　另予以一星期以备澈习邮费价率之钜宗以及邮政章程之要项。在该星期内,可令该员无论某处公事房但使该处管理员饶有暇暑即可乘机指导一切并答复该员之疑问。

第十二练习时期　在最近之内地各局四星期

该员于此得以躬自练习内地局之事务并管理局之会计等项。①

---

① 交通部、铁道部交通史编纂委员会编:《交通史邮政编》第一册,上海:民智书局 1930 年版,第303 页。

新进人员经过十二个时期长达六个月的实习,已接触邮票业务、邮件分拣及收发、挂号邮件、快递邮件、衔署公文与保险信函、包裹业务、汇兑业务、联邮事务等各项邮政业务,以及会计事务并一些邮政特别事务,并在各相应岗位上操练少则一星期多则四星期时间,对邮政各项业务及相关邮政事务的处理多已熟悉。新进人员在实习期间内通过对各项邮政业务及邮政事务的操练,亦能加深对邮政的认知,培养服务邮政的意识。在实习期间,各实习人员每日应作实习日记,每一部门实习完毕,应作一实习报告,此项日记及报告均不得抄袭他人,并应按时呈缴各部门主管人员核阅。

阅读各种邮政规章是新进人员实习期间必修的一项功课。为求新进人员对邮政知识及各部门工作有系统的认识,凡新进人员在实习期内均会领取《邮政章程》(连同计费清单)、《邮政纲要》(其应研究之章段由邮务长特为规定)以及《中国地理》等相关书籍与资料,实习人员领取上述材料后必须孜孜勤诵,通识所需知晓的内容。此外,实习人员还须领取所在邮区地图一份,熟悉邮区邮务。邮政舆地知识是邮政当局对实习人员进行考核的必考内容。"凡保请过班之先,该员须以考试法证明其对于服务所在之邮区舆地确有透彻之知识。"[1]实习人员对于所领各种邮政规章书籍与资料,务须切实领会。"倘该员于邮政章程计费清单或邮政纲要内遇有不克领会之处,应请该处管理局员指告或迳赴相涉之办公处,考查其如何办法。"[2]总之,新进实习人员学习各种邮政规章准则以领会各种规章内容,熟练掌握相关办理准则为准。所有上项材料,新进实习人员均应善为保存勿使损坏,俾实习期满缴回后仍可继续使用。《邮政纲要》内容是邮政当局考核实习人员的又一科目。阅读《邮政纲要》心得"于每一部门实习完毕时,由该部门主管人员举

---

① 交通部、铁道部交通史编纂委员会编:《交通史邮政编》第一册,上海:民智书局1930年版,第305页。
② 同上书,第304页。

行测验,以资考核"①。

精神训话是试用期内邮政当局一项常川项目。在实习期间,由各管理局局长或其他高级职员每星期召集全体实习人员训话一次,使新进人员对于邮政过去之历史、现在之组织、邮政传统之精神及邮政人员之纪律等,均能彻底明了。②

新进实习人员试用时期的实习流程,亦是邮政当局考核实习人员的过程。邮政当局于每一练习时期完满后,该办公处处长应直接将该新进人员之办事如何用规定单式向邮务长报知。至第十二时期之杪,即将此项报告汇于规定单式之内。新进人员在完成十二时期试用流程后,邮政当局即对各员就试用期内所学邮务知识予以考试,并将考试成绩归入呈报邮政总局总办单式之内,作为邮政总局总办决定正式录用与否的依据。"倘报告内指明该新进人员不及所需之程度,务应立刻请将该员辞退,以免因训练价值可疑之人,再行虚掷光阴。倘查新进人员或有不称人意之性质,应将该员立即撤除。所有辞退之新进人员,其规定单式(单式从略)应即送交邮政总局总办留存。至于留用之人员,即由邮区将该单式收存。"③

新进人员在试用期内证明满意者,即被正式录用,始能派往需要用人各处办事。凡正式录用人员,无论在某一固定邮区抑或邮区之间互调,其实习记录须随时登记。新进正式录用人员,仅是在试用期考核满意,予以正式录用,其办事能力与处理邮务的方法仍须继续锻炼,故新进正式录用人员不得在某一处停留时间过长。"惟应时常更调,俾得通晓所有各处之事务。其主要之点,则须知如欲养成一般克有实效之人员,须视情形之便,酌将资浅人员及其他显有特定趋向及才思之人员更番调动。"④即实行轮岗制,继续培养新进正式录用人员工作能力。

---

①② 《邮政人员须知》,1943 年版,第 41、42 页。

③④ 交通部、铁道部交通史编纂委员会编:《交通史邮政编》第一册,上海:民智书局 1930 年版,第 304 页。

各邮区于招录新进邮务员时尽力按照上述训练新进人员规程,安排新近人员实训实习。上述训练新近人员内容,同样适用于新近邮务生、捡信生班次。只不过新近邮务生、捡信生实习内容较为简易。

2. 储备

各邮务区应按邮区内事务繁简程度,所辖区域广狭范围,储备训练有成人员,以备不时之需。储备人员虽为邮政员役派驻所在邮区服务,但不得作为各该区正额人员,只能视作各该区实际需要以外所余人员。新行录用人员应恒列于储备人员班内并须按照现行定章予以透彻训练。[1]为使训练完备起见,"此项储备人员亦如其他人员可以派充常川职务,但须作为加派,即系除派正额人员充当该项职务外,再加派此项储备人员从事练习,不得派以替代正额之人员"[2]。储备人员仅能作为正额人员的辅助人员处理邮政事务。每一邮区储备人员数目并无定额,总以满足邮务需要为宗。"如遇此一邮区储备人员之中任何一员或全体储备人员须派往他处服务时,该区即应预备将该项人员派出并须使该区事务不至因此而稍受影响。"[3]如邮区内储备人员派出后出现缺额时,即应就地填补。储备人员在局时,应时时派令分往各办公桌台及各办公处训练,以期对于局中任何职务均能胜任,除有特别情形外,储备人员只有完成所需各项训练,才能接受调遣派用。储备人员训练完毕后,即与正额人员职务互相调派一次,以便全体人员对于邮局各部分之公务均能娴悉,"是以遇有重要办公处或办公桌台主任出缺时,虽未必常能即由储备人员中觅补,然可选一储备人员代替该办公处或办公桌台之佐理人员即以该佐理人员递补所遗之缺"。[4]

每一邮务管理局须于储备人员中备有谙习管理局会计事务邮务员一员、谙习文牍事务兼打字邮务员一员,以及有巡员实在知识或谙练各种邮务

---

[1][2][3] 《邮政纲要(第一册)》,1940 年版,第 190 页。
[4] 同上书,第 191 页。

足资任以巡员职务邮务员一员,并于管理局办公处常川练习,熟悉处理各项专门邮务,以备不时之需。①

邮政总局总办调派人员,全以各管理局每月所呈邮员更动月报为准,故各邮区邮务长应将所在邮区内可资调派的储备人员随邮员更动月报附呈储备人员清单一份,以便邮政总局总办核夺。该项清单应载明储备人员是否仍在训练期抑或训练完毕或者已经派补某项缺额以及是否确堪胜任调往他处服务。储备人员清单格式如下:

中华民国　年　月　日　邮务区堪以调往他区之邮务员清单

邮政总局总办规定之储备人员计邮务员　　　　员

甲　储备人员中尚未填补之缺额计邮务员　　　　员

乙　尚在训练期内之邮务员计　　　　　　　　　员

丙　训练完毕堪以调往他处之邮务员计　　　　　员

共计　　　　　　　　　　　　　　　　　　　　员

邮务长:

附注　如遇堪以调往他区之邮务员中任何一员经暂行派补给予长期或病假等正额人员之职缺时,即应于单内将此项情事注明并应声明自何时起,该员始可调往他处。②

各邮区邮务长上呈的储备人员清单即是对所辖邮区储备人员情况的梳理。无论某邮区储备人员是属缺额,又或储备人员仍在训练,抑或训练完毕堪以调往他处服务者,均须一一填明。

此外,邮务长须试验选调之人员。既有前项月报之清单各区邮务长即无须自行选调人员,然若奉邮政总局饬特别选用堪以调派赴用人员,即如管理总公事房之人员、会计人员、精于打字人员等项,邮务长则应亲自试验其

① 交通部、铁道部交通史编纂委员会编:《交通史邮政编》第一册,上海:民智书局1930年版,第305页。

② 《邮政纲要(第一册)》,1940年版,第191、192页。

人并除在公文中呈报此等新选人员之情形外,应叙明该邮务长业经亲自予以试验所选之员堪胜新任。[①]若邮务长未对邮区内储备人员中被选调者进行业务能力测试,如出现被调派人员未能胜任所调职务情况,则向该邮务长问责。

3. 保证金

新进人员经过试用期考核满意后,即可正式录用。但正式录用时,新进人员须取具殷实商号保证书填明相当保证金额。此项保证缘于邮政员役"服务时或经手款项,或办理公务,职责颇为重要,设一旦发生令邮政受损事情,邮政为追偿损失计,故须令人取具相当保证"。[②]关于保证书办理办法如下:

保证书

凡邮政所委任之华员均应有切实保证人。每员至少须有殷实保人两家,其所保之数份随职任及职务而异。

甲 邮务官银元五千元。

乙 试用邮务员或学习及试用邮务生,银元四百元。

丙 已归班之邮务员或邮务生,银元一千元。

丁 凡邮务员或邮务生管理汇兑局所者,至少银元一千元。

戊 捡信生,至少银元二百元。

己 超等捡信生,至少银元五百元至一千元(其实在数目由当地决定)。

庚 差役等属,至少银元一百元。

辛 代办人,银元二百元。

壬 信柜经理人,银元二百元。

如员役所保之数不逾一千元,而保证人果系可靠并其产业堪值所

---

① 《邮政纲要(第一册)》,1940 年版,第 192 页。
② 顾锡章编著:《邮政问题详解》,上海:中华邮工函授学校发行,1936 年版,第 67 页。

保之数,得由邮务长酌夺,准予收受由一保证人署名盖章之保证书一张
以代两张之用。①

凡华员入邮政服务时,均须备具保证书,保家须是两户殷实商号店主。
殷实商号保家在于,一旦人员做出有损邮政事宜,可以保障追责赔偿能够落
到实处。保证书内所列保证金额随入职人员等级而异,一般而言,等级越高
所需保证金额越大。邮政员役保证金额在银元一千元以下者,如保证人产
业价值能够达到该员役服务等级所需保证金额要求,经邮务长核准后,认为
可以由该保户一人充当两人角色,亦可准许该保家具保。

邮政员役立具保证书时,须有资深邮务员在场作证。待立具保证书员
役缮备保证书后,由该资深邮务员阅览后签字为证,再由保户签名并注明商
店详细地名加印该商店图章,方可生效。内地代办人保证书,亦须按邮政员
役方法办理,由巡员或局长察验证明无误即生效用。所有保证书均应由保
证人按照印花税法第二条第二类及第四条粘贴印花税票将其盖销。②

邮政员役正式入职时应将保证书带至所在邮区邮务管理局存留备案。
保证人以与该邮政员役居住于同一邮区为宜。邮政员役职务调动时应将保
证书照录一分寄往所调之处,但该员役调往之处如果又将该员再调往他处,
则毋庸另录一份存案。保存于各邮区的原始保证书应以手抄的方式在保证
书存根簿内详细记录保证书细目。原始保证书存根簿细目分类如表 4-7:

表 4-7　原始保证书存根簿细目表

保证书第　号	员役姓名		局　所	所保之数	保证人		备　考
	拼音	汉文			姓名	住址	

资料来源:《邮政纲要(第一册)》,1940 年版,第 203 页。

---

① 交通部、铁道部交通史编纂委员会编:《交通史邮政编》第一册,上海:民智书局 1930 年版,第
269、270 页。
② 《邮政纲要(第一册)》,1940 年版,第 203 页。

保证书存根簿中并未列等级一项相关内容,原因在于保证书分列邮务官及邮务员、邮务生、捡信生、差役等属、邮寄代办人等五项分别按班次记录。各保证书均须编列号数与列入存根簿者相符并于上列五项内,每项另行再列号数。

邮政当局对邮政员役保证书均须察验。每一邮政员役的保证书每年均须接受邮政当局所派察验人员的察验。察验员(多以邮区巡员充任)查阅邮政员役保证书后,即于该保证书后面填写察验日期并署名为证,表示该年该员役之保证书已经查验合格。如邮政员役已调往其他邮区服务,察验员应立即将其"察验结果及察验日期用察验保单据(单式从略)按照最近邮政题名录及人员更动季报所指者通知各员役服务所在之邮区,以便该邮区将此单据附连于存局保证书并将详由记载其上"。①察验单据亦由邮政员役所在邮区邮务管理局保管,"倘遇有此项单据于该员役已调之后始到者,则该邮区应将该单据寄至该员所新调往之邮区"。②察验保证书活动一般均以就地察验形式进行,即察验员在邮政员役所服务之邮区邮务管理局直接察验。除有特别请求外,该员役保证书不再由其入邮政服务之局所发起察验。经理售票银钱人及办理汇兑事宜以及其他员役负有重大银钱上责任的邮政员役的保证书,察验次数务须较其他员役察验次数为多,以期免有银钱损失之虞。至于出任邮政局所邮局长人员,其保证书"无论存留何处,如力能办到,总须于该员为接任之前,立即先行察验"。③邮政员役保证书如遇有"保证人破产或亡故及因他项情事以致保证书必须更换者,应将其事报明",④倘使该员役隐匿不报,一经查出,立即予以撤退。各邮政员役对于缮具的保证书应付责成,其所签姓名或所盖印章,抑或保证书内容有不实情事,应即予以

① 交通部、铁道部交通史编纂委员会编:《交通史邮政编》第一册,上海:民智书局1930年版,第270、271页。
② 同上书,第271页。
③④ 《邮政纲要(第一册)》,1940年版,第205页。

撤退并视案情或法律所需另行惩办。

　　察验员察验保证书时应于未经出发之前先行查阅存根簿了解所查保证人居住信息，以免漏查或将居住相近之保证人分多次察验。察验员察验保证人时应镇定从事，对于保证人"必须态度文明，应视保证铺家之一切情形是否满意并应将其存货价值尽心估一切近之数，以便察知其值系多于或少于该员役被保之款"。①倘若察验员查实保证人商铺不值所保之数，或因其他缘由须将保证书更换情况出现，管理局应立即筹商补救办法，将可能对邮局造成的损失降到最低程度。每一保证人不得同时为多人担保，无论被担保者是否邮政员役。凡经查出此类情形，须立即更换保证人。邮政员役之间以及邮政员役与邮政代办人之间亦不允许互相担保。

　　保证人如欲退保应将其退保意向备函向该邮务管理局邮务长通知声明，于邮局收到保证人退保声函通知三个月后，即不再担任保证人。但退保之保证人于十二个月内对于所担保的员役在退保以前所犯任何违犯邮政经营行为，仍应担负保证责任；保证人之保证书同样于退保十二个月后方才退还。邮政员役如果不愿再在邮政系统工作，打算另谋他职，应于停止关系即离职一年之后通知存留其保证书的邮务管理局将该员役保证书发还。

　　所有新进录用人员必须备具保证书，无保证书者，一概不予录用。已入邮局服务人员，未能备具完全保证者，不得保举升迁。凡升级换班者，须于三个月内备就符于新升等级之保证，否则应将其事实呈报邮政总局总办。②邮政员役月领薪水超过银元三百元时，可免缴保证金。缘月薪超过银元三百元之邮政员役，服务邮政已久，养老金已属可观，故无须取具保证。③

① 《邮政纲要(第一册)》，1940年版，第206页。
② 交通部、铁道部交通史编纂委员会编：《交通史邮政编》第一册，上海：民智书局1930年版，第272页。
③ 顾锡章编著：《邮政问题详解》，上海：中华邮工函授学校发行，1936年版，第67页。

4. 委任

各级邮政员役入邮政服务,均须由主管机关委任,持委任凭状入职。邮区邮务长由邮政总局总办提名,交通部颁发委任状;一等邮局长亦由邮政总局总办发给委任状;二、三等邮局长和巡员由邮区邮务长发给委任状,邮政代办同样发与委任状。不同职位不仅委任机关不同,所用委任状式样亦因职位而异。

邮区邮务长由邮政总局总办提名委任,呈请交通部发布委任状交由邮政总局总办转发给被任命的邮务长。该邮务长即执持委任状至委任邮区履职。邮务长委任状须保存于保险柜内,直至遇有职务更动抑或离职时缴还邮政总局总办。

一等邮局长在地方机构中稍次于邮务管理局邮务长,地位甚为重要,其邮局长委任即由邮政总局总办发给 A 字第八十四号单式委任状。一等邮局长接收委任状后,应于任期内妥善保管委任状,待职务更动时寄交邮区邮务长转呈邮政总局总办。[①]

二、三等邮局长及巡员委任状均由邮区邮务长发给。二、三等邮局长委任状系用 B 字二十六 X 号单式,巡员用 B 字第二十七 X 号单式。二、三等邮局长职务更动时应将委任状缴还所在邮区邮务长注销。巡员委任状仅在执行巡视任务时,方由邮务长发给,巡视任务结束后便缴还邮务长注销。邮政代办人所持代办执照为 B 字第二十八 X 号单式。[②]

邮政当局为凸显一、二、三等邮局长及巡员地位,便于担任前列职务员役处理邮务,明文规定自 1920 年始“发给一、二、三等邮局长及巡员之委任状,只填写服务官衔,不书明该员之实在班次等级”。[③]即如发给一等邮局长委任状应缮作“委任……充保定一等邮局长职务等字样。如系署缺或暂派,

---

[①②]　《邮政纲要(第一册)》,1940 年版,第 19 页。

[③]　交通部、铁道部交通史编纂委员会编:《交通史邮政编》第一册,上海:民智书局 1930 年版,第 259 页。

即应用署或暂行代理字样"。①但在邮局各项记录清单内仍应注明邮局长及巡员班次等级与官衔。

5. 复用

复用是指曾在邮局服务的邮务官、邮务员、邮务生等因故离局,嗣后又欲返回邮局工作。邮局虽允准已经离职人员重返邮局服务,但此辈人员须知:"凡请求复用者,应知人员无论因何事故离局,其所遗之缺,随时已由他人充补。请求复用一节,除例外允准者外,毫不足恃。"②邮局复用人员系按下列各条办法办理:

邮务官

一　请复用之禀件,须寄呈邮政总局总办。禀文中须声叙,无论派赴何方,均乐前往。

二　凡禀请复用之邮务官,如其在局时载于纪录之品行、才力,不能完全满意者,一概不允复用。

三　准复用者或须经过按照邮务官考试之手续。

四　凡邮务官准其复入局者,所予之班次,至少须较从前在局时之班次递降一级。

五　无论有何情形暨何项关系所有从前在局服务之年限,一概作为无效。是以应得养老金及例假之年月仅自其复用之日算起。③

离局前原属邮务官班内人员,禀请返局复用,须将请求复用禀文寄呈邮政总局总办核夺。邮政总局总办参酌其原在邮局服务时品行及才能,决定是否核准。除邮政总局总办特准外,所有申请复用者均须经过邮务官考试,考试满意者方能允准回局复用。凡复用人员其班次等级应较原在邮局时降

① 交通部、铁道部交通史编纂委员会编:《交通史邮政编》第一册,上海:民智书局 1930 年版,第259 页。
② 《邮政纲要(第一册)》,1940 年版,第 179 页。
③ 同上书,第 179、180 页。

一级，且从前在局服务年限及所享各种待遇均视为无效。复用人员应得的养老金、例假等仅从复用之日起算。

邮务员

一　请复用之禀件，须寄呈邮政总局总办。禀文中应声叙，派赴何方，均乐前往。

二　凡呈请复用之邮务员，如其在局时载于纪录之品行、才力不能完全满意者，一概不准复用。

三　准复用者或须经过按照邮务员考试之手续。

四　凡邮务员，于离局日系属四等三级邮务员班次或该班次以上者，倘准复用其资格应与新入局者无异，即系归入试用二级邮务员班次，月给薪金关平银二十五两即银元二十七元五角。如系才具特别优长，可归入四等三级邮务员班次，月给薪金关平银四十两合银元六十元。倘原居之班次，乃系试用一级或二级邮务员者；如准复用，至少应较离局日所在之班次递降一级。

五　无论有何情形暨何项关系，所有从前在局服务之年限，一概作为无效。应得养老金及例假之年月仅自其复用之日算起。①

离局之前在邮务员班次邮政员役，离局后欲申请返局复用者，其流程及办法与邮务官班次人员复用办法基本相同。邮务员班次内，复用人员归班时，班次内等级划分更为细化。每一等级邮务员复用时均有相应的等级与薪水支领标准。

邮务生班次人员禀请复用时，无须将禀文寄呈邮政总局总办，只须寄呈所在邮区邮务长即可。与邮务官、邮务员班次相同，禀文中应声明，复用后无论派往何处任职服务，均乐意前往。禀请复用的邮务生如其在局记录未能完全满意或因辞退、撤退等情况离局，亦概不予复用。当然邮务生复用后其班次应

① 《邮政纲要（第一册）》，1940 年版，第 180、181 页。

较离局前降低一级,其离局前所享待遇亦一概无效,须从复用之日算起。邮务生禀请返局复用,除上述与邮务官、邮务员班次相似办法外,仍须注意以下几点:

　　一　各邮务长对于离局之试用一级邮务生及该班次以下之邮务生,得径行复用,毋庸预先详报邮政总局总办或候其核准。凡邮务生禀请复用者,如其离局时之班次系属四等三级邮务生或该班次以上者,应将其原禀寄呈邮政总局总办核夺。其随行之公文内并将该员离局日期及等级暨末次服务所在之邮务区以及离局情由,逐一叙明。

　　二　凡前曾充试用一级或二级邮务员复用时,归入邮务生班内者,得准其特应按期所行试用邮务员之考试一次。但必于复用后,业经服务满六个月始可照准。

　　三　从复用日起照常服务三年后始得发给年赏。①

　　试用一级邮务生及该班次以下的邮务生禀请复用时,邮务长无须呈报邮政总局总办即可决定是否允准复用。邮务长对于离局前身处四等三级及该等以上班次邮务生禀请复用,应将禀文呈请邮政总局总办核夺,并应于禀文中附呈禀请复用邮务生离局前在局服务简历明细情况及离局缘由。如有离局前为试用一级或二级邮务员禀请复用归入邮务生班内情况,邮务长应允准其参加试用邮务员考试,考试及格者,方予以正式归班。邮务生复用归班后,从复用之日算起,服务满三年,即可照领年赏。

　　上述邮务官、邮务员、邮务生禀请返局复用情事,最终决定权仍在邮政总局总办。邮政总局总办如认为呈请复用人员不宜再返邮政服务,即有权不予允准,且不必声明理由。②

　　6. 调遣

　　调遣即邮政系统内职位及服务局所变动情形,邮政员役服从邮政当局

① 《邮政纲要(第一册)》,1940 年版,第 181、182 页。
② 交通部、铁道部交通史编纂委员会编:《交通史邮政编》第一册,上海:民智书局 1930 年版,第 263 页。

人事安排、岗职变动是邮政任用人员的必要条件。邮政总局总办一旦有调令发出，所调员役无论何处，务须立即前往供职。①被调人员接调令后，应即办理原职离职手续，尽速赶往调派之处。被调人员薪水算至启程赴新调职务当月月终。所有私禀求调情事，邮政总局总办概不置议。但经邮务长于公文公函中保举调派人员，邮政总局总办加意核夺。凡邮政员役自愿申请调派他处任职，呈邮务长禀邮政总办核准后，应由申请员役自备资斧前往，如其缺额须从他处调员补充，则接替人员所耗旅费亦由该申请调派员役一并负责。邮员不得托病希冀职务调动，如其确系犯病者，应呈交医生开具证明，休假调养。如若假满仍藉病由不返局服务，即予以辞退。请调人员确系"病体绵，延咎在水土，非迁动难期痊可者，则此项呈请迁调之愿书，如随有声明前由之可靠诊验凭单，即将予以斟酌"②。

邮政员役调动，必须经邮政总局总办核准情况有三种。

一、各邮区间之更调。凡未奉邮政总局总办之核准，不得将邮务官或邮务员或邮务生调赴其他邮区。二、本邮区内之某项更调。凡未奉邮政总局总办之核准，不得将邮务官于区内之此局调至彼局。三、一等邮局长之更动。凡未奉邮政总局总办之核准，无论何员均不得委充或交卸一等邮局长职务。惟遇有情形必须立换一等邮局长者，得一面暂行委任，一面详候邮政总局总办核准。③

上述三种情况，如无邮政总办核准，一概不得施行。凡遇有邮局长调动情事，管理局应以公函通告该邮局长所在区域内之地方长官，如道尹、县知事等。如奉调人员为管理总公事房人员、会计人员、精于打字等类人员，邮务长必须亲自试验其人工作能力与服务态度，并将试验情况报邮政总办知晓。

① 《邮政纲要（第一册）》，1940年版，第257页。
② 同上书，第258页。
③ 交通部、铁道部交通史编纂委员会编：《交通史邮政编》第一册，上海：民智书局1930年版，第267页。

邮政员役一经奉调,即须交卸原职,立即启程赶往新调之处。除邮政总办特允延期起行情况外,所有奉调员役最迟必须于接到调令后十日内启程。如若奉调人员稽留原局导致接替人员的不便,所有责任均须奉调人员承担。且此风一开,亦有损邮政总办在人事方面之威权。奉调人员应携带 B 字第四十九号单式及原局介绍公文前往新调局所履职,其他相关文件连同保证书在内均由原局寄往新调邮区邮务长查收。邮政员役如其奉调之处实属鸾远局所,则允许其在途中就所经邮政局所预支旅费。待其至新调之局所后,即由所在邮区会计长或其他主管人员将该奉调人员介绍公文及履历单内所列情况悉心核对,查实薪水支领情况。如奉调人员未能在规定时间内到达,新调邮区邮务长应询问迟到理由,如迟到理由并不充分,则应视情形扣发旅途所用相应费用。

奉调人员若为邮区邮务长,其由此区调往他区时,"所有派任之公文即编列新派邮区之档案号数寄至应离之局交其查收带往,以作介绍之公文",一面另以本文一份"交寄所调补之邮务长,俾其知悉此文可由调入之邮务长于带到本文原件时将其销毁"。①

邮政员役欲调往原籍省份,须满足下述条件方可,即"仅视公务所需上是否堪以办到,即系该在事之邮区内确有空缺可补且该员实为堪补该区之相当之人,并该员现时服务之邮区公务上,可以无须该员以及该员之品行成绩为之开支旅费,尚属合宜时方能调往"。②邮政员役欲调往原籍省份,既需原籍省份相应邮政职务有缺可补而该员品行及才能又确实合适补缺,又要求该员役现时服务邮区不致因该员调离后对邮务造成不良影响。

二、职责与奖惩

邮政员役上自邮务长、副邮务长,下迄杂项人员等各有职守。所有班次

---

① 《邮政纲要(第一册)》,1940 年版,第 260 页。
② 交通部、铁道部交通史编纂委员会编:《交通史邮政编》第一册,上海:民智书局 1930 年版,第 268 页。

邮政员役在局服务不仅要遵守各项邮章,服从邮政纪律;还应提升个人素质,注重个人平行。凡品行可靠,办事认真,业务能力突出的员役均会有升职加薪;相反懒惰从事,品行不端之人便会受到邮政当局的惩处。邮政当局定期对所有员役进行考核,依据考核成绩或奖或惩。

(一) 职责

邮务长及各等邮局长职责前文已有述及,而各等邮局长基本由邮务员、邮务生充任,故邮务长、邮务员、邮务生职责,不再赘言。下文仅就邮务官、经理售票银钱人、捡信生、邮差、信差、杂项员役等职责予以梳理。

1. 邮务官

邮务官职责可从地位及职守、充任文牍员职务、对于局内人员及公众关系、充任会计长职务等方面予以解读,至于本管邮务长及邮政总局总办发布的谕令并须随时遵守。邮务官职责条目的原意是便于新进入邮局人员入职后一经阅览相关规程,即能明白其所居职位及责任所在,便于任事。

(1) 地位及职守

邮务官在局内须服从所管邮务长训令,熟悉各项邮务处理流程,根据所管员役才能量才器用,调和邮政员役之间人际关系;对局外则须考查所在邮区地图,随时修订邮区所管通邮局所,了解邮区所属各局邮务运行状况及局所员役职务履行情况。邮务官须赞襄所在邮区邮务长处理邮区内大小邮务,在邮区经费使用方面尽量做到收支平衡,所有扩充邮区邮务情事须得到邮务长核准方能施行。邮务官应对所管局所或室处公务负责,接管局务时应悉心点收邮票及现款以及要求交卸员役开具所存现款及邮票清单,并核对各项账簿,清点所有家具,检查各项邮件及包裹收条是否妥为收存,并负有保管责任。邮务官对于委托管理的邮票及现款亦应妥为保管,遇邮务长派遣巡员检查局务时,应予提供方便。邮务官还应核对保险信函、挂号邮件及包裹收据,确认并无遗漏情事发生。遇有无法投递挂号邮件,邮务官应寄交原寄局办理。

邮务官如于所属局所查出错误情事,不应遽行责问,唯应设法代为补救。邮务官负有查究责任时,须秉公贯彻宽以待人,不应过于渴求。未经邮务长核准,邮务官无引用及推升或辞退下属之权。至于邮务官推升一事,亦由邮务长呈报邮政总局总办核夺。作为高级邮务人员,邮务官更不准收买或发售旧邮票,违者一经查出即照相关规定予以惩处,情节严重者即送司法机关法办。邮务官不仅对于所有公务事项务应严守秘密,还应训诲及嘱托所属人员对于局内、局外事务务应守口如瓶,不得泄露公务内容,以免造成损失。

(2)充任文牍员职务

邮区公件及档案的收管是邮务官的重要职守所在。邮务官须监督邮区所属局所是否照章及奉令办理公务,确保往来公文、公函及收发的通令、办事规则按照规定的正确格式书写且依照邮区管理局定章或成法进行登记归档,并将公文内容如实向邮政总局总办汇总汇报。邮区各属局寄缴各项邮务册报均应加意核对,倘有不完备情况,应令所在局所按照邮政章程补齐续呈。监督邮区各局所员役收发邮件时,邮务官应悉心查验一切匣袋封志及火漆确实毫无损动。对于请领邮用单式及物件,邮务官须核查是否以应用格式照章清晰开列,且须检查各项文件发出之前是否妥当叙述摘由及缮写封面。邮务官对于公众来函,函件内容关于日行事务呈由副邮务长阅看;此外均须呈由邮务长核定。邮务官未经邮务长允许不得直接向联邮各局互通函件。邮务官应查核管理局及所属各局所国内外业务统计数据是否按照规章缮具以及各项统计数额是否准确无误。

(3)对于局内人员及公众之关系

邮务官应监督、考察所属员役品行及才能,如发现所属员役才具优长者应禀明邮务长予以褒奖及升迁事宜;如核实员役品行及才能不堪任用,行为不符邮政员役规范者,亦应报禀邮务长核夺以便邮务长以之做出相应惩处。邮务官应训诫员役对于邮局所用单册、文具、邮袋及其他邮用物件,秉持撙节意识，节俭适用。邮务官还应设法调动员役积极性，使得员役一秉公心，勇于任事为邮政服务；鼓励员役在处理邮务及发展邮政方面建言献策。邮务官接待社会大众，务应态度谦和。督促所属员役对于各项邮政业务务须采取最简洁办法，减少处理流程，以便公众办理各项业务。

（4）充任会计长职务

各邮区管理局会计长兼管簿记员及（狭义的）财政员两项职务，一面代邮务长经手款项，一面照邮票监视员办法向本区管理局以及所属各局分派邮票并视察售出邮票所得款项是否依规定期限期交存入公立银行。会计长秉承邮务长之命管理全邮区银钱事务。会计长亦属位高职重员役，故各邮区会计长均由邮务官充任。

会计长对于邮区管理局及所属局所各项经办银钱事务账册，务须按时、准确、完全登入簿册并妥善保管各项簿册、单据、支票、解银簿、保证书、浮存邮票及现款数目收据并一切他项账务或文件。会计处各项账簿应编列挨次号数，即于簿面粘一签条表明第一号出入总账簿、第二号保险柜存款、第三号邮票登记簿等字样，以便查阅及对账。会计长离局前必须查看各项账簿是否均已锁入保险柜或库房，否则一旦发生账簿遗失或损坏情事，均由会计长负责。管理局会计处所属各库房及保险柜钥匙须由会计长躬自慎为保管，以免落入他人之手，给邮局造成损失。库房及保险柜备用钥匙必须封入封套由管理局会计长以自用图章火漆封志交由邮务长保管或存入可靠银行，掣回收条为据。会计长对邮区一切现款、邮票以及具有银钱价值各项物件负有保管责任，如因会计长疏忽而致遗失，应令会计长赔偿。会计长须查看每一局所是否仅留有满足邮局日常办公需要的最小数目的现款，并将其余现款存入银行。

会计长虽经管邮区银钱事务，未经邮务长核准不得支用公款，亦不得自己签名开写支票；所有付款单据（及支票）于未付之前必须经邮务长署名，否则即视为无效。邮务长可随时自由查阅会计长所管各项账册及其存款，并于每月月底检查完毕后用规定单式将存款数目呈报邮政总局总办知悉。

会计长须将所属员役的职务及责任分清,查视各员役所管账簿及所司职务清单等确实按照会计长规定方法随时登列完备,以便查核之用并以此考核所属员役办事能力与态度。对于账务一线员役,如有平素浪费而负债或其他不良习性,会计长务应立刻设法使其立即脱离账务。会计长还须时时训练资浅人员熟悉会计处事务处理流程,储备备用人员,以防相关人员出缺时影响会计事务的办理。此外,会计长还负有考察所在邮区巡员职责,既要查考巡员履行巡视职务前是否谙熟内地事务,亦要推究巡员提交的巡视报告是否与会计处各项底账相符,确保巡员忠实地履行职责。

2. 经理售票银钱人

经理售票银钱人在管理局会计长的督理之下经理银钱事务,分担会计长部分职务。任职经理售票银钱人亦须交具保证书,并于每日午前整理管理局所辖信柜的各项邮票、现款及汇票,并接受会计长的检查。经理售票银钱人职务分为以下四项:

(一)以现款或应付之酬劳向信柜出售邮票。

(二)以现款或应给之薪水向邮寄代办所出售邮票。

(三)向管理局内管理快递信函之邮员以及各邮务支局以现款出售邮票。

(四)向管理汇票邮员以现款及以兑出之汇票出售邮票。该员须襄助会计长于汇拨款项时获最优之汇费并襄助其他凡欲令其相助之各项事务。又零用款项以及其他付款所得兑换盈余,亦须由该员列入账内。[1]

经理售票银钱人职责主要围绕以现款、应付酬劳或汇票向信柜、邮务支局、邮寄代办所及管理汇票或快递信函邮员出售邮票,并将售票款项列于管

---

[1]《邮政纲要(第一册)》,1940 年版,第 236 页。

理局相应账册内。襄助管理局会计长处理各项事务,亦是经理售票银钱人分内之事。经理售票银钱人还应谨守各项规定,不准向邮局人员预支银钱,亦不准向邮员以公款小洋、铜圆兑换大洋或以大洋兑换小洋铜圆,从中谋取差价。

3. 捡信生

捡信生在邮局服务除办理分拣邮件、开拆包装封志邮袋等主要业务外,还负责办理开发收条,缮备寄信清单,编存档案,出售邮票等事务。此外,捡信生亦应襄助邮务员及邮务生办理其他邮务。捡信生达到一定等级后,可以署三等邮局长的名义派管三等邮局。谙悉洋文的捡信生还可派充较大的三等邮局或二等邮局甚至一等邮局邮局长。

4. 邮差

邮差专职递送邮件,尤其是内地及边远等路途旷远交通不便地区,邮件递送全凭邮差是赖。邮政当局对于邮差员役的要求是"不能有注重太过之虑,而各项堪使其安于所处地位及鼓励其差务之方法,务应举行"①。即所有邮差员役只要能安于职守、尽力办好递送邮件业务即可。邮差非经邮局长核准不得雇用替工代送邮件,即便所雇替工经由所管邮局长核准亦须按照邮差标准觅具保证书,且替工所有行为均由邮差负责。邮差位卑职重,递送邮件事关邮政办理各项业务及发展前途,有鉴于此,邮政当局规定了邮差员役应严格遵守的各项规则。

所有邮政员役必须服从该管人员训示及职务安排,邮差亦不例外。邮差对于巡员训示亦须服从。邮差不得涉足娼寮,不得酗酒或吸食鸦片或赌博或有其他不端行为,亦不得与人口角斗殴,更不准向邮局长或邮寄代办人借贷钱物。邮差递送邮件时应熟谙执行差务的各项邮政规章,并谨守下列各点:

---

① 交通部、铁道部交通史编纂委员会编:《交通史邮政编》第一册,上海:民智书局 1930 年版,第250 页。

（一）邮差应将邮件于限定时间内由此处带到彼处。

（二）邮差离局前应视：甲、所交之邮件均经登入排单，乙、各邮袋封套上之印志均系完全无损，丙、该排单上所登各项均系无误，丁、该排单确已盖有日期戳记且其离局钟点确经登入。

（三）邮差到达邮局或邮寄代办所时，应将寄交该局所之邮件总包逐一交付；一面应请邮局长或邮寄代办人查验印志将其到达之确切钟点登入排单，将所收邮袋及封套之数于该排单内列明，签字加盖日期戳记。

（四）邮差对于其排单应悉心注意。俟行抵路程钟点时，即将该排单交付该处邮局长或邮寄代办人查收。无论有无邮件，该差不得于中途漏经何处邮寄代办所等类或任其排单遗漏盖戳。

（五）邮差途遇盗劫不得将其邮件总包抛弃，自行逃避；应将该邮件总包内所装只有邮件并无价值之物一节向盗说明。如其邮件总包竟被劫去，该邮差应将其事立向最近之邮局或邮寄代办所声报。倘有捏报不实情事，当将该差送交官厅惩办。

（六）邮差不得贩运或夹带鸦片，亦不得承带外人托带之物件包裹。①

邮差专职递送邮件，故上项所列邮差务须遵守的邮政规章皆以递送邮件情事为准，明晰了邮差履行递送邮件差务的流程、注意事项及遇有特殊情况如途遇盗匪等处理的准则，以此规范邮差履行分内职责。

5. 信差及杂项员役

信差职责在于投递及收揽挂号、普通及快递各项邮件。邮局招揽信差的标准最重诚实可靠、体质强壮，办事小心翼翼，待人殷勤有礼，服务态度良好。信差员役司职邮件投递与收揽，与寄件人、收件人直接接触，该班员役

---

① 《邮政纲要（第一册）》，1940年版，第103、104页。

办事良好与否直关邮政信誉。邮政当局明令所有信差必须遵守邮局制定的各项信差规章。①信差应守各项规章从信差给假、奖惩、品行、业务规范、离局、保证书等方面，对信差予以规范，尤其是对其履行职责时进行约束，以期信差员役能恪尽职守完成分内之事。

杂项员役即舵工水手、船夫、划船夫、听差、局内苦力、公寓内苦力、搬运邮件苦力、更夫、门役及送信小厮等类，该项员役仅有少数几处邮区设置并非每一邮区均有雇用。所有杂项员役职守以邮差、信差应守规章为准。

（二）品行与纪律

品行与纪律是邮政系统政府代理人邮政总局总办考核、约束邮政员役办理各项邮务的指标与准则，所有华洋邮政员役品行及服务情事均能令邮政总局总办满意，方能继续留在邮局服务。否则，即按邮政规章予以辞退或撤退。邮政总局总办作为政府的负责代理人总览邮务，拥有录用、撤退、升降及调遣人员的权力。

邮政员役除遵守邮政规程外，还须做到坚持不与政府政治取向相违的立场。邮政当局要求所有邮政员役对"无论何事，凡属不切或不合于公务所需者，尤重在无论何事而为法律所禁或惩处者，务必一切摒除"②。此层含义表明邮政员役的行为不仅不能累及政府或与政府立于反对立场，且对涉及政府情事应持中立态度，只从事所在职位分内之事。关于此点，邮政当局尤为重视对资深华员的监管。邮政当局认为资深华员往往在邮局服务时间较长，所处地位、等级较高，参与累及或反对政府的活动，既与资深华员职位及职务要求不符亦将危及邮政利益。故邮政当局严令各邮务长应警戒资深华员不得"在政治、社会等处有非分之活动，该员等应知邮政人员系以国家款项所用之公仆，是以对于意图倾覆现有执政者之煽动或表示，均不得实行

---

① 信差应守各项邮政规章详见附录"信差应守规章"。
② 《邮政纲要（第一册）》，1940 年版，第 79 页。

参与"①。在人际关系方面,邮政当局绝对禁止邮政员役联名及协谋攻讦他人的举动。对于违犯上述原则的邮政员役,邮政当局为邮政利益计,按照邮政相关章程及国家法律规定予以惩办。

此外,邮政当局还要求邮政员役禁止参与指挥或管理行号公司事务,应将所有精力用于邮政方面。当然,邮政员役如有在邮局服务的同时仍在局外兼有他职或致力收受酬金赏款的举动,邮政当局即予以辞退并按该员役犯事情节核办。②

辞退或撤退是邮政当局给予在局员役不遵邮章行为的最高惩罚。邮政员役行为超出邮章所定各项准则时,即按情节依法究办。邮政当局为免邮政员役因其行为被辞退或撤退时,有不服行为或举动,特将能致邮政员役被辞退或撤退缘由胪列,以供员役用于警醒、约束自我。

邮政员役如有抗不遵命、被控负债、酗酒及吸食或私运鸦片以及殴击他人等事,疏忽、懈弛、嗔怒成性、乏于道德、舞弊、人员染有自致之传染病症者,公款之损失、以假姓名入局等各项情事,邮政当局即予以辞退或撤退。③

抗不遵命是邮政员役对于上峰的合法命令故意不理或抗拒不从的行为。被控负债是指邮政员役负有债务不还,经过法定程序被诉方才偿还。邮政员役之间彼此借贷亦是邮政当局明令禁止的。懈弛是指邮政员役在邮局服务时怠惰或不肯用心或不循序服务或系懒慢等类以及淡漠不管所应履行职责等行为。疏忽专指邮政员役在局服务经常犯有错误的行为,此即足以证明该员役有太不经意或狃于悚懈或系庸愚等各项恶习或不适在邮局服务,对于邮局开展各项业务以及公私邮件的保护均有危害。嗔怒成性则就邮政员役待人态度而言,是指喜使气或恒与同人冲突或对于公众及其上游傲慢粗暴。以假姓名入局即指员役入局时不填报本人真实姓名而冒用或假

---

① 《邮政纲要(第一册)》,1940 年版,第 79 页。
② 同上书,第 80 页。
③ 同上书,第 80—82 页。

借他人姓名。员役染有传染病既对同局员役健康有害,亦危及入局办理业务的公众健康。凡邮政员役犯有酗酒及吸食或私运鸦片情事,一经查出,不仅立即撤除并须送交地方官厅惩办。①

乏于道德指邮政员役因视局中公务为贱役或因其生平放荡及有玷名誉或因有鸦片、饮酒、赌博之嗜好不堪委以负责职务者,抑或行为不端传播不良榜样于其他员役的行为。此等恶习多与舞弊营私及侵蚀公款案件相关。此类行为多有传染之势。如局中有人性乐赌,往往夹挟他人入赌;一班之内一人乐赌,极有可能引染全班。须知全体邮政员役必须均以热心办公、勇于任事为宗旨,其品行必须端正,如此民众方能增加对邮政的信赖,邮政也因之历久而弥坚。故员役有嗜赌习性者,断难宽宥,必须予以辞退。②

凡邮政员役犯有舞弊情事即表明该员役实在不堪任用,应即予以辞退或送官惩办。凡有下列行为者,均视为舞弊:

> 取用或图谋取用公款,作私开销,纵使为数极小者暨一切无论何项不合法之取得;由于多收人员资费者;由于捏登账目者;由于浮收人民邮件欠资者;由于侵吞当地兑换银钱补水费者;由于揭动人民邮件上之邮票者;由于抽窃邮件内之邮票或款项或价值物件者;由于向所属收受贿赂或馈遗为其弥缝过咎者;由于保举人员推升或入局收受酬谢者;由于扣留所属应发之款者以及由于无论犯有何项类此情事以为一己及不合法之利益者。③

邮政员役犯有舞弊情事且被控舞弊情节重大者,邮政当局当立即停其职务,听候查办。倘该员役在属局服务,则应立即派人接替其职务并令其至该管管理局或一等局听候查办。邮政员役舞弊行为中如有直接或间接藉经理邮

---

① 交通部、铁道部交通史编纂委员会编:《交通史邮政编》第一册,上海:民智书局1930年版,第334页。
② 同上书,第335页。
③ 《邮政纲要(第一册)》,1940年版,第82页。

政款项(例如不将盈余归入账目)及贸迁有无(即系买卖货物)以牟利,将邮政入款不作入款归账竟入私囊以及于账内所报之出款过于实用之数等情事,①邮政当局应用各种方法调查取证。待证实后,即将舞弊员役撤退后送交官府惩办。以刑事方面观之,邮政员役亏空公款,虽由保家代为清偿,但只能使该员役免除私诉,而其作为邮政职员必须承担相应的刑事责任。所有犯有亏空邮政公款罪的邮政员役,所管邮务长应即依法送交县知事审判。如遇必要,邮务长可以县知事审判翌日起十四日以内"将犯罪员役按照文官职守内犯罪办法向法庭控诉惩办,不使该犯过此得免应获之惩罚"②。所有邮政员役舞弊情事一旦坐实,辞退之后,一概不准复用。

在局服务员役如有任何一项上述不良行为,邮政当局即予以辞退或撤退。此外,对于上项行为,凡是负有责任员役有包庇举措,不及时举发犯事者,一经发现亦即一并辞退。

此外,邮政当局对于员役交接公务亦有相关的纪律要求。盖因通车及民船邮班以及长途邮差邮路往往贯穿多个邮区,各邮区间有邮件总包上的联系固属当然,两邮区间交接邮件时遇有错误或困难情事在所难免。③对于此类事件,错误双方应本解决问题的态度,找到问题所在,不应彼此讥评以致破坏员役关系。犯有错误的员役应由其该管上司予以面斥或警诫,申明将来办事更应持谨慎态度,不宜过多苛责。

邮政当局考核入局服务员役品行,要求员役遵章守纪,均是为便利开展邮务计,故各员役之间应本和谐互助理念,勇于任事。同侪间互相议论、指责、争执均非正途,须知上项举动仅徒增恶感且致劳神费事伤财,而于邮政实系损举。故所有邮政员役均应晓事明理,勿轻开衅端、勿轻视或不顾他人之权限,且须谨记办事一层乃系每局之主务,其规范举措保持彼此之良好交

---

① ② 《邮政纲要(第一册)》,1940 年版,第 84 页。
③ 同上书,第 85 页。

际及易于办事以及巩固邮政之声望所裨必多。①

（三）奖惩

邮政发展关键在于人才，故而辨别邮政员役孰为明达干练忠实可靠勇于任事之人，孰为才具中常甚至短于才具不堪适用之人，尤为邮政人事当务之急。邮政当局辨别邮政员役即依考绩而定，考绩方法即为密报。邮政当局奖惩邮政员役全依员役考绩情况而定，或推升或改班或退职。凡邮政员役才具超卓而又办事出力者，即予推升，以资奖励；其有懒惰怠忽及行为不端等类者，则予以撤退或辞退，以示惩处。总之邮政员役待遇纯以其功过为评判标准。

1. 密报

密报是考绩中的一种秘密办法，即邮务长将考查四等三级邮务员及以上人员之成绩秘密呈报邮政总局请为改优或改劣之谓也。②各邮区邮务长以秘密报告的形式将四等三级邮务员及以上各级员役服务成绩呈报邮政总局总办作为考核此类员役升迁的依据。密报并非公开报告，所有四等三级邮务员及以上员役对于密报内容均不得而知，以致"每届考绩举行密报之时，邮政人员对于自身报告之如何及有无晋级希望，皆不得而知。以此之故，自当勉励从公，力图有所表现，以期得到较为优良之密报而为之迅速晋级也"③。

邮政总局总办全凭密报内容对四等三级邮务员及以上各级邮政员役品行才干功绩及其是否堪用等情况作出相应评判，故办理密报情事为管理局最重要的职务之一。邮政总局总办往往依凭密报情况委任或派遣或提升员役，密报一项不但关系在局员役前途，亦关系邮政全体之精善。④

每一邮区密报须由邮务长亲自造报或亲自监督造报。造具密报时，应

---

① 《邮政纲要（第一册）》，1940 年版，第 86 页。
②③　张樑任：《中国邮政（上）》，上海：商务印书馆 1935 年 10 月—1936 年 11 月印行，第 187 页。
④ 《邮政纲要（第一册）》，1940 年版，第 92 页。

秉持谨慎态度对所属员役评判必须公允既要详列各员役才具所长及办事能力,亦有对员役在局服务时不端行为如实填报。邮务长在造具密报时应采取各种机会亲自视察或试验四等三级邮务员及以上各级员役品行及价值,以便出具的报告得以十分真确、不致或偏。①

密报内容分为特别优长、优长、中常、中下及不堪任用五班。每班皆有相应的评判标准。

第一班　特别优长　凡人员不独具有卓越之学识,完全可靠可信且能表见其才具特著、处事明达者,应归入此班。

第二班　优长　凡人员可靠可信办事称心,虽无特别心思能力等项而实堪委以重任者,应归入此班(此处可信二字意义只系对于银钱事务而言)。

第三班　中常　凡人员逐日办事未见如何勤奋亦无明达之表见,然就其历来品行度之,心地尚属忠诚,而其所办之职务并无何项特别责任且于优劣两方面无特著之可言并证知其人委系中常或新进,无论时期深浅未经十分试验者,归入此班。

第四班　中下　凡人员因学识短浅及明达上有所阙欠等类以致缺乏才具而不称其所具之班次者及邮务员先因无他班次可置归入邮务员班虽其办事尽力并无何项过失然究不合该班之资格者,均应归入此班。仅不识洋文不作为归入中下班之原由。

又不堪任用一项非在定班之内。凡人员无论其才具如何而不可靠可信等等者应予此项名词以别之。②

四等三级邮务员及以上各员役密报依据其所属密报班次,用不同颜色单式填具。第一班特别优长人员密报单式用红色,第二班优长人员密报单

① 《邮政纲要(第一册)》,1940年版,第92页。
② 交通部、铁道部交通史编纂委员会编:《交通史邮政编》第一册,上海:民智书局1930年版,第288、289页。

式用淡红色,第三班中常人员密报单式用蓝色,第四班中下人员密报单式用黄色,不堪任用人员密报单式用绿色。邮政总局总办接到各邮区邮务长所寄密报后,即可依班考核或选用员役。

密报颜色仅是邮务长对于密报内问题作一总括性答复,例如得红色密报员役乃是邮务长证实其人确系可信可靠等,得绿色密报人员是指邮务长确定其人不可信靠等。淡红色及蓝色末班内问题如有不能确切陈报情事,邮务长可以置之不答。邮务长在密报内往往还会写有考语、荐语,考语表明该员才具之优劣,在局服务是否满意;荐语则表示邮务长认为该员役应予以擢升还是保留原班抑或予以改班,改班即有降黜之意。

邮务长于密报中还会对员役外语水平予以考核评定。邮务长会在密报中以大小写字母表明邮政员役谙悉各种语言程度,大写字母系指会话,小写字母系指作文。即如 A 或 a 系表其优美,B 或 b 系表其中平,C 或 c 系表其进步缓慢,D 或 d 系表其毫无进步,是以"Ad"即指会话优美而作文中平。[①]

邮务长应于每年一月三十一日以前将密寄报呈邮政总局总办。寄呈密报时应用双层封套封装,且内层封套之上须盖火漆并书明"Confidential Report on Staff"(意即人员密报)字样。邮务区每月寄呈邮政总局的人员更动表中备用人员如有变动,亦须随具变动人员密报随表附呈。四等三级邮务员及以上各级邮政员役如有职务调动,该调动员役密报须用半公函寄交新调邮区邮务长;如该调动员役欲根据新调职务呈请更改密报,则该员役原属邮区邮务长应备具新报告抄录一份附入寄送密报半公函内寄至新调邮区邮务长,并呈送邮政总局总办知悉。

四等三级邮务员以下各级邮政员役无须呈具密报,其升迁事宜仅循一般办法亦即按资例办理即可。

———————————

① 交通部、铁道部交通史编纂委员会编:《交通史邮政编》第一册,上海:民智书局 1930 年版,第291 页。

2. 推升

推升是邮政员役在服务已有一定年限,按照邮章予以提升等级增加薪水。推升以邮政员役办事能力及资历为准,尤以能力为最重要因素,在办事能力持平之时再考以在局服务资历。而邮政员役能力及资历情况,则可在邮务长呈报邮政总局总办的密报里得以呈现。邮政总局总办依据密报中员役的班次划分,考虑其升阶情况。

邮政员役升阶以每年四月一日或十月一日为考核期,除有"特别或双级之升阶非预先呈明及得有邮政总局总办之准文者不得给予"外,[1]所有员役均按密报班次升阶。

第一班特别优长人员推升应以各员役在局服务资历深浅为标准。特别优长班次内员役在邮局服务时间越长越易于得到推升。邮务长在对此班次内员役推升时应缮具荐语,以备邮政总局总办核夺。但邮务长荐语应须特别注意,虽为特别优长班内人员推荐,然亦须确实可靠。

第二班优长人员及第三班中常人员推升纯以资格深浅为标准。如邮务长以为某员暂时只称现有薪金,应于密报内升阶项下注明现有薪金已足等字样。

第四班中下人员按常规升阶。该班次内员役不必属望邮政当局准给多于现领薪金的薪水。此班员役如能尽力办公在现居班次内服务四年后,该管邮务长于密报内举荐酌量予以推升。

中下员役班内实任邮务员除自请外不得移入邮务生一班。所有中下班邮务员移入邮务生班后,在未经保请邮政总局总办核准以前,均不得准予推升。凡中下班邮务员一经移入邮务生班,应在该员履历单内注明。

所有邮政员役个人一概不准向邮政总局总办具禀请求推升,须知在邮局前程若何,均堪自行造就,所遇推升实系办公成绩或由积资所致。且筹划人员迁动本已非易事,此项禀请每致扰乱已经排定的升迁次序,对于整个推

---

① 交通部、铁道部交通史编纂委员会编:《交通史邮政编》第一册,上海:民智书局1930年版,第262页。

升造成不便且于本人利益亦无助益。①

考试是邮政员役升阶的又一途径,但此方法是建立在邮政员役已经入邮局服务一定年限之后,符合经由考试升阶标准方可。邮政员役升阶考试分为邮务员升入邮务官班,邮务生升入邮务员班及捡信生升入邮务生班。

四等一级邮务员及三等三级、二级或一级邮务员在局服务成绩特著密报中列入特别优长班内,可以应邮政总局总办所定每年举行一次的升阶考试。应考人员中考试名次靠前列之人,可视邮政公务所需及缺额若干,选入邮务官班内。邮务生品行才器经考核堪以升班之员役,可以按时参与举行投考邮务员考试。考试结果一以成绩、名次为定。捡信生如谙悉洋文,在局服务获得邮务长许可后,可与外界投考人一起应考邮务生或邮务员班考试;不识洋文的捡信生在局服务获得邮务长认可后可与外界投考人一起应考邮务生班考试;所有考试结果均以成绩、名次决定升阶与否。

3. 改班

邮政改班出现较晚,1920 年邮政总局才制定邮政员役改班办法。改班主要是针对邮务员班内员役改归邮务生班而言。改班办法规定:

甲　除自己呈请外,无论何等何级邮务员不得归入邮务生班。

乙　凡不精善或疏忽或懈弛之邮务员,概不得改入邮务生班,须将此项人员按照定章分别撤退、辞退或裁退。

丙　邮务员虽乏适用资格而能竭力办事者,得呈请降入邮务生班。如该管邮务长认该员在邮务生班能适称其职,呈请书即能照准。

丁　凡邮务员归入邮务生班者,当视其所值及现时薪金服务之时期给予等级及薪水(该员之资格当与该员在局时期之长久一并酌夺),是以邮务长于保举人员改班时须将保荐该员归入之等级及薪金声报。②

---

①　交通部、铁道部交通史编纂委员会编:《交通史邮政编》第一册,上海:民智书局 1930 年版,第 262 页。
②　同上书,第 265 页。

邮务员仅有自己呈请改班,方能归入邮务生班。但并非所有呈请改班的邮务员均能改入邮务生班内。凡不精善或疏忽或懈弛之邮务员,不仅不能改入邮务生班,还应按照邮政定章分别撤退、辞退或裁退,逐出邮政系统。邮务员改入邮务生班后,其等级及薪金均须明确。

所有归入邮务生班内的邮务员,其递升时期即以改班之日起算。养老金亦按照改班时薪水数目算至改班日止。改班后员役年赏发给办法以该员役在"改班之年底,其时该员服务已满三年始能照发,否则须于服务满三年之年底发给"。[1]邮务员如在年内改班,改班后以邮务生资格服务时期从改班之日算起,可按平均发给年赏。

4. 退职

退职是邮政当局对邮政员役处以逐出邮政系统的惩罚,以惩罚论邮政员役退职分撤退与革退两种情况。邮政员役行为如有"废弛职务,或有其他失职行为者;操行不良,或性情恶劣者;因本身之不正当行为染有传染病者;因过失行为,致公款受有重大损失者;兼任局外有偿职务,未经核准者;不奉调遣者;冒名入局经查明属实者"等各项情形之一,[2]邮政当局即予以撤退。邮政员役如系"依刑事确定判决受拘役,及拘役以上处刑之宣告者;依刑事确定判决受褫夺公权之宣告者;有违抗合法命令之行为者;有吸食或运输鸦片,及其他麻醉品之行为者;有渎职、舞弊、受贿或亏空公款之行为者;有前条辞退事由之一而情节重大者",[3]邮政当局立即予以革退。邮政员役无论因上述何种情由被邮政当局退职,均不再予以复用。

三、薪给与福利待遇

邮政员役除依其所处班次等级领取相应级别薪水外,还可领取年赏及各项津贴。邮政员役还可享受邮政章程规定的假期并能带薪休假。邮政员

---

① 《邮政纲要(第一册)》,1940 年版,第 184 页。
②③ 张樑任:《中国邮政(上)》,上海:商务印书馆 1935 年 10 月—1936 年 11 月印行,第 189 页。

役旅途之中依其等级使用一定对应额度的旅费,或预支或旅途结束后返局报销。邮政当局关心在局员役健康状况,除聘有局医外,还向在局员役发放药品及健康手册,允许员役报销就诊费用。员役退休后依据在局服务年限领取相应额度的养老金。

(一) 薪给

邮务官及邮务员薪水以关平银及银元发给,至于薪水是以关平银还是银元形式发给,依邮政员役录用时所发薪水是关平银还是银元而定。邮务官及邮务员录用时其薪水根据原先之关平银计算,即例非按关平银一两定为银元一元五角之率者,则于邮政题名录内将其姓名之下标以"‡"志号,表示该员入局时薪水以原先关平银计。如该员役姓名未标有"‡"志号,则其薪水系按所定关平银一两合银元一元五角之率发给。所有邮务生及其以下之人员均按银元发给薪水。

邮政华员薪水等级在北洋政府时期多有变动,各级邮政员役薪水情况亦处于经常变化之中,至1919年方才稳定下来,1919年以后邮政员役薪水等级较为稳定。1919年以前邮政员役薪水按原先关平银两发给者,无论在何处服务,其薪水及津贴照下列办法支付:

甲　在通商口岸之邮务区,如有海关兑换价率者,其薪水即暂以银元按照现在海关所用关平银两平均价率最为相等之数折合发给。

(甲)邮政总局总办代各邮区规定之价率,不得因行情高下辄行更改。惟银价遇有重大及长久涨落时不在此例。

(乙)凡发出之款其价率超过关平银一两折合银元一元五角者,不得于薪水单上载明,仅可另用单据作为兑换亏折之款。

乙　凡无通商口岸之各邮区,因之并无关平银两时价可循者,即根据临近邮区之价率办理。①

---

① 《邮政纲要(第一册)》,1940年版,第173页。

1919 年及以前,邮政员役如在通商口岸邮务区服务,该员役薪水以最为接近海关关平银价率折合银元发给。邮政总局总办规定的通商口岸邮务区海关关平银兑换银元价率除遇有银价大幅度及长时间涨落外,均应维持兑换价率平稳。即便邮政员役所领薪水超出关平银一两折合银元一元五角的价率,亦不得在薪水单上列载,仅能另备单据列明兑换价率亏折数目。至于非通商口岸邮务区,关平银对银元价率,比照相邻邮区兑换价率办理即可。

1919 年及以前华员高级邮政员役等级及每月薪水详情如下:

邮政高级华员

级别	薪水:关平银
邮务长	五百两
副邮务长	四百两
邮务官	
超等一级	三百五十两
超等二级	三百两
一等一级	二百五十两
一等二级	二百二十五两
二等一级	二百两
二等二级	一百八十两
三等一级	一百六十两
三等二级	一百四十两
四等一级	一百二十两
四等二级	一百两
四等三级	八十两
邮务员	
超等一级	二百五十两

超等二级	二百二十五两
超等三级	二百两
一等一级	一百八十两
一等二级	一百六十两
一等三级	一百四十两
二等一级	一百二十五两
二等二级	一百十两
二等三级	一百两
三等一级	九十两
三等二级	八十两
三等三级	七十两
四等一级	六十两
四等二级	五十两
四等三级（试用）	四十两①

自邮务长迄四等三级邮务员即试用邮务员，邮政员役每月薪水关平银五百两至四十两不等。邮务长月薪达五百两关平银、副邮务长月薪四百两关平银。邮务官班内一等邮务官每加一级，薪水增加关平银二十五两；超等邮务官每加一级，薪水增加关平银五十两；四等各级至二等各级邮务官每增加一级，薪水增加关平银二十两。邮务员班内超等邮务员每增加一级，薪水增加关平银二十五两；一等邮务员每增加一级，薪水增加关平银二十两；二等三级邮务员月薪一百两；二等二级邮务员薪水较二等三级增加十两，二等一级邮务员薪水又较二等一级邮务员增加十五两，四等三级邮务员即试用邮务员至二等二级邮务员每增加一级薪水增加关平银十两。

1919 年及以前邮政华员邮务生等级及每月薪水详情如下：

―――――――――

① 交通部、铁道部交通史编纂委员会编：《交通史邮政编》第一册，上海：民智书局 1930 年版，第351 页。

级别　　　　薪水：银元

邮务生

试用　　　　二十四元

过一年后　　四等三级　　二十七元

过一年后　　四等二级　　三十元

过一年后　　四等一级　　三十三元

过一年后　　三等三级　　三十六元

过二年后　　三等二级　　三十九元

过二年后　　三等一级　　四十二元

过二年后　　二等三级　　四十五元

过二年后　　二等二级　　四十八元

过二年后　　二等一级　　五十四元

过二年后　　一等三级　　六十元

过二年后　　一等二级　　六十八元

过二年后　　一等一级　　七十五元

过二年后　　超等三级　　八十三元

过二年后　　超等二级　　九十元

过二年后　　超等一级　　一百元[1]

　　邮务生每月薪水以银元计算,邮务生薪水由银元二十四元至银元一百元不等。试用邮务生至二等二级邮务生等级每增加一级,月领薪水增加银元三元;二等邮务生升至一等邮务生时,薪水增加银元六元;一等邮务生至超等二级邮务生之各等级每增加一级,其薪水增加银元七元、八元不等;超等二级邮务生升至超等一级邮务生时,薪水增至银元一百元。

　　1919 年以后,华员邮政员役等级与每月薪水情况较 1919 年及以前有

---

① 交通部、铁道部交通史编纂委员会编:《交通史邮政编》第一册,上海:民智书局 1930 年版,第 352、353 页。

相应的调整。具体薪水调整情况如下：

邮政高级华员

级别	薪水：关平银
邮务长	六百两
副邮务长	四百五十两至五百两
邮务官	
超等一级	四百两
超等二级	三百五十两
一等一级	三百两
一等二级	二百五十五两
二等一级	二百二十五两
二等二级	二百两
三等一级	一百七十两
三等二级	一百五十两
四等一级	一百二十五两
四等二级	一百两
邮务员	
超等一级	三百两
超等二级	二百五十两
超等三级	二百二十五两
一等一级	二百两
一等二级	一百八十两
一等三级	一百六十两
二等一级	一百四十五两
二等二级	一百三十两
二等三级	一百十五两

三等一级　　　　一百两

三等二级　　　　九十两

三等三级　　　　八十两

四等一级　　　　六十五两

四等二级　　　　五十五两

四等三级(试用)　四十五两[1]

　　邮务长月薪由关平银五百两增至六百两,副邮务长月薪由关平银四百两调整为四百五十两至五百两。邮务官班内各等邮务官月薪由关平银八十两至三百五十两调整为关平银一百两至四百两。邮务员班内各等邮务员月薪则由关平银四十两至二百五十两调整为关平银四十五两至三百两。华员高级邮政员役,不仅起首薪水上调,各班内每增加一级月领薪水亦有上调。四等邮务官每增加一级,月薪增加关平银二十五两;三等邮务官每增加一级,月薪增加关平银二十两;二等及一等各级邮务官每增加一级,月薪增加关平银二十五两;二等升入一等时,薪水增加关平银三十两;超等邮务官每增加一级,月薪增加关平银五十两。四等及三等邮务员每增加一级,月薪增加关平银十两;二等邮务员每增加一级,月薪增加关平银十五两;一等邮务员每增加一级,薪水增加关平银二十两;超等三级升至超等二级时,薪水增加关平银二十五两;超等二级邮务员升至超等一级邮务员时,月薪增加关平银五十两。

　　1919年以后,邮政华员邮务生每月薪水情况亦有更动,具体情况如下:

级别　　　　　　薪水:银元

邮务生

超等一级　　　　一百一十元

超等二级　　　　九十五元

---

[1]　《邮政纲要(第一册)》,1940年版,第174、175页。

超等三级	八十七元
一等一级	七十九元
一等二级	七十二元
一等三级	六十四元
二等一级	五十八元
二等二级	五十二元
二等三级	四十九元
三等一级	四十六元
三等二级	四十三元
三等三级	四十元
四等一级	三十七元
四等二级	三十四元
四等三级	三十一元
试用	二十八元①

华员邮务生起首月薪由银元二十四元增至银元二十八元,邮务生最高可领月薪银元一百一十元。试用邮务生至二等二级邮务生,每增加一级月领薪水增加银元三元;二等一级邮务生至一等一级邮务生,每增加一级月薪增加银元六元至八元不等;一等一级邮务生至超等二级邮务生,每增加一级月薪增加银元八元;超等二级邮务生升至超等一级邮务生,月薪增加银元十五元。

邮务佐每月起底薪水各邮区之间并未有统一规定,一般均在银元二十元以上,上海邮区邮务佐起底薪水最高,为银元三十元。邮务佐薪水随着等级的擢升逐级增加,各邮区间邮务佐起底薪水虽不同,加薪等级却是相同的,邮务佐加薪等级标准如下:

① 交通部、铁道部交通史编纂委员会编:《交通史邮政编》第一册,上海:民智书局 1930 年版,第 355、356 页。

级别	薪水：银元
四等四级	增薪五元
四等三级	增薪五元
四等二级	增薪五元
四等一级	增薪五元
三等四级	增薪七元
三等三级	增薪七元
三等二级	增薪七元
三等一级	增薪七元
二等三级	增薪十元
二等二级	增薪十元
二等一级	增薪十元
一等三级	增薪十元
一等二级	增薪十元
一等一级	增薪十元[①]

邮务佐班员役共分四等十四级,增薪标准同样有四级。四等各级之间,等级每升一级月增薪水银元五元;三等各级之间,等级每升一级月增薪水银元七元;二等各级之间,等级每升一级月增薪水银元十元;一等各级之间,等级每升一级,月增薪水银元十元。如某员役由四等四级邮务佐逐级升至一等一级邮务佐,如其在上海邮区服务月领薪水可达银元138元,在上海邮区以外各邮区亦可月领薪水银元128元;收入亦算不菲。

信差一班员役起首薪水各邮区间亦不尽相同,月领薪水银元十余元至二十余元不等。信差班内员役在试用期结束后即可按照所在邮区起首薪水领取月薪。信差班内员役薪水依服务年限而定,信差增薪标准亦分三个阶

① 顾锡章编著:《邮政问题详解》,上海:中华邮工函授学校发行,1936年版,第72、73页。

段,即"每年增薪银元三元,共增六次;每一年半增薪四元,共增三次;每二年增薪五元,共增六次。"[1]信差每一增薪阶段所隔时间不同,增薪数目亦不相同。信差班内员役从正式入职起算至第三阶段增薪第六次时,月领薪水最低已在银元 70 余元,收入亦不算低。

1919 年以后各年相较 1919 年及以前各年,华员邮政员役自邮务长至试用邮务生月领薪水均有增加,且起首薪水也有提升。此举表明华员邮政员役薪资收入水平在逐步提高。高级邮政员役薪水仍以关平银支领,邮务生薪水以银元支领维持不变。

至于邮政洋员,其薪水一般较华员为高,即便华洋员役所任职务与等级相同,洋员所领薪水亦较华员为高。其原因有二,一是邮政自海关独立以来,华洋员役待遇既有不同,此一情况在邮政系统一直延续;二来在于洋员对中国情形不熟,且生活异致,似不能与华人同等待遇。[2]华洋员役之间同工不同酬情况虽有不妥,但却未有解决方案。

邮务生及该班次以下邮政员役除按上列等级或入局服务时间领取薪水外,还可于每年阴历新年之际向邮政当局预支薪水,以备用度。邮务生及该班次以下员役预支薪水如阴历新年正值"阴历月之一日至十日之间者,概不预支薪水;阴历月之十一日至二十日之间者,预支半个月薪水;阴历月之二十一日至三十一日之间者,预支一个月薪水"[3]。所有邮务生及该班次以下员役可按时间向所在局所声请预支薪水,但预支薪水均须留有预支凭据,列入来年二月份薪水单内。预支薪水办法仅为添补邮务生及该班次以下员役阴历新年用计,此为邮政当局发给员役薪水规则中考虑月领薪水较低各级员役生活现实的通融之举。

---

① 顾锡章编著:《邮政问题详解》,上海:中华邮工函授学校发行,1936 年版,第 72、73 页。
② 张樑任:《中国邮政(上)》,上海:商务印书馆 1935 年 10 月—1936 年 11 月印行,第 147—148 页。
③ 《邮政纲要(第一册)》,1940 年版,第 116 页。

（二）福利待遇

邮政当局除依据邮政员役班次等级发给相应的薪水外,还向所有在局服务员役提供各种待遇,以使得员役能够安心在局服务,勇于任事,尽忠职守,报效邮政。

1. 年赏

年赏,即年终奖励金,所以用来奖励邮政员工之勤奋服务于邮政者也。[①]所有邮政员役,雇员除外,均享有领受年赏权利。但革退、辞退、退职未经核准及退职未经通知等员役不能享有此项权利。年赏多少有两条标准:一以薪金为标准,一以服务时间为标准。具体而言,"凡服务一全年或二全年办事满意者,加给半个月之薪金;服务三全年办事满意者,加给一个月之薪金。过此以后每服务一全年,均加给一个月之薪金"[②]。邮政员役薪资随服务时间加长逐级增加,而年赏多寡的标准即以员役入邮局服务的时间与薪金为标准,故而邮政员役服务时间越长所领薪金越多,其领受年赏便越多。如若邮政员役于邮局服务未满三全年或三全年后身故或因疾病休致或裁退者,亦能享有领受年赏权利,"此项年赏即按其服务时期向该员役或该员役认定之家属代表比例发给"[③],只不过所领年赏并非足额而已。当然,邮政员役得领年赏的前提是要于服务邮政时乐于从公,专心任事且服务确属精善,方能有领受年赏的资格。

邮政员役年赏是罚是扣,得由邮务长决定。邮务长依据该员役一全年内记过次数,酌核该员役是年年赏应否准予发给。无论何等级员役,一年内记过次数达到三次或超过三次者,则该员役当年年赏即予罚扣,不准发给。邮务长不仅有权决定年赏是罚是扣,亦有权扣留邮政员役年赏作为押款之用。

年赏与养老金亦有关联。邮政当局发给员役年赏时期以及人员服务所

① 张樑任:《中国邮政(上)》,上海:商务印书馆1935年10月—1936年11月印行,第153页。
②③ 《邮政纲要(第一册)》,1940年版,第115页。

支薪水少于关平银十五两或银元二十二元五角时期,均不得算入发给养老金时期以内。所有邮政员役由收领年赏之等级升入应得养老金之班次者,应将末次发给年赏之日期及发给之数目于该员之履历单内注明。①

年赏发给日期为每年第四季季底,即十二月底发给。故邮政向有每届新年向华员预支一个月薪水习惯,因年赏之故,予以停止。

2. 津贴

津贴系人员服务时薪水以外之酬金,如同一等级之人,办理较高职务,或负较重责任,或因特殊情形,其薪水不足补报时,即以津贴酬其劳,故津贴为酬金之一种。②邮政津贴种类繁多,常川发给者有署理津贴、会计津贴、管局津贴、巡查津贴、调遣津贴、房租津贴、保证津贴等。各项津贴发放因津贴种类而异。

> 署理津贴为酬劳人员未达该项资历而担任该项职务而设;会计津贴系与会计长者,因会计长负银钱上之重任,应与津贴以酬其劳;管局津贴系与各级邮局长者,以酬其管理局务之劳;巡查津贴系与巡员者,良以巡员职责颇重,自应给予津贴;调遣津贴因人员因公调遣时,邮局贴补之损失;房租津贴只限于一二都市,如上海、南京等,因都市情形特殊,房租昂贵,故予以津贴之救济;保证津贴因公务需要,人员保证超过规定限额时,按超过数额给予之一种津贴,管局局长颇多支领。③

邮政当局常川发给的津贴,即系上述各种。无论何项津贴,均为邮政当局补贴各项邮务而设。但所有各项津贴,仅至邮政员役所派差事或所管邮务或某项职位终止时,津贴即告结束。即如管局津贴,仅为邮政员役担任各等邮局长职务时津贴,一旦该员役不再担任邮局长,其所享管局津贴,立即

---

① 交通部、铁道部交通史编纂委员会编:《交通史邮政编》第一册,上海:民智书局 1930 年版,第 375 页。
② 顾锡章编著:《邮政问题详解》,上海:中华邮工函授学校发行,1936 年版,第 74 页。
③ 同上书,第 75 页。

停止。其他各项津贴发放办法,以此类推,且领有津贴的员役不得借口各种理由增加薪水以代替所失津贴。无论因何事停发津贴,均须报呈邮政总局总办核准方可执行。同样,如无邮政总局总办核准亦不得发给何项津贴。

所有津贴中尤以署理津贴最为特殊。缘于该项津贴是发与资浅而任重的邮政员役,此类邮政员役往往以资历较浅人员署理高于其所在班次应该担任的职务。资浅员役署理较高职务因其津贴较原属班次为高,易于产生误解。基于此,邮政当局对署理津贴规定较为详细。署理员役领取署理津贴时,均以下办法为准:

> 署理津贴以及准给初次委充署理邮务长或署理副邮务长或管理局会计长或一等邮局长各员之特别津贴,只能自该员实行接任此项职务之日开始发给,无须于月之一日起始。仿此,其津贴亦即于实行解除此项职务之日起停止发给。

> 凡人员领收一项职务之某种津贴者,如遇委任他项职务应受较高或较低津贴时,应于解除从前职务之日起领收新委职务之津贴。仿此,凡人员在一邮区领收一种津贴调往其他邮区者,其在原邮区之津贴应领至实行交卸职务之日为止,嗣至新邮区如有津贴再照所准之率领受。①

署理津贴发放日期以邮政员役署理某项职务当日开始发给,当其署理职务被解除时,所领该项职务津贴亦即于解除当日告终。邮政员役于署理任内遇有职务调动,新调职务署理津贴以解除原署职务当日算起,该员役所领原署津贴亦于交卸原署职务当日截止。署理津贴无论离职或新委职务,其领受津贴日期均包含离职或入职当日。署理津贴本就为发给资浅员役署理较高较要职务而定,因此一旦署理员役署理任务结束时,其所领署理津贴便告终止,该员役不得希冀永享署理津贴。署理员役亦应坦然接受邮政当局将其由署理职务调至不给津贴或少给津贴职务的安排。

---

① 交通部、铁道部交通史编纂委员会编:《交通史邮政编》第一册,上海:民智书局1930年版,第363页。

与署理津贴同,邮政员役领取各项津贴均以担任某项职务或解除某项职务当日算起。所有各项津贴,均系因职务而定。一旦领有津贴之各级邮政员役职务发生变动时,其原领津贴亦必随之更动。

所有在休短假的邮政员役,如其仍在休假途中且未超过二十八日短假期限,休假时亦可照领原享所有津贴;休假超过短假期限者,所有原享津贴,均不发给。

调遣津贴是各项津贴中唯一按照实任职务发给的一项津贴。调遣津贴具体标准为:"邮务长银元一百五十元,副邮务长银元一百二十五元,超等邮务官银元一百元,一等邮务官银元八十元,二等邮务官银元六十元,三等邮务官银元四十元,四等邮务官银元二十元。"①所有前项调遣津贴如在同一邮区之内调动,则调遣津贴"折半发给",但新经派用的华洋员役"无论系立即派在本邮区境内服务或系派赴他一邮区服务者,均不得给予调遣津贴"。②

除上述所列各项津贴外,尚有马车夫、人力车、肩舆、马匹等项津贴,以及辽远津贴、伙食津贴。

马车夫、人力车、肩舆以及马匹等项津贴是为由一邮区调赴他邮区而定。邮政员役于每月十五号或十五号之前调往他区者,可领半个月津贴;于每月十六号或十六号之后调赴他区者,可领全月津贴。如邮政员役被派往边境或辽远地方任职,邮政总办酌于在边境或辽远地方派给辽远津贴,以备其用。信差被选充差长者,每月可享有不超过银元五元的津贴额度。邮务员或邮务生派赴内地暂行服务,且服务期限在一整月以内者,可享有每天不超过银元五角的伙食津贴。

3. 养老金

养老金系人员告退后给予之一种赡养费,凡弃职、撤职之人员未能享受

---

① 《邮政纲要(第一册)》,1940 年版,第 15、16 页。
② 同上书,第 16 页。

此项利益。①邮政当局从发放标准、计算方法、使用、养老金清单、发给与领取等方面明定养老金相关规则,规范养老金操作流程。

养老金发放标准。邮务长、副邮务长及邮务官每服务满七年时,按照第七年最后月份的薪水标准给予一年薪水作为养老金;邮务员服务满十年后,按照第十年最后月份薪水标准给予一年薪水作为养老金。复用人员发放是以再次入邮局服务起算,其复用之前所在邮局服务时间并不算在内。

计算方法。养老金计算方法是以邮政员役达到适用养老金标准班次后起算。邮政员役养老金计算方法重在员役入局服务时间,适用养老金方法邮政员役养老金计算方法如下:

甲　人员于第一次养老金时期或续有之时期内始终系在一班。如邮务官班者,则于计算养老金何时到期,自无难办之处。

乙　凡华邮务长、副邮务长及邮务官于民国六年九月一日以前在邮务官班内(每十年一起期)服务之时期,每年须以十分之七计算。倘有民国七年一月一日以前而在邮务员班内(每十二年为一期)服务之时期者,每年须以十二分之七计算。

丙　凡邮务员升入邮务官班者,其在邮务员班内服务之时期须以十分之七乘之,其得数即作为邮务官班内服务之时期。

丁　计算邮务员养老金。所有在民国七年一月一日以前按邮务员服务领取月薪不下关平银十五两之时期,如未于该时期内无论何年领过年赏,则对于邮务员每十年发给养老金之时期,应作十二分之十折算。②

依据上述养老金计算办法,适用养老金办法的邮政员役在邮局服务时始终处于同一班次内,即以归入该班次时间起算。1917 年 9 月 1 日以前已在邮务官班内员役的养老金计算方法是将此时间以前,员役在局服务时间乘以十分之七计算;1918 年 1 月 1 日以前已在邮务员班内员役的养老金计

①　顾锡章编著:《邮政问题详解》,上海:中华邮工函授学校发行,1936 年版,第 76 页。
②　《邮政纲要(第一册)》,1940 年版,第 195、196 页。

算方法是将此时间以前在局服务时间乘以十二分之七计算；如有邮务员班内员役在 1918 年 1 月 1 日以前月薪在关平银十五两以上且无领取年赏记录，则其养老金计算方法是将此时间以前在邮务员班内服务时间乘以十二分之十折算。员役由邮务员班升入邮务官班内者，该员役在邮务员班内服务时间以十分之七的折算率，折入邮务官班时间，一并计算。

邮政员役无论属于邮务官班还是邮务员班，其服务第一期必须期满后才能有领取养老金的资格，即邮务官班内员役必须在邮局服务满七年，邮务员班内员役必须在邮局服务满十年。如服务第一期期限未能期满即出现因病休致或亡故情事，邮政总局总办酌情向该员或其家属发放一部分养老金。邮政员役在局服务第一期或续期期满之后离局，该员役在局服务时间均以所领薪水标准折给养老金。

使用养老金。邮政员役在养老金未发之前，不得指拨抵债，或以之作担保品；但已经发给的，领款人有随意支配之权，唯其原意之为防老年之准备，则毫无疑义者也。[1]

养老金清单。各邮区邮务长须将邮区内适用养老金办法的员役养老金清单按照表 4-8 格式造备后，于每年十月初寄呈邮政总局稽核股股长核办。仅有次年一月一日至十二月三十一日养老金到期的邮政员役，方须造表寄呈；如无员役养老金到期，仅须在报告内标以无字寄呈即可。

表 4-8 邮政员役养老金清单

姓名	现在之		初到时			月薪增至关平银十五两或以上之日期	发给年赏截至	上次发给养老金之时期	备考
	等级	薪水	充为	年月日	薪水关平银				

资料来源：《邮政纲要（第一册）》，1940 年版，第 197 页。

---

[1] 张樑任：《中国邮政（上）》，上海：商务印书馆 1935 年 10 月—1936 年 11 月印行，第 155 页。

　　邮务长寄呈邮政总局稽核股股长的养老金清单内须附注两点内容。此两点内容为:"一、现领之薪水应不括有署理及他项津贴在内。倘系继续发给之时期,则通知给发上期养老金日期之号数应即印证。二、凡呈报人员亡故或请给发人员之部分养老金之公文,须括列以上格式内所注该员从前服务之各节。"①养老金以邮政员役薪水为准,理清员役月薪标准,可避免发生多领与滥领养老金情况。此外,邮务长呈请发给员役养老金时,应将该员役在邮局服务记录一并详呈。

　　离局人员养老金办法。凡邮政员役离局,应于人员更动通告内详列离局缘由。邮政当局依据员役离局理由酌定是否给予及如何发给养老金。邮政员役离局其养老金按照下述办法办理:"告退者,如离局系在服务未满第一期以前不得给予养老金;病故或因病休致或裁退者,则无论于第一期或继续期内离局得发给养老金之一部以作恤费;辞退者则按照情形得由邮政总局总办酌夺给发养老金之一部分;撤退或离局未经奉准者,则无论在第一期或继续期内离局者,概不给予养老金。"②离局员役根据其离局缘由或不发养老金,或给予一部分养老金以备后用。

　　退休人员养老金。退休人员养老金发放时间既可于退休假期开始亦可在最后长期假开始时发给,全依退休人员方便为准。退休人员应得养老金中截至假期开始之日的一部分须经邮政总局总办核准,其余部分应于各该员最后离局时发给。

　　养老金之发给。邮政当局发给适用养老金办法的员役养老金时,应将发给养老金之时期及数目在各该员役记录簿及履历单内注明。邮政员役中以关平银发给薪水的华洋各员,其领取养老金时可至"服务之邮局或该管之邮务管理局、初次委派或末次调离之邮务管理局或一等邮局、上海"等任意

---

　　①②　《邮政纲要(第一册)》,1940年版,第198页。

一处局所领取。①邮政员役领取养老金时,以须将关平银、上海规元及银元之间的兑换比例理清,按照兑换比例领取即可。邮政当局发给员役养老金须留有收据。该项收据内应载明"收到上列款项并特证明于现发养老金之时期内并未领过该时期内何部分之年赏且此次付款已将员对于中华邮政因截至民国　年　月　日期内服务应得养老金之故所有之一切要求作为清偿"等注语,②以资作为员役领受养老金的凭证。

4. 旅费

旅费是邮政当局向邮政员役提供的又一项福利规制。邮政员役"请长假回籍往返者、由此处调至彼处者并出巡以及特别职务者",③均按照邮政当局规定发给旅费。邮政当局发给各员役旅费的准则是奉调员役必须择选耗用旅费最少的方式。邮政员役奉调他处若有多种方式可选,如乘坐火车、轮船、长途汽车,又或其他可行方式均无不可,但必须选取所耗费用最廉的一种。邮政员役奉调所耗费用确属最为廉价且未耽误行程,其沿途所用可向邮务长申请实报实销。倘若奉调员役沿途有超出公务所需的用度,则经邮务长查验后,该用度即不予报销。

邮政当局依邮政员役等级定有不同的旅费支给标准。华邮务长、邮务官以及邮务员休长期假旅费发放标准是该员役由准给假期所在局所至其原籍所在地往返费用的一半。该项旅费在邮政员役假满返局后以实报实销的方式发给。邮政员役休长假时,除能实报实销一半旅费外,尚可支领相应的长期假津贴。该项津贴与调遣津贴相同,由休假员役假满后返局任职时向邮政当局请领。邮务员班员役须将休假时所携家眷情况详列于声请单内,邮务官班内员役则无须如此。所有邮政员役休长期假旅费声请单内均不得将义子列入家属栏内。邮务官班内员役调遣旅费除按所用实报实销外,仍

---

①　《邮政纲要(第一册)》,1940 年版,第 199 页。

②　同上书,第 200 页。

③　同上书,第 263 页。

有津贴一项。调遣津贴计算方法是"起首每百元加给百分之十,过此下余之数加给百分之五,以备不能照寻常开销常行要请之赏钱等类之需,此项规定只有要请的实旅费时始能适用",[①]而不再按旅途发给旅费。如邮务官调遣途中寓居私宅未寓客栈,即按邮务官等级发给此项津贴。

邮政员役履行派充特差或调查职务公务时,除准给派充特差或调查职务所需正常费用外,还应依其等级发给不同标准的按日津贴。邮务官班内员役履行公务按日津贴标准如表 4-9。

表 4-9　邮务官班员役履行派充特差或调查职务公务按日津贴标准

	实在旅行时	寄宿时	
		私　宅	旅　馆
署邮务长及邮务长	每日关平银至多二两	每日关平银至多三两	每日关平银至多二两
署副邮务长及副邮务长	至多一两二钱五分	至多二两	至多一两二钱五分
邮务官	至多一两	至多一两五钱	至多一两

资料来源:《邮政纲要(第一册)》,1940 年版,第 265 页。

邮务官班内邮政员役履行公务按日津贴分实在旅行与寄宿两项。其中寄宿又有私宅及旅馆之别。邮务长及署邮务长一级无论是在旅行还是寄宿,按日津贴标准最高;副邮务长及署副邮务长、邮务官级别逐级减少。寄宿津贴较实在旅行津贴稍高,寄宿津贴中寄宿私宅标准又较旅馆为高。所有邮务官班内员役履行公务津贴均以关平银为准。表 4-9 中各项津贴在邮务官班员役开始履行公务七日内"或系在途或系因公寓于所往第一处所(第八日及以后各日亦按半数折给),或仍在途或系因公寓于继往之处(第八日及以后各日只按半数折给)"[②],均可适用。

邮务官以外各级华员履行公务与邮务官班不尽相同。邮务官班以外各

①　交通部、铁道部交通史编纂委员会编:《交通史邮政编》第一册,上海:民智书局 1930 年版,第 372 页。
②　同上书,第 367 页。

级华员旅费以调遣旅费为主,分为同一邮区内互调及各邮区间互调两种。同一邮区内调遣旅费,由该管邮务长及会计长察视各该员确属按邮章规定最为节省运输方法旅行,依照邮政章程按实用数额实报实销,不再发与按英里数目的旅费津贴。不同邮区之间互调,以英里计算,按照表 4-10 中所列标准发与调遣履行费用。

表 4-10　邮务官班外华员各邮区间互调旅费资例

	由水道旅行(江轮及海轮)	乘搭火车
人员单身旅行者	每英里六分	每英里八分
携带妻室者	每英里一角	每英里一角二分
携带妻室及子女一人至三人者	每英里一角二分	每英里一角六分

注:一英里为华里三里,即一英里等于一点六公里(基罗密当)。
资料来源:《邮政纲要(第一册)》,1940 年版,第 269 页。

邮务官班以外华员各邮区间互调有单身、携带妻室、携带妻室及子女一人至三人三类,调动时或由水道乘坐江轮或海轮旅行,或由陆路乘坐火车出发。每一类人员在各邮区间互调时,其旅费发放标准亦不相同。携带妻室及子女者较单身人员为多,搭成火车标准又较乘坐轮船为高。倘使邮务官班外华员在各邮区间互调旅行程途在二百英里以内,应另外加给所有津贴总额的百分之二十。

邮务员及邮务生调遣津贴发放标准是:"各区互调时,邮务员及邮务生银元二十元,二等一级邮务员及该等级以上之人员银元四十元;本区内调遣者应按上列数目折半发给;凡新经录用之人员,无论系立即派在本邮区境内服务或系派赴他一邮区服务者,均不得给予调遣津贴。"[1]所有邮务员及邮务生调遣津贴发放标准亦适用于捡信生班次员役。此外,捡信生班次员役调遣旅费及津贴还须遵照以下条款办理。

---

[1] 《邮政纲要(第一册)》,1940 年版,第 270 页。

旅费。

甲　各区互调。倘遇此项情事应照上表(4-10)所准按英里计算之旅费十分之八发给。

乙　本区内之调遣。普通准给三等火车及轮船旅费。但捡信生调往内地邮局派为邮局长者,亦可准给二等旅费。

调遣津贴。

甲　各区互调。大抵捡信生班次之人员并无各区互调情事。倘使有之,各级均发给银元十元。

乙　本区内之调遣。各级均发给银元七元。

丙　凡新经派用之人员,无论系立派在本邮区境内服务或系派赴他一邮区服务者,均不得给予调遣津贴。[1]

邮政员役履行公务旅费报销以旅费账单所记为准。为确认邮政员役所具旅费账单确属完备可靠,各邮务管理局会计长务须查视旅费账单完全遵照邮政当局所定规章缮具,所有花销款项均经邮务长确认实属无误且副单据栏内号数填写正确无误,方可准予办理。旅费账单内应列明:"(甲)应将曾付上下轮船费用之各包件数目及其基罗重量(或立方体积)并该项费用之率数以及实经共用若干——列明;(乙)应将轮船票价旅馆账单及行李运费之原来详细收据随单呈附;(丙)应将逐款确实付出之数目于邮政所准及该员所请发还之各数目区分清晰,倘不能获得铁路运费之收据应于账单内据情注明。"[2]此外,旅费账单内还须将"括算起止之日实在旅行、括算起止之日寄宿于私宅、括算起止之日寄宿于旅馆"等各项具体日期标明。[3]

---

[1]　《邮政纲要(第一册)》,1940年版,第271页。

[2]　交通部、铁道部交通史编纂委员会编:《交通史邮政编》第一册,上海:民智书局1930年版,第371页。

[3]　《邮政纲要(第一册)》,1940年版,第266页。

　　调遣旅费账单应括有调遣津贴。调遣津贴应在奉调到达目的局所后，由奉调员役填具。奉调人员如在途中由多处局所支付津贴，须于调遣旅费账单内附随简要说明，缮具调遣所费总数并将预支款项或购买车船票各局局名。以某邮政员役由奉天调往广州为例，予以说明该项调遣旅费账单明细。

　　　　奉天经北京以达广州

　　　　民国三年六月一日奉天预支银元四十元。

　　　　民国三年六月四日北京预支银元六十元。

　　　　总共预支银元一百元。

　　　　账单所列旅费共计银元一百四十元。

　　　　应由广州支给之尾数（须经稽核）银元四十元。

　　　　一　照以上账单所列费用（倘有调遣津贴亦括在内）计银元一百四十元。

　　　　二　上海供给由上海至广州轮船票一张价值银元十四元。

　　　　调遣所费总共计银元一百五十四元。①

　　邮政员役奉调时，可于途经各局所预支费用，以作途中开销之用。预支款项局所名称须填明，员役到达奉调局所后，将预支款数与所需款数进行核实，少补多退。邮政员役在出发局所已经领取按英里数目计算奉调至目的局所津贴及调遣津贴时，沿途均不给予预支现款。

　　5. 假期

　　邮政员役假期共分短期假、长期假、病假、退休假期四类。不同假期适用人员不同，给假标准亦异。

　　短期假假期时间有十四日及二十八日之分。邮政员役在邮局服务未满三年一次呈请七日以上或全年共请十日以上假期，照例难以核准。邮政员役服务满三年后，邮务官及邮务员给予全年一次或数次共计七日以上展至

①　交通部、铁道部交通史编纂委员会编：《交通史邮政编》第一册，上海：民智书局 1930 年版，第369、370 页。

二十八日以下的短期假;邮务生得给予不过十四日之短期假。①唯人员于销长假后,服务未满一年不给短期展假;同样,邮政员役短期假或销假服务未满一年,亦不准给长期假。所有短期假展假均须经邮政总局总办核准方可。但如若员役家中患有猩红热、天花、时疫、霍乱等传染病,邮务长不必呈请邮政总局总办核准可酌情给予短期假展假。此项短期展假只须于月份人员更动表内附注说明即可。

邮政员役在局已达例定年限且服务成绩考核满意,如有公务所需可照各员役级别标准给予长期假。邮务长及副邮务长位高职重与邮务官、邮务员、邮务生各班人员给假标准不同。

邮务长及副邮务在邮局服务满四年后且办事满意准给假期四个月,其中三个月发给全薪,一个月不给薪水。邮务长及副邮务长在邮局服务办公满意已达十全年且后六年并未有请四个月例假的记录,如值公务所需上得以允准,可给假六个月并发给全薪。邮务长赴外考察假期更有特别规定:"凡邮务长愿赴欧美者,不论其原请例假系六个月或四个月抑或更较减少,均得于其平生在局之计特准展给不逾六个月之假期一次,照发全薪。"②赴欧美之邮务长可享受一次不逾六个月的长期特别展假。但此项特展假期须一次性用掉,不得化作多次之用。

邮务官、邮务员及邮务生班内员役即按下述标准给予长期假:

邮务官　服务满四年后办事满意者,得准假四个月。三个月发给全薪,一个月不给薪水。倘办公满意已达十全年,其后六年并未请四个月之例假者,如经邮务长赞可并值公务所需上得以允准,可给假六个月并发全薪。

邮务员　服务满四年后办事满意者,得准假四个月。三个月发给

① 交通部、铁道部交通史编纂委员会编:《交通史邮政编》第一册,上海:民智书局1930年版,第341页。
② 《邮政纲要(第一册)》,1940年版,第119、120页。

全薪，一个月不给薪水。

邮务生　服务满四年后办事满意者，得准假三个月。两个月发给全薪，一个月不给薪水。

捡信生　服务满四全年后办事满意者，得准假一个月发给全薪。①

邮务生、邮务员及邮务官在达到一定服务年限且服务考核满意后，可享有三个月至四个月不等的假期。所有假期均有一定时限的薪水，邮务官及邮务员休假时可领三个月全薪，邮务生休假时亦可领两个月全薪。捡信生给假较其他班次员役为少，在满足休假条件后，只准给予全薪休假一个月。

所有上项假期，均须经邮政总局总办核准后，方准休假。邮务长在呈送请假禀帖时须于禀文内详述"对于所请之假是否赞成，即系按该请假人员之平行及向来记录之成绩应否给假并于该时期内无需该员或须派人接替等情"②。此外，邮务长还须于呈文内将其他可作邮政总局总办裁定是否给假的情事一一缮具清楚，以备邮政总局总办作出相应判断。长假期均须于一次休完，不得分作多次。所有员役一次四个月长假期休完后，下一次四个月假期须待再次服务满四年后方准给予，每次长假准给办法以此类推。凡经邮政总局总办核准假期，非经预行禀请邮政总局总办核准外，一概不准延展或缩短假期。

邮政员役奉调时除因预备启行所需数日假期外不得给假，且奉调途中如有禀请假期，亦概不置议。邮局长（邮务支局不在此列）请假超过一个月时，应将请假情事及接替职务人员姓名备函通知局所所在处的地方行政官员。凡未经准假离局的邮政员役，或处以罚没薪金或予以辞退。

所有假期均须登记并呈报邮政总局总办。其登记及呈报分类如次：

甲　无论一日或一日以上之假，均须于人员记录簿（标号从略）内

---

① 《邮政纲要（第一册）》，1940年版，第120页。
② 交通部、铁道部交通史编纂委员会编：《交通史邮政编》第一册，上海：民智书局1930年版，第339、340页。

登记。

　　乙　邮务官及邮务员请假逾一月者,应另登入该员履历单之内。邮务生请假一月者,一应如此登载。

　　丙　四等三级邮务生及在该级以上之人员请假逾五日者,应于更动人员之月报内报明。

　　丁　试用二级邮务员及在该级以上之人员其请假次数及日期之总数须在该员密报之内报明。[①]

病假亦以邮政员役入局服务年限为定。捡信生及该班次以上员役服务至少已达四年,准给不超过一个月的病假,休假期间发给全薪,并准展假不逾五个月,发给半薪;在邮局服务一年以上四年以下的员役,准给全薪病假一个月,并可展半薪病假两月;服务未满一年的员役,准给全薪病假一个月并可展假一月,但不给薪水。[②]邮政员役无论禀请病假抑或续展病假,均须呈出可靠的病症诊验报告单,否则一概不予准假。

　　邮政员役禀请病假必须按照邮政当局规章办理。如有屡请病假、诿请病假、逾越病假时间情形,邮政当局即按照相应的规则予以处置。屡请病假表示该员役身体状况不适合再担任邮政职务,应予以辞退;诿请病假,表明该员役品行及服务态度不敷邮政要求,须报请邮政总局总办核示处理;逾越假期,按停发薪水或停止办公办法处理。

　　邮政员役禀请病假与短、长期假同,亦须登记及报呈邮政总局总办。邮政员役禀请病假登记及呈报分为以下四种:

　　甲　凡请病假一日或一日以上者,均应登于人员记录簿(单式从略)。

　　乙　凡请假逾于一月者,须登于该员履历之内。

　　丙　四等三级邮务生及该级以上之人员准给病假逾于五日者,应

───────────────

① 交通部、铁道部交通史编纂委员会编:《交通史邮政编》第一册,上海:民智书局1930年版,第340页。

② 《邮政纲要(第一册)》,1940年版,第125页。

于人员更动月报内报明。

丁　凡人员请病假之次数及日期之总数须于半年清单内报明。①

所有邮政员役凡请过全期病假以后,自销假日起算,回局服务再满四年时,方准按照病假标准再给病假并发相应薪水。如回局服务未满四年以前,禀请病假亦可照准,只不过休病假时不再发放薪水,禀请展假亦须经由邮政总局总办核准。

6.人员健康

邮政员役健康状况事关邮政事务运行,如若邮政员役每每因病请假致令邮政办公恒受影响。假如有员役以久病之故不得不予以休致,遂使本人及其家属大为受难且使邮政亦蒙有不便及失人之憾。②故邮政当局采取多种措施尽量保证员役健康。

第一,聘请局医,治疗员役病症。邮局员工治病计,多聘有局医。凡员工及其配偶子女患病时,如当地聘有局医,可于规定时间内到局免费诊治。③邮政当局所聘局医不仅为服务于邮政的员役本人治病,并惠及邮政员役配偶及子女。

第二,免费发放普通药品。邮局为在局服务员役健康计,多购置药品,以备不时之需。三等一级邮务员以下之员工本人,邮局并得按所在地方情形,酌给普通药品,不收费用。④邮政当局除免费发放普通药品外,还发给邮政员役消毒药水并指导员役如何妥当使用。

第三,报销医药费。邮政员役在局服务因公受伤,所有治疗所耗医药费,员工可请邮务长呈请邮政总局总办核准,全部发给。⑤

第四,发放健康指南小册,指导员役预防疾病。邮政总局供应股用华文

① 交通部、铁道部交通史编纂委员会编:《交通史邮政编》第一册,上海:民智书局 1930 年版,第341 页。

② 《邮政纲要(第一册)》,1940 年版,第 187 页。

③④⑤　张樑任:《中国邮政(上)》,上海:商务印书馆 1935 年 10 月—1936 年 11 月印行,第 169 页。

印就向邮政员役发放,并保证每一华员捡信生班或改班以上员役人手一册。除邮政代办所以外,所有邮政局所内均须张贴一份或数份以供局内员役阅览。①员役健康指南小册内分有疾病之种类、肺痨、痨瘵如何沾染、痨瘵之如何防免、痨瘵之诊断、疟疾、脏腑各病及日常卫生注意事项等各项内容,②用以指导邮政员役如何在日常生活中预防及诊治各种流行病症,注意个人及家人健康。

7. 治丧费与恤费

邮政员役如在邮局服务期间或执行邮政公务时身故或遇戕害致使终身残疾,邮政当局应予以相应的治丧费及抚恤费。

举凡邮政员役在邮政服务期间或休假时亡故,邮政当局均应向亡故员役孀妻或家属代表发放治丧费。治丧费并不算入亡故邮政员役遗产之内,其发放标准为:"在局不满六个月者,应给予一个月之纯薪;在局逾六个月者,应给予两个月之纯薪;倘系复用之人员,应自复用之日起算。"③治丧费发放数目以亡故员役入邮政服务时间为准,入邮局服务不满六个月发给两个月薪水,超过两个月发给两个月薪水,以作亡故员役家人治丧之用。如亡故员役生前有预支款项或于邮局事务上仍负有相关银钱责任,则所发治丧费应先用以归还亡故员役预支款项及银钱责任,再将剩余款项发给亡故员役家属。倘治丧费不够偿还亡故员役生前预支款项及所遗银钱责任,则不予发放。邮政当局向亡故员役家属发放治丧费时须掣取收据以为凭证。

邮政员役在邮政服务期间亡故除给治丧费外,仍须向其家属发给抚恤费。该项抚恤费由邮政总局总办酌夺后依亡故员役在邮局服务期限给予。亡故员役在邮局"服务未满六个月者所给恤费不得逾净薪两个月之数,服务

---

① 《邮政纲要(第一册)》,1940年版,第287页。
② 同上书,第287—291页。
③ 同上书,第167页。

逾六个月所给恤费不得逾净薪四个月之数"①。抚恤费发放标准以该员役在邮局服务时月领薪水为准。

1919年以后,捡信生及差役等处于较低层级员役抚恤费标准更为明细。1919年以后捡信生及差役人员等因下列情由离局,除给身后丧费及一部分年赏外,均须按照邮政总局总办判断给予相应标准的抚恤费:

（甲）如员役亡故或因疾病休致或因年老裁退者,其服务之最初五全年,每一年按照其离局之月薪各多给半个月之薪金作为抚恤费。过此以后,因已发有年深酬款,不再给此项抚恤费。但对于举办资助金（民国十二年一月一日）以前已经服务满六全年或逾于六全年之员役,则自其第六年算至中国民国十一年十二月三十一日止,按服务每满一年加给月薪四分之一。

（乙）如员役于执行职务时被戕害或致终身残废者除抚恤费外,应按该员役身故或残废时服务邮区或邮段内该项班次人员现行起首月薪之十倍另行加给一项抚恤费,但此项恤费不得逾银元一百五十元。此项加给之抚恤费并不因年深酬款而受有影响。②

捡信生及差役人等即依其在邮局服务年限按照上述标准领取抚恤费。邮政当局在发放此项抚恤费时务须将"人员之姓名,亡故残废或离局之缘由,派用之日期及初次派用时之等级及月薪数目,当该员离局时该项班次人员现行起首之薪金,离局之日期离局等级及薪金之数目"等各项详情逐一清晰缮具。③

邮政员役本人或其家属领取抚恤费注意事项与治丧费大致相同。亡故或终身残废员役抚恤费领取人必须是邮政员役家属并执有证明双方关系的

① 交通部、铁道部交通史编纂委员会编:《交通史邮政编》第一册,上海:民智书局1930年版,第376页。
② 《邮政纲要（第一册）》,1940年版,第77页。
③ 交通部、铁道部交通史编纂委员会编:《交通史邮政编》第一册,上海:民智书局1930年版,第377页。

凭据;如有见证人时,见证人须透析明了领取人来历确属合法可靠;所有支领款项务须签字盖戳留有凭证,以便日后稽核。

第三节　邮政人事制度的运行

上文通过对考试、体检、试用、储备、保证金、委任、复用、调遣、职责、品行与纪律、推升、改班、考试、密报、退职、等级与薪水、奖励金、年赏、津贴、假期、旅费、人员健康、医药费、养老金等邮政人事制度内容进行梳理,探明了邮政当局如何选拔与任用邮政员役,明晰了各级邮政员役在邮局服务时应履行的职责与所领薪给、享有的各种待遇,以及邮政员役在邮局服务时升迁及降级等方面的规章。无论是顶层设计还是具体执行细目,邮政人事制度建设均可谓完整,有力地规范并约束了邮政员役在邮局服务时的行为,成为邮政员役在邮局服务时必须牢记且须遵守的准则,亦是邮政当局考核任用员役的制度规制。制度建设的着眼点在于用,邮政人事制度更是如此。邮政人事制度实际运行情况究系如何,邮政当局处理人员入局及在局服务时的相关案例中可以管窥一二。

邮政当局处理人员入局问题可从推荐入局、到局实习、考试、录用、复用及推升等案例予以考察。

凡人员如欲进入邮政服务,均须经过考试,此为邮政取人正途,亦是邮政人事制度规定邮政用人的唯一途径。邮政当局在招录人员方面,谨守此项规则。此一录用原则,在邮政当局处理的几起推荐人员入局案例中得到很好的体现与遵守。王怡之案、董敏舒案、密里福案是邮政当局拒用推荐人员的典型案例。

王怡之为浙江宁波人,美国大学毕业,在上海圣约翰大学帮教一年,任上海美领事署英文书记员五年、吴淞沪宁铁路账务科科长二年、上海交通司

司长半年,精通国文、英文、翻译、账务、公牍往来、西文机器打字,1912 年 5
月 24 日由时任沪督秘书官刘镛函荐邮政司至上海邮局任用。刘镛在至邮
政司推荐函中详列了王怡之履历及各项技能后,认为王怡之才华远胜平常
华员且不亚于西员,请求委用于上海总局内,推荐其入上海邮局担任司账或
头等供事相当的职务。邮政司接函后,于是年 6 月 11 日将此函转至邮政总
局函询。邮政总局在接到邮政司转函后四日,由时任总办帛黎复函邮政司
表示,虽然交通部长曾有面谕指示如果有各处推荐确实可靠人才可以转商
邮政总局量才录用,但是邮局向章规定:"每当入局之初,无论何班先归最末
之等级委用,此段章程凡属在局人员无不深知。其中颇有出众人才勤务多
年限于额班不能超越现在。若因局外推荐,甫经入局即令超出各员之前,则
在事者难免灰心而公务必生窒碍。"①帛黎在讲明邮章后接着说道:"值此款
项支绌,力求撙节之时,未便常令新员入局。是以本局业经拟定所有局外人
员暂不延用。此次沪督秘书官所荐虽为人才起见,第非公务所需,委实难以
位置,应请另向他处衙署推荐。"②邮政总局总办帛黎在函件中虽然认可王
怡之确属可靠人才,但是当前邮局正处于撙节支出阶段且无合适位置,故不
予委用。

　　如果说王怡之身为华人不予录用的话,但西人密里福亦未能通过举荐
入局服务。

　　邮政司曾接到寓居上海的西人密里福来函请在邮局充当职司的函件,
并将此函件移付邮政总局核办。邮政总局在接函当日即回复邮政司,以邮
政现在无缺位置不予录用。③

　　无论华洋,凡为推荐均未录用。被举荐人员如愿参加邮政当局举行的
考试,亦可经由考试一途尝试进入邮政服务。但如考试不通过,亦无法被录

①②③　《交通部邮政司关于人事、邮政纲要、章程、邮政史等问题的函件(1919—1926 年)》,中国第
　　　　二历史档案馆藏,卷宗号 1-9463。

用。董敏舒案即是一例。

董敏舒自日本明治大学政治经济科毕业,由留日学生监督处呈准交通部派赴日本递信省贮金局实习邮政贮金,实习期满归国后缮递简历至交通部请求入邮政服务。交通部长批示邮政司转商邮政总局准予参与考试以考试结果定去留。邮政总局于1920年4月26日接邮政司函后,即于两日后(4月28日)通知董敏舒于5日后(5月3日)上午十时在邮政总局考试。5月5日考试结果出来后,邮政总局即将董敏舒考试结果函知邮政司,函文中称董敏舒"于欧洲语言文字均不谙习,只得仅试以华文论说及华文翻日文各一,然其华文程度仅属平常,给以分数五十分,仅在文学标准谫陋之邮区始能予以通过"①,邮政总局根据考试结果认为董敏舒应考邮务员未能及格,不能入局服务。

邮政当局虽不接受推荐人员入局工作,但却接受推荐人员入邮局实习。邮政总局于1912年3月7日接到交通部部令安排山西大学堂及上海高等实业学堂预科毕业生盛惇及常州冠英学堂肄业生陆允成到上海邮局实习,并指示盛、陆二人入邮局实习均归邮政总办监督办理。邮政总办即函知上海邮区邮务长多福森知照,予以安排实习事宜并呈报入局实习日期。多福森于当月19日即以安排盛、陆二人实习事宜,并上报邮政总局总办。②

凡欲入邮政服务的人员,均须考试。凡考试通过者,即予以试用,当然还须通过体检环节;考试未通过者,即不予试用。此项规则在邮政人事制度选拔、任用环节即有明确规定。邮政当局亦是按照既定规则处理人员考试事宜。

人员应考邮政考试,考充邮政员役,邮政当局均会有相应的通知通晓各

①② 《交通部邮政司关于人事、邮政纲要、章程、邮政史等问题的函件(1919—1926年)》,中国第二历史档案馆藏,卷宗号1-9463。

应考人员于规定时间至规定地点参加考试。如"兹定于本月二十五日星期一午前十时请阁下来本总局听候考试,此致赵熙章、费全凯先生","兹定于本月十三日(即星期六)午前十时请阁下来本总局听候考试,此致蔡德熙先生",①应考人员均会收到邮政总局或邮区邮务管理局所发通知。若考试通过,邮政当局便会按照规定继续相应流程。邮政当局录用人员时会发函通知,如邮政总局通知叶毅、康雍、徐永年、王锡铎、骆宗荫等人录用为四等三级邮务员的函件内容为:"执事现经邮政录取用为四等三级邮务员(试用),月给薪水关平银四十两合银元六十元。如果执事有意充当斯职,希即刻见复并准于本月二十四日(星期五上午)十时赴本总局候示。此致叶毅、康雍、徐永年、王锡铎、骆宗荫先生。"②如接函人员愿意入局服务,亦会复函声明。例如,骆宗荫即复函邮政总局函称:"宗荫深愿充当斯职,除遵示于二十四日上午十时亲赴贵总局候示外,谨此呈复。"③如有其他事宜,邮政当局亦会发函告知被录用人员予以办理,例如蔡德熙经过考试所呈保证书中保铺并非殷实铺户不合邮政规章中保证人规定,邮政总局便去函蔡德熙迅速更换保家以免耽误派差。④至于考试未通过人员,邮政当局亦会予以相应通知。例如,应考人杨树声报考邮务员考试未能及格,邮政总局即函知本人"杨树声先生合照前在总局考试成绩未能及格,特此通知"字样,⑤以示考试结果。

当然,亦有应考人员考试分数及格却因身体健康原因不能入邮政服务的案例。冬品元案即是代表。冬品元于1918年7月在北京邮区应考邮务员考试,考试结果列当期应考人员第一名,按照成绩属录用人等,却在身体健康检查一环因眼睛患有重度近视,未能通过医官体检。邮政当局依照医官体检单据认为冬品元不宜入邮局服务。四年后,冬品元目疾痊愈,致函邮

①②③④⑤ 《交通部邮政司关于人事、邮政纲要、章程、邮政史等问题的函件(1919—1926年)》,中国第二历史档案馆藏,卷宗号1-9463。

政司请求予以录用,邮政司将冬品元函件秉呈交通部,经交通部主管人员审核认为,冬品元当期考试成绩第一应属可靠人才,故令邮政总局转饬北京邮区邮务长核夺办理。邮政总局在向北京邮区了解情况后,认为冬品元当期考试"阅时已四年有奇。彼时其考卷总分数虽仅及百分之四十七,尚堪认为及格。现在起首薪金已经加增,而此项加增之薪金系为招致学业更优之应考之人"①,故而不能予以录用。但是,邮政总局亦未完全关闭冬品元进入邮政服务的大门,在复函中表示"冬品元尚欲身入邮政除呈出可允之诊验凭单外,仍须加入将来举行之考试",②即冬品元眼疾确实痊愈且将来再应考邮务员考试,如能合格,邮政当局当然予以考虑其入邮局服务事情。

邮政当局对于离局员役申请复用有着明确的规定,只有满足复用相关条件才能允许返局复用,否则即不予复用。胡献瑅案与李紫垣案即是准予复用与不予复用案例。

胡献瑅中学毕业原任江西省立第十小学校长,先后于 1910 年、1913 年在江西邮区投考管理局供事,于 1913 年第二次投考时被录取并被江西邮区邮务长派往九江任职。不巧的是,恰值胡母去世,胡即向邮务长请两星期假办理丧事。待其办完母亲丧事返局销假请求任事时,原派职务已经委派他人,邮务长告知胡待有缺额时再予以传用。孰知胡一等五年均未有相应函称派任,便于 1918 年 3 月 8 日致函邮政司函请予以复用,邮政司于当月 18 日将此函转至邮政总局,函询关于胡献瑅复局服务事宜,邮政总局在接函第二日即函复邮政司,已经批令胡献瑅直接向江西邮务管理局呈请核办即可。③

李紫垣案是离局人员请求返局复用、因不符合申请复用条件而未能复用的典型案例。

①②③ 《交通部邮政司关于人事、邮政纲要、章程、邮政史等问题的函件(1919—1926 年)》,中国第二历史档案馆藏,卷宗号 1-9463。

李紫垣于 1901 年 8 月在北京邮政总局应邮局考试考取汉文供事并在邮政总局挂号处任职十年后,先后奉派调往保定、广平等处,复调天津管理局单册处任职。1912 年调赴军粮城管局任职,由于该局局长因劳病故,即由李紫垣接任局长,此时李等级为四等三级邮务员。不料接任未久,李紫垣便因不服水土,郁闷成病,经医生诊治需要静养,故李紫垣于 1920 年自行呈请告退。未曾想告退后第二年病即痊愈,李紫垣即向邮区管理局申请复用。新任邮务长以李紫垣在局服务时"并无可取",①不予复用。于是李紫垣即致函邮政司禀请返局复用,邮政司将李函转咨邮政总局。邮政总局在回邮政司函中表示:"前邮务员李紫垣虽膺要职,当日即不告退亦必予以辞退。缘其任军粮城邮局长时查得短少公款五十一元四角三分,虽据如数补齐,究属甚不可靠且有吸食鸦片嫌疑,现请录用难以照准。"②原来,李紫垣在任邮局长时不仅有短少公款的不良纪录且有吸食鸦片的嫌疑,已经严重违反邮政当局对邮政员役关于品行与纪律方面的要求,故邮政总局函复邮政司转至李紫垣本人,对于其申请返局复用一事,邮政总局碍难照准。

邮政当局对于所有在局服务邮政员役依照既定的人事制度规则进行管理及约束情事,可从邮政当局处理有关员役推升加薪、携款潜逃、亏空公款、公款被窃等问题采取的措施予以解析。

推升加薪是邮政当局对在局服务员役中具有才能、勇于任事人员的奖励。推升、加薪原有正途,即依照员役在局服务时考核成绩及在局资历深浅为准。而员役在局服务表现及资历深浅均可在邮区邮务长呈报邮政总局总办的密报及邮员更动月报中得以记录。表 4-11 以某邮区邮务长呈具邮政总局总办邮区内所有四等三级邮务员及以上各班次员役清单部分节选名单对员役推升加薪情况予以说明。

---

①② 《交通部邮政司关于人事、邮政纲要、章程、邮政史等问题的函件(1919—1926 年)》,中国第二历史档案馆藏,卷宗号 1-9463。

表 4-11　邮务区所有四等三级邮务员及其班次以上
各华员之清单附有邮务长所具之考语寄荐语

| （一）姓名暨职任 | （二）初到日期 | （三）截至年九月三十日年三月三十一日按现薪服务之时期 | （四）密报之颜色 | （五）病假 | | （六）其他各假 | | （七）保证书 | | 邮务长所具 | |
				次数	日数	次数	日数	款数	查验日期	（八）考语	（九）荐语
副邮务长曹宏瀚	清光绪二十四年十月	一年九个月	红	二	六	一	五	五千元	中华民国七年七月一日	继续满意	升擢
三等一级邮务员王少润	清光绪二十八年六月	二年六个月	淡红					五千元	中华民国七年五月一日	服务满意	请循资格提升
三等二级邮务员姜恕明	清光绪二十六年三月	二年十一个月	蓝	一	四			一千元	中华民国七年六月十一日	服务有序惟乏心思	现薪已足
四等一级邮务员孙公芳	清光绪二十八年三月	五年	黄	二	五	一	七	一千元	中华民国七年十一月二日	未见进步	现薪已足

资料来源:交通部、铁道部交通史编纂委员会编:《交通史邮政编》第一册,上海:民智书局 1930 年版,第 228、229 页。

邮务长于表 4-11 中列明了邮区邮政员役现居职衔、到局日期、在局服务时限、密报颜色、请假次数及日数、查验日期、考语及荐语等内容。如表中副邮务长曹宏瀚密报颜色为红色属于第一班次,邮务长考语为继续满意,荐语为升擢,此即表明该副邮务长平日在局服务考核满意,故予以推荐升擢。邮政员役所领薪水本就随其等级的提升增加,故曹副邮务长所领薪水亦会随之增加。三等一级邮务员王少润密报颜色为淡红,考语为服务满意,荐语为循资格提升,依此该员擢升后即入二等邮务员班次,故其薪水亦会随等级提升增加。再如三等二级及四等一级两邮务员密报颜色分别为蓝色及黄色,考语分别为服务有序惟乏心思、未见进步,荐语均为现薪已足,故该两邮务员考核结果所属班次较低,不能予以升迁,其所领薪水即为原领薪水。

依据表 4-11,邮政总局总办均可依据邮务长呈报的密报及各类表单中填报内容对所有邮务员役在局服务情况有一总体上的把握,即可作出相应判别。

至于不属于邮区员役的升擢贬谪情况,如邮政司及邮政总局所属各科室或处室员役,尤其是各科科长或各处处长,他们本已身居高位,在等级上提升不易,便以增加薪水或津贴的形式以资奖励。如邮政司总务科科长徐洪充任总务科长达十年,与邮政总局接洽邮政事务较多且于邮政总局办公上确有劳绩,故时任邮政总局局长及时任总办均具函交通部长恭请每月增给科长津贴银元一百元以资酬答。①邮政司司长王文蔚先后奉调担任邮政总局会办及提调等差,且在任上对邮政总局事务多有臂助,故邮政总局拟请每月加给薪水关平银一百两以酬劳绩。②

邮政员役在邮局服务如有携款潜逃与亏空公款行为,均属职务犯罪。邮政当局对于此类行为既会按照邮政章程予以追究,也会将案件呈送地方官厅或司法机关依法处理。

宁波鼓楼前邮务支局管局员濮汝翰携款潜逃,共盗款计银元一千零四十元九角九分。浙江邮务管理局知悉案情后,一面函请浙江警务处进行通缉,一面转饬濮汝翰入局时保家予以赔偿。濮汝翰保家共赔偿银元一千元,剩余四十元九角九分由濮父濮菜出面担任立具笔据约定期限,按期清缴。濮父在缴纳银元十元后即明言不再照交。故浙江邮务长将濮父笔据抄送杭县地方审判庭具函起诉,要求濮父继续缴纳所余银元。

邮政当局惩治亏空公款案例较为波折,最初源于一件二等邮局长亏空公款案件的处理。1916 年 9 月 19 日邮政总局呈请交通部长处理直隶邮区承德二等邮局长亏空公款案。承德二等邮局长韩景琦亏空公款银元一千一

---

① ② 《邮政总局与邮政司等关于人员嘉奖等人事问题的有关文书》,中国第二历史档案馆藏,卷宗号:1-9474。

百六十元,事发后直隶邮务长一面责令韩景琦保家如数清偿该局长所亏空数额,一面呈请承德县知事以侵占公务罪追究韩景琦刑事责任。承德县知事函知直隶邮务长对于该案的审理结果是:"所犯非收受藏私,不能科以枉法及渎职等罪;所亏之款,现既据保家如数缴清,亦难依侵占公务上管有物之律科断,核之法律并无惩治亏空公款之条,依刑律第十条法律无正条者,不问何种行为不为罪之规定,该局长实无刑事责任。"[①]承德县知事的审理结果与邮章规定不符,且使得韩景琦免于公务上的追究。面对承德县知事的审理结果,直隶邮务长即如实上报邮政总局。邮政总局在禀承交通部长的函件中声明第一次见到对于邮政员役亏空公款案例有如此审判结果,认为承德县知事的审判大为不妥,如果确实按照该县知事的审判办理,会造成恶劣的影响。"无论邮员某人亏蚀公款,均知即或查出,但由保人担负所蚀之款便可逍遥法外,则纲纪将何以维持。若不令缴清亏款,仅予惩治,邮局□□□□科之罪能否□以彰法治,以儆效尤且□□□□□□□□□□□□仅缴款不复科罪,邮局将无儆效尤□具即保家亦将视具保为畏途。"[②]邮政总局认为如此判案无疑将会增加邮政员役肆意亏空公款的嫌疑,败坏邮政纲纪;员役所亏公款仅由保家清偿,全由保家承担损失,则会造成邮政员役难以觅保的恶果。有鉴于此,邮政总局秉呈交通部长,由交通部咨请司法部关于此案刑事责任部分如何处理。

　　三天后,交通部在回复邮政总局的指令中声称,韩景琦自挪用公款之日起即已犯刑法上侵占罪,即便令保家清偿所亏之款亦只能免除私诉,不能免除刑事责任。不过根据县知事审理诉讼,暂行章程第四十条所载"控诉应自牌示判决之翌日起,于十四日以内行之。本案判决现已逾限,碍难提起上诉"[③]。应由直隶邮务长向承德县知事呈送证据,并尽力搜索新证据禀请该县知事再审,以章法纪。

①②③ 《各地邮政人员被惩案》,中国第二历史档案馆藏,卷宗号1-321。

一年多以后，即 1917 年 11 月 7 日，邮政总局呈请交通部关于邮政员役亏空公款案以地方官未奉有明文，不复准理邮政员役亏空公款案件，拟请交通部咨行京内有关各部通行各省转饬遇有此类案例即行照办以彰法治而儆效尤。[①]1918 年 1 月 31 日，交通部即就邮政员役亏空公款案咨请司法部查照办理，并请司法部转饬各司法衙门嗣后遇到此类案件务须依法慎重办理；如原告诉人不服原处分或批谕判决，应分别依法申请，俾免歧误。交通部又于 1918 年 2 月 2 日给予邮政总局的指令中重申交通部对于邮政员役亏空公款案件的处理态度，并附录咨请司法部原文要求邮政总局转令各邮务局"嗣后遇有是项案情，务应依法分别声请，以彰法治而儆将来"。[②]

承德二等邮局长韩景琦亏空公款案虽波折不断，然最终仍以追究该邮局长刑事责任结束。

公款被窃案亦是邮政当局经常会遇到的一类事关邮政员役的案件。此类案件的处理往往牵涉被窃公款所在局所的员役。当然，公款被窃方式不同，对员役的处理方式因之而异。萨拉齐邮局公款被窃案及北京第六邮务支局公款被窃案是邮政当局处理该类案件的缩影。

山西萨拉齐县邮局邮务生杨嘉厚因公款被窃案件受到山西邮务管理局将其自存保证金及其利息予充公赔抵被窃公款损失的惩罚，并令其保价赔补保证金及利息不敷余额计银元二百十元四角一分。杨嘉厚认为山西邮务管理局举措不当，去函邮政总局，将案件情况及所请秉承邮政总局总办，要求发还所有被充公之款。

杨嘉厚在函中陈述被窃公款案件实情。1923 年 11 月 28 日由杨嘉厚担任邮局长的萨拉齐县邮局寄往归化邮件中装有公款银元四百元，迨至归化时，该项公款不知所踪。山西邮务长即罢去杨嘉厚邮局长职务并没收其在局款项以充赔抵，案件发生时恰有山西邮务管理局所派巡员贾梳才因公在

---

① ②　《各地邮政人员被惩案》，中国第二历史档案馆藏，卷宗号 1-321。

局,贾梳才——盘问局内员役及信差等人,得以查明情况,所失银元四百元公款被押车员阎秉诚在车内私拆包封偷走。但杨嘉厚本人在包封邮件时并未亲自处理,而是交予局内信差殷恭办理,由殷恭亲自包封邮件。在巡员查明事情原委并报知山西邮务长知悉后,山西邮务长即作出上项处理,并将信差殷恭在局款项如数发还。因此,杨嘉厚去函邮政总局禀请发还在局款项。

邮政总局在接到杨嘉厚函件后,即转饬山西邮务区将事情来龙去脉澄清呈寄邮政总局,以便邮政总局作出裁夺。山西邮务区即将巡员调查情况呈报邮政总局,并言明作为邮局长的杨嘉厚明知邮袋内"装有拨款,却漫不经心、怠忽职务,尤非寻常过咎可比",理应担负被窃公款赔偿责任,故"将其自存保证之款及其利息予以充公,以抵该项损失;其不敷之款计银圆二百十元四角一分,由其保家赔补齐"①。邮政总局依据山西邮务区呈报的事情原委,认为应维持处理结果。

杨嘉厚不服,又与其父杨汝钦联名去函邮政司,呈请发还所有款项。杨嘉厚在函文中言明萨拉齐局办公室只有一间,办事只有杨嘉厚及信差殷恭二人,如有作弊,根本无法隐藏。至于被窃公款,本由其亲自处理,却因要处理其他快信等邮件,便将包封一环交由殷恭处理。但是,所有发出邮袋在寄出前均由其检查一遍,并未有不妥。公款于途中被押车员盗窃而将责任归咎于自己,有失公允,故禀请发还所有充公款项。

邮政司在接函后即去函邮政总局询问事情原委,并将邮政总局复函转呈交通部长核夺。交通部长亦依邮政总局报告函内容,维持原有处理结果。

北京一等邮局第六邮务支局存局公款被窃案与萨拉齐公款被窃案又有不同。北京第六邮务支局保险铁柜内存有的现洋钞票共计银元五百九十一元,于 1916 年 1 月 23 日夜被盗。该邮务支局被盗款项由已经上锁的办公室抬至支局院内,保险铁柜暗锁并未受损,且邮票及其他公事均未有移动情

---

① 《交通部邮政司关于人事、邮政纲要、章程、邮政史等问题的函件(1919—1926 年)》,中国第二历史档案馆藏,卷宗号 1-9463。

形。案发第二日,该支局局长及北京一等邮局邮局长即报知巡警立案调查。因被盗情形可疑,北京一等邮局长及巡警即将案发当晚住宿支局内九名员役提审。经过多番轮审,终于弄清被盗事实。该支局被窃案是由革退的书记生胡奎垣及在局信差林迺淦、张信合谋盗窃所致。案件告破后,邮政当局即将林迺淦、张信革去局内任职,将林迺淦、胡奎垣、张信三人移送法庭审办,依法追究刑事责任。[①]

上文根据邮政员役入局及在服务相关案例,解析了邮政人事制度实际运行情况。无论从招考入局员役还是员役在局服务时各项有违邮政规章制度案例的处理,邮政当局均以邮政人事制度为标尺,按照各项制度原则予以相应处理,情节严重的各类违犯邮政人事制度的案例,还会依法追究相关员役的刑事责任。上述案例表明,邮政当局在处理邮政人事方面一直遵守着一条原则,即制度运行严格遵照制度设计与制度内容,无论邮政管理人员抑或各级邮政职工,制度是全体邮政人员均须遵守的规范。

小　结

本章首先从北洋政府时期邮政员役数额变动情况及构成问题入手,解析该时期邮政人群总体特征,继之爬梳邮政人事制度,再以邮政当局对邮政员役违犯邮规案例的处理情况透视邮政人事制度的运行实效。基于对以上内容的考察,拟就以下问题作一探讨。

华洋共治、以洋为主的治理各局逐步形成。中华邮政由海关邮政发展而来,此渊源造就邮政以洋员为主、华员为辅的治理局面。邮政洋员为数极少,最多时仅百余人,远较动辄过万的华员为少。然此百余洋员却占据了邮

---

① 《各地邮政人员被惩案》,中国第二历史档案馆藏,卷宗号 1-321。

政总局总办、总局各科室主管及地方邮务管理局邮务长等主要管理职位,完全掌握邮政行政管理权。华员仅在 1915 年方有充任副邮务长职位署理邮务长缺,1920 年才有华员任职邮务长,此后华员任职邮务长者虽有增多,仍较洋员邮务长为少。不过伴随华员高级员役人数逐渐增多,洋员独占的管理格局逐步向华洋共治、以洋为主、以华为辅的局面转变,华员在邮政管理方面的参与度逐渐增高。

邮政人事制度内容精细且严密。邮政人事制度本就为邮政当局用人治事服务,便于邮政当局管理邮政员役,规范邮政员役行为。邮政人事制度内容涉及邮政员役的选拔、任用、职责、奖惩、薪给、待遇等多个方面,每一方面内容又细化到相应的执行条目。邮政员役从应考开始到离局之时,每一环节均有对应的制度规章。邮政当局即依人事制度内容管理所有在局员役,邮政员役按照各项人事规程处理邮务。

邮政人事制度奉行有功则奖、有过必究的管理理念。制度建设的目的即为有效地实际运作,以接近或达到预期目的或效果。邮政人事制度奖功究过,赏罚分明的运行理念实际上暗合激励机制理论相关内容。邮政当局为调动员役在局服务积极性,秉持有功则奖,有过必究的管理理念。邮政当局考核员役在邮局服务情况,考核满意者即给予升职加薪的奖励,考核不满意者则予以维持原状,甚至予以退职。而对于邮政员役在局服务违犯邮政定章情事,邮政当局则会按照相应章程内容予以惩处。邮政当局虽严格执行人事制度,规范邮政员役行为,仍难避免出现各类舞弊或渎职现象,即如邮政人事制度运行部分内邮政当局对于各类违犯邮章行为均是按照人事制度相关规程予以处理。如员役所犯案件情节严重者,邮政当局会将其送官厅惩办,依法追究刑事责任。以上各点与激励机制理论中行为导向制度及行为归化制度的内核如出一辙。

邮政管理与人事方面具有明显的科层制的特征。科层制具有以下特征:"个人是自由的,仅仅在事务上服从官职的义务;处于固定的职务等级制度之中；拥有固定的职务权限；根据契约受命；根据专业资格任命，通过考试获得的、通过证书确认的专业业务资格；采用固定的货币薪金支付报酬，薪金依据官阶等级分级，大多数有权领取退休金；视职务为唯一的或主要的职业；职务升迁根据年资或政绩，或者两者兼而有之，取决于上司的评价；工作中完全同'行政管理物资分开'，个人不得把职位占为己有；接受严格的、统一的职务纪律和监督。"①所有上项特征在邮政人事制度及管理制度方面不仅均有涉及，而且极为细化，尤其是邮政人事制度中关于邮政员役入职、品行与纪律、薪给、职责、考核、待遇等相关规定完全符合科层制特征，并无二致。科层制的特征，或因北洋政府时期中国邮政人事制度多采用当时欧美较为先进成熟的人事制度，这些人事制度均有科层制的痕迹。

邮政人事制度内容具有精细、严密的特征，然而其部分条款内容却有待商榷，比如保证金与密报两项。

保证金相关条款本是考虑到邮政员役在邮局服务时会接触款项，其如经理售票银钱人等专职与款项打交道；又或者办理重要公务，如该等员役做出令邮政受有损失事情，可依据其保证金予以追偿。保证金是一项防患于未然的措施，保证金额度随员役在局班次与等级不同而有差异，多则可达银元几千元，数额实属不菲。保证金一项为邮政保障计，本无可厚非，但是所有邮政员役如无法提供可靠保证金，则邮政当局一概不予录用。保证金成为入邮政服务的必要条件，高级邮政员役如邮务官或邮务员班保证金数额需银元几百元到几千元不等，数额过大，普通人家而言难以提供。即便才能品行堪于邮政任职，但无法提供保证金，即无法入职。再者，保证金一般由殷实商铺两家担任，如员役在局有不法行为，如亏空公款、携款潜逃等，保家便须赔补此类款额。而保家平时与邮政无涉，遇事却须担负责成，确实不妥。

---

① ［德］马克斯·韦伯著、约翰内斯·温克尔曼整理：《经济与社会（上卷）》，林荣远译，北京：商务印书馆1997年版，第246页。

密报是邮政人事制度中关于邮政当局考核邮政员役的一项制度。邮政当局依据考核结果对邮政员役或奖或惩。但是此项制度以密报形式进行，并不公开，所有密报内容全依邮务长所填内容为准，故此项制度运行全赖邮务长操行。如邮务长秉公办事，依员役办事状况缮具适当而又公正的报告，密报制度便能发挥其应由的作用；如邮务长全凭个人喜好或与其关系远近亲属为凭，则密报功能便会大打折扣。何况邮务长一职本就多由外籍员役担任，外籍邮务长中"虽不乏有竭力设法知其属员之办事状况而予以适当及公正之报告者，然挟有种族之观念，而与其属员隔膜者，亦大有人在"[①]。如此"以致优良之报告，仅为其接近者如邮务长之秘书等所得；其他属员虽鞠躬尽瘁，亦未蒙奖励，此则吾人引为抱憾者也"[②]。此即点明密报制度之不足在于没有相应的制度内容规范邮务长所呈密报。未能规范密报制度是邮政当局疏忽所在，在北洋政府时期，此点亦未得到应有的关注，更谈不上予以规范或解决。

邮政人群是解读邮政问题的关键因素，邮政当局推行邮政制度、拓展邮政业务全赖邮政员役群体。北洋政府时期四班邮政员役里华洋员役共处，在邮政人事制度的规范与约束下，遵守邮政规章，积极拓展邮政业务，发展邮政事业。

---

① 张樑任：《中国邮政(上)》，上海：商务印书馆 1935 年 10 月—1936 年 11 月印行，第 187、188 页。
② 同上书，第 188 页。

第五章
邮政业务状况

北洋政府时期是近代中国邮政事业稳步发展的阶段。在此时期内,邮政事业的发展表现为邮政基础设施建设加强、邮政各项经营性业务得以发展、邮政收支状况好转。邮政基础设施建设体现在邮务机构规模的次第扩充、邮运里程的逐步扩展、邮运工具多样性与改善等方面。邮政各项经营性业务,无论是专营的信函与明信片业务,抑或是由邮政系统兼营的寄送、银钱、代理等各项业务,均有了不同程度的提升。以预算决算为注力的邮政收支状况的好转,亦是该时期邮政稳步发展的重要表现。

第一节　邮政基础设施

邮政基础设施主要指邮务机构、邮路、邮运工具等办理邮政、开展邮政业务的物质基础与载体。近代中国邮政基础设施建设肇始于清末大清邮政创办之时。大清邮政创办之初,仅于通商口岸及沿海大埠设立邮政局,开办邮政业务。邮政基础设施建设尚属起步阶段。民国以降,在交通部的主导下,轮、路、电、邮等各项事业得到快速发展,邮政基础设施建设亦随之次第展开。

一、邮务机构

邮务机构是办理邮政事务、经营邮政业务的场所。邮务管理局,一、二、三等邮局,邮务支局,邮政代办所等经营邮政业务机构,以及信筒、信柜、代售邮票处等均属邮务机构范围。由于每一邮区邮务管理局为该邮区邮政款项往来之所,款项安全关系重大,为保障款项安全计,每一邮区邮务长均须住在邮务管理局内。如此,亦可便宜处理邮政事务及突发状况。故邮务管理局内除处理邮政事务及经营邮政业务的场所外,还备有邮务长住所以及供邮区内邮政员役居住的公寓。当然一部分一、二、三等邮局亦有供邮员居住的公寓。邮务机构在北洋政府时期大体上经历了一个由租赁到购建的过程。

邮政自1896年创办之时,即采取自办原则,并无专款用以办理邮政。后虽有六关协款资助,[①]然此项协款却未能一直按期如数拨付邮政使用,且于鼎革之后,便告停止;故邮政自创办时便一直处于缺款可用状态。邮务机构均租赁民房。1915年邮政经营状况好转,扭亏为盈,收支出现结余。随着邮政实力的逐渐充足,至1917年邮务机构基本由租赁转为邮政自有。

邮务机构来源大体上分为三类,分别为购地建房、先租后买、原有局所翻新重建。购地建房是邮务机构中来源较多的一类,基本上每一邮区均有购地建房活动,所购地基用于建造邮务管理局,一、二、三等邮局,邮务支局以及邮员公寓。1917年初,湖北邮区新式邮务管理局在汉口建造竣工,是年2月22日正式开幕营业。该幢建筑的第一层楼上作为湖北邮区管理局办公场所,第一层楼下分设各办事处及汉口中央邮局。1918年,湖南邮区在长沙小吴门内粤汉铁路车站相近之处购买约合七亩半的地基一块,用来

---

① 1904年,指定津海、江海、江汉、闽海、潮海、粤汉六关月各拨关平银一万两以资协助办理邮政。见交通部总务司第六科编印:《中国邮政统计专刊》,附录甲编"邮政纪要",南京:1931年印行,第41页。

建造湖南邮务管理局。四川万县购有约七亩地基,用于新建一等邮局。西安府购有地基十三亩,用于建筑邮务管理局并邮务长公寓,且城内其他一部分内设立邮务支局之民房亦经购置为邮局自有。先租后买是邮务机构的另一来源。先租后买是指一些地方开办邮政之时并无足够的款项用来建设邮务机构,迨邮政经营有起色之后再将所租房屋予以购买变为邮政资产。甘肃邮务管理局设于兰州,先是租赁民房办公,后将所租民房购买并加以改造,用作邮务机构。河南邮区鸡公山邮局本为租赁民房,随着邮政经营状况的好转及拓展邮务的需要,除购买所租房屋外,又一并购买原租邮局附近的空地。安徽邮区大通邮局亦是如此,将邮局所租房屋随同毗连屋宇全部购买,并合为一处用于邮局办公与经营。将原有局所翻修重建亦是邮务机构的来源之一。河南邮区郑州铁路衔接处邮局因邮务扩展,所建房屋不敷使用,于是将原先修建的房屋重行修建予以展宽。北京南苑邮局为二等邮局,该邮局即为在原有基础上重新建筑的邮局。直隶邮区更是在原有建筑上添加楼层予以加建。"直隶邮政进行迅速,邮政总局早不敷用,故已绘成图样加建一层于年终完工,业于原有之局所一部分上加盖楼房一层。"①

邮务机构除用于邮政办公及开展各项邮政业务外,即为邮政员役居住之用。南京下关所购置地基系备江苏邮务管理局之用。在城内者,则备作公寓之用,两处建筑均已兴工。直隶顺德府系将临近前数年所购地基之地段再行购定,以资扩充二等邮局及邮员住所之用。②

邮局局所是随着营业状况好转,邮政收入的增加使得邮政系统扭亏为盈之后逐步扩展的基建项目与活动。新建局所或购买的地基区位条件均非常优越,要么临近车站等交通要处,要么属于人流较多或商业较繁的大街之上。依此可看出邮局购地建房的思路,即在便于开展或扩展邮务之处购房

---

① 交通部、铁道部交通史编纂委员会编:《交通史邮政编》第二册,上海:民智书局1930年版,第404页。
② 同上书,第403页。

买地、设置邮务局所。

　　随着邮政经营状况的持续好转、购建过程的持续,北洋政府时期邮务机构规模得到空前扩大。邮务机构规模扩大表现为各类邮务机构在北洋政府时期均有相当幅度的增长,广大农村地区邮务机构的增长尤为迅速。北洋政府时期邮务机构数目的具体增长情况如表 5-1 所示。

表 5-1　1912—1928 年局所及信柜等数量　　　　　　　　　单位:处

年次	局 所								信柜等				
	总计	邮局						代办所	总计	城邑信柜	村镇信柜	村镇邮站	代售邮票处
		合计	管理局	一等局	二等局	三等局	支局						
1928	12 126	2 407	24	35	1 037	1 058	253	9 719	29 549	1 108	6 696	20 166	1 579
1927	12 126	2 472	24	41	1 212	935	260	9 654	30 868	1 157	6 818	21 069	1 824
1926	12 224	2 562	24	41	1 227	981	289	9 662	32 282	1 322	6 938	22 356	1 666
1925	12 007	2 509	24	41	1 231	929	284	9 498	31 963	1 382	6 879	22 064	1 638
1924	11 790	2 480	24	41	1 343	792	280	9 310	30 728	1 459	6 506	22 336	1 427
1923	11 596	2 448	24	41	1 333	772	278	9 148	28 516	1 589	5 920	20 198	809
1922	11 307	2 432	24	42	1 327	759	281	8 875	27 350	1 824	5 424	19 579	523
1921	11 033	2 400	23	40	1 327	725	285	8 633	24 516	2 190	4 780	17 232	314
1920	10 505	2 215	22	39	1 320	562	272	8 290	20 417	2 155	3 900	14 362	—
1919	9 761	1 931	22	37	1 286	344	242	7 830	12 685	2 540	3 133	7 012	—
1918	9 367	1 763	21	36	1 152	333	221	7 604	5 146	2 433	2 713		—
1917	9 103	1 683	21	34	1 078	338	212	7 420	4 890	2 342	2 548		—
1916	8 797	1 616	21	32	990	368	205	7 181	4 561	2 254	2 307		—
1915	8 510	1 587	21	32	956	380	198	6 923	4 282	2 271	2 011		—
1914	8 324	1 483	21	32	932	309	189	6 841	4 177	2 523	1 654		—
1913	7 808	1 321	15		1 139		167	6 487	—	—	—		—
1912	6 816	1 119	14		954		151	5 695	—	—	—		—

　　资料来源:交通部总务司第六科编印:《中国邮政统计专刊》,甲编"邮政统计",南京:1931 年印行,第 28、29 页。

　　表 5-1 中邮务机构分为邮政局所及信柜、邮站、代售邮票处两大类,将邮政代办所划入邮政局所的原因在于三等邮局与邮政代办所可视经营状况相互转换。三等邮局如果经营不善,营业状况欠佳会被降为邮政代办所,经营富有成效且营业状况良好的邮政代办所可升为三等邮局。

　　邮政局所总数在 17 年间由 1912 年的 6 816 处增加至 1928 年的 12 126 处,1912—1926 年间,邮务机构处于逐年增加的态势,1926 年为 17 年间最高值,邮政局所数达到 12 224 处,1927、1928 两年未有变化,但相较于 1926 年有微弱减少。

　　1912 年邮务管理局数有 14 个,1922 年增至 24 个,此后未有变化。

　　一、二、三等邮局在 1912 年、1913 年两年未有详细的划分,仅有一个总数目,不过增长的态势依旧比较明显。一等邮局为数不多,最多时仅有 42 处,最少时为 32 处。1914—1922 年处于增长态势,1922 年以后即小幅降低,降为 41 处,此后直至 1927 年,一等邮局数目均未有变化。1928 年,一等邮局出现 17 年间最大降幅,该年一等邮局数相较于前一年减少了 6 处。自 1914 年有详细统计后至 1924 年,二等邮局处于稳步增长阶段,二等邮局数由 1914 年的 932 处增加到 1924 年的 1 343 处。从 1925 年开始直至 1928 年,二等邮局连续四年均处于缩减状态,由最多时的 1 343 处连续缩减到 1928 年的 1 037 处。三等邮局在 17 年间增减不一,1914 年为 309 处,1915 年增至 380 处。自 1916 年出现连续三年的缩减,三等邮局数一度减至 333 处。1919 年三等邮局又开始增加,1920 年便增加至 562 处,此后一路递增,1926 年时已增至 981 处,八年时间内增加了 548 处,增速非常快。1927 年又出现缩减,局数减为 935 处,1928 年又增加了 123 处三等邮局,该年三等邮局数为 1 058 处。

　　邮务支局的变化趋势在 17 年间可分四个时段,四个时段内邮务支局数增减不一。第一段为 1912—1921 年,第二段为 1922—1923 年,第三段为 1924—1926 年,第四段为 1927—1928 年。1912—1921 年,邮务支局数由

151 处增至 285 处；1922—1923 年，邮务支局数出现缩减，不过减幅较小，两年减少了 7 处；1924—1926 年，邮务支局数又出现增长态势，由 280 处增至 289 处，增幅亦较小；1927—1928 年是 17 年内邮务支局第二个缩减时段，邮务支局减至 253 处，减幅较大。

邮政代办所是邮务局所中数目最多的一类，占比重最大。

邮政代办所的数目远较邮务管理局和一、二、三等邮局及邮务支局数目为多，且 17 年间每一年数目都远远高于其他各类邮局数目的总和。1912 年，邮政代办所数目就已有 5 695 处，此后逐年递增，且增速较快，1928 年时已达 9 719 处，17 年间增加了 4 024 处，增幅高达约 41.4%，增速远远超过各类邮局。

信柜、邮站、代售邮票处等非邮政局所类邮务机构在北洋政府时期亦有了不同程度的增长。

城邑信柜在 1914 年方有详细数目统计，该年城邑信柜数目为 2 523 处，第一次详细统计即有如此规模，说明城邑信柜的需求量非常大。1915—1916 年，城邑信柜出现连续缩减的状况，1916 年城邑信柜数目为 2 254 处，较 1914 年的 2 523 处已经减少 269 处。1917 年开始，城邑信柜出现三年持续增长，三年内由 2 342 处增至 2 540 处，增加了 198 处。1920 年开始，城邑信柜又出现持续缩减的情况，并且一直延续到 1928 年，城邑信柜数目亦由 2 540 处逐年减少至 1 108 处，九年间减少了 1 432 处，减幅约为 56.4%。在北洋政府时期，自有详细统计以来，城邑信柜数目减多增少。

村镇邮务机构主要有两类，即村镇信柜与村镇邮站。1919 年以前，两类村镇邮务机构并未有详细的分类统计，以致两类村镇邮务机构此前的增减态势无法细化。1919—1926 年是村镇信柜持续增长的阶段，村镇信柜数目由 1919 年的 3 133 处，增至 1926 年的 6 938 处，增长速度非常之快，增幅在五成以上。1927—1928 年村镇信柜出现连续缩减的态势，1928 年村镇信柜数为 6 696 处，两年内减少 242 处，减幅较小。大体言之，北洋政府时期村镇信柜的规模得到空前扩大。村镇邮站是北洋政府时期规模最大的邮务机构。1919 年有详细统计时,村镇邮站的数目即高达 7 012 处,仅次于同时期的邮政代办所。自 1919 年开始,村镇信柜出现持续六年的增长,尤其是 1920—1922 年三年间,村镇信柜每年均以过千的速度增长,1920 年相较于 1919 年竟然增加了 7 350 处之多。1924 年村镇信柜数达 22 336 处,相较于有详细统计的 1919 年已增加了近三倍。1925 年村镇信柜数量有微弱下降,相较于前一年减少了 268 处。1926 年又出现一定幅度的增长,达到 22 356 处,为 17 年间最高值。1927—1928 年连续下降,村镇信柜数目两年间减少了 2 190 处,减幅近 10%。村镇信柜在北洋政府时期虽有增有减,其规模却在逐步扩大,至 1928 年时全国各邮区的村镇信柜仍有 20 166 处,且自 1920 年始即为邮务机构中数目最多的一类。

代售邮票处出现较晚,1921 年时方见记录,是年代售邮票处的数目为 314 处。1921—1927 年是代售邮票处持续增长的阶段,由最初的 314 处一跃升至 1927 年的 1 824 处,七年间增长了近五倍。1928 年,代售邮票处出现了一定幅度的缩减,减至 1 579 处,一年内减少的数目达 245 处之多。

基于上述各类邮务机构 17 年间的增减变幅,北洋政府时期邮局、邮政代办所、信柜、邮站、代售邮票处等都有了不同程度的增长,尽管其间亦有不少年份处于缩减态势;信柜、邮站、代售邮票处等非邮政局所类邮务机构数目远较邮政局所类邮务机构数目为多,增幅亦较大。邮政局所类邮务机构中邮政代办所较邮局数为多,邮局类邮务机构中二等邮局与三等邮局的数目又较管理局、一等邮局及邮务支局数为多。非邮政局所类邮务机构中,尤以村镇信柜与村镇邮站数额最大,且在所有邮务机构中,17 年间增长幅度最大与比重最高的均为村镇类邮务机构。概言之,北洋政府时期邮务机构数量的增多,表明邮政规模确实在扩大;村镇类邮务机构飞速增长,表明广大农村地区邮务需求较旺盛。我国邮政自清末实施"裁驿归邮"以来,即有由城镇向农村扩展的发展趋势,村镇类邮务机构的增幅与比重,暗含了这一邮政发展趋势。

邮政局所按其功能可分为快递邮件局、保险邮件局、代收货价挂号邮件局、开发汇兑局、兑付汇兑局、国际汇兑局、国内特种包裹局、国际包裹局、汽机通运局。中华民国交通部通邮处所集对不同功能的邮政局所依照"天干"字样予以标识,以示区别。各类功能邮政局所及其"天干"标识如下:

甲　代收货价及保险包裹之国内事务收寄局,以五百元为限。

甲(一)　代收货价挂号邮件之收寄局。

甲(二)　代收货价及保险包裹之国内事务收寄局,以一千元为限。

乙　开发汇票局,开发之数以一百元为限。

乙(一)　开发汇票局,开发之数以三百元为限。

乙(二)　开发汇票局,开发之数以六百元为限。

丙　兑付汇兑局,兑付之数以一百元为限。

丙(一)　兑付汇兑局,兑付之数以三百元为限。

丙(二)　兑付汇兑局,兑付之数以六百元为限。

丁　快递邮件局。

戊　汽机通运局。

戊(一)　仅于国内包裹准给汽机通运利益之局。

己　保险信函局。

己(一)　保险箱匣收寄局,国内及与日本办理之事务。

庚　联邮包裹收寄局。

庚(一)　代收货价联邮包裹收寄局,此项事务系有限制。

辛　国际邮票汇兑局,办理通汇事务。

辛(一)　国际汇票汇兑局,办理限汇事务。

壬　仅于夏季开办之局。

癸　办理邮政储金局。①

---

① 《中华民国交通部邮政总局通邮处所集》(第十一版),交通部邮政总局所辖驻沪供应股1923年印行,第4、5页。

标有不同"天干"标识的邮政局所不仅功能不同,开展的业务范围也存在差异。标有"丁"字字样的邮政局所代表的是开办快递业务的邮局,标有"戊"字字样的邮政局所则是汽机通运局。标有同一"天干"字样的邮政局所,其功能虽相同,但业务范围却不尽相同。如标有"乙"字字样的邮政局所表示该局所是开发汇票局,开发汇票额度以银元一百元为限;标有"乙(一)""乙(二)"字样的邮政局所虽是开发汇票局,所开汇票额度却不相同。标有"乙(一)"字样的开发汇票局,开发汇票额度以银元三百元为限;标有"乙(二)"字样的开发汇票局,开发汇票额度以银元六百元为限。又如标有"辛"字字样的邮政局所是国际汇票汇兑局,开展的业务是办理通汇事务;"辛(一)"却是办理限汇事务。其他诸如标有"甲""甲(一)""甲(二)"或"丙""丙(一)""丙(二)"等字样的邮政局所亦是如此。

按照功能分类,往往有一处局所兼有两项或两项以上的功能,以致局所总数每每比实际局所数多。邮政局所按功能进行分类,具有业务专门化的特征。不同功能类型的邮政局所可使全国各处邮政局所的功能标识清晰,满足民众的不同邮务需求,同时便利各项邮政业务的开展。同一局所兼有多项功能,既有分工,又有合作,在便利民众生活的同时扩大了邮政的影响。北洋政府时期各类功能局所的增减情况如表 5-2 所示。

表 5-2　1912—1928 年各类功能局所数量　　　　　单位:处

年次	快递邮件局	保险邮件局	代收货价挂号邮件局	开发汇兑局	兑付汇兑局	国际汇兑局	国内特种包裹局	国际包裹局	汽机通运局
1928	796	209	132	2 367	2 287	247	725	989	2 144
1927	810	209	132	2 427	2 343	247	727	985	2 127
1926	841	210	132	2 510	2 405	247	760	1 021	2 139
1925	824	197	120	2 454	2 346	235	733	973	2 080
1924	817	196	120	2 414	2 309	235	724	993	2 043

续　表

年次	快递邮件局	保险邮件局	代收货价挂号邮件局	开发汇兑局	兑付汇兑局	国际汇兑局	国内特种包裹局	国际包裹局	汽机通运局
1923	810	192	120	2 346	2 234	228	716	1 003	1 981
1922	809	134	—	2 291	2 176	94	697	983	1 946
1921	793	123	—	2 221	2 097	42	693	980	1 922
1920	699	123	—	1 994	1 867	—	666	962	1 812
1919	687	103	—	771	758	—	624	904	1 671
1918	664	97	—	723	639	—	590	893	1 649
1917	628	47	—	582	677	—	568	852	1 603
1916	585	42	—	435	734	—	371	846	1 524
1915	517	41	—	424	697	—	371	850	1 084
1914	479	40	—	415	656	—	364	862	1 031
1913	261	31	—	421	555	—	269	—	763
1912	—	—	—	382	465	—	—	—	—

资料来源:交通部总务司第六科编印:《中国邮政统计专刊》,甲编"邮政统计",1931年印行,第49页。

表 5-2 中,九类邮政功能局所在北洋政府时期的增减趋势各有其特点。

快递邮件局 1913 年方有记载,表明此项业务开办于该年。是年全国各邮区共有开办快递邮件业务局所 261 处。自 1913 年开始,全国各邮区开办快递邮件业务的局所呈现出持续增长的态势,1926 年时办理此项业务的邮政局所已经由 261 处增加至 841 处,增幅达三倍有余。办理快递邮件业务局所的增多,意味着快递邮件业务量的扩大,表明民众对快递邮件业务的需求在同步增长。1927—1928 年快递邮件业务增长势头不再,办理此项业务的邮政局所连续减少,1928 年时已减少至 796 处,减少了 45 处之多。不过即便在出现邮政局所具有减少态势的 1927—1928 年,全国办理快递邮件业务的邮政局所数目亦属可观,说明快递邮件业务办理已见成效,获得了民众的认可。

邮件保险业务亦开办于 1913 年,是年各邮区共有 31 处局所办理此项业务。此后直至 1926 年,保险邮件局所均处于连年增加的状态,该年增至 210 处,达到北洋政府时期保险邮件局最高值。1913—1926 年是保险邮件局持续增长的时期,根据其增长速度又可分为三个阶段。第一阶段是 1913—1917 年,属于保险邮件局的缓慢增长期,五年内局所数由 31 处增至 47 处,平均每年增加约 3 处。第二阶段是 1917—1923 年,此阶段是保险邮件局迅猛增长期,局所数由 47 处猛增至 192 处,平均每年增加此类局所约 20 处。第三阶段是 1923—1926 年,4 年内保险邮件局所数仅增加了 18 处,已较前一阶段放缓许多。1927—1928 年,各邮区保险邮件局虽有减少,但都维持在 209 处。保险邮件所收的保险费用一般较高,除非保不可外,民众一般不会对所寄邮件进行保险。故全国各邮区保险邮件局的数目并不多。

代收货价挂号邮件局在九类功能局所中出现最晚,局所数最少且最为固定。1923 年开办此项业务时,全国各邮区共有代收货价挂号邮件局 120 处,此后三年未有变化;1926 年增至 132 处,后亦无变化。邮局办理代收货价业务均收代收货价费,此项收费标准按照《邮政纲要》的规定,"按每元或其零数收费二分,若包裹无法交领,得以原收值百抽二资费之半数,缴还寄包人"。[①]即以银元五百元的限额来算,包裹收到时邮局须收代收货价费银元十元,就数额而言,银元十元已经属于大额支出了。无论代收货价收取与否,收件人或寄件人均须按所寄包裹银元数目缴纳相应的费用,只不过若包裹无人收领,寄还寄件人时收费减半。

汇兑局是各类邮政功能局所数目最多、业务范围最广的一类。汇兑局分国内汇兑局与国际汇兑局两类,其中国内汇兑局又分开发汇兑局与兑付汇兑局。开发与兑付汇票业务出现较早,北洋政府时期,开发与兑付汇兑局

---

① 《邮政章程》,1922 年版,收录于交通部、铁道部交通史编纂委员会编:《交通史邮政编》第二册,上海:民智书局 1930 年版,第 175 页。

已有相当的基础。1915 年以前,开发汇兑局局所数目变化略有反复,增减不一,自 1915 年开始,呈现出持续增长的趋势,1926 年时已增至 2 510 处,相较于 1915 年增加了 2 086 处,增速非常可观。1927—1928 年则出现连续减少的状况,1928 年时已减至 2 367 处。1920 年以后,全国各邮区的开发兑付局所数一直维持在 2 200 处以上,此点表明此项业务确实办理得富有成效。兑付汇兑局在北洋政府时期起点亦较高。1912 年即有 465 处,直至 1916 年均处于稳步增长的阶段,1917 年开始出现下滑,1918 年继续下滑。1919 年开始,兑付汇兑局表现出强劲的增长势头,至 1926 年时全国各邮区兑付汇兑局数目已达 2 405 处。1927—1928 年,兑付汇兑局增势不在,又开始缩减,1928 年时已减至 2 287 处。兑付汇兑局与开发汇兑局较为类似,1920 年以后局所数均维持在 2 000 处以上,兑付业务亦成一定规模。国际汇兑业务 1921 年才有记载,说明此项汇兑业务开办较晚。国际汇兑局自开办之年的 42 处持续增长至 1928 年时维持在 247 处不变,增速亦属可观。说明国际汇兑业务具有稳步增长的态势。考虑到北洋政府时期中华邮局开办的国际汇兑业务范围有限,仅与澳门邮政建立互换国际汇票业务,与香港、英国以及荷兰国所属东印度等地邮局开展开发及兑付汇票业务,何况国际汇票业务在邮政开办此项业务之前本就为银行专办业务,邮政国际汇兑业务在开办不长的时间内取得如此成绩,亦属不易。

包裹业务本就为邮政各项业务中的一项重要业务,收寄包裹的流程最为详细。包裹局所分国内特种包裹局与国际包裹局。国内特种包裹局所 1913 年有详细统计时为 269 处,此后呈现连年稳步增长之势,至 1926 年时局所数已达 760 处,十余年间已增长近三倍。1927—1928 年亦出现下滑,两年内减少了 35 处,不过局所数仍维持在较高的水准。国际包裹局虽较国内特种包裹局出现尤晚,起点却非常高,在具有详细统计的 1914 年,全国各邮区即有 862 处。1915—1916 年有微幅下降,1917 年后开始稳步增长,1923 年达到第一个增长高峰,局所数达 1 003 处。1924 年开始,两年连续下降,减少了 30 处办理此项业务的局所。1926 年一扫减势,该年国际包裹局增至 1 021 处,为有统计以来的最高值。1927 年略有下降,减少了 36 处局所,1928 年则较 1927 年略有增加。国际包裹局所数在北洋政府时期的不同年份虽有增减,然其幅度均较为平缓,表明此项业务尚属稳定。

汽机通运局自 1913 年出现以来,该类局所数在北洋政府时期均处于稳步增长状态,局所数由开办之年的 763 处猛增至 1928 年的 2 144 处,增速非常快。虽然 1927 年的汽机通运局所数较 1926 年减少了两处,但相较于该类局所的增长态势而言可忽略不计。汽机通运局所寄国内包裹邮速较快,价格低廉,故而发展势头强劲。

二、邮路里程

邮路里程包括邮差线路、航船(帆船及轮船)线路、铁路、汽车线路、航空线路等可用于办理邮政业务的交通线路。邮路所到之处,即可设立邮政局所,开展邮政业务,其规模是衡量邮政普及程度与推广状况的一项重要指标。北洋政府时期邮差线路、航船线路、铁路、汽车线路、航空线路等各类邮路均呈现稳步增长的态势,推动了中华邮政由口岸地区向内陆地区以及由城镇向农村的次第展开。

(一) 邮差线路

邮差线路是指以邮差步行运送邮件或用马类驮运邮件的旱路邮运路线。"邮差线路,乃以城、镇、乡村距离远近,分为若干驿站,每站距离大率百里,轻便邮件,按日可达,较重者亦只间日而至。其后复有昼夜快差,速度每日可达二百里,迅便尤甚,因之邮局逐渐扩张,而邮差路线,亦日见展长。"[①]邮差线路以城、镇、乡村之间的距离远近分成若干站,两站之间距离通常限定为一百里,邮差按照各邮局拟定公布的日期定期收运邮件。邮差均为邮

---

① 交通部总务司第六科编印:《中国邮政统计专刊》,附录"邮政纪要",1931 年印行,第 9 页。

局雇用,收运邮件时穿有邮政制服或佩有徽章。

　　邮差线路里程本就沿用传统驿站驿路,在清末时既有一定的规模,自大清邮政创办后仍在扩充。光绪三十年,邮差线路开始有详细统计,是年邮差线路长度已超过十一万零一千里合三万三千英里。①宣统三年,全国邮差线路总长即有三十一万九千里,②几年间便增加了二十余万里。民国时期,交通部裁撤驿站,全面推广邮政,邮差线路得以迅猛增长。1912 年(民国元年)全国邮差线路已有三十二万五千里。③此后历年均有增加,至 1928 年全国邮差线路扩增至六十七万一千一百七十八里。④北洋政府时期邮差线路增加最为显著的年份当属 1918 年。

　　1918 年,全国邮差线路全长四十四万九千里,该年邮差邮路相较于前一年增加了一万七千里。是年邮差线路最为瞩目者当属直隶邮区至新疆邮区的万里邮路的开通:“此路由蒙古之乌里雅苏台、科布多、沙札盖,直至新疆边境之承化寺,五千五百二十五里。如再益以张家口、库伦间原有之邮路二千二百里,承化寺至迪化间之邮路一千九百里,则此项邮路线总其长度计有一万一百二十五里,当为世界陆地上最长之邮差线路。”⑤万里邮路分东、中、西三路。从直隶邮区张家口至库伦转恰克图为东路,甘肃肃州至乌里雅苏台为中路,新疆古城子至科布多为西路。“此三路构成了万里邮路的纲,其余各支路则形成了这纲上之网,如臂使指,四通八达。可以说,万里邮路是中国早期在西北建立起来的一张邮政网络。”⑥万里邮路是当时中国通向欧洲的重要邮路,中国邮件从张家口至库伦途经恰克图便可转交俄罗斯的西伯利亚运往欧洲。同时,万里邮路亦是中央政府连接与经略北部及西北

---

① 交通部、铁道部交通史编纂委员会编:《交通史邮政编》第二册,上海:民智书局 1930 年版,第 408 页。

②③ 同上书,第 410 页。

④ 《中华民国十八年邮政事务年报》(第二十六版),交通部邮政总局驻沪供应股印行,第 13 页。

⑤ 《中华民国七年邮政事务总论》,交通部邮政总局驻沪供应股 1919 年印行,第 13 页。

⑥ 任立强:《世界最长的旱班邮路》,收录于郭长久主编:《说不尽的天津邮政》,百花文艺出版社 2001 年版,第 157 页。

地区的路上行政大动脉。

邮差邮路的一大特点在于,邮路沿线经过的地方广阔,既有城、镇,亦有乡村,尤其是对于途经的乡村及边远等交通不发达或欠发达地区,邮路的开通无疑为此类地区与外界交流提供了便利。邮差线路利用步差、马差传递终究时效性较差。丹噶尔至玉树结古间开办马差邮班,即是典型案例。丹噶尔至玉树结古间马差邮班"四十日一次,计程一千三百八十里。惟此路荒漠,令马差二人偕行以二十日为限,于此两处带运邮件,沿途各兵站投递收揽邮件,村镇邮政执行相等之职务"[1]。丹噶尔与玉树结古间两地相距一千三百八十里,每四十日才有一班邮差往来此路沿途收寄邮件,须六十日方能完成一次邮件收递,时效性之差不言自明。虽说邮差邮路不可能都如丹噶尔与结古间般缓慢,但其在时效性方面与其他邮路相比处于劣势却是不争的事实。邮差邮路"尚系交通方法未能现代化之处所为必需,至能用他种方法交通之处,此种邮路里程已日见短减矣"[2]。邮差线路运输邮件以步差、马差为主,多分布于中国北方陆路交通网络较为发达的地区,至于河网密布、水路发达的南方地区则以航船线路为主。

(二) 航船线路

航船线路即运寄邮件的水路邮运路线。顾名思义,航船线路所到之处即为邮政可资利用航船进行邮件的投递与运寄之所。自清末以来,中华邮政各地邮局之间便有航船线路往来其间进行勾连。沿海及江河间的邮政局所多用汽船运送邮件,内地水道则以小汽船、帆船或行舟等类运送邮件。运送邮件的汽船、小汽船无论航行于大河或海上必须按照既定的线路行驶,沿途在划定地点停留,交接邮件。利用轮船进行邮件运输,运速快,运费较为低廉,故而沿江、沿海之地大多利用轮船进行邮件运寄。广大内地通航地区

---

[1]　交通部、铁道部交通史编纂委员会编:《交通史邮政编》第二册,上海:民智书局1930年版,第412页。

[2]　王仲武:《中国邮政统计》,出版地不详,立法院统计处印行,出版时间不详,第5页。

多以帆船运寄邮件。1912年,南京、上海及扬子江各口岸之间除用轮船来往运寄邮件外,并于内地多数水道特用邮船九十六艘以助轮船。①江苏南部与浙江北部区域内的水运网络以运河与小溪为主,大小轮船均不宜行驶。受此区域现实交通条件所限,往来其间进行邮件运寄的是行舟及民船。

往来于航船线路上的船只除邮政自有船只外,尚有与邮局签订带运邮件合同的中外轮船公司以及民间船只。轮船招商局、太古、怡和、美最时等轮船公司均与邮局签有带运邮件合同,往来于沿长江各处带寄邮件。

航船线路里程在北洋政府时期17年里除1926年"因江苏、安徽、及广东邮区内之民船邮路间有改组之处者,以故总共计之减少一千四百六十二里"较1925年稍有减少外,②其余16年均有稳步扩展。1912年全国航船线路里程数为二万九千里,③1928年时已增至九万四千三百零一里,④航船线路里程增加了三倍有余。

(三) 铁路线路

铁路运送邮件不仅运速快,且运量较大。铁路通运里程随着铁路建设进程的推进而增加,铁路邮运线路亦得以延展。1912年10月吉长铁路开通,往来长春与吉林的时间由十六小时缩短为五小时。津浦铁路于1912年12月全线正式通车,"上海与欧洲各国首都始有铁路交通之便,至由北京寄发信件仅在三十八小时内即可达到上海"。⑤火车寄运邮件的时效性不言自明。同年7月在安东,中日邮局互换邮件改在火车上的邮政车厢办理,青岛与济南的德国邮局借助往来天津与南京之间的直行快车带运邮件。⑥直隶邮区于1914年在京奉铁路、津浦铁路设立行动邮局,每一条铁路线上设有

---

① ③　交通部、铁道部交通史编纂委员会编:《交通史邮政编》第二册,上海:民智书局1930年版,第415页。

②　《中华民国十五年邮政事务总论》,交通部邮政总局驻沪供应股印行,第12页。

④　《中华民国十八年邮政事务年报》(第二十六版),交通部邮政总局驻沪供应股印行,第13页。

⑤　交通部、铁道部交通史编纂委员会编:《交通史邮政编》第二册,上海:民智书局1930年版,第431页。

⑥　同上书,第432页。

三座行动邮局，专门封装直寄欧洲的邮袋，每座行动邮局特拣人员经理。京奉、津浦两条铁路设立行动邮局目的在于与西伯利亚按期以快车衔接，直通欧洲。此项计划虽因欧洲原因未能完全施行，却是中华邮政利用铁路直通欧洲的尝试。上海邮区因有京沪铁路、沪杭铁路从境内经过，邮区内邮件的寄运较为方便，且邮件交寄时间得以延长。自1914年6月起，上海邮区"所有邮务支局十九处，其封志末次邮袋均在下午九时，以便凡有邮件于九时以前无论在某支局交寄，均可于当晚夜间由管理局搭附上午十一时之火车"①。

1917年始，国有铁路列车上均留有常备运输邮件的地方，并设立了专备运送邮件之处。此后颁布的《邮政条例》对此予以制度化。《邮政条例》第十三条规定，"所有在本国之铁路均须依交通部所定办法负运送邮件及包裹之责，铁路因运送邮件暨包裹须备有足容邮政机关员役及邮件包裹之车辆"②。《邮政条例》的此条条文正式确定了铁路负有带运邮件的责任。1923年4月，在北京举行的铁路运输会议议决："国有铁路运邮之办法由路局、邮局双方予以承认即按所占容间，邮路两方均属合宜，付给一项运费。"③铁路运输会议的此项带运办法经交通部核准于是年9月1日起施行。铁路当局对于火车运寄邮件一事本就多有襄助，此项付费办法的施行，推动了铁路邮运线路的扩展。

北洋政府时期，铁路线路历年均有增加，④增速比较平缓；17年间，邮局可资使用的铁路邮运线路里程由1912年的一万八千里增至1928年的二万五千三百零八里。⑤

（四）汽车线路与航空线路

汽车线路在北洋政府时期出现较晚，在1917年方有上海、天津两地以

① 交通部、铁道部交通史编纂委员会编：《交通史邮政编》第二册，上海：民智书局1930年版，第433页。
② 《邮政条例》，大总统教令第三十二号，1921年10月12日公布。
③ 交通部、铁道部交通史编纂委员会编：《交通史邮政编》第二册，上海：民智书局1930年版，第438页。
④ 交通部总务司第六科编印：《中国邮政统计专刊》，甲编"邮政统计"，1931年印行，第61页。
⑤ 《中华民国十八年邮政事务年报》（第二十六版），交通部邮政总局驻沪供应股印行，第13页。

汽车及汽动脚踏车代替马曳邮车运送邮件。沪津两地所用汽车及汽动脚踏车仅用来运送本地邮件,尚未有外埠汽车运输邮件业务。此后直至 1922年,虽屡有汽车添置,添置区域仅限京、津、沪、汉、宁诸处,且仅属本地规划汽车路线,仍无长途汽车。1922 年以后,"吉、黑、山西、直隶、浙江诸省,汽车事业勃兴,邮局先后与订合同代运邮件。1923,并与烟潍汽车路,议定以邮车行驶。自是汽车路线,日形扩充,而邮运较前益便矣"[1]。汽车线路历年未有详细统计,1928 年全国汽车邮路里程仅有四千四百三十四里。[2]

    航空线路是所有邮政线路中起步最晚的,1921 年,邮政当局才开始筹划航空邮政事宜。是年 7 月 1 日,北京至济南航线初次试飞,十日后因不能按期飞行,即告停止。其后,京、津、北戴河间,亦往来飞驶,仅时开时辍。其他如东三省航空处,曾与邮局订立合同,筹设奉天、牛庄及奉天、长春、哈尔滨间航线,亦以他故未成事实。1925 年,北京航空署筹设西北航空线,久无成议。此外,各地虽有试航、顺带邮件者,然而均系临时性质,未获正式成立。[3]

三、邮运工具

    邮务事业的发展全赖邮件邮寄的敏捷与否。在交通不发达地区,邮件递送专依邮差,递送邮件时随地随时就物利用,跋涉之劳皆所不计。在交通发达地区,新式交通工具的运用使得邮件运送变得快速且便利。就全国地势及已往情形而言,中国境内大抵南宜舟楫,北利车马。邮件运送本就陆赖车马,水依舟楫。随着新式交通工具的使用,邮运工具在秉承多样化的同时日益现代化。邮运工具分为车类、船类及马类,尤以车船类运用最广。

(一) 车类

    车类邮运工具分火车、汽车、自行车及其他车类,邮政当局因地因时运用各种车类邮运工具运送邮件。火车是所有车类邮运工具中运量最大、速度最快的，邮政自 1904 年便利用火车运送邮件。是年，全国已开通的铁路京汉（由北京经过直隶保定、正定、顺德，河南彰德、卫辉、郑州、许州、汝宁等地方直达湖北汉口）、京通（由北京至通州）、津榆（由北京经过直隶天津永平府盛京山海关锦州直达营口）、膠济（由山东胶州经过莱州青州等府属直达济南）、淞沪（由江苏上海至吴淞口）、萍醴（由江西萍乡县至湖南醴陵县）、三水（由广东广州府经过佛山至三水）、道清（由河南卫辉府属道口镇至怀庆府属清化镇）、东清（由盛京、旅顺经过辽阳、奉天府、吉林长春府至哈尔滨，又由哈尔滨，一至吉林绥芬厅经过滨州宁古塔等地方，一至黑龙江呼伦贝尔经过齐齐哈尔）等多条线路，且每条线路均带运邮件。此后随着全国铁路建设的进行，铁路里程历年均有增加，火车带运邮件的地域及邮件数量亦随之增加。汽车运送的邮件多为本地邮件，几无长途。邮运汽车均购自外洋，其形制有三吨半的曹尼克劳夫特式运送汽车、两吨的万国公司输运汽车、四千磅重之无名汽车及菜诺尔特式汽车等。[①]汽车在邮政领域使用有限。邮政领域所用自行车多为投递邮件的信差配置，以便于信差在城区往来收递邮件。自行车在邮政领域的使用最早记录于 1909 年，该年北京邮界为投递邮件的信差配有自行车。此后，各邮区的主要城市如直隶邮区的天津，湖北邮区武昌，汉口，山东邮区济南，山西邮区太原，广东邮区广州，江苏邮区南京等地，均设有自行车投送邮件。[②]

　　车类邮运工具除火车、汽车、自行车外，尚有兽车、手车、大车等。兽车、手车、大车等均系运送邮件一时近道就物利用，并非常设。兽车有牛车、骡车、冰车、橇车、滑车等。兽车中牛车、骡车运用较为普遍，其他如冰车、橇车、滑车等均有地域或时令限制。东三省各邮区冬季多使用冰车、橇车运送

---

① 交通部、铁道部交通史编纂委员会编：《交通史邮政编》第二册，上海：民智书局 1930 年版，第425 页。
② 同上书，第 441、442 页。

邮件,滑车则为甘肃邮区渡河运送邮件所用。手车、大车使用地区以河南邮区、江苏邮区北部及福建邮区部分地域为主。

车类邮运工具中,火车运寄邮件虽属便捷迅速,然而易受时局及一些特殊情况的影响。因发生战事或军队征用车辆情事,铁路运输即会暂停或中止。在时局越动乱的年份,火车运送邮件受其影响便越大。1917 年,江苏邮区便因火车征用问题,邮件大受影响。是年"津浦路因运军队曾将列车并铁路所用之各种车辆概予征用,并不预先通知,于是本路之定期交通大受影响"。①征用导致行驶于浦口、徐州间的列车何时开行并无定限,以致往来浦口、徐州两地的邮件亦无固定时限。如遇有气象或地质灾害发生,以致火车无法开运,邮政当局多以邮差代替火车运送邮件。1921 年陇海铁路砀山至马牧集一段为大水淹没,便只能暂用邮差运送。②

(二)船类

船类邮运工具,主要包裹汽船、帆船及其他。我国境内可资通航的水域十分广阔,受益于此,船类邮运工具的行驶范围亦较广。前述航船线路时,对各类船只适用范围已有阐述,不再赘言。

前文提及由于铁路事业的发展,中国经俄罗斯至欧洲之间的邮件运输得以实现。远洋航运业的发展同样使得中华邮政与海外诸国通邮业务得到扩展。国际邮件业务即因轮船的使用而得到快速发展的一项邮政业务。1920 年,中华邮政广州与古巴哈瓦那及广州与墨西哥之间就可直接封发邮件包封,沈阳与伦敦及巴黎间同样有此项业务开展。是年,中华邮政与提督轮船公司及舌士恩乔太平洋轮船公司订有带运邮件办法,可借该公司船只向太平洋沿岸各埠运送中国邮件。此外中华邮政还与太古轮船公司订立运送邮件合同,运送厦门至马尼拉的邮件。中华邮政与美国东海岸的通邮业

---

① 交通部、铁道部交通史编纂委员会编:《交通史邮政编》第二册,上海:民智书局 1930 年版,第 436 页。
② 同上书,第 438 页。

务则是转道加拿大的温哥华寄往美国的雪特里,再由雪特里转寄各地。[1]
1920 年以后,得益于远洋航运的发展,中华邮政与世界上诸多国家开展了
国际邮件业务。

当然,船类邮运工具在运送邮件时存在着一定的风险。船只沉没即是
其中较为严重的情况。1918 年 4 月 25 日,由上海开往汉口的招商局商船江
宽轮在汉口刘家庙与兵船相撞,当即沉没,船上载有邮件,损失惨重。[2]江宽
轮由沪启程开往汉口,沿途所载邮件极多,仅在安徽境内交寄的邮件计有挂
号邮件六十六件、快递邮件十件、包裹八件、普通邮件七百三十四件。

航船线路上,除汽船、帆船外,尚有其他一些邮运工具,如引索渡河、
羊皮筏子、木筏、大型木盆等。引索渡河方法多用于甘肃、新疆等邮区。
引索渡河即在两根坚实竹竿之间以钢丝一条系紧,邮差由河一端用滑车
将邮袋渡运过河交由另一端的邮差收递。甘肃邮区还有一种膨胀之轻皮
艇(即羊皮筏子)以供邮差渡河之用。湖北邮区、安徽邮区,遇有水泛期,
多以临时木筏或大型木盆载运邮件。此等船类邮运工具类皆因时因地
制宜。

(三) 马类

马类邮运,运送邮件所用的工具为驮马、马差、骡马及骆驼,主要用于设
有邮差线路之处。马类邮运工具运寄速度虽较火车、轮船为慢,然交通尚未
发达地区仍多以马类是赖。西部、北部各邮区间多用步马两差运送邮件,如
北京、河北、山西、陕西、河南、甘肃、新疆等邮区,均有用马类驮运递送邮件
的做法。如河南府至迪化府之邮件,两地相距有七千里之遥,用马运送邮件
只须二十六日十四小时,每日平均实行二百六十三里。再如北京邮区由张
家口来往库伦之邮件,每一星期两处各发一次,派有马差带送,中有九站更

---

① 交通部、铁道部交通史编纂委员会编:《交通史邮政编》第二册,上海:民智书局 1930 年版,第 451 页。

② 《申报》,1918 年 4 月 28 日,第 10 版。

换马匹,其程期约须九日。①以马类驮运邮件,中途均须更换马匹,此点有传统驿传中马驿递送文件的印迹。在铁路未通之时,西部、北部等邮区马类邮运工具仍然是运送邮件的主要工具,迨至铁路逐步开通后,此等情况在沿交通线附近得以改善。

航空邮件的运输,所用仅有飞机一种工具,且因北洋政府时期中华邮政航空邮件时开时辍,未有定线,亦未成规模,故在各类运输邮件的邮运工具中可忽略不计。

北洋政府时期,邮政基础设施建设得到很大的改善并持续加强,集中体现在以邮政局所为代表的邮务机构规模的扩增、邮运里程的延展、邮运工具的多样化及现代化。邮政基础设施取得的成绩,推动了邮政规模的扩增。邮政基础设施是开展邮政业务的载体,扩增后的邮政规模又推动了各项邮政经营性业务的铺展,各项邮政经营性业务在北洋政府时期均有长足发展。

第二节　邮政各项经营性业务的发展

邮件为邮政业务上之基本事务,如信件(或称普通邮件包括明信片、新闻纸、书籍、印刷品、贸易契等)、挂号邮件、快递邮件、保险信函皆属之,邮局统称为邮件。每年统计均就各省邮区接收、交寄、转发三种核计邮件总数。②本节拟对邮件业务(非包裹类)、包裹业务、汇兑业务、储金业务及代办业务进行梳理,考察邮政业务发展状况。

一、邮件业务(非包裹类)

非包裹类邮件业务有按邮件性质与依寄递手续两种分类,分类不同,邮

---

① 交通部、铁道部交通史编纂委员会编:《交通史邮政编》第二册,上海:民智书局1930年版,第444页。
② 同上书,第479页。

件业务统计标准亦会有相应的差别,统计的侧重点亦不相同。按邮件交寄手续分类进行统计,大体上能把握寄件人交寄邮件时对各种交寄手续的选择倾向,其分布情形见表5-3;按邮件性质分类进行统计,可对历年各类邮件业务变化情况有直观的了解,其详细情况见表5-4。

表 5-3　1912—1928 年交寄邮件数量(按交寄手续分类)　　　　单位:件

年次	总　　计	普通邮件	特种邮件			
			合　　计	挂号邮件	快递邮件	保险邮件
1928	636 546 340	605 953 224	30 593 116	24 335 700	6 124 200	133 216
1927	579 857 397	552 602 332	27 255 075	21 800 164	5 346 870	108 641
1926	585 788 468	558 619 239	27 169 229	21 796 918	5 296 813	75 498
1925	565 007 763	536 311 213	28 696 550	22 868 542	5 757 862	70 146
1924	522 352 095	494 609 874	27 742 221	22 274 354	5 410 064	57 803
1923	473 641 716	448 009 938	25 631 778	20 427 176	5 171 677	32 925
1922	426 363 616	401 093 740	25 269 876	20 425 250	4 824 700	19 926
1921	442 116 358	406 607 190	35 509 168	30 133 460	5 353 110	22 598
1920	400 886 935	367 691 100	33 195 835	28 261 600	4 914 770	19 465
1919	339 922 992	311 237 300	28 685 692	24 070 850	4 589 170	25 672
1918	302 269 028	277 147 500	25 131 528	21 112 200	3 990 550	28 778
1917	278 381 400	256 275 250	22 106 150	18 488 690	3 585 320	32 140
1916	250 432 273	230 335 420	20 096 853	16 978 400	3 082 544	35 909
1915	226 801 928	209 261 500	17 540 428	14 761 900	2 753 195	25 333
1914	212 115 297	197 639 300	14 475 997	11 944 800	2 516 392	14 805
1913	197 484 136	184 785 465	12 698 671	10 476 100	2 214 795	7 776
1912	132 026 162	124 296 010	7 730 152	6 440 300	1 288 883	969

资料来源:交通部总务司第六科编印:《中国邮政统计专刊》,甲编"邮政统计",1931年印行,第75页。

表5-3中,依据交寄邮件的手续分类,1912—1928年,普通邮件、特种邮件及交寄邮件总数总体上增长态势明显,交寄邮件业务量在变动中逐步扩大。

表 5-4　1912—1928 年交寄邮件数量(按交寄邮件性质分类)

单位:件

年次	总计	信函	明信片	平常及立券新闻纸	总包新闻纸	印刷物及书籍	商务传单	贸易契据	货样
1928	636 546 340	410 020 740	42 811 600	82 918 300	41 492 300	51 442 400	3 996 000	2 930 500	934 500
1927	579 857 397	376 752 754	39 939 991	77 038 788	37 504 300	41 947 313	3 548 836	2 287 550	837 665
1926	585 788 468	373 032 193	41 788 509	72 573 172	48 450 168	43 292 193	3 141 525	2 462 899	1 047 808
1925	565 007 763	364 811 817	40 891 072	60 032 004	47 633 719	44 802 948	3 658 414	2 314 387	863 402
1924	522 352 095	337 889 940	38 179 269	50 409 074	46 890 300	40 162 682	6 534 800	1 472 290	813 740
1923	473 641 716	312 832 209	35 955 683	45 375 525	35 344 801	37 124 840	5 295 784	1 078 627	634 247
1922	426 363 616	288 948 206	29 995 500	43 024 700	29 764 400	28 398 600	4 374 930	1 395 900	461 380
1921	442 116 358	309 078 618	39 992 910		91 130 940			1 315 590	598 300
1920	400 886 935	280 831 535	38 433 800		80 528 000			625 400	468 200
1919	339 922 992	236 185 582	34 987 900		67 896 680			499 450	353 380
1918	302 269 028	211 902 548	31 032 700		58 789 470			286 800	257 510
1917	278 381 400	……	……	……	……	……	……	……	……
1916	250 432 273	……	……	……	……	……	……	……	……
1915	226 801 928	……	……	……	……	……	……	……	……
1914	212 115 297	……	……	……	……	……	……	……	……
1913	197 484 136	……	……	……	……	……	……	……	……
1912	132 026 162	……	……	……	……	……	……	……	……

资料来源:交通部总务司第六科编印:《中国邮政统计专刊》,甲编"邮政统计",1931 年印行,第 96、97 页。

普通邮件在 1912—1921 年间处于逐年增长状态,全国各邮区交寄邮件总数历年均有增加。这种增长态势在 1922 年出现断层,当年全国各邮区交寄邮件总数相较于 1921 年减少了 5 513 450 件。从 1923 年开始,普通邮件交寄总数又出现一个连续增长期,至 1926 年已增加了 1 500 余万件。1927 年,增长态势再次被打断,该年普通邮件交寄总数相较前一年减少了 600 余万件。1928 年为 17 年间普通邮件交寄总数增速最快增幅最大的年份,是年全国各邮区交寄邮件总数较 1927 年增加了 53 350 992 件之多。

1912—1928 年间,全国各邮区特种邮件交寄总数呈现的特征与普通邮件交寄总数的特征极为相似。1922 年之前,特种邮件交寄总数亦是逐年递加,1922 年出现断层,交寄邮件总数较前一年减少。1923 年开始出现新一轮的增长,不过该轮增长仅仅持续两年,1926 年,特种邮件交寄总数增长势头不再,且较 1925 年交寄总数为少,1927—1928 年又出现一波连续的增长。特种邮件历年交寄总数与普通邮件历年交寄总数变化的不同在于,17 年间第二次交寄邮件总数减少时出现的年份不同,一个是 1926 年,一个为 1927 年,除此之外,两者均处于增长态势。

挂号邮件、快递邮件、保险邮件等各类特种邮件在 1912—1928 年间的增长态势与特种邮件的增长态势完全一致,1912—1921 年是增长阶段,1922 年、1926 年出现断层,1923—1925 年及 1927—1928 年保持增长态势。

1912—1928 年,全国各邮区交寄邮件总数由 1912 年的 132 026 162 件增至 1928 年的 636 546 340 件,17 年间增长了约 4.8 倍。北洋政府时期,全国各邮区交寄邮件总数整体上呈增长态势,部分年份略有起伏。1912—1921 年、1923—1926 年两个时段,全国各邮区交寄邮件总数具有逐年递增的特点,1922 年、1927 年是 17 年间交寄邮件总数出现起伏的年份,这两年全国各邮区交寄邮件总数均较前一年为少。全国各邮区交寄邮件总数在 1922 年、1927 年出现减少,在接下来的年份里均立即出现增多的情况,且增幅亦属可观。1923 年全国各邮区交寄邮件总数就比 1922 年增加了 47 278 100 件,

1928 年比 1927 年增加了 56 688 943 件。

北洋政府时期,相对于特种邮件,普通邮件在历年交寄邮件总数中占据绝对比例,所以交寄邮件总数的变化特征与普通邮件的变动情况完全一致。1912—1928 年间,普通邮件处于增长态势,交寄邮件总数必增长;普通邮件减少,交寄邮件总数亦必有相应的减少。

北洋政府时期历年交寄邮件总数特征前文梳理按邮件交寄手续分类时已有述及,不再赘言。1912—1298 年,信函、明信片、平常及立券新闻纸、总包新闻纸、印刷物及书籍、商务传单、贸易契据、货样等各类邮件的交寄数目在 1918 年才有详细的分类统计,1918 年以前仅有年度交寄邮件总数统计;其中,平常及立券新闻纸、总包新闻纸、印刷物及书籍、商务传单等四类邮件在 1918—1921 年仅有四类邮件的混合总数,并无单类统计。

自 1918 年有详细的年度统计后,信函类邮件历年交寄数目除 1922 年出现较前一年减少的情况外,其余各年一直稳步增长。明信片类邮件在 1922 年及之前各年,交寄数目变化特征与信函类邮件完全一致,1923—1926 年期间,此类邮件摆脱了 1922 年交寄数目减少的状况,出现连年增长的趋势。1927 年,明信片类邮件交寄数目又出现较前一年减少的状况,不过进入 1928 年,这类状况得到扭转,是年明信片类邮件交寄数目扭减为增。

平常及立券新闻纸、总包新闻纸、印刷物及书籍、商务传单等四类邮件的交寄数目在 1922 年以前无单类详细统计,总体上一直呈快速增长的态势,四类邮件交寄总数由 1918 年的 58 789 470 件涨至 1921 年的 91 130 940 件。1922—1928 年,平常及立券新闻纸、总包新闻纸、印刷物及书籍、商务传单等四类邮件中,仅有平常及立券新闻纸的交寄数目逐年增长。总包新闻纸在 1922—1926 年亦呈明显的逐年增长的态势,这一态势在 1927 年时被打断,且该年相较于前一年跌幅较大,1927 年,总包新闻纸交寄数目比 1926 年减少了近 1 000 万件。1928 年,总包新闻纸交寄数目相对 1927 年而言已有所回升,但增幅较为有限。印刷物及书籍类邮件在 1922—1928 年则呈现出两端增、中间减的特征。1922—1925 年,印刷物及书籍类邮件连续稳步增长,四年里交寄数目增加了 1 600 余万件,平均每年增加 400 余万件。1926—1927 年,印刷物及书籍类邮件交寄数目出现连续两年递减的状况,这一减势在 1928 年得到扭转,该年一扫前两年的减势,全年交寄数目首次突破 5 000 万件大关,为历年印刷物及书籍类邮件交寄数目最高值。商务传单类邮件的交寄数在 1922—1928 年间的变动情况与印刷物及书籍类邮件相类似,亦呈现出两端增、中间减的特征。1922—1924 年,商务传单类邮件的交寄数逐年增加,1924 年达到最高值 650 余万件。1925—1926 年,商务传单的交寄数目连续减少,且减幅非常大,相较于 1924 年的最高值,1926 年商务传单的交寄数目已经减少了五成以上。1927 年,商务传单的交寄数目开始反弹,1928 年继续反弹,但幅度较小,尚未达到具有详细统计情况初始之年1922 年的水准,离交寄数目最高年份 1924 年仍有近 270 万件的差距。

贸易契据与货样类邮件 1918—1928 年间的交寄数目变动情况较为复杂。贸易契据类邮件的交寄数目在 1918—1922 年一直处于上升态势,由1918 年的 286 800 件增至 1922 年的 1 395 900 件,五年间增长了约 4.9 倍。1923 年,贸易契据类邮件交寄数目较 1922 年为少,减少了 32 万余件。1924年开始,贸易契据交寄数目又出现连续三年的增长,相较于 1924 年,三年增加了近 100 万件。1927 年贸易契据交寄数目又一次出现少于前一年的状况,不过这一减势在 1928 年即得以扭转。1928 年,贸易契据的交寄数目已有 293 万余件,为北洋政府时期各年交寄数目的最高值。货样类邮件历年交寄数目较其他各类邮件而言,均属于较少的一类。该类邮件交寄数目最少的年份仅有 257 510 件,最高年份只有 1 047 808 件。货样类邮件交寄数目在 1922 年以前一直处于逐年递增的阶段,1922 年出现了一定程度的减少,1923 年开始连续四年稳步增长,1926 年时达到交寄数目的峰值。1927年是货样类邮件交寄数目又一个较前一年减少的年份,这一减势在 1928 年得到扭转。

二、包裹业务

包裹类邮件业务分类较非包裹类邮件业务简单,计分普通包裹、特种包裹两类;其中特种包裹业务又分保险包裹与代收货价包裹两种。包裹类邮件业务统计标准共有三个,分别为交寄件数、交寄价值、交寄重量,无论是普通包裹还是保险包裹与代收货价包裹两类特种包裹,均按此标准逐年进行统计。北洋政府时期各类包裹历年统计数据可见表5-5。

由表5-5可知,北洋政府时期,无论是包裹寄交的件数、重量,还是价值,普通包裹所占的份额均远大于特种包裹。

北洋政府时期,普通包裹交寄件数历年的变动情况分成三段。1912—1925年是持续增长的时期,1912年,普通包裹交寄件数尚不足80万件,1925年已增至634万余件,十余年间平均每年增加40余万件。1926—1927年,普通包裹交寄件数连年减少,且减幅非常大,1926年普通包裹交寄件数较1925年减少了50余万件,1927年又较1926年减少了40余万件。1928年,普通包裹交寄件数在经历了连续两年的跌落后出现反弹,扭转了此前连续两年的减势。该年普通包裹交寄件数虽未恢复到1925年的峰值,却也是17年间第二高值。

普通包裹交寄价值在1912—1923年随着交寄件数的增加逐年增加,呈现出明显的正相关性。1924年,普通包裹交寄价值出现跌落,相较于1923年减少了银元近1 600万元,跌幅较大。1925—1926年,普通包裹交寄价值止跌为增,连续连年高速增长。1926年,普通包裹交寄价值一度接近银元1亿5 000万元大关,为北洋政府时期历年普通包裹交寄价值的最高值。1926年后,普通包裹交寄价值又出现大幅跌落,尤其是1927年跌幅最大,相较于1926年,一年内普通包裹交寄价值减少了银元2 320余万元,而且这一跌势在1928年仍在延续。

表 5-5　1912—1928 年交寄包裹统计

年次	总计			普通包裹			特种包裹								
							合　计			保险包裹			代收货价包裹		
	件数	价值(银元)	重量(公斤)	件数	价值(银元)	重量(公斤)	件数	价值(银元)	重量(公斤)	件数	价值(银元)	重量(公斤)	件数	价值(银元)	重量(公斤)
1928	6 170 553	130 289 419	43 729 398	6 001 710	124 019 958	42 734 555	168 843	6 269 461	994 843	65 490	4 948 890	489 579	103 353	1 320 571	505 264
1927	5 548 998	133 110 232	36 795 359	5 399 519	126 600 035	35 962 906	149 479	6 510 197	832 452	73 379	5 407 016	506 799	76 100	1 103 181	325 654
1926	6 011 171	160 327 173	37 157 938	5 815 775	149 816 620	35 993 333	195 396	10 510 553	1 164 605	108 888	8 088 568	790 993	86 508	2 421 985	373 612
1925	6 540 968	152 239 332	39 706 440	6 340 909	143 393 018	38 584 152	200 059	8 846 314	1 122 288	115 680	7 673 543	809 284	84 379	1 172 771	313 004
1924	5 738 830	140 689 921	32 122 936	5 542 299	131 587 722	31 039 819	196 531	9 102 199	1 083 117	123 713	8 015 433	834 635	72 818	1 086 766	248 482
1923	5 307 910	156 940 242	28 781 343	5 118 972	147 194 122	27 711 305	188 938	9 746 120	1 070 038	132 013	8 767 173	898 754	56 925	978 947	171 284
1922	4 791 420	114 355 940	24 464 426	4 628 680	105 772 157	23 537 996	162 740	8 593 783	926 430	117 258	7 828 361	810 967	45 482	755 422	115 463
1921	4 569 660	80 992 385	23 372 410	4 387 070	70 495 999	22 344 715	182 590	10 496 386	1 027 695	135 246	9 612 277	917 811	47 344	884 109	109 884
1920	4 216 220	70 565 108	20 776 137	4 012 030	59 905 169	19 407 176	204 190	10 659 939	1 368 961	157 610	10 007 105	1 288 690	46 580	652 834	80 271
1919	3 551 105	54 602 207	14 788 916	3 371 410	45 141 373	13 795 552	179 695	9 460 834	993 364	138 092	9 038 743	937 036	41 603	422 091	56 328
1918	2 738 090	40 109 700	10 850 034	2 601 100	32 023 800	9 936 300	136 990	8 085 900	913 734	120 770	7 929 800	894 300	16 220	156 100	19 434
1917	2 640 355	34 893 500	10 006 321	2 488 700	27 338 000	9 139 500	151 655	7 555 500	866 821	139 030	7 458 000	848 400	12 625	97 500	18 421
1916	2 232 100	29 282 300	8 484 200	2 110 200	22 940 300	7 676 700	121 990	6 342 000	807 500	111 200	6 258 000	792 200	10 700	84 000	15 300
1915	2 033 323	27 187 277	7 904 129	1 910 500	20 443 700	7 062 500	122 823	6 743 577	841 629	113 800	6 651 400	827 905	9 023	92 177	13 724
1914	1 662 326	22 425 181	6 253 651	1 558 100	16 625 300	5 516 200	104 226	5 799 881	737 451	96 710	5 740 200	724 430	7 516	59 681	13 021
1913	1 380 912	20 671 144	5 581 755	1 235 600	13 367 000	4 505 900	145 312	7 304 144	1 075 855	138 469	7 238 600	1 063 694	6 843	65 544	12 161
1912	880 799	11 840 830	3 347 984	799 310	7 635 100	2 767 900	81 489	4 205 730	580 064	76 400	4 157 800	568 800	5 089	47 930	11 264

资料来源:交通部总务司第六科编印:《中国邮政统计专刊》甲编"邮政统计",1931 年印行,第 118、119 页。

　　普通包裹 1912—1925 年交寄重量变动情况与交寄件数的变动情况非常相似,在此期间普通包裹交寄重量逐年提升,由 1912 年的 2 767 920 公斤逐年增至 1925 年的 38 584 152 公斤。1926—1927 年普通包裹交寄重量亦出现下跌情况,1928 年则又表现出强势的反弹势头。

　　特种包裹业务分两种,一是保险包裹,二是代收货价包裹。

　　1912—1928 年期间,保险包裹历年交寄件数的变动情况较为复杂,可分作 1912—1919 年、1920—1922 年、1923—1928 年三个阶段。1912—1919 年保险包裹交寄件数呈现增减交替的特点。1913 年、1915 年、1917 年、1919 年等年份保险包裹交寄件数均较其前一年为增,1914 年、1916 年、1918 年等年份保险包裹交寄件数均较其前一年为减。1920—1922 年,保险包裹交寄件数在经历了 1920 年的高速增长后,连续下跌,且跌幅较大,至1922 年,保险包裹交寄件数已由 1920 年的 157 610 件降至 117 258 件。1923—1928 年间,在经历了 1923 年的短暂回升后,保险包裹交寄件数又出现逐年减少的状况,1928 年已经减至 17 年的历史最低值,仅有 65 490 件,尚低于 1912 年的交寄件数。从上述分析可以看出,1912—1928 年,保险包裹历年交寄件数在 1920 年以前的变动特点是增减交替,1920 年始大致呈减势。

　　保险包裹交寄价值在 1912—1917 年亦表现为增减交替的特点,1917—1920 年间,交寄价值的变动情况表现为逐年递增,1920 年以后各年中则是增少减多。1920 年以后,保险包裹交寄价值连续两年减少,1923 年短暂回升后,又出现连续两年递减的情况。1926 年保险包裹交寄价值虽较前两年有所回升,然此年过后再一次出现连续两年减少的状况,1928 年全年,保险包裹交寄价值仅有不到银元 500 万元,相较于 1920 年的峰值银元 1 000 余万元,1920 年以后的交寄价值已经减少五成多。

　　保险包裹交寄重量在 1912—1928 年间的变动情况与同时期保险包裹交寄价值趋势完全一致。1917—1920 年间,交寄重量的变动情况表现为逐年递增,1920 年以后各年增少减多。

　　代收货价包裹的交寄件数、价值、重量在北洋政府时期的变动情况与保险包裹又有不同。在北洋政府时期,除 1922 年与 1927 年外,代收货价包裹寄交件数整体上呈增长态势。1922 年与 1927 年当年的代收货价包裹寄交件数均较前一年为低。北洋政府时期,代收货价包裹的价值变化趋势较为多变。1912—1916 年间呈现出增减交替的特点,1917—1921 年间逐年上升。1922 年,代收货价包裹交寄价值较前一年为少。1923 年后,代收货价包裹交寄价值连续四年逐年递增,且增长幅度非常大,达到两倍有余。代收货价包裹交寄价值在 1926 年达到 17 年间的峰值后即出现大幅下跌的状况,跌幅一度在五成以上。北洋政府时期,代收货价包裹的交寄重量在 1926 年以前处于逐年递增的状态,这一增长态势在 1927 年被打断。此年过后,代收货价包裹的重量又迎来飞速增长的一年,1928 年的交寄重量较 1927 年增加了约 18 万公斤,该年交寄重量亦达到了北洋政府时期历年交寄重量的峰值。

　　值得指出的是,特种包裹历年交寄件数、价值、重量的变动情况却与保险包裹、代收货价包裹的变动情况并不一致。北洋政府时期,特种包裹交寄件数在 1918 年之前亦是增减交替,1919—1920 年连续增长后,1921—1922 年连续下跌,1923—1925 年又出现一波持续三年的递增,此后 1926—1927 年则又连续下跌,1928 年有所回升。特种包裹交寄价值在 1916 年以前亦是增减交替,从 1917 年开始到 1920 年逐年递增,此后连续两年下跌,1923 年稍有回升后,又出现连续两年下跌的情况,1926 年止跌为涨后,1927—1928 年减势依旧。特种包裹交寄重量在 1913 年高速增长后,1914 年出现下跌情况,不过这种跌势在 1915 年即得到扭转,并且自 1915 年始出现连续六年的持续增长阶段,1921—1922 年跌势又起,1923—1926 年是北洋政府时期第二个连续增长的阶段,1927 年增势不再,1928 年相较于前一年略有回升。

　　北洋政府时期,无论是历年交寄件数、价值,还是交寄重量,普通包裹业务在所占比重均远大于特种包裹业务,故而包裹业务呈现出的特征与普通包裹业务的特征表现完全一致。

三、汇兑业务

汇兑业务是邮局两大银钱业务之一,专营开发汇票与兑付汇票业务的局所开展汇票的开发与兑付业务。汇兑业务涉及汇票开发与兑付,汇票上标有银元数额,专营此项业务的邮政局所依据开发及兑付的汇票张数,并按张数统计开发银元数额,即可掌握当年邮局经营此项业务情况。北洋政府时期历年汇兑业务情形见表 5-6。

表 5-6　1912—1928 年国内汇兑统计

年次	开　发		兑　付	
	银元数(元)	张　数	银元数(元)	张　数
1928	101 255 000	3 263 800	100 873 500	3 268 700
1927	86 698 700	2 754 300	86 988 000	2 792 500
1926	107 024 500	3 733 400	106 137 200	3 713 100
1925	103 741 800	4 017 800	104 061 100	4 046 500
1924	98 836 600	4 115 200	97 810 300	4 072 700
1923	95 993 800	4 058 600	96 021 200	4 052 700
1922	76 517 900	3 355 000	75 795 600	3 337 700
1921	68 438 900	3 168 000	67 917 400	3 141 300
1920	58 923 600	2 713 700	58 409 300	2 713 500
1919	43 816 000	2 315 300	43 857 500	2 329 200
1918	35 335 800	2 042 800	34 798 600	2 021 700
1917	21 523 300	1 359 700	21 227 000	1 341 900
1916	15 965 800	—	15 787 100	—
1915	13 552 200	—	13 469 200	—
1914	11 986 800	—	12 210 600	—
1913	10 161 000	—	9 661 500	—
1912	5 962 500	—	5 851 650	—

资料来源:交通部总务司第六科编印:《中国邮政统计专刊》,甲编"邮政统计",1931年印行,第 139 页。

北洋政府时期,国内汇兑业务开发汇票银元数额在 1912—1926 年均处于逐年递增的态势。1912 年,开发银元数额尚不足银元 600 万元,仅有 5 962 500 元;1926 年已增至银元 107 024 500 元,突破亿元大关,15 年间增长了约 18 倍,增速非常快,且增幅非常大。1927 年,开发汇票银元数额出现跌落,相较于 1926 年,一年内减少了银元约 2 000 万元。1928 年,开发汇票银元数额出现回升迹象,虽未恢复到 1926 年的最高水平,却也维持在一亿元以上。至于开发汇票张数,在 1917 年方有详细统计。开发汇票张数与开发汇票银元数额的变动趋势完全一致,开发汇票银元数额增长的年份,开发汇票张数亦即呈现增势;开发汇票银元数额跌落的年份,其张数亦随之减少。

北洋政府时期,国内兑付业务银元数额增势亦非常明显。1912 年,兑付业务银元数额为银元 5 851 650 元,此后兑付业务银元数额逐年递增,至 1926 年时已增至银元 106 137 200 元,突破亿元大关,无论增速抑或增幅均维持了相当高的水平。1927 年,兑付业务银元数额出现跌落,相较于 1926 年的峰值减少了银元近 1 400 万元,减幅亦不低。1928 年减势得到扭转,该年兑付银元数额开始回升且维持在一亿元以上。兑付汇票张数亦在 1917 年方有详细统计。兑付汇票张数与兑付汇票银元数额的变动趋势亦完全一致,兑付汇票银元数额增长的年份,兑付汇票张数亦即呈现增势;兑付汇票银元数额跌落的年份,其张数亦随之减少。

北洋政府时期,历年开发银元数额与兑付数额并不对等,大部分年份均是开发银元数额大于兑付银元数额,此点表明这些年份所开出的汇票并未完全兑付;有些年份兑付银元数额大于开发银元数额,如在 1914 年、1919 年、1923 年、1925 年、1927 年等,是兑付银元数额均大于开发银元数额,说明这些年份所兑付的汇票大于当年开出的汇票。汇票未完全兑付或兑付银元数额大于开出银元数额的原因大致有二。其一,邮政业务制度中明确指出,邮局所开汇票均有一定的兑付时限,收款人在汇票发出之日起六个月内到邮局兑取即可,即便逾期未取,还可再展期六个月,如此会出现前一年开出的汇票在后一年才会被兑取甚至延期至后两年才被兑取的情况。其二,汇票失落或者无法投到又或汇票无人声领的情况所致。如遇到前两种情况,接收局与发汇局须往返通信取证,一切手续完成后收款人方能兑取,兑取流程更为繁琐,耗时亦长;如遇逾期无人声领的汇票,邮局处理的办法一般是予以注销,如此便极有可能导致兑付数额在某一年小于开发数额,而在某一年却大于开发数额。[①]

四、储金业务

邮政储金业务开办于 1919 年。是年 7 月 1 日,交通部所辖主管全国邮政事务的邮政总局正式开办了以"鼓励人民节俭,便利零星存款,以养成国民储金之美德"为宗旨的邮政储金业务。[②]邮政储金业务附设于邮务管理局和一、二、三等邮局及邮政支局之内,随时随地均可交储,属意于邮政储金业务的人民开户存储比较方便。[③]1919 年 7 月 1 日开办邮政储金业务时,全国就有北京、天津、太原、济南、开封、汉口、南昌、安庆、南京、上海、杭州等 11 处邮局办理邮政储金业务,此 11 处邮局皆位于各邮区邮务管理局所在地。[④]至该年 12 月 31 日,各邮区共有 81 处邮局开办了邮政储金业务。[⑤]

---

① 《邮政章程》,1922 年印行,收录于交通部、铁道部交通史编纂委员会编:《交通史邮政编》第二册,上海:民智书局 1930 年版,第 178 页。
② 交通部、铁道部交通史编纂委员会编:《交通史邮政编》第二册,上海:民智书局 1930 年版,第 722 页。
③ 邮区即邮务区,是以行政区域为标准划分的邮政区域,由大清邮政开办时的邮界发展而来,民国每一邮区以一省或两省为区域,随着东三省邮区划分为奉天(南京国民政府成立后称辽宁)、吉黑两邮区,四川邮区划分为东川、西川两邮区,全国共有二十四个邮区。每一邮区设邮务管理局,管理监督该邮区邮政事宜。邮区内各邮局根据业务盛衰划分为一、二、三等邮局,邮政支局是指在通商大埠,因本地一局不能应民众之需要而多添设之分局。张樑任:《中国邮政(上)》,上海:商务印书馆 1935 年 10 月—1936 年 11 月印行,第 40—42、78 页。
④ 《交通部呈大总统陈明试办邮政储金地点及日期并请提倡储蓄文》,《交通丛报》1919 年第 16 期,第 2 页。
⑤ 交通部总务司第六科编:《中国邮政统计专刊》,"引言",1931 年印行,第 12 页。

1919 年,全国各邮区办理储金业务邮局立户进行存储的存户数一共有 2 320 户,存款数为 154 051 元。[①]此后各年,各邮区办理储金业务邮局数目多寡不一,1923 年一度有 358 处,即使在 1928 年各邮区办理储金业务邮局数普遍减少时亦有 206 处。

1919—1928 年,按照存户本息数目多寡分类,储金数共分十元及十元以下者、十一元至五十元者、五十一元至一百元者、一百零一元至五百元者、五百零一元至一千元者、一千零一元至二千元者、二千零一元至三千元者等七类。交通部以各邮区各类存户历年本息数目总数为统计基数,制作 1919—1928 年各邮区历年各类储金数统计表,并以之分析各邮区历年各类储金数状况。

由表 5-7 可知,1919 年至 1928 年储金数类别有如下特征:

第一,1919 年至 1928 年期间,各类存户储金数皆有不同程度的增长,虽各自的增长速度不同。1920 年存户储金数额出现一千零一元至二千元及二千零一元至三千元两类后,此类增长现象依旧。

第二,1927 年是储金数增长的分水岭,其中十一元至五十元、五十一元至一百元、一百零一元至五百元、五百零一元至一千元四类存户储金数皆在 1927 年这一年出现下降,下降比例从约 12.5％至约 46.3％不等。下降幅度最大的是五十一元至一百元这类存户的储金数,下降比例为 46.3％,下降幅度接近五成。十元及十元以下、一千零一元至二千元、二千零一元至三千元三类在存户储金数额在 1927 年虽未出现下降,其增长幅度较其他年份是最小的。

第三,从储金数额的分布来看,中等存户正在成为储金存户的主体,中等存户的储金数在各类储金数中居多。这反映为一百零一元至五百元、五

---

① 邮政储金业务每年的统计时间以一年为限。民国八年,邮政储金业务统计时间段是七月一日至十二月三十一日,故而该年各项统计数据实为半年。自民国九年始,邮政储金业务各项统计数据皆为该营业一整年。

表 5-7 1919—1928 年储金数(按照存户本息数目多寡分类)

单位：银元

年次	总计	十元及十元以下者	十一元至五十元者	五十一元至一百元者	一百零一元至五百元者	五百零一元至一千元者	一千零一元至二千元者	二千零一元至三千元者
1928	874 704 756	9 735 480	20 359 599	30 130 150	345 849 225	231 643 703	201 816 002	35 170 597
1927	826 859 503	8 807 445	19 034 639	27 697 711	325 707 560	218 206 582	194 993 342	32 412 224
1926	951 552 183	8 781 864	28 286 379	51 536 758	410 940 348	249 272 090	171 943 996	30 790 748
1925	774 712 703	7 178 121	26 768 078	41 206 275	343 831 041	187 074 120	148 233 403	20 421 665
1924	581 540 876	5 236 298	21 336 277	30 959 657	272 244 033	140 367 216	96 258 867	15 138 528
1923	464 927 911	4 258 479	15 879 369	29 063 793	222 297 383	106 675 768	78 057 546	8 695 573
1922	344 492 971	3 264 626	13 504 716	26 180 130	174 097 390	80 710 567	43 688 772	3 046 770
1921	213 224 933	2 845 759	9 065 499	13 945 339	117 659 444	45 789 565	23 291 764	627 563
1920	75 402 965	876 982	4 070 386	6 050 644	49 861 912	11 741 067	2 601 456	200 507
1919	10 862 605	463 032	1 423 547	4 265 994	4 649 412	60 620		

资料来源：交通部总务司第六科编《中国邮政统计专刊》，1931 年印行，第 316、317 页。

百零一元至一千元两类存户储金数在历年储金总数中所占的比重最大。这与各类存户的职业分布状况又稍有不同。在 1919—1928 年期间,五十元以下的存户数量最多,约占全部存户数的 52%;五十一元至五百元的存户数量其次,约占全部存户数的 39.9%;五百零一元至二千元的存户数量排在第三,约占全部存户数量的 7.8%;二千零一元至三千元的存户数量最少,仅占全部存户数量的约 0.22%。这反映出小额存户的数量在邮政储金业务中居多,其次是中等数额的存户,大额存户数量非常少。中等数额的存户数量虽未有小额存户多,但其储金数却是最多的。

第四,各类储金数的平均数均在各类储金数区间内偏下。各类储金数的平均数依次为 4.31 元、25.54 元、69.05 元、222.62 元、642.03 元、1 250.01元、1 940.45 元。除二千零一元至三千元该类储金数外,其他各类储金数的平均数都在各类的储金区间内,唯独二千零一元至三千元该类储金数的平均储金数却只有 1 940.15 元,尚未达到该类储金数区间的起点即 2 001 元。在各类储金数区间内的平均数无一例外地都处在储金数区间的前半段,未及各类储金数区间的中值。当然,一百零一元至五百元、五百零一元至一千元、一千零一元至二千元三类储金数的平均值虽未达到该储金区间的中值,但 222.62 元、642.03 元、1 250.01 元的平均值可以显示,这三类存户的家庭收入中可用于储蓄的资产已经相当可观。即便是不知为何未能达到储金区间起点的二千零一元至三千元一类储金数,该类储金数的平均值 1 940.45元亦是非常高的收入了,毕竟每年能存入 1 940.45 元的家庭在 1919 年至1928 年期间,应该为数不多。

五、代办业务

邮局代办业务是邮局为便民起见、接受相关机构委托代为办理的某些业务,如代售印花税票、代订刊物、代购书籍等。代办业务并非邮政自身的经营性业务。北洋政府时期具有详细统计的邮政代办业务,仅有代售印花

税票及邮转电报两类。两类有详细统计数据可查的邮政代办业务的历年办
理情况见表 5-8。

表 5-8　1912—1928 年邮政代办事项

年次	代售印花税票价值(银元)	邮转电报次数		
		合　计	直接收自公众之电报	收自电报局之电报
1928	1 774.76	21 577	4 978	16 599
1927	4 085.10	25 368	7 200	18 168
1926	13 427.94	33 796	10 003	23 793
1925	31 217.21	30 251	8 740	21 511
1924	27 450.50	25 359	7 231	18 128
1923	68 629.23	23 497	6 024	17 473
1922	81 471.77	23 659	5 588	18 071
1921	88 837.69	18 652	4 807	13 845
1920	75 273.33	2 704	785	1 919
1919	67 033.67	—	—	—
1918	72 971.40	—	—	—
1917	88 513.42	—	—	—
1916	87 250.22	—	—	—
1915	115 147.15	—	—	—
1914	42 270.15	—	—	—
1913	7 231.69	—	—	—
1912		—	—	—

注:1. 印花税票于民国二年三月起,始由邮局代售。
　　2. 邮转电报于民国九年七月一日起,始行举办。
　　资料来源:交通部总务司第六科编:《中国邮政统计专刊》,甲编"邮政统计",1931 年
印行,第 260 页。

　　邮局代售印花税票始于 1913 年 3 月,故北洋政府时期代售印花税票的
详细统计也始于该年。纵观北洋政府时期邮局开展此项业务的 16 年时间,

代售印花税票业务的规模均属有限,历年代售印花税票价值变动情况增减不一。1913 年是代售印花税票的起始年份,是年各邮区代售印花税票价值数额是银元 7 231.69 元,数额并不大。然考虑到开办之初,尚可以接受。代售印花税票开办的第二、三两年是此项业务的快速发展阶段,代售印花税票价值由 1913 年的银元 7 231.69 元猛增至 1915 年的银元 115 147.15 元,呈几何倍数增长,两年间增长了约 16 倍。1916 年开始,代售印花税票业务出现跌涨交替的情况,这一特征一直延续到 1925 年。在跌涨交替的年份里,代售印花税票价值 1925 年跌落至仅有银元 31 217.21 元,1924 年更是只有银元 27 450.50 元。1925—1928 年是代售印花税票业务规模继续缩减的阶段。在此四年中,代售印花税票价值一路走跌,至 1928 年时,营业额仅有银元 1 774.76 元,为开办此项业务有统计以后的历年最低值。

根据电报来源情况,邮转电报业务分为两类,一类是收自公众之电报,一类是收自电报局之电报。邮转电报业务开办于 1920 年 7 月 1 日,根据邮政统计资料方法,[①]即该年仅有半年的统计数据。是年,收自公众的邮转电报仅有 785 次,收自电报局的邮转电报有 1 919 次。1920—1926 年,收自公众的邮转电报次数逐年增长,1926 年以后则逐年降低。收自电报局的邮转电报变动情况与收自公众的邮转电报变动情况稍有不同。收自电报局的邮转电报以 1923 年、1926 年为界,分为三段。1923 年之前,收自电报局的邮转电报处于增长态势,这一态势因 1923 年邮转电报次数的减少出现断层。1923 年以后,收自电报局的邮转电报又迎来一波连续三年的持续增长期。1927 年开始,收自电报局的邮转电报次数又一次出现下跌,跌势持续至1928 年。1920—1928 年间,邮转电报历年次数变化趋势与收自电报局的邮转电报的变化趋势完全一致,这是收自电报局的邮转电报次数在邮转电报总次数中所占的比重远大于收自公众的邮转电报次数所致。

---

① 根据历年邮政事务总论的统计方法,每年 1 月 1 日至 6 月 30 日为上半年,7 月 1 日至 12 月 31 日为下半年。

邮局代办事项并不在邮局各项经营性业务范围之内,是在邮局既有的组织与营业架构范围内的代办附加业务。邮局具有架构体系完整、分布广泛的特点,借助邮局开展代办业务,既能节省办理此类业务的费用,又可便利业务的开展。何况代办业务办理妥善与否对邮局自身的各项经营业务并无影响。邮局还可从代办业务中抽取一定佣金以为开展代办业务之用,对于邮局员役中负责代办业务之人,又可增加收入。故而对于邮局与委托方而言,代办业务实为一项双赢互利的业务。

第三节   邮政收支状况

北洋政府时期,随着邮政各项经营性业务状况的发展,邮政营业收入与支出情况亦随之改观。对邮政现金收入与支出各组成部分进行分析,对比历年邮政现金收支两抵情况,即可对北洋政府时期邮政现金收支状况有一清晰的认识,进而依此管窥该时期的邮政收支状况。

北洋政府时期,邮政现金收入由营业收入、地方政府协款、本部协款等三项收入款项组成;现金支出包含营业支出、资本支出、解报本部作为办理邮政经费、归还海关垫款等四项支出款项。依据表5-9,对邮政现金收入与支出各组成部分进行分析,即可对北洋政府时期的邮政现金收支状况有一清晰的认识。

北洋政府时期,邮政营业收入在1927年以前处于稳定上升时期,增势较为明显。营业收入额由1912年的银元3 570 210.47元增至1926年的银元28 311 251.21元,15年间增长了约8倍之多。1927年,营业收入额虽较1926年减少,然较之前各年仍属为高。1928年,营业收入止落为涨,较1927年增加了银元3 327 115.30元,达到银元3 113万余元。为北洋政府时期历年营业收入额的最高值。

单位：银元

表 5-9　1912—1928 年邮政现金收支盈亏

年次	收入				支出					两抵	
	营业收入	地方政府协款	本部协款	合计	营业支出	资本支出	解拨本部作为办理邮政寄费*	归还海关垫款	合计	净盈	净亏
1928	31 130 829.65	41 629.48	15 000.00	31 187 459.13	29 890 657.20	412 283.92	245 500.00	—	30 548 441.12	639 518.01	
1927	27 803 714.35	41 928.83	—	27 845 643.18	27 708 624.43	604 409.14	297 877.09	—	28 610 910.66		765 267.48
1926	28 311 251.21	83 210.17	—	28 394 461.38	25 301 148.69	1 187 877.75	1 986 000.00	—	28 475 026.44		80 565.06
1925	25 304 671.98	85 789.23	—	25 390 461.21	21 353 819.63	708 264.28	1 890 645.31	599 008.34	24 551 737.56	838 723.65	
1924	23 257 114.14	83 445.66	—	23 340 559.80	18 906 645.51	1 597 405.36	1 940 000.00	629 650.70	23 073 701.57	266 858.23	
1923	20 782 390.88	82 004.89	—	20 864 395.77	16 316 895.88	1 821 581.98	1 850 000.00	630 804.34	20 619 282.20	245 113.57	
1922	17 112 367.47	79 317.51	—	17 191 684.98	13 266 829.64	1 891 908.43	855 000.00	627 836.57	16 641 574.64	550 110.34	
1921	15 606 494.11	72 015.76	—	15 678 509.87	12 780 249.28	1 669 020.33	605 000.00	630 140.62	15 684 410.23		5 900.36
1920	12 679 149.69	76 247.37	—	12 755 397.06	10 467 051.92	1 263 326.32	875 000.00	625 146.18	13 230 524.42		475 127.36
1919	11 231 018.76	75 634.71	—	11 306 653.47	8 790 483.38	1 264 258.09	1 350 000.00	618 710.54	12 023 452.01		716 798.54
1918	9 496 783.18	78 903.60	—	9 575 686.78	7 590 829.35	813 020.09	200 000.00	—	8 603 849.68	971 837.10	
1917	8 574 352.24	74 701.03	—	8 649 053.27	7 151 834.08	606 358.90	—	—	7 758 192.98	890 860.29	
1916	7 630 416.84	72 204.00	—	7 702 620.84	6 693 013.58	311 918.26	—	—	7 004 931.84	697 689.00	
1915	6 798 580.28	106 150.00	189 936.11	7 094 666.39	6 495 987.76	63 876.80	—	—	6 559 864.56	534 801.83	
1914	6 156 734.25	82 985.06	148 857.90	6 388 577.21	6 254 276.46	81 882.17	—	—	6 336 158.63	52 418.58	
1913	5 487 517.83	870.53	399 223.86	5 887 612.22	5 540 742.67	63 824.96	—	—	5 604 567.63	283 044.59	
1912	3 570 210.47	39 549.50	142 626.04	3 752 386.01	4 020 890.07	44 057.48	—	—	4 064 947.55		312 561.54

* 民国七年至十七年解拨办理邮政经费计一千一百八十四万九千五百二十二元四角，系前交通部所提用，十七年份解拨本部之数为二十四万五千五百元。

资料来源：交通部总务司第六科编《中国邮政统计专刊》，甲编"邮政统计"，1931 年印行，第 254、255 页。

北洋政府时期,地方政府协款一项的历年额度相较营业收入虽不为多,变动情况却比较复杂。1912 年,地方政府协款约为银元 4 万元,自 1913 年始至 1918 年,出现跌一年后即连续增两年的情况。地方政府协款在 1913 年仅有银元 870.53 元,尚不足银元一千元。1914 年、1915 年两年连续增长,1915 年协款超过银元十万元大关。1916 年地方政府协款出现跌落,1917—1918 年又连续两年增长。1919—1922 年,地方政府协款表现出跌增交替特征。1922—1925 年,地方政府协款连续四年增长,1926 年开始出现连续下跌,且跌幅较大,1928 年相较于 1926 年的下跌幅度已超过五成。

本部协款在北洋政府时期仅有 1912—1915 年、1928 年五个年份留有数据。五年之中,本部协款亦是增减交替。1913 年、1915 年均较前一年为增,1915 年本部协款额亦较 1928 年为多。

北洋政府时期,邮政现金收入以营业收入所占比重最高,其次为地方政府协款,最末为本部协款。三项收入款项中,营业收入所占比重远高于地方政府协款与本部协款,故邮政现金收入的历年变化状况亦与之完全一致。

北洋政府时期,邮政营业支出一直呈明显增加态势,历年营业支出由 1912 年的银元 400 余万元增至 1928 年的银元近 3 000 万元。邮政资本支出 17 年间增减不一,总体上表现出中间年份多、两头年份少的特点。1919—1924 年间,邮政资本支出虽有增有减,但远较其他年份为高。无论在 1912—1918 年期间还是 1925—1928 年,邮政资本支出均远较 1919—1924 年为少。

解拨交通部作为办理邮政经费的款项自 1918—1928 年从未间断,11 年间共解拨交通部办理邮政经费银元 11 849 522.4 元。解拨交通部作为办理邮政经费的邮政现金支出较多的时间集中在 1923—1926 年间,四年里解拨交通部作为办理邮政经费均在银元 185 万元及以上,解拨数额远较其余各年为高。归还海关垫款属于邮政现金支出中的历史遗留问题。邮政初创时,以海关六关垫款作为办理经费,待与海关分离之后,经交通部与海关总署协商,分年归还所欠海关垫款,故 1919—1925 年,连续七年归还海关欠款。迨至 1925 年所欠海关款项归还完毕后,此项开支即告完结。

北洋政府时期,邮政现金支出历年变化状况与现金收入的变化状况如出一辙。北洋政府时期,邮政现金收入各项来源中以营业收入所占比重最大且远大于其他两项,故而现金收入变化状况与营业收入完全一致。这在邮政现金支出方面亦是如此。北洋政府时期历年现金支出中亦以营业支出所占份额为最,且远大于其他几项支出,因此邮政现金支出的变化情况与邮政营业支出的变动趋势亦是完全一致,17 年间呈逐年增加之势。

从历年的收支两抵状况来看,17 年中邮政现金收入出现盈余年份有 11 年之多,净亏年份有 6 年,分布在 1912 年、1919—1921 年、1926—1927 年等年份。邮政现金盈余额虽历年多寡不一,总和达银元 5 970 975.19 元;邮政现金净亏额为银元 2 356 220.34 元。如果将北洋政府时期历年邮政现金盈余总额减去净亏总额,尚有银元 3 614 754.85 元结余。虽说邮政现金盈余额、净亏额并非考量邮政经营状况好坏与否的唯一标准,但依此邮政现金收支盈亏额差额来看,北洋政府时期邮政收支状况总体上的好转趋势非常明显。

邮政营业收入包含售票进款、立券寄费、发售邮政出版物进款、他国付到联邮运费、杂项进费、特别收入等各项业务收入。北洋政府时期,邮政各项业务收入变化情况影响了邮政营业收入整体的变化情况。

北洋政府时期,售票进款总体上呈增长态势。售票进款在 1927 年以前呈稳定增长态势。售票进款在 1912 年时即有一定规模,该年售票进款已有银元 3 386 809.62 元。此后售票进款规模逐年扩大,至 1926 年已增至银元 26 432 014.03 元,15 年间增长了 7.8 倍之多。售票进款在 1927 年出现跌落,该年售票进款虽较 1926 年减少了银元 585 894.12 元,然相较于 1926 年以前各年仍属为高。1928 年售票进款止落为涨,较 1927 年增加了银元 300 余万元,售票进款已接近银元 2 900 万元,为北洋政府时期历年最高值。

表5-10 1912—1928 年营业收入

单位:银元

年次	总　计	售票进款	立券寄费	发售邮政出版物之进款	他国付到联邮运费	杂项进款*	特别收入#
1928	31 130 829.65	28 866 816.21	346 994.44	9 906.23	226 895.06	1 314 146.48	366 071.23
1927	27 803 714.35	25 846 119.91	273 545.16	9 345.08	276 687.57	994 664.37	403 352.26
1926	28 311 251.21	26 432 014.03	318 221.44	10 217.39	270 446.29	900 455.25	379 896.81
1925	25 304 671.98	23 809 573.67	277 545.41	8 979.39	331 222.54	575 529.38	301 821.59
1924	23 257 114.14	22 005 869.96	251 264.52	8 129.09	133 822.64	616 153.71	241 874.22
1923	20 782 390.88	19 919 278.42	205 234.92	8 909.98	60 283.50	564 717.44	23 966.62
1922	17 112 367.47	16 497 015.51	177 029.12	9 190.04	41 364.74	354 112.62	33 655.44
1921	15 606 494.11	14 885 972.17	142 500.29	5 786.61	88 373.18	481 028.60	2 833.26
1920	12 679 149.69	12 253 978.91	112 797.93	6 203.66	50 173.62	242 548.34	13 447.23
1919	11 231 018.76	10 762 514.43	93 333.64	6 452.56	50 627.10	318 091.03	—
1918	9 496 783.18	9 114 609.03	78 917.96	4 822.88	66 756.53	231 676.78	—
1917	8 574 352.24	8 185 356.52	84 252.69	3 758.55	113 506.20	187 478.28	—
1916	7 630 416.84	7 151 209.72	72 270.31	2 151.71	229 777.45	175 007.65	—
1915	6 798 580.28	6 498 290.38	67 386.88	1 883.24	89 148.35	141 871.43	—
1914	6 156 734.25	5 757 474.15	53 857.58	1 382.69	202 759.36	141 260.47	—
1913	5 487 517.83	5 123 336.59	60 595.74	1 241.94	164 398.13	137 945.43	—
1912	3 570 210.47	3 386 809.62	56 857.25	830.03	55 953.57	69 760.00	—

注:＊杂项进款包括:(1)存银利息,(2)互拨各款兑换之余利,(3)杂项各款兑换之余利,(4)员役罚款,(5)缉获私邮运件罚款,(6)代售印花税票手续费,(7)零星进款,(8)已经开销后复退回各款(民国元年至民国十三年),(9)赔偿所收之款项(民国十四年至十七年),(10)邮转电报手续费。
＃特别收入系邮政总局务司第六科收回垫款等项。
资料来源:交通部邮政总务司第六科编:《中国邮政统计专刊》,甲编"邮政统计",1931年印行,第182—185页。

北洋政府时期，立券寄费收入除 1914 年、1927 年有跌落现象外，其余各年均稳步增长。立券寄费收入在 1912 年仅有银元 56 857.25 元，1928 年已达银元 346 994.44 元，增势明显。虽然立券寄费收入在 1914 年、1927 年出现相较于前一年跌落的情况，但都在第二年立即得以扭转，1915—1926 年更是有一波长达 12 年的连续增长期。

北洋政府时期，发售邮政出版物进款款项总额较其他各项营业收入为低，在邮政营业收入中所占比重最小，因而发售邮政出版物进款款项变动情况对邮政营业总体收入的影响甚为微小，对营业收入的影响相较于其他各项营业收入而言可忽略不计。但此项进款在北洋政府时期的历年变动情况却属复杂。发售邮政出版物进款收入在 1919 年之前表现出稳步增长之势。1920—1924 年较为独特，五年间以 1922 年为界，1922 年之前与之后均是连续两年下跌。1925—1928 年发售邮政出版物进款收入的变化情况与 1920—1924 年恰好相反。1927 年之前连续两年增长，1927 年虽出现跌落，1928 年却亦较 1927 年为多。

北洋政府时期，他国付到联邮运费收入的增减变化情况亦较为复杂。1912—1914 年是他国付到联邮运费的第一个增长期，且增速较快，该项收入由最初的银元 55 953.57 元，两年即增至银元 202 759.36 元。1915 年出现短暂下跌后，于 1916 年猛增至约银元 23 万元。他国付到联邮运费自 1917 年开始有一波连续四年的持续下降期，减势虽在 1921 年出现短暂的回升，1922 年又出现大幅下跌，为历年该项收入最低值。1923—1925 年是他国付到联邮运费的第二个快速增长期，该项收入由 1923 年的银元 6 万余元增至 1925 年的银元 33 万余元，三年间增长了 6 倍余。1926—1928 年间，他国付到联邮运费收入虽有跌有增，却都维持在一个相对较高的水准。即便三年中收入最低的 1928 年，亦有银元 22 万余元。

杂项进款在 1919 年以前处于逐年稳步增长态势，且增速较快，1912 年不到银元 7 万元，1919 年已有银元接近 32 万元。1920—1925 年间，该项收入基本上表现为中间年份增长、两端年份下跌的特点。1926—1928 年为连续增长期,杂项进款在此三年间每年的收入数额亦较其他年份为高。

特别收入一项在 1920 年方见记载,1920—1923 年间有增有减,但数额均不为大,此四年间该项收入最高亦仅有银元 33 655.44 元,1924 年开始出现连续四年迅猛的增长势头。1924 年,特别收入已有银元 24 万银元,至 1927 年已突破银元 40 万元大关。1928 年虽增势不再,出现下跌,却亦有银元 36 万余元的数额。

北洋政府时期,邮政营业收入中以售票进款所占比重最高且远高于立券寄费等其他各项,因此邮政营业收入历年变化情况与售票进款完全一致。具体而言,北洋政府时期的邮政营业收入在 1927 年以前稳定上升,增势较为明显且增幅较大。营业收入额 15 年间增长了约 8 倍。1927 年营业收入减少,1928 年营业收入止落为涨。

北洋政府时期,邮政营业支出包括薪工、津贴、办公费用、运输费、赔偿费、特别支出等。北洋政府时期的邮政营业支出一直呈明显增加态势,历年营业支出由 1912 年的银元 400 余万元增至 1928 年的近银元 3 000 万元。各项营业支出多有变动,其具体情况如下。

薪工支出是邮政营业支出中的大宗支出项目,北洋政府时期该项支出呈现明显的增长态势。1912—1928 年间薪工支出一路攀升,由 1912 年的银元 2 636 686.53 元逐年增至 1928 年的银元 14 472 545.20 元。

北洋政府时期,邮政津贴支出的变化情况分为两段,第一段是 1912—1915 年,第二段是 1916—1928 年。1912—1915 年间,津贴支出表现出先降后升的特点,1913 年津贴支出较 1912 年为低,1914 年扭跌为涨,涨势持续到 1915 年。1916 年是津贴支出转折年份,是年津贴支出虽较 1914—1915 年为少,却是 1916—1928 年一波连续增长的起点。1916—1928 年是津贴支出持续增加期,13 年间津贴支出增长了约 13.6 倍,1928 年,津贴支出已逾银元 350 万元大关。

单位：银元

表 5-11　1912—1928 年营业支出

年次	总　计	薪　工	津　贴	办公费用	运输费	赔偿费	特别支出*
1928	29 890 657.20	14 472 545.20	3 576 184.29	6 760 374.29	4 980 062.18	101 491.24	—
1927	27 708 624.43	14 086 008.38	2 990 733.05	6 840 683.22	3 718 794.45	72 405.33	—
1926	25 301 148.69	13 468 730.28	1 576 098.74	6 204 517.82	3 998 706.34	53 095.51	—
1925	21 353 819.63	11 353 480.95	1 017 512.54	4 788 082.82	4 159 253.41	35 489.91	20 000.00
1924	18 906 645.51	10 077 649.12	859 783.99	4 466 302.35	3 436 071.88	46 838.17	1.32
1923	16 316 895.88	9 390 288.50	788 488.01	3 809 558.06	2 300 195.34	28 364.65	—
1922	13 266 829.64	7 920 691.08	738 966.78	2 961 317.90	1 608 083.27	17 792.52	19 978.09
1921	12 780 249.28	7 216 814.28	586 889.63	3 080 769.86	1 453 165.03	22 370.55	420 239.93
1920	10 467 051.92	6 783 157.85	530 700.22	2 135 237.39	1 010 811.26	7 145.20	—
1919	8 790 483.38	5 572 166.69	476 192.36	1 778 511.81	947 464.47	16 148.05	—
1918	7 590 829.35	5 006 107.23	387 769.44	1 450 443.86	687 920.55	57 228.72	1 359.55
1917	7 151 834.08	4 701 952.40	270 056.91	1 403 589.86	762 465.79	13 769.12	—
1916	6 693 013.58	4 357 261.89	263 592.66	1 380 648.53	634 000.79	57 509.71	—
1915	6 495 987.76	4 254 797.36	299 747.56	1 262 618.89	672 270.01	6 553.94	—
1914	6 254 276.46	4 066 535.47	286 464.81	1 238 180.04	652 678.42	7 679.28	2 738.44
1913	5 540 742.67	3 542 257.89	239 287.87	1 128 715.86	610 789.00	19 546.38	145.67
1912	4 020 890.07	2 636 686.53	259 187.95	686 704.25	414 636.67	23 674.67	—

注：* 此系邮政总局局报解代收账捐等项。
资料来源：交通部总务司第六科编：《中国邮政统计专刊》，甲编"邮政统计"，1931 年印行，第 208、209 页。

北洋政府时期,邮政办公费用支出情况增势明显。1912—1921 年是邮政办公费用第一个持续增长期,长达 10 年,办公费用数额逐年增加,由 1912 年的银元 68 万余元增至 1921 年的银元约 310 万元。1922 年,办公费用支出数额出现下跌,该年此项费用虽未有 1921 年多,却超出 1921 年之前的任何一年。1923 年办公费用支出又见增长,此番涨势一直延续到 1927 年,并达到历年此项费用支出的峰值。1928 年,办公费用支出数额较 1927 年稍有回落。

北洋政府时期,运输费支出总体上呈增多减少之势。1912—1925 年间,除有些年份如 1916 年、1918 年等年稍有起伏外,基本上处于逐年增多的态势。运输费用支出由 1912 年的银元 414 636.67 元增至 1925 年的银元 4 159 253.41 元,增加了 10 倍之多。1926 年开始,运输费出现连续两年的下降情况。1928 年运输费又出现快速增长,达到北洋政府时期历年峰值,该年运输费支出为银元 4 980 062.18 元,接近银元 500 万元大关。

赔偿费是邮政营业支出中变动情况较为复杂的一项。1912—1915 年邮政赔偿费逐年减少,1915 年赔偿费数额仅有银元 6 553.94 元。1916—1922 年邮政赔偿费基本上是增减交替,该段时间内邮政所费最少赔偿费用出现在 1920 年,只有银元 7 145.20 元。1923—1924 年赔偿费连续增长。1925 年赔偿费虽较 1924 年为少,但此年开始直至 1928 年赔偿费支出逐年递增。1928 年时赔偿费已逾银元 10 万元大关,达银元 101 491.24 元,为北洋政府时期赔偿费支出最多的年份。

北洋政府时期特别支出一项并非每年皆有且变动幅度非常之大。该项支出 17 年中只出现于 1913—1914 年、1918 年、1921—1924 年等 7 个年份,最多时一年特别支出有银元 420 239.93 元之多,最少时仅有银元 1.32 元,悬殊非常大。虽然 1923 年的特别支出仅有银元 1.32 元,1921—1924 年仍然是该项支出数额较大的年份。

表 5-12 1912—1928 年资本支出 单位:银元

年次	总 计	屋 地	器 具	船 只	车 辆	零星用品
1928	412 283.92	385 282.68	14 401.80	△715.91	699.14	12 616.21
1927	604 409.14	502 913.11	31 881.86	2 525.35	47 550.82	19 538.00
1926	1 187 877.75	1 012 035.78	55 404.73	56 585.40	17 636.12	46 215.72
1925	708 264.28	456 539.28	115 431.21	15 885.28	77 235.93	43 172.58
1924	1 597 405.36	1 356 394.37	132 862.65	19 767.05	20 626.76	67 754.53
1923	1 821 581.98	1 563 321.95	154 427.35	20 346.48	22 683.21	60 802.99
1922	1 891 908.43	1 684 006.20	148 680.02	5 075.19	11 712.16	42 434.86
1921	1 669 020.33	1 380 438.05	119 129.60	10 009.40	55 952.23	103 491.05
1920	1 263 326.32	1 104 003.58	87 999.13	9 936.04	23 893.43	37 494.14
1919	1 264 258.09	1 014 229.89	84 920.32	63 632.81	21 427.22	80 047.85
1918	813 020.09	693 886.04	33 558.64	21 763.61	11 437.16	52 374.88
1917	606 358.90	542 240.96	36 806.31	669.00	17 702.13	8 940.50
1916	311 918.26	281 066.13	20 235.07	235.73	94.00	10 287.33
1915	63 876.80	10 057.58	29 633.66	7 999.89	122.96	16 062.71
1914	81 882.17	9 746.38	36 899.59	707.01	477.61	34 051.58
1913	63 824.96	12 503.68	40 057.95	823.65	—	10 493.68
1912	44 057.48	—	43 713.33	344.15	—	—

△系出售旧有资产所得除去新置资产费用外之余款。

资料来源:交通部总务司第六科编:《中国邮政统计专刊》,甲编"邮政统计",1931 年印行,第 232、233 页。

邮政资本支出主要包括屋地、器具、船只、车辆、零星用品等方面。邮政资本支出 17 年间增减不一,总体上表现出中间年份多两头年份少的特点。1919—1924 年间,邮政资本支出虽有增有减,但远较其他年份为高。邮政资本支出无论在 1912—1918 年还是 1925—1928 年,邮政资本支出均远较 1919—1924 年为少。具体到每一项具体的资本支出而言,详情如下。

邮政屋地支出即租购房屋与购置地基方面的支出,北洋政府时期的屋地支出总体上以 1922 年为界,前升后降,具体表现为中间年份高、两头年份少的特征。屋地支出自 1913 年方有详细支出数额记载。屋地支出在 1914—1922 年处于逐年增长的态势,1922 年以后总体上呈减势。1919—1924 年,屋地支出数额常年维持在银元 100 万元以上,1922 年最高,达到银元 168 余万元。1913—1918 年与 1925—1928 年两个时段里,屋地支出均远较 1919—1924 年这一时段为少。

北洋政府时期,邮用器具支出方面与屋地支出类似,表现出中间年份逐年增加、两端年份逐年减少的特征。邮用器具支出在 1912—1916 年间逐年减少,自 1918 年始连续六年持续攀升,1924—1928 年开始了又一轮的逐年减少。不过,邮用器具支出在北洋政府时期历年支出数额均不高,其最高的年份为 1923 年,亦仅有银元 15.4 万余元,最低年份如 1928 年,仅有银元 1.4 万余元。

北洋政府时期,邮政资本支出中船只方面的支出最少,17 年间有 6 年支出数额不足银元 1 000 元,4 年支出数额在银元 1 000—10 000 元之间,仅有 7 年支出数额超过银元 1 万元。船只支出较多的年份集中在 1917—1926 年间,其中又以 1923—1926 年间支出数额最多。

北洋政府时期,邮政资本支出中车辆支出中间年份多、两端年份少的特征尤为明显。车辆支出 1914 年有统计以来,连续三年递减,且其数额非常之小,1914 年有银元 477.16 元,1916 年时仅有银元 94 元,尚不足百元。车辆支出在此时段内非常微小。1917 年,车辆支出开始出现剧烈变动,该年已增至银元 1.7 万余元,此后直至 1927 年,在长达 11 年时间内,车辆支出均维持在银元 1 万元以上,1925 年车辆支出数额最高达银元 7.7 万余元。1928 年车辆支出出现巨幅跌落,仅有银元 699.14 元。

北洋政府时期,零星用品支出的历年变化情况较为复杂,但整体上亦有中间年份支出数额高、两端年份支出数额低的特点。零星用品支出亦是从 1913 年有详细统计。1914—1917 年,零星用品支出持续跌落,1918—1926 年各年,虽增减不一,但远较其他年份为高。1926 年以后,零星用品支出又连年跌落。

小　结

北洋政府时期是我国邮政事业稳步发展的阶段。在此时期，邮政事业的发展表现为邮政基础设施建设的加强、邮政各项经营性业务的发展、邮政收支状况的好转。邮政基础设施建设体现在邮务机构规模的次第扩充、邮运里程的逐步扩展、邮运工具的多样性与改善等方面。邮政各项经营性业务，无论是专营的信函与明信片业务，抑或是由邮政系统兼营的寄送、银钱、代理等各项业务均有了不同程度的提升。以预算决算为注力的邮政收支状况的好转，亦是该时期邮政稳步发展重要表现。本章以邮政基础设施、具体邮政业务的办理成效以及邮政收支状况为主要内容，对邮政业务状况进行了考察。基于上文的梳理，可以得出以下结论。

邮政基础设施建设初具规模。邮政基础设施包括邮用线路、邮用工具以及邮政局所三个方面。北洋政府时期，除航空线路外，邮差线路、航船（帆船及轮船）线路、铁路、汽车线路等各项邮路里程均逐步扩充，形成基本遍及全国的邮政线路网络。邮用工具方面，传统的步马差继续发挥作用，轮船、火车、汽车等当时较为现代化的交通工具在邮政运输领域都有使用，甚至还有试办航空线路、利用飞机寄运邮件的尝试。各类邮政局所规模日益扩充，邮局、代办机构沿交通线路渐次铺展。

业务办理已见成效。北洋政府时期，各类邮件业务、银钱业务、代办业务均有不同程度的发展。邮局经营的各项业务统计数据即可直观地显示出来，各项业务历年交寄邮局的件数、重量、价值额度均是反映邮政业务发展情况的重要指标。当然，北洋政府时期邮局经营的各项业务也并非一路看涨，波动情况时有出现。

收支状况明显好转。邮政营业收支状况的好转，是北洋政府时期邮政领域内不争的事实。无论是各项营业收入,还是各项营业支出,抑或收支两抵的盈余情况,均表明北洋政府时期邮政收支状况确实出现明显的好转。邮政营业收支状况的好转,尤其是邮政营业盈余的逐渐增多,又为邮政基础设施建设提供了财力支撑。

邮政基建、业务发展及收支好转,三者之间实为相辅相成。邮政业务的发展,表明邮政经营是卓有成效的,邮政经营富有成效既为邮政基础设施的扩充与推广以及合理的邮政预算决算提供了条件,邮政基础设施的改善与规模的扩充又为邮政经营提供了载体,邮政预算决算又决定了用于邮政各项基础设施建设资金的比重与份额。

北洋政府时期,虽然邮政经营着实卓有成效,但邮政发展过程却也存在着下列问题。

东重西轻的邮政格局已渐露端倪。这一问题在邮政基础设施、业务发展状况方面均有体现。邮政局所多集中分布在东部地区,尤以大中城市分布最广亦最密集;广大中西部地区,尤其是西部地区,邮政局所分布较为稀疏。西部地区的邮政线路多以步马差为主,现代化的交通工具极少出现。西部各邮区的各项业务在全国邮政业务总量中所占的份额也较少。

邮用工具自有较少且较落后。北洋政府时期,邮运工具分为车类、船类及马类,尤以车船类运用最广。但是邮政自有的邮用工具以马类为主,火车均属带运邮件。轮船方面,虽有邮政自用船只,然以与轮船公司签订带运合同、由轮船公司带运为主。汽车寄运邮件,虽多属邮政自有自用,但是仅有同城短途运寄业务;至于长途运寄邮件,尚未得以在邮政领域推广。

邮政经营状况波动性明显。北洋政府时期,各项邮政业务波动情形较为明显,具体表现在各项业务历年统计数据增减不一。从各项业务历年统计数据来看,既有快速增长的时期,亦有巨幅下跌的情形出现。其中,1927年各项业务均出现拐点现象,表现为各项业务统计数据均较1926年为低。

结　语

一、主　要　结　论

本书以 1912—1928 年北洋政府时期邮政制度研究为题,通过对 1912—1928 年邮政法律体系、邮政制度、邮政人群以及邮政业务状况等问题进行梳理研究,可就以下问题进行探讨。

(一) 关于邮政法律体系的问题

邮政法律体系问题,可从法律体系建设即邮政法制建设与法律实践也即法治两个维度进行探讨。

1.《邮政条例》出台的意义

《邮政条例》是近代中国邮政自创办以来第一部正式公布施行的邮政基础性法规,它的出台填补了自大清邮政创办以来中国邮政在法律领域的空白。《邮政条例》的修订是近代中国邮政业务发展的需要,此点在编修过程展现得淋漓尽致。《邮政条例》的目的或者说功用,从最初的谋邮政行政之根据、保障邮政业务安全,随着邮务发展的需要,扩展至外争邮权层面。《邮政条例》修订过程是依法有序的,修订机构、修订人群及修订程序均未有逾越之举,即便交付国会审议环节因战事一拖再拖,亦是如此。《邮政条例》虽然仅以"条例"命名,而非"法",但是在《邮政法》未出台之前,扮演着邮政基本法和行政法的双重角色,确实在相当程度上起到了邮政法的作用。

更为重要的是,《邮政条例》的出台标志着中国邮政事业自海关邮政、大清邮政以来,终于有了顶层设计。《邮政条例》于1921年10月12日以大总统教令的形式颁布,出台时间并不算早,距离中国邮政正式创办时间1896年3月22日已经过去25年。这一迟到的顶层设计仅有区区四十七条内容,除第四十七条为明确该条例自公布日施行、不涉及具体邮政事务外,其余四十六条内容从"人"与"事"两个维度,涵盖了邮政员役、代运邮件者、地方官员、寄件人与收件人、邮政业务、邮费、邮件寄递与接收、邮件保护、邮政的特权、邮件赔偿、涉外事务等十一项内容,明确邮政参与者的权利与义务,划分各项业务范围,界定邮政运作的流程与准则,规范邮政运行。

《邮政条例》颁布施行后,在交通部的主导和邮政司、邮政总局的推动下,邮政领域加快了邮政法律法规的修订进程。此后,邮政系统内相继修订、颁布了三十余部法律、法规,其中既有邮政基本法《邮政法》,也有《交通部邮政总局组织法》《邮政储金汇业局组织法》等邮政组织法,以及《邮政储金法》《邮政国内汇兑法》等业务法,初步构建了近代中国邮政法律法规体系。近代中国邮政法律法规体系的一大特征在于邮政领域凡以"法"或"条例"命名一般皆有相应的"实施细则"或"办事规则",即在法律体系构建方面秉持法制建设与法治实践同步而行,如《交通部邮政总局组织法》《交通部邮政总局办事规则》《邮政储金条例》《邮政储金条例实施细则》。无论是邮政基础性法规或基本法、专门法,抑或是组织法以及业务法,基于上述法律法规构建的近代中国邮政法律法规体系推动近代中国邮政事业走上了法制的道路。

2. 法制建设与法律实践问题

在《邮政条例》及邮政制度的框架内,邮政法律实践较好地沿着邮政法制形塑的轨道运行。此在邮政当局依据《邮政条例》及邮政制度处理违反邮政规制的案例即是很好的明证。一旦超出《邮政条例》及邮政制度的框架,邮政法制建设与邮政法制实践之间的关系,便呈现出另一种样态。邮资加价案即是此类问题中较为典型的案例。

1922 年 10 月 20 日,邮政总局拟具邮资加价方案,在报经交通部批准后,宣布自该年 11 月 1 日起实行新资例。邮政当局此次调增邮资,除新闻纸外,各类邮件邮资均有一定幅度提升,边远地区增幅更重,引起社会各界的激烈反响和强烈反对。

国会及议员首先对邮资加价提出质问。国会及议员先后质问邮政当局邮资加价理由何在,对内、对外影响几何,这属于国会权限范围内之事,本无可厚非。但是国会质问后,又形成取消邮资加价的决议①;如此,无论邮政当局是否执行国会决议,在国家政权与法理层面均宣告了此次邮资加价的最终结局。邮政当局如执行国会决议,则邮资加价不复存在;如不执行国会决议,则坐实擅权自大。无论如何,既坏政府权威,又损邮政当局声望。

各省议会从法律程序上对邮资加价提出挑战。邮政当局绕过国会审议环节以行政命令公布邮资加价,程序有缺。此举给各省议会反对邮资加价找到法理与程序上的正当性的同时,更为各省议会相互联络、协同发声提供了契机。如江苏省议会提出紧急动议案,认为邮资加价方案未经国会议决,由交通部以部门职权擅自提价,法理与程序均有缺失,不能承认。②各省议会之举动,在声援国会决议形成中央与地方立法部门反对邮资加价法理合力的同时,更成为影响地方实力派军阀对邮资加价态度的重要因素。

地方实力派军阀则从政权分立甚至分裂的角度,助力取消邮资加价。此次邮资加价所处的时期,本就是中央政府式微、地方军阀势力在国家政权中抬升的阶段。各派军阀为争夺中央政权,彼此之间混战不止,无论执掌中

---

① 《北阁决取消邮电加价》,《民国日报》,1922 年 12 月 29 日,第 2 版。转引自岳谦厚、田明:《舆论传媒、社会动员与权益博弈——1922 年北京政府邮资加价风波之考察》,《安徽史学》2008 年第 2 期。

② 曹双禄等编:《中国近现代邮政资费史》,北京:人民邮电出版社 2003 年版,第 108 页。

央政府权柄的是哪派军阀,都不得不重视地方实力派军阀的声音。故各省督军省长致电要求取消邮资加价,尤其是张作霖通电拟具东北邮电独立时,无论中央政府还是邮政当局都不得不慎重对待。如欲继续坚持邮资加价,则有极大可能使邮政统一局面破裂,甚至加剧政权动荡。

社会力量反对邮资加价则以利益诉求为主。书业、印刷业、报刊及商界是此次邮资加价的实际承受者,维持邮资平稳低廉最符合该群体的利益诉求,故其反对邮资加价最为积极。社会力量不仅利用报刊这一当时社会受众面最广的大众传播媒介宣传反对邮资加价,营造了社会各界皆反对邮资加价的浩大声势,而且积极向由实力派军阀掌握的各地方政府请愿取消邮资加价。社会力量与来自国家层面的各种力量形成反对邮资加价的合力,最终迫使邮政当局取消邮资加价。

在 1922 年邮资加价风波中,邮政当局事先未做详尽安排、贸然提高邮资,且以行政命令的方式公布施行,而非依法定程序经立法部门审议形成决议案再公布实施,由此引起社会各界利益攸关方之强烈反对。立法部门、地方实力派军阀、社会力量基于各自的诉求,形成共同反对邮资加价的力量同盟与某种程度维护国家法治外衣下的利益同盟;同盟之间互相呼应,处于舆论与博弈的强势地位。邮政当局以行政命令推动邮资加价,本就法理、程序有亏,又未能对上述"同盟"攻势做出恰当及时的回应,有效反击更无从谈起,成为舆论与博弈的弱势一方。强弱之间决定了此次邮资加价被取消的结局。1922 年邮资加价风波虽由提升邮资引起,然而其最终结果却是彼时邮政领域法制建设与法治实践关系的缩影。

3. 路径来源

《邮政条例》以日本《邮便法》为蓝本,基本沿袭了日本《邮便法》的内容。中国邮政起步比欧美及日本等邮政较为发达的国家晚,这是不争的事实,修订邮律广泛吸收此类国家优秀邮政法律成果本无可厚非,但是《邮政条例》却仅仅只沿袭日本《邮便法》内容,并未吸收欧美国家邮政法律成果,且修订人群中除华人外，均来自欧美一系，更何况邮政脱离海关之时，各项举措多沿用海关旧例，海关传统又来源于英国。《邮政条例》修订与出台的路径来源出现了如此看似矛盾的分歧，最为称奇的是，北洋政府时期邮政领域的一帮欧美洋员对此并无异议，且很好地贯彻了《邮政条例》的内容。如此看似矛盾的路径来源分歧，其可窥测的理由大抵在于日本《邮便法》的内容也是以欧美邮政法律为蓝本，与欧美邮政法律法规在法律精神与法律原则方面具有一致性。《邮政条例》沿袭日本《邮便法》，一定程度上而言是藉由日本对欧美邮政法律法规的间接沿用。这便可顺理成章地解释为何北洋政府时期执掌近代中国邮政权柄的欧美洋员乐意以日本《邮便法》为蓝本，编制近代中国第一部基础性邮政法律法规。当然，《邮政条例》的路径来源问题确实也真实地反映了当时中国向其他国家学习的风向。

条例只是法的表现形式，虽具有法的一些特征，然并非法，也就不完全具备法的效力。此即《邮政条例》公布施行后重修呼声高涨的原因所在，亦是1935年版《邮政法》出台的重要原因。

（二）关于邮政制度的问题

在交通部及邮政主管部门的推动下，邮政制度建设在组织、管理、业务及人事等方面取得了长足的进步，为此时期邮政稳步发展提供了制度性保障。

近代中国邮政脱胎于海关，本就沿袭了海关的一些制度章程，可谓博采欧美日之长，如人事制度引用英国邮政人事制度，法律修订以日本邮政为蓝本，日本《邮便法》又源自欧洲邮政法律，邮区划分借鉴了德国的邮区制；涉外事项皆按照邮联要求，遵守《布诺塞尔国际邮政公约暨包裹协定汇兑协定及保价信函及箱匣协定》《开罗国际邮政包裹协定》《开罗国际邮政保险信函及箱匣协定》《开罗国际邮公约》《开罗国际邮政汇兑协定》等各项邮联公约。邮政法律法规逐步修订与颁行，加之政府部门在邮政制度建设及邮政事业发展过程中多扮演有效政府的角色,邮政确实得到了飞速发展,邮政收支状况转好,邮政业成为近代中国为数不多经营颇有成效的国家经营行业。

邮政制度建设涉及组织、管理、业务、人事等领域,各项邮政制度明晰了邮政当局用人治事的理念,明确了邮政营业机构经营邮政业务的流程,规范了邮务运行的机制,为邮政事业的稳步发展提供了坚实的制度保障。邮政制度建设并非完善,亦有待商榷之处。除前文所述监察制度的缺失、保证金与密保等有待改进之处外,北洋政府时期邮政制度运行中存在的较为难以克服问题集中体现在业务制度具有局限性,以及对邮政当局的约束较少。

业务种类齐全、业务制度建设较为完整、业务流程明确且具有可操作性是北洋政府时期邮政业务制度的重要特征。北洋政府时期邮政业务制度的特征确实有利于各项邮政业务的开展,然而各项邮政业务流程过于繁琐,虽具可操作性却不易操作。邮局开展的各项邮政经营性业务皆有明确的办事流程,从各项邮件的范围、接收、寄运、投送、注意事项等多个环节予以规范。民众如欲到邮局办理相关寄递业务,这些流程应由民众本人亲自操作或者由其代理人代为操作;如果欲办理邮政业务的民众不识字或者又无代理人代为操作,鉴于邮政员役不能代寄件人办理寄件环节,投递寄件则无法完成。由此可见,北洋政府时期的邮政业务制度,所有的前提或者说其服务的对象即被限定在文化人相关群体或识字之人;没有文化或不识字者,办理邮政业务繁难实多。

除邮政局所外,尚有两类机构可满足没有文化或不识字者的寄递需求,即邮政代办所和民信局。邮政代办所作为邮政代办机构,虽有规则约束,但毕竟没有各类邮政局所开办邮政业务那般繁琐。更何况邮政代办人皆为所在地区的殷实铺户,迎来送往的顾客群体多为熟人熟客,商客双方自有一套信任机制,免去了开展邮政业务的繁琐流程,反而倒有利于邮政业务的开展,此即北洋政府时期各类邮政机构中邮政代办机构数量远超邮局的重要原因。作为经营民间寄递业务的民信局,业务流程及商客在长期的业务往来中建立了良好的信任关系,对于大部分民众来说,到民信局办理寄递业务更为便捷。由此,民间托带或私带邮件行为屡禁不止的重要原因就在于邮政业务制度的此类局限。

社会需要邮政的发展,此点毋庸置疑。但是,北洋政府时期各项制度建设又与社会需求存在着一定程度上的脱节,代办机构及民信局反而因为流程简单和熟人社会得到了极大发展。北洋政府时期邮政业务制度的局限性,限制了邮政业务的进一步拓展和邮政事业的发展,这一问题是邮政当局需要反思予以解决的。只不过在北洋政府时期邮政当局并未重视,亦未有采取相应的措施予以改善。

对邮政当局少有约束是北洋政府时期邮政制度中存在的主要缺陷。以邮政总办为代表的邮政总局是北洋政府时期全国邮政事务的最高行政管理机关。邮政总办虽在交通部的指导下经理邮政事业,但受限于清末邮传部从海关收回邮政管理权时达成的协议内容,主管邮政事务的中央职能部门在清末为邮传部,民国时期为交通部,对于邮政事务几无管理权可言。中央职能部门对于邮政有推广之功,无实际管理权,对邮政总局总办的监督也无从谈起。邮政总局领导下的邮政,某种程度上属于"独立王国",故其发展邮政的举措也较少地受到来自邮政系统以外的约束,给邮政当局的不规范行为留有制度上的缝隙。邮资加价便是典型案例。

民国时期,中华邮政曾多次实施邮资加价。邮政经营采取经费自筹原则,根据经营所需与物价指数进行邮资加价本属正当举措,但是邮政当局推动的邮资加价往往是自行决定,并不经由国家立法机关审议通过。无论是1922年邮资加价风波,又或1932年邮资加价风潮,还是中华邮政时期其他二十余次邮资加价,绝大多数为邮政当局及行政当局擅自提价,少有通过立法机关审议通过后施行。此既与民国时期的国家立法体制不符,也有违邮政法律法规的相关内容,如 1935 年《邮政法》第四条明确规定邮政当局仅能呈请行政院减低资费,不能增加各类邮资。[①]在该条法律条文未予修订之前,邮政当局及行政当局绕过国家立法机关审议直接公布实行邮资加价,即是违法行为。中华邮政时期,邮政当局及行政当局成为邮政制度最大的破坏者。

此外,邮政制度中规定"所有淫邪或有伤风化之物品"[②]均在邮政禁止寄递之列,但是 1932 年邮政当局在推动邮资加价的理由中指出,邮局每年赔累最多的书籍印刷品中以"阻碍文化之神怪淫污小说"为多。[③]这些本属禁寄之列的物品,邮政当局也予以了寄递。邮资制度运行在邮政系统内出现裂缝。无怪当时上海市书业同业公会向交通部陈明,邮寄书籍中"如有不道德之书贾,应请政府依利法制裁,不应多收邮费为之寄递宣传;即使政府欲加重淫污小说寄费以补助邮政,亦不当累及有功无过之学校用书、民众用书、专门用书;勿征收读书税以补助邮政"[④]。邮政当局及行政当推动的邮资加价,既不遵循法理程序,又为社会力量所驳诘。

邮政当局作为邮政制度的建设者、施行者、得益者,本应扮演着维护者的角色。事实上,在邮政制度运行的大多数时间里,邮政当局也确实是邮政制度的维护者,尤其是当来自邮政领域之外的因素对邮政运行造成不利影响时,邮政当局会利用制度乃至法律武器进行应对。堡垒往往是从内部攻破的,邮政制度也是如此。较为讽刺的是,邮政当局也是邮政制度的最大破坏者。邮政当局对邮政制度的破坏集中表现在邮资加价环节,1922 年与1932 年邮资加价风波均是如此。邮政当局与行政当局推动邮资调整,具体表现为邮资加价均是在未通过国家立法机关审议的情况下即宣布实施,招

---

① 《邮政法》,民国二十四年七月五日国民政府公布,二十五年十一月一日施行。
② 《邮政章程》(第十二版),1926 年印行,第 13、14 页。
③ 《交次陈浮木谈邮资加价原因:补填亏空,发展邮政》,《申报》,1932 年 4 月 11 日,第 6 版。
④ 《上海市书业同业公会为邮费加价答陈次长》,《申报》,1932 年 4 月 18 日,第 1 版。

致朝野各界之反对。①抗日战争时期中华邮政邮资加价更是如此。直至全国解放前夕,邮政当局在行政当局的支持下完成了对《邮政法》关于邮资加价条款内容的修订,获得了完全的邮资定价权,并不再需要由立法部门审议。无论自觉或不自觉,邮政当局实实在在地扮演了破坏邮政制度的角色,而且其破坏属于顶层打击。

北洋政府时期的邮政制度虽然存在着上文所言的不足之处,并为后续邮政事业发展过程中出现的波折埋下了制度性伏笔,但在北洋政府统治时期,邮政制度总体上还是被严格遵行的,在为该时期邮政事业的发展奠定了制度性保障的同时,也规范着邮政事业在邮政制度框架内运行。虽然抗日战争爆发以后直至解放战争在中国大陆的完全胜利,北洋政府时期奠定的邮政制度框架及条款内容中关于邮资的版块屡遭改动甚至被突破,但是整体而言,这套邮政制度中具有合理性的内容也一直被沿用,直至人民邮政建立之时也是如此。

(三) 关于邮政业务状况的问题

得益于相对完整的邮政法律法规体系、逐步健全的邮政制度建设、政府的有效推动,以及稳定且低水平的邮政费率,北洋政府时期邮政规模次第扩增,各项经营性业务开办有序,收支状况明显好转,扭亏为盈;邮政经营确有成效,实现了较为良性的发展。

1. 邮政经费使用合理

近代中国邮政虽属公共产品,办理邮政经费却由邮政当局自筹,并无政府财政予以兜底;如此,邮政欲取得长期发展,必然要合理地使用各项经费。北洋政府时期,邮政当局将邮政营业收入几乎全部投入邮政营业支出,尤为注重对邮政人工的投入,人工费用在邮政营业支出中占比最高。薪工及津

---

① 岳谦厚、田明:《舆论传媒、社会动员与权益博弈——1922 年北京政府邮资加价风波之考察》,《安徽史学》2008 年第 2 期;陈岭:《妥协共生:"社会中的国家"与社会——1932 年邮资加价风潮研究》,《乐山师范学院学报》2020 年第 6 期。

贴支出在邮政营业支出中的占比维持在 60％以上,最高时达到 72％,最低亦有 57.8％。1912—1920 年薪工支出常年维持在 70％左右,1921—1928 年虽有下降,但年均占比亦维持在 60％以上。北洋政府时期,邮政领域在加大人工投入的同时引入先进的技术手段,以投入拉动邮政持续增长。以北洋政府时期邮政运用先进运输工具为例,1921 年《邮政条例》公布施行,明确规定火车、轮船、长途汽车及航空器具有代运邮件之责,邮政当局酌给代运费用。北洋政府时期,邮政运输费用稳步增长,在邮政营业支出中占比最低时为 9.1％,最高时为 19.5％,年均为 12.5％。运输费用自 1921 年始逐步提升。多样化的先进运输工具的运用缩短了运寄邮件时间,提升了邮政运行效率。北洋政府时期,办公费用平稳增长。办公费用在营业支出中的年均占比约为 21％,最低时为 17.8％,最高时为 24.7％;1919 年始,办公费用总体上处于增加态势。办公费用较多的年份也是邮务机构规模扩大的年份,邮务机构增加,邮政规模扩大,所需的办公费用随之增加。

北洋政府时期,邮政支出以邮政员役薪工及津贴、办公费及运输费为主,占邮政营业支出比约为 99.95％,且上述三项支出皆属邮政投入范畴。由此表明,邮政是靠投入来拉动增长,主要是人力要素和技术要素投入,尤以人力要素发挥作用占比最重;1921 年以后,技术的作用也在逐步增加。北洋政府时期,邮政收支状况好转、结余数额并不为多的原因即在于历年邮政投入多,此系邮政当局以增加投入促进邮政发展的结果。

2. 邮政基础设施建设

近代中国邮政初创之时,仅于通商口岸及沿海大埠设邮政局,开办邮政业务。民国以降,在交通部的主导下,邮政当局基于发展邮政业务需要着力扩建邮务机构,扩增邮路里程,并引入新式交通工具用于运送邮件,邮政基础设施建设得以次第展开。

北洋政府时期,各类邮务机构皆有相当程度的发展。邮政当局直接经营的邮局在邮务机构中数量最少、占比最小,且呈连年下降之势;邮政代办所在邮务机构中占比呈现出先高后低的特征;信柜、邮站、代售邮票处占比呈总体升高的态势。北洋政府时期邮务机构类型和数量的增多,说明邮政规模确实在扩大;村镇类邮务机构飞速增长,表明广大农村地区邮务需求较旺盛。自清末以来,我国邮政即有由城镇向农村扩展的发展趋势,村镇类邮务机构的增幅与比重暗含了这一发展趋势。但农村地区的邮务机构以村镇信柜、邮站为主,开办业务有限。

邮路是开展邮务的交通线路。邮路沿线设立邮务机构,开展邮政业务,其规模是衡量邮政普及程度与推广状况的重要指标。北洋政府时期,各类邮路里程呈现稳步增长态势。邮路里程以较为传统的邮差邮路为主,航船线路、铁路线路虽有发展,但无论发展速度还是总里程均远不及邮差线路,汽车线路及航空线路更处于起步阶段,发展缓慢。邮运工具在秉承多样化的同时也朝着现代化努力,但现代化邮运工具仅应用于上海、北京、天津等少数城市的邮运系统,并未能够普及。

就北洋政府时期邮政局所的地理位置而言,城镇邮政局所多设于车站附近、繁华大街、水陆联运处等交通便利、商业繁盛之处,广大乡村地区的代办机构也多设于市镇商业大街或水陆便捷之处,以便利邮政业务的开展。不过,各类邮政功能局所的设置也存在城乡差距,各类功能局所,尤其是集多业务功能于一体的局所,多设于城镇,且大城市及口岸城市设置数量较多;在广大乡村及偏远地区,各类邮政机构不仅数量设置较少,功能较为单一,而且经营业务范围也较为有限。

北洋政府时期,邮政基础设施建设得到改善与持续加强,集中体现在邮政局所规模扩增、邮运里程延展、邮运工具多样化及现代化,推动了邮政规模的扩增。邮政基础设施是开展邮政业务的载体,扩增后的邮政规模为各项邮政经营性业务的铺展提供了条件。

3. 邮政经营特征

北洋政府时期,邮政经营有效的同时,亦伴随着基建不平衡、业务波动性及盈余少的特征。

邮政基础设施建设初具规模与不平衡共存。北洋政府时期,邮政基础设施建设已初具规模。各项邮路里程得以扩充,遍及全国的邮政线路网络基本形成。邮用工具在保持多样性的同时日益现代化。邮务机构沿交通线路渐次铺展,邮政局所规模日益扩充,但东重西轻的邮政格局同时渐露端倪。邮政局所多集中分布在东部地区,尤以大中城市分布最广亦最密集,现代化的交通工具投入邮政运营;在广大中西部地区,邮政局所分布较为稀疏,邮件寄送多以步马差为主,现代化交通工具极少出现,邮用工具自有较少且较落后。

业务办理已见成效与波动性共存。北洋政府时期,邮政各项经营性业务皆有不同程度的增长,说明邮政各项经营性业务办理确有成效。但邮政业务的增长又存在明显的波动性,各项业务既有连续快速增长的情况,亦出现巨幅下跌的情形。邮政业务的波动性集中表现为受政局影响较深,1927年因北伐战争影响,各项业务皆出现相当程度甚至巨幅下跌。

收支状况明显好转,但结余有限。邮政营业收支状况的好转是北洋政府时期邮政领域不争的事实。无论营业收入,还是营业支出,抑或盈余情况,均表明北洋政府时期邮政收支状况确实出现明显好转。邮政营业收支状况好转,尤其是盈余逐渐增多,又为邮政的持续发展提供了财力支撑。邮政收支虽渐好转,但历年结余数额有限,北洋政府时期年均结余约银元21.2万元,每个邮政局所(不含信柜、邮站等机构)年均仅余银元 20 元左右。鉴于邮政经费自筹,并无政府财政兜底,收支好转但结余有限,既不利于邮政规模的继续扩增,亦影响了邮政的长期稳定发展。

(四) 邮政市场问题

近代中国市场的显著特征便是市场遭到分割。市场分割增加了市场交易成本,阻碍了近代中国国内市场的成长和拓展。不过,近代中国市场的分割状态中同样也蕴含着不同程度的市场整合。所谓市场整合,是指一区域乃至一国的市场由于贸易网络发展,形成供求比较平和的情况,一般用各地价格变动的同步性和一致性来检测。① 于此言之,近代中国邮政具备了推进邮政市场整合的要素,甚至一定程度上具有了形成邮政统一市场的条件和可能。统一的组织架构、较为健全的制度供给、标准化的资费体系、日益拓展的邮政规模和遍及全国的邮路网络,皆是有利于近代中国邮政市场整合的条件。此外,近代中国邮政是由国家垄断经营的公共产品,在民国时期建立了涵盖基础性法律法规、组织与业务法律法规等较为完整的法律法规体系,是近代中国市场运营环境较为良好且有可能步入法治轨道的行业,也是近代中国为数不多的国家经营颇有成效的行业。②

传统上,中国通讯寄递业务由官方驿传体系与民间信局共同承担。官方驿传体系主要在王朝统治规制框架内履行"递送使客、飞递军情、转运军需"之责③,并不涉及民间通讯及寄递业务;民间通讯及寄递业务则主要由经营民间寄递业务的民信局承担。因此,通讯及寄递市场相应地也分为官方与民间两类。驿传体系与民信局在各自的市场范围内独立开展业务,并行不悖。

邮政于近代传入中国后,借助轮船、铁路、电报等新式交通、通讯方式得以快速有效地推广,相对于传统驿传体系和民信局而言,邮政在传递的时效性、通运的便捷性与运输量等方面皆具有绝对比较优势,尤其在功能上给予传统驿传体系以致命的打击。邮政在军政及民用领域的快速发展,也使得清末政府看到了日益迟滞低效的传统驿传体系的转型方向,故而清末政府开始积极谋划裁撤驿传,推广邮政。清末,政府在推行"裁驿归邮"过程中,

① 吴承明:《经济史:历史观与方法论》,商务印书馆2017年版,第338页。
② 中国第二历史档案馆藏:《邮政总局有关编制邮律及邮政条例之公布文件(1911—1924年)》,卷宗号1-645。另见交通部、铁道部交通史编纂委员会编:《交通史邮政编》第一册,上海:民智书局1930年版,第116页。
③ 《大明会典》卷145"兵部二十八"。

未能有效地解决"驿传事务管理权""驿费使用权""邮政管理权"等难题,以致清末官方通讯市场中驿传体系与邮政并存,共同承担官方通讯事宜。

邮政业务范围并非如驿传体系,仅限于官方,且近代中国邮政正式创办时,便采取自负盈亏的财政政策,邮政的持续经营依赖资费收入。因此,邮政业务便与经营民间通讯寄递业务的民信局出现重合,在邮政尚未彻底取代民信局之时,共同分享民间通讯寄递市场。

此外,外国列强在华设立的通信机构"客邮",不仅侵犯了中国邮政主权,还将经营业务由在华外国人与母国业务扩展到中国民间业务,且由口岸城市向内地逐步扩充。"客邮"作为近代中国邮政领域内之异端,既危害中国邮政主权,也侵害了中国邮政市场的完整性。客邮对邮政市场完整性的侵害,不仅限于邮政,对民信局而言也同样如此。

自邮政传入中国以来,本为官民分立的中国通讯寄递市场,异化为由驿传体系、民信局、邮政、"客邮"四类市场实体共同分割。不过在此四家分立的近代中国通讯寄递市场,也存在着向市场统一方向酝酿的演进因素。撤销外国列强在华"客邮"、裁撤驿传、推广邮政,便是如此。上项举措在清末虽未能得以完全实现,却为民国时期"裁驿归邮"及撤销"客邮"做了铺垫,进而为推动邮政统一市场建设进程提供了条件。

民国时期,大清邮政官局更名为中华邮政,归属中央职能部门交通部管辖。中华邮政在交通部擘画经营下,继续推进清末未尽的"裁驿归邮"、裁撤"客邮"等事宜。1913年6月,负责管理全国邮政事务的邮政总局报告各省先后完成裁撤驿站,所有公文改归邮局递送,[①]至此"裁驿归邮"、实现驿邮转型的目标得以完成。"裁驿归邮"的顺利完成,宣告了近代中国通讯寄递市场中传统驿传体系与邮政并立的局面至此终结,邮政统一市场建设得到有效推进。自大清邮政官局正式创办后,主管邮政事务的中央职能部门邮

---

① 交通部、铁道部交通史编纂委员会编:《交通史邮政编》第一册,上海:民智书局1930年版,第30—32页。

传部就一直试图通过谈判的方式裁撤外国列强在华所设"客邮"。中华民国建立后,交通部继续推动裁撤"客邮"事宜,经过持续不断的努力,"客邮"问题在 1922 年的华盛顿会议上基本得以解决。[①]"客邮"的裁撤,标志着中华邮政实现了对近代中国通讯寄递市场中官方市场的统一。

　　近代中国邮政一经出现,与经营民间寄递业务的民信局就处于竞争状态。只不过大清邮政官局创办之时,邮政刚刚起步,尚无力解决民信局问题,且与民争利又与传统王朝施政理念相悖,故民信局只要在邮局注册,并按照官方章程将包封交邮局寄送,即可正常营业。除此之外,"所有商民人等不得擅自代寄信件,违者每件罚银五十两"。[②]随着清末民初邮政事业的稳步发展,取缔民信局又被提上议事日程。邮政当局借助官方威势,以规范民信局经营为由,逐步将民信局纳入邮政经营轨道,并通过吸收民信局所长、针对民信局缺点改进邮政业务的方式,挤压民信局生存空间。1928年,南京国民政府召开交通工作会议,邮政组提案讨论取缔民信局,经大会讨论通过决议,民信局"尽于民国十九年以内取缔"。[③]嗣后,行政院饬令交通部呈递取缔民信局办法,并通令各省市及军政机关严饬各信局遵照邮章办理。[④]至此,民信局陆续退出民间通讯寄递市场,仅有东南沿海一带经营华侨通信及汇款业务的侨批局在获得国民政府许可后得以继续存在。[⑤]

　　土地革命战争时期,为了适应革命战争的需要,部分革命根据地的苏维埃政府在党内交通组织的基础上相继建立邮政机构。1930—1935 年间,赣

---

① 李家涛:《北洋政府收回邮政利权考察——以〈邮政条例〉编制进程为中心》,《上海经济研究》2020 年第 1 期。

② 《总税务司赫德议开办邮政章程》,见《清朝续文献通考》卷 377"邮传考十八·邮政"。

③ 《昨日第四次大会开会情形指定赵叔雍等起草宣言》,《申报》,1928 年 8 月 19 日,第 15 版。

④ 《呈为取缔民业信局办法请通令各省市及军政机关严饬各信局遵照邮章办理由》,《行政院公报》,1929 年第 78 期,第 43 页。

⑤ 《令邮政总局:为奉令将废止民信局之议暂缓办理仰遵照由》,《交通公报》,1929 年第 75 期,第 3 页。

西南赤色邮政总局、闽西交通总局、中华赤色邮政湘赣边省总局、江西省赤色邮务总局、闽浙赣省邮政管理局、湘鄂西赤色邮务总局、中华苏维埃共和国邮政总局、川陕省赤色邮政总局、鄂豫皖苏区交通委员会先后成立,初步建立了苏区赤色邮政体系。1932 年 5 月 1 日,中华苏维埃共和国邮政总局于瑞金成立,统一领导和管理苏区邮政工作。总局成立当天,中华苏维埃共和国中央内务部颁发了《中华苏维埃共和国暂行章程》,作为统一管理苏区邮政的依据;颁发《中华苏维埃共和国邮政各类邮件寄费清单》,统一各类邮件资费标准;并发行了用于苏区的统一制式邮票。至 1934 年,中华苏维埃共和国邮政总局直接领导江西、福建、湘赣、闽浙赣、闽赣、粤赣等省的邮政管理局和瑞金县邮局,以中央苏区邮政总局为核心、各苏区邮政管理为枝干的红色邮政机构和管理体系得以正式建立,苏区邮政市场也得以走向统一。

1931 年 9 月 18 日,日本发动"九一八"事变,入侵中国东北地区。此后,东北三省相继沦陷。1932 年 2 月 18 日,日本在东北扶植成立了傀儡政权"满洲国",并于是年 7 月,强行接管了中华邮政奉天及哈尔滨两个邮政管理局和其所属的县市邮政局、邮政代办所 1 002 处,一并改称"满洲国邮政"。在伪满洲国治下的 14 年时间里,按照伪满当局的说法,邮政"已脱离中国,实行独立,理应不受南京政府命令"。①近代中国邮政自裁撤"客邮"以来维持的邮政主权统一局面遭到破坏,中华邮政推动形成邮政统一市场的努力被打断。

北洋政府时期,我国政局动荡不安,各项建设事业尤其是国家经营事业的发展多难有成效或未能达到预期,邮政却是其中一个例外。北洋政府时期,我国邮政事业虽不乏问题,但是得益于邮政当局的擘画经营、邮政法律法规体系的逐步形成、各项邮政制度建设的逐步完善以及邮政人群的勇于任事,获得了相当程度的发展,为其继续发展奠定了基础。

---

① 曹双禄等编:《中国近现代邮政资费史》,北京:人民邮电出版社 2003 年版,第 546 页。

二、不 足 之 处

本书研究不足之处主要存在以下几个方面。

(一) 内容结构方面

本书研究主要以北洋政府时期邮政法律法规、各项邮政制度、邮政人群及邮政业务状况等内容为考察对象,行文的落脚点在于以邮政事业的发展状况为线索,探索是什么原因使得邮政事业能够在北洋政府时期获得如此发展,故而对邮政组织、管理、业务、人事等各项制度以及邮政业务状况予以爬梳。但是,邮政资例问题及邮政涉外事项内容却未予涉及。邮政资例问题,主要指其在北洋政府时期是否如邮政组织、管理、业务、人事制度般被视作一项既有的制度,邮政收费标准是否亦已有制度化构建。更何况邮政资例问题又关涉物价问题,一直是邮政领域内争论较多的议题。1930 年代的全国邮务会议以及在修订《邮政法》时均有专项讨论,尤其在《邮政法》的修订过程中,争论最多的就是邮政收费标准问题。邮政涉外事项含三项内容,即撤销"客邮"、加入万国邮联与邮联国家开展联邮业务。邮政涉外事项涉及外务活动,多涉外交事宜。外交事宜已超出邮政当局的权限,邮政涉外事项只能作为外交事宜中的一项议题附入其中。本研究未有邮政资例及以邮政涉外事项内容,如此一来,北洋政府时期的邮政概貌即有缺失。

(二) 制度变迁轨迹问题

北洋政府时期,邮政法制及制度建设均取得了相当的成果,本研究以探讨该时期内邮政制度设计、建设与运行为主,对邮政制度的调整及运行轨迹却基本未涉及。制度研究如不能对其运行过程中变迁问题进行追踪,有失深入。为研究时段所限,邮政制度变迁问题未能深究。

(三) 研究方法

本书第五章"邮政业务状况"基于交通部部署机构编修的《中国邮政统计》《中国邮政统计专刊》以及《交通史邮政编》等各项邮政统计资料成文,且行文以围绕统计资料进行叙述性解读为主。第五章所有统计数据均来自《中国邮政统计》《中国邮政统计专刊》以及《交通史邮政编》,但邮政当局数据统计方法却有待商榷之处。邮政当局的统计资料中,除财务、储金等均安实数统计外,其余均采用取样抽查法,而非逐月或逐日记载,抽取结果再间接从营业收入、邮票售额等项中稽核。①鉴于此,本研究论述的邮政业务状况只是就邮政统计数据如实解读,只能是较为接近邮政业务本身的情形,按照王仲武所言:"此法手续虽甚简略,然以各区管理局及总局查核精审,兼以多年经验,各方对校,故每年报告资料之结果,均有甚高之确度。"②

三、进一步研究的方向

(一) 邮政代办机构问题

近代中国邮政经历了海关试办时期、大清邮政时期及中华邮政时期等三个阶段,邮政亦逐步由口岸城市向非口岸城市、由城市向乡村地区、由东向西布局。邮政由城镇向乡村地区扩展,邮政代办机构扮演着至为关键的角色,且邮政代办机构本就是所有邮政局所中数目最多、比重最大且分布最为广泛的一类。邮政代办机构几乎不耗用邮政资源,却对推广邮政贡献至多,补救了邮政局所未能深入广大乡村地区的不足。邮政代办机构的分布

---

①② 王仲武:《中国邮政统计》,出版地不详,立法院统计处印行,出版时间不详,第2页。

格局、经营邮务方面与各等邮局及邮务支局的比较研究，均是值得继续关注之点。

（二）邮政法律法规体系问题

北洋政府时期，中国邮政系统内围绕着邮政基础性法规、组织法、业务法等领域修订并颁发了一批相关法律法规，初步构建了邮政法律体系。学界目前并未有专项研究或专文对邮政法律法规问题进行研究或考察。本书亦仅就《邮政条例》修订及运行问题作了初步探析，远不足以窥探邮政法律体系。何况南京国民政府统治时期，邮政当局大规模地整理邮政法律法规，将多部邮政法规上升到法律的高度，建立了相对完整的邮政法律体系。邮政法律法规体系亦是邮政问题研究需要继续关注的领域。

（三）邮政资例问题

邮政资例事关邮政经营成败，稳定而又可行的邮政收费标准对邮政各项经营性业务的发展至关重要。如若邮政收费标准定价过高，无疑影响民众入局办理各项邮件业务，亦有失邮政作为国家专营事业服务大众的宗旨；如定价过低，势必增加邮政成本，不利于邮政的长远发展，何况本就无办理邮政专款可用。邮政收费皆以邮票为准，对于邮政资例问题，即可以邮票为研究视角，通过对邮票的种类、发行、使用、损坏邮票行为的惩处等问题的梳理，以及其他行业反对邮政寄费加价问题的抗议活动，管窥邮政收费问题。

（四）邮政制度变迁问题

本书研究仅限于北洋政府时期，研究的时段较短，无法就邮政制度变迁问题进行梳理。邮政自海关兼办、试办始，至中华邮政在中国大陆暂告一段落的 1949 年，已有八十余年。这八十余年间邮政制度的延续与变迁问题，无疑值得予以应有的关注。随着近代中国政局的变化，抗日战争时期，近代中国邮政主体一度由中华邮政变为中华邮政、伪政权建立的伪邮政、中国共产党领导的红色邮政等多个主体,各个邮政主体之间的制度既有延续性,表现为对中华邮政制度的借鉴,又各有特征。何况,近代中国邮政制度多采他法,制度的移植与适应性问题无疑具有相当的研究价值。

(五) 近代中国邮政市场的统一问题

近代中国邮政正式创办后,缘于邮政公共产品属性,撤销"客邮"、统一邮政主权以及参与邮政全球化的需要,邮政当局一直积极推动邮政统一市场建设。然受政局、交通现实、技术条件等因素所限,近代中国邮政市场屡屡遭遇分割,不仅未能实现统一,甚至还一度出现多元分立的市场格局。北洋政府时期,中国邮政市场有传统驿传体系、中华邮政、"客邮"、民信局等四类邮政主体并存。中华邮政通过裁撤驿丞归并邮政、撤销列强在华"客邮",规制并限制民信局营业等举措,一度使得近代中国邮政市场有趋于统一之势。然受政局等因素影响,全国统一的邮政市场一直未能建立。近代中国邮政市场,虽处分割状态,但分割后的各区域市场之间彼此也有业务往来;而规则制度上的相互借鉴与延续性,又使得各分割市场之间保持既定的联系,并非完全隔绝;一旦条件改善或成熟,便易于改弦更张。近代中国邮政的发展历程已经证实此点。此即近代中国邮政市场上多个实体最终向红色邮政统一邮政市场方向演进的逻辑所在。作为近代中国为数不多的经营颇有成效的行业,其统一市场进程及呈现的特征也是邮政史研究所应予以关注的问题。

(六) 研究方法问题

本书所用的邮政业务多项数据如邮件数目、包裹数目等,均为邮政当局以取样抽查的方法所得,此法为邮政统计惯例,虽非邮政业务经营状况完全真实的数据,但按照邮政取样方法并辅之以营业收入、邮票销售银额进行考核,所得数据的真实度非常高,亦能反映邮政业务的开展状况。邮政当局按年分邮区的取样统计方法考察邮政总体业务经营状况,实际所用为样本考察总体的统计原理,此点正与现代计量经济学所用的数理工具理念相符,利用计量方法考察邮政业务数据,不失为邮政业务研究可资利用的方法。

附 录

一、邮政法规及制度资料选录

（一）《邮政司办事细则》

中华民国北京政府公布

交通部部令第八十八号

兹订定本部邮政司办事细则三十六条特公布之此令部印

中华民国二年七月三日

交通总长朱鈡

邮政司办事细则

第一章　分科职掌

第一条　本司掌管事务分设四科如左

一　总务科

二　经画科

三　通卓科

四　综合科

第二条　总务科所掌事务如左

关于办理机要事项

关于厘定华洋员司合同保障事项

关于保存档案事项

关于本司收发文件事项

关于编制统计事项

关于处理报告请愿事项

关于编定管理章程及筹备改良事项

关于审订各局所编制及薪俸事项

关于审核邮局人员任免升迁降调及考成事项

关于编定邮局人员酬劳抚恤等章程事项

关于编译邮会入会章程事项

关于保管司印事项

关于刊造大小邮局关防钤记图记事项

关于编定中外地名录及邮政一切用语事项

关于审订国际邮务条约及邮件交还章程事项

关于综合本司会计及购置一起应用物件事项

关于不属各科事项

第三条　经画科所掌事务如左

关于调查国内邮递情形事项

关于调查国外邮政情形事项

关于筹划撤销各省客局事项

关于筹划裁并驿台各站办法事项

关于筹划停止各省民局事项

关于监督代办邮局事项

关于筹备邮区人口之调查事项

关于筹划邮局之添设及变更事项

关于添设各省乡镇递信专差事项

关于测绘邮界道里总分图事项

关于监察邮递方法事项

关于分化邮区及推广邮线事项

关于管理火车及汽车中收送邮件事项

关于军事邮政之管理事项

关于稽（以为"审"）核各邮局产业事项

第四条　通阜科所掌事项如左

关于筹办邮便储金事项

关于邮便汇兑及其改良事项

关于筹造邮票信片事项

关于管理款项出入事项

关于审核全国邮局人员薪金工资事项

关于处理代货主收价及筹办代债主索偿事项

第五条　综合科所掌事务如左

关于编造岁出岁入预算决算报销各项银钱册籍事项

关于审核总分各局账目用款事项

关于考核各邮局报告现业情形事项

关于经理处分邮政营业上所属之损害赔偿诉讼事项

第二章　权限及责任

第六条　司长承总长之命总理本司一切事务指挥监督各职员

第七条　各科科长承司长之命总理本科事务

第八条　司长就本司管辖事项得分别重轻以职务之一部分委任科长暂时代为执行

第九条　各科科员承长官之命助理本科事务

第十条　雇员承长官之命办理缮写文件及其他庶务

第三章　收发文件

第十一条　凡文件到司由总务科收文专员点收摘由编号经总务科长查对即呈司长核阅但事关紧急者得先呈司长或先送某科核办。凡有洋文文件由总务科译出再照前项办理。

第十二条　附有现银钞票证券物品之文书须于收文簿及到文面上逐一注明其现银等物即送主管之科由接收人签字慎存

第十三条　凡应呈堂核阅文件经司长阅后即行呈堂

第十四条　文书科送到收文经司长核阅后及别处送到文件经司长核阅并应呈堂者于呈堂后由总务科按照本司各科执掌分归各科办理到文面上须注明某科字样

第十五条　到文有与数科互相关联者得依其性质分别轻重依次填明数科字样送交填写在前之科主稿会同他科办理俾资接洽

第十六条　各科所发文电均登载本科发文分档摘由填明月日连同原稿送由总务科发文专员办理其有应用部印者各科须先登用本部收发处用印

第十七条　发文专员发文电时按照发文分档所摘事由登记发文总档并编号填明月日及主稿机关立即发送其应由总长签字盖印者则呈堂签字盖印后封发

第十八条　用本司名义所发之件应由承办之科呈司长签字盖印后再交发文专员办理

第十九条　收受文件应由收受者凭簿盖本司图记并签字为据

第四章　事务办法

第二十条　到文及一切事件经总次长可知书明办法概略或面授办法者由主管员或临时制定之员分别拟稿办理

第二十一条　各科分到文件应办者或各科执掌范围内应办之事由各员分别拟稿办理其重要之件应商承科长办理或由科长商承司长酌定办法再行拟办

第二十二条　各科所办稿件拟稿人应亲自署名由科长校阅签字后再呈司长核阅

第二十三条　经司长核定之稿应即呈堂如有到文者附呈其有应向总次长面陈

或特别紧要者则由司长呈递

第二十四条　呈堂核阅稿件及附呈到文交还本司时由收文专员用送稿件簿送回各科其稿件则由各科自行交给书记生缮写正文正档各科接收员须在送稿件簿上画押为据

第二十五条　凡各科或别厅司借阅文件管理案卷专员立即检出用调查案卷簿送交由接收员画押为据交还时则由管理案卷专员在该簿上注明退还日期归回原档

第二十六条　各科事务或各员所办事务有互相关联者应彼此协商办理若意见不同时应请司长或科长裁夺

第五章　会议

第二十七条　司长为征集意见商议办法得开会议其会议规则另定之

第二十八条　各科会议司长科长组织之科员经司长指定邮政总局人员经司长约定得到会与议或报告事项

第二十九条　左列各项情形应付各科会议

一　事涉二科以上有一科以上科长陈请者

二　关于一事件科长与科长意见不合陈请者

三　法规草案及各项单行章程之规定须得同意者

四　其他由司长认为应付会议者

第三十条　司长指定若干员会同筹办一事或拟一章程各员得组织职员会议请司长临席

第三十一条　凡会议由司长主席或司长指定人员主席职员会议司长不到会时得自举主席

第三十二条　凡各会议之结果无拘束司长之效力

第六章　附则

第三十三条　各科办事细则得自行拟呈由司长核定

第三十四条　本司雇员办事细则除别有规定外本细则仍适用之

第三十五条　如有未尽事宜由司长或科长提议修改呈堂核定

第三十六条　本细则自公布日施行

（二）《邮政条例》

大总统令

兹制定邮政条例公布之此令

中华民国十年十月十二日

国务院总理靳云鹏

交通总长张志潭

教令第三十二号

邮 政 条 例

第一条　邮政事业专由国家经营

第二条　信函明信片之收取寄发及投递为邮政事业

第三条　邮政机关除第二条事项外得兼营左列各种物件之收取寄发及投递

一　报纸书籍及其他印刷物

二　货样及贸易契据

三　其他可以递送之件

第四条　左列事务亦得由邮政机关兼营

一　汇兑

二　包裹

三　储金

四　凡加入万国邮会各国之邮政机关所经营之事务

五　其他依法律命令之所定属于邮政机关之事务

第五条　无论何人不得经营第二条之事业但左列各款不在此限

一　承揽运送业者随货物发送之凭券

二　临时雇用或委托特定之一人向特定之一人收取或递送信函

第六条　邮费之交付以邮局发行之邮票明信片邮制信笺及照章盖用之邮政事务

戳记或立券报纸上之戳记表示之

邮费定率于邮政章程定之

第七条　邮票及邮局发行之明信片邮制信笺有污损时失其效力

第八条　邮政机关之员役因执行职务暨所有邮件包裹及邮政公用物经过道路桥梁关津及其他交通线上有优先通行权并得免纳通行费遇有城垣地方当城门已闭时得随时请求开放

第九条　邮政机关得于道路官署学校宅地商店工场及其他公众出入之处所设置收受邮件专用器具但除道路外须得管理人之同意

第十条　邮政机关公用物除由外洋运到各件应纳海关进口税外概免各种税捐

第十一条　关于邮政事务无能力者对于邮政机关之行为视为有能力者之行为

第十二条　检察官警察官及其他地方行政官员除依本条例之规定应付完全之责任外对于邮政事务及邮政产业须以实力维持保护之

第十三条　所有在本国之铁路均须依交通部所定办法负运送邮件及包裹之责铁路因运送邮件暨包裹须备有足容邮政机关员役及邮件包裹之车辆

第十四条　凡船舶往来于中国各口岸或由中国口岸开往外国口岸者均负有沿途代运邮件暨包裹之责

第十五条　凡航行于内河之轮船及其他定期往来于一定航路以运送为业之船

均有免费代运沿途邮件及包裹之责但遇有重大包裹得由邮政机关酌给酬费

第十六条 长途汽车无论开往何处均须依交通部之所定负代运邮件及包裹之责

第十七条 飞艇飞机及其他各种航空之具在中国领土于一定区域内准许飞行者须依交通部所定办法负代运邮件之责

第十八条 依第十三条至第十七条之规定有代运邮件及包裹之责者在车船开行前应将邮政机关交运之件逐件接收车船到达后应即按照邮政机关所指定之邮政机关逐件点交

第十九条 邮政机关员役不得开拆他人之封缄信函或泄漏明信片所载之内容但依法律之规定应由主管官署检阅或扣留者不在此限邮政机关人员不得侵犯邮政汇兑及邮政储金之款项

第二十条 邮政机关员役关于其职务事项未经该管长官特准不得为法律上之证人

第二十一条 各种邮件及包裹均须设法递交表面所指定之受取人如因受取人之所在不明实属无法递交时应即退还寄件人受取人及寄件人之所在不明无法递交亦不能退还时应由邮政机关于相当期间内公告之依前项规定公告后仍无人受取之邮件及包裹得由邮政机关处分之公告之期间及方法于邮政章程定之

第二十二条 前条之规定于邮政汇款准用之

第二十三条 挂号快递邮件如有遗失保险邮件包裹及保险包裹如有遗失毁损时寄件人得向邮政机关请求损害赔偿但有左列情事之一者不在此限

一 其损失之事由出于寄件人或受取人之过失者

二 邮件之性质有瑕疵者

三 因天灾地变及其他不可抗力而损失者

四 在外国境内遗失依其国之法令不负赔偿责任者

前项赔偿之方法于邮政章程定之

第二十四条 挂号快递及保险邮件包裹及保险包裹如有遗失或误投或延迟或无法投递致寄件人或受取人直接间接发生损害时邮政机关除照前条赔偿外不负其他责任前项邮件包封及包裹内附装之某物如有遗失或损坏致寄件人或受取人直接间接耗有费用者邮局亦不负责

第二十五条 各种邮件及包裹依寄件人之指定递交受取人或退还寄件人时如表面无私拆痕迹重量并不减少者不得以毁损论重量虽减少其减少之原因由于该物件之特性者亦同

第二十六条 邮政机关因欲确知受取人之真伪得使受取人为必要之证明

第二十七条 违反第五条之规定者处以五百元以下五十元以上之罚金并按邮章所规定之数将各该邮件科罚邮资

第二十八条　伪造或变造邮票及邮局发行之明信片邮制信笺者依刑律伪造有价证券罪处断其知情而发售或行使者亦同邮政机关员役犯前项之罪者加一等处罚

第二十九条　冒用邮政专用物及其旗帜标志者依刑律第二百五十条加一等处罚

第三十条　邮政机关员役违反第十九条第一项之规定者依刑律第三百六十二条加一等处罚违反第十九条第二项之规定有窃盗或侵占之情事者依刑律第三百六十七条或三百九十二条加一等处罚

第三十一条　邮政机关员役窃取邮件包裹之全部或一部分者依刑律窃盗罪加一等处罚其削脱或窃取邮票者亦同

第三十二条　第三十条第三十一条之规定于有代运邮件之责者适用之

第三十三条　邮政机关员役无正当事由拒绝寄件人之交寄邮件或将邮件遗失或故意延误或毁损者处以百元以下五元以上之罚金

第三十四条　骗取窃取或无故开拆藏匿毁弃他人之邮件者依刑律第三百六十二条处断

第三十五条　骗取或窃取他人邮寄之财物者依刑律诈欺取财罪处断

第三十六条　误收他人邮件因恶意不将邮件缴还者依第三十四条之规定减一等处断如窃取邮件内之财物者应依刑律窃盗罪之规定并从俱发罪例处断

第三十七条　第三十四条至第三十六条之犯罪者依被害人之请求仍负担损害赔偿之责

第三十八条　于明记价值之信函包裹浮报价值或捏报价值者依刑律第三百八十二条处罚其利用邮件以售其诈欺取财者亦同

第三十九条　于邮政机关员役执行职务时加以妨害者依刑律妨害公务罪处断

第四十条　未经邮政机关许可发卖邮票明信片及邮制信笺者处以五十元以下五元以上之罚金

第四十一条　无论何人利用邮件藉图漏税者依关于课税之法令处断

第四十二条　无论何人利用邮件寄送违禁物品者依刑律及其他法令之规定处罚

第四十三条　负代运邮件之责者有左列各款情事之一时如系个人处以五十元以下五元以上之罚金如系公司或合伙处以五百元以下五十元以上之罚金并得酌量情形停止其营业

一　无正当事由拒绝邮件之代运者

二　遗失邮件或故意延误毁损者

三　违反禁制者

第四十四条　依本条例之规定受刑律之制裁者其从犯不适用刑律减等之规定邮政机关员役依本条例受刑罚之宣告者不得复从事于邮政机关之职务

第四十五条　关于邮政事务遇有万国邮会发生之事项应由邮政总局承交通总长之指挥处理之

第四十六条　本条例施行前以第二条之事项为营业曾经邮政局许可或于本条例施行后三个月以内呈请邮政局许可者视为邮政局之代理机关不适用第五条之规定但邮政局认为必要时得停止其邮政营业

第四十七条　本条例自公布日施行

（三）《邮政储金条例》

邮政储金条例

第一条　邮政储金直辖于交通部由邮政总局经理之

第二条　邮政储金之总额每人以二千元为限每次存入须满一元以上但学校及其他公益团体之储金总额得增至三千元。储金总额逾前项数目者其逾额之储金不给利息

第三条　储金之存入及支取均以储金簿为凭

第四条　邮政储金除现金外得以邮票行之

第五条　邮局应印刷邮政储金用纸储金者得随时以各种邮票黏贴至满一元以上时送由邮局销印按数记入储金簿

第六条　持有邮政储金簿者不问在何地之邮局均可存入支取各邮局通储之方法由交通总长以部令定之通储金未办以前邮政储金之存入支取以储金簿所记载之邮局为限

第七条　支取储金在二百元以上者须于前一日通知邮局在五百元以上者须于前二日通知邮局

第八条　邮政储金之利息自存入之日起按年计算其利率由邮政总局拟定呈请交通总长核准公告利率有变更时亦同

第九条　邮政储金簿每半年由邮局检阅一次计算利息之总额拨入储金。前项利息于每年六月及十二月结算

第十条　每届检阅邮政储金簿计算利息之期由邮局通知储金者呈验储金簿逾期未呈验者其本期利息不得拨入储金

第十一条　邮政储金须以妥实方法运用生息不得移作别用

第十二条　邮政储金设储金监理会决定关于储金运用生息一切事宜前项储金监理会以审计院长财政总长交通总长邮政总局局长总办交通部邮政司司长及国务院特派员组织之

第十三条　关于国币之法令尚未施行以前储金之存入支取均以邮局所在地之通用银元为限

第十四条　本条例施行细则以交通部部令定之

第十五条　开办邮政储金之日期地点以交通部部令定之

资料来源:《交通月刊》1918 年第 25 期,第 34、35 页。

(四)《邮局代订刊物简章》

邮局代订刊物简章

1934 年 4 月 1 日交通部公布

第一条　邮局代订之刊物以具备左列各款者为限

(甲)在设有中华邮政局所之地方出版者(现在先就设有邮局各地试办)

(乙)新闻纸杂志发行满一年者

(丙)曾在邮局挂号认为新闻纸类者

(丁)每期发行数目新闻纸在五千份以上杂志在一千份以上者

第二条　凡欲作为邮局代订刊物者应由发行人依式填具邮局制就之声请书附缴登记费国币十元向该管邮政管理局声请登记

声请书所列各款如有变更应随时函报该管邮政管理局

第三条　邮政管理局对于声请登记之刊物如查与本简章第一条规定相符者即将该刊物编号登记填给登记执据认为"邮局代订刊物"

发行人有违反法令或邮局章程时前项登记执据邮局得撤销之

第四条　已登记之刊物得由各邮政局所代订并由登记之邮政管理局于核准登记后应将刊物详情通知全国各局所张贴长期通知(现在先由各邮政管理局及各一二三等邮局试办)

第五条　委托邮局代订之刊物其订阅期间新闻纸至少为三个月杂志至少为半年

第六条　委托邮局代订刊物者应缴清售价及寄费并依式填具邮局制就之托订刊物单两份交由代订之邮局办理

售价寄费之汇费邮局得一概免收但汇费超过每元二分时得依其超过之数征收补水费

邮局收到售价寄费或补水费应给予收据为凭

第七条　邮局代订刊物应按该刊物售价扣除手续费计杂志百分之十五新闻纸百分之三十其余数即汇给发行人由发行人缮具定单寄回存查

售价如连寄费在内者亦同样扣除手续费但寄费另有规定不在售价之内者应将寄费全数寄交发行人

第八条　邮局代订刊物时应依次编一订户号数发行人寄交刊物以及与邮局互相查询时均应注明此项订户号数

第九条　发行人应将刊物付足邮费按其汇齐封寄代订之邮局收折转送订户并于封面书明邮局所编订户号数及刊物份数

第十条　邮政代订之刊物如有中途停刊遗漏或因故被扣情事邮局概不负责赔偿责任惟可代为查询

第十一条　本简章于呈奉交通部核准公布日施行

(五)《邮局代订刊物办事细则》

邮局代订刊物办事细则

1934 年 4 月 1 日交通部公布

第一条　邮政管理局收到刊物发行人声请书并登记费时如所开各款均经查明属实并核与邮局代订刊物简章第一条各款及邮局挂号执据存根相符即将该刊物编号登记发给登记执据作为邮局代订刊物并将原声请书黏附登记执据存根内备查

前项登记费应在损益账内营业收入门第二项第三目后加添第四目"代订刊物登记费及手续费"一栏内入账并在收支员现金张单内添列"代订刊物登记费及手续费"一格

第二条　凡已登记之刊物应由核准登记之管理局将刊物详情依左列各款通令所属知照并通函各区转知一面将该通函录呈邮政总局备案

（一）刊物名称

（二）登记执据号数

（三）发行地址

（四）几日发行一期

（五）每期发行份数

（六）每三个月半年及一年之售价与寄费

前项各款遇有变更时应即通令及通函更正

第三条　代订刊物各局所于接到刊物登记之通知后应将刊物详情缮具小条黏贴于代订刊物一览表上张贴局前公示遇有变更时应随时更正之

代订刊物一览表由各邮政管理局发给每年新换一次

第四条　代订刊物各局所应备具托订刊物单订户得免费索取订户填就只托订刊物单一份存局备查一份由局随同月账寄缴管理局查核

第五条　代订刊物各局所应备具代订刊物三联单第一联掣给订户作为代订刊物收据第二联随同汇款寄交发行人第三联作为存根并将托订刊物单黏贴其上备查

第六条　代订刊物各局所应将代订之刊物按每一信差投递地段各备"代订刊物投递一览表"载明左列各款按照投递

（一）订户号数

（二）订户姓名

（三）订户详细地址

（四）刊物名称

（五）起讫日期

第七条　邮局代订刊物简章第六条第二项之补水费应等列随发汇票登记簿内照普通汇票之汇费及补水费入账

第八条　代订刊物之局所对于所收刊物售价（其售价连寄费在内亦同）除按邮局代订刊物简章第七条扣除手续费外其余数应于当日开发公事汇票随同代订刊物单一并寄交发行人如寄费另有规定不在售价之内即以该寄费全数并入上述扣除之售价内开发公事汇票

邮局代订刊物之手续费应登入本细则第一条第二项所规定之账目内

关于代订刊物之公事汇票应在汇票登记簿"附注"栏内填明"代订刊物"字样

第九条　各局所封发及转递邮局代订刊物时应于寄信清单内注明备查如遇刊物种类过多时得由原寄局所另立寄信清单直接封寄

第十条　代订刊物之局所收到代订刊物时应先查明封面所书份数及订户号数与内容是否相符然后交由信差按照代订刊物投递一览表分别投送

第十一条　邮局代订刊物简章及本细则规定之各书式单据均由邮政总局核定之

第十二条　本细则于呈奉交通部核准公布日施行

（六）《邮局代购书籍章程》

邮局代购书籍章程

1934 年 9 月 12 日交通部公布

第一条　各地邮局得依该局开发汇票之限额及本章程之规定代人定购书籍

第二条　凡委托邮局代购之书籍以经邮政总局登记而未撤销者为限

第三条　依邮局代购书籍声请登记规则登记之书籍由邮政总局汇刊代购书目

代购书目应于每月或每季刊行一次并须于每年汇编总目

代购书目应分别载明书类书名著者或译者姓名发行所名称地址发行年月版次版本装订样式册数重量邮费实售价目登记邮区及号数并得附载不逾五十字之简单说明

第四条　邮政总局刊行之代购数目应随时分配于全国各地邮局置于公开处所任人阅览前项代购书目并得定价售卖之

第五条　委托邮局购书时应由购书人将邮局制就之声请购书三联单第一联依式填写再交邮局填写其余各联

第六条　委托邮局购书时购书人应按照代购书目所列预缴（一）书籍实价之全部（发行人门庄零售实价）（二）邮费（连挂号或快递费）（三）按本章程第十二条应收之汇费缴清后由邮局给予收费为凭

第七条　发行人接到邮局寄来之声请购书单第三联及副联后须将所购书籍检

齐按邮政总局代购书目所刊书价开明发票连同原声请购书单副联妥为包扎按购书人指明办法（挂号或快递）纳足邮费寄交代购邮局收受并于封面附注购书人姓名住址及书单号数

第八条　发行人对于所购书籍不能照寄时应将原声请购书单第三联批明缘由加封退还代购邮局转知购书人

第九条　发行人对于所购各种书籍如仅照寄其中一部者应将不能照寄之缘由于原声请购书单副联上批明之

第十条　书籍寄到后由代购邮局通知购书人凭第六条之收据到局换取书籍

第十一条　书籍交清后邮局即按书价之全部扣除手续费将余数及寄费（连挂号或快递费）于当日开发汇票连同购书单副联汇交发行人

代购书籍手续费为教科书百分之二十五其他书籍百分之二十但得随时增减之

第十二条　书价及寄费发汇时免收汇费超过每元二分时得向购书人征收其超过之数

第十三条　购书人于取书时须即时核对如书籍与原声请单内所列不符时得凭原收据向邮局索还预缴之书价邮费汇费同时将原书交局退还发行人退还之邮费应由邮局向发行人征收之

第十四条　如定购之书籍寄到而无法投递或经两次通告购书人不到局领取已逾两个月时邮局当将原书退还发行人并汇还其邮费（挂号费快递费在内）因前项情形退还书籍时邮局于退还后三个月以内依购书人之请求发还其书价之七成逾期不得再行请求

一购书单之书价未满一元者购书人不得请求发还

第十五条　定购之书籍已逾三个月（新疆甘肃陕西云南贵州四川西康等边远省区半年）而发行人未照寄时经购书人之请求应将预付邮费汇费及书价全部发还之

发还预付邮费及书价时应将原收据收回注销之其发还之邮费应由邮局向发行人征收之

第十六条　定购之书籍如有损失损坏或须查询等情事均以邮政章程办理

第十七条　本章程施行日期以命令定之

（七）《邮局代购书籍声请登记规则》

邮局代购书籍声请登记规则

1934 年 9 月 12 日交通部公布

第一条　凡设有邮局各地出版之书籍未经禁止邮递者均得由发行人向该区邮政管理局依式登记供人定购

第二条　古版或其他不能供多数人随时定购之书籍发行人应于声请登记时声明之

第三条　登记时每部缴纳登记费国币一元

第四条　代购书籍声请登记单格式如左

（十五）书类（共分二十类类名见书目编制体例）

（十六）书名（如系译本并附注原书名）

（十七）著者或译者姓名（如系译本并附注原著者姓名）

（十八）发行人姓名

（十九）发行所名称

（二十）发行所地址

（二十一）出版年月及版次

（二十二）版本

（二十三）装订样式

（二十四）册数

（二十五）重量及邮费（重量及邮费为一部书加适当之包扎时之毛重及其应收之邮费重量以公分为单位惟发行人自愿免收邮费则可注明"免收邮费"字样免填重量）

（二十六）实售价目（即发行人门庄零售之实价）

（二十七）不逾五十字之简单说明或目录

（二十八）附注（如有第二条之情形等）

声请登记单应用正楷填写正副各一份

声请登记时应另备公函声明（一）是否合于本规则第一条之规定及（二）愿意遵照邮局规定之手续费或另订最低之批发价目

前项第七第八第九及第十四各款发行人不能填写或不愿填写者听

第五条　已经登记之书籍如查明有违反法令或邮政章程时得撤销其登记但登记费概不发还

第六条　邮局应将刊行之代购书目寄交声请登记之发行人作为业经登记之通知登记事项如有错误发行人应迅即函告邮政总局更正之

发行人不为更正或怠于更正而致有损失时邮局不负赔偿之责

第七条　已经登记之书籍如有不愿续由邮局代购或因故不能续由邮局代购者发行人应于一个月以前通知原登记邮局撤销之但登记费概不发还

第八条　已经登记之书籍如本规则第四条第一二四五十二等款有变更者应由发行人通知邮政总局撤销其登记如第六至第十一等款有变更者应由发行人通知邮政总局更正之

发行人不为前项通知或怠于通知或不依照本规则第二条之规定声明而误为声请登记致不能照声请购书单发寄书籍时应依邮局代购书籍章程第十五条之规定办理

第九条　本规则施行以命令定之

(八)《邮局代购书籍办事细则》

邮局代购书籍办事细则

1934 年 9 月 12 日交通部公布

第一条　各区邮政管理局收到本区内书籍发行人声请登记单时应依邮局代购书籍声请登记规则之规定详细审核如与规则相符者即将声请登记单编号由邮务长签名盖印以一份迳寄邮政总局其不符者应拒绝登记并将登记费发还之

第二条　邮政总局收到各区寄来声请登记单后应按规定程式及期限汇刊代购书目按期分发各地邮局陈列及售卖

分发各地邮局之书目其期次数目及发寄日期应由总局同时通知各区管理局存查

第三条　代购书目之印刷得委托商人办理之并得附载广告

第四条　已经登记之书籍如因故撤销登记或停止定购时应于代购书目中注明之

第五条　各地邮局陈列之代购书目应按期编次并于年终汇订成册

第六条　邮政总局发给各局备售之代购书目除本细则另有规定外概依其他邮政出版物办法办理

第七条　各地邮局应备具声请购书三联单供购书人免费索取依式填写其第一联(即声请购书单)存局备查第二联(即购书收据)掣给购书人作为收据第三联(即购书通知单)及其副联由邮局加封作为邮政公事挂号直寄发行人

发行人不同之书籍不得同列于一声请购书单内

第八条　各地邮局备具之声请购书单三联单由各管理局会计处发给应用之前照国际汇票收据办法预为依次编列号数

第九条　各地邮局收到代购书籍后应缮发领取购书通知单通知购书人到局取书

第十条　各地邮局应于购书人领取书籍时将包内所附声请购书三联单之副联收回退还发行人

第十一条　邮局代购书籍所收登记费及手续费应在损益账内营业收入门第二项第四目后加第五目"代购书籍登记费及手续费"一格

第十二条　邮局代购书籍汇款所收汇费应登列"随发汇票登记簿"内照普通汇票之汇费及补水费入账并于登记簿内注明"代购书籍"字样

第十三条　邮局代购书籍预收书价邮费及汇费应另立专册作为收款登记每项注明购书单号数每次结账时将其总数登入"代购书籍登记费及手续费"项下并注明"预收书价"字样

预收书价邮费及汇费汇交发行人或退还购书人时均于专册作为付款登记并注

明相关汇票及收据之号码

第十四条　汇交发行人之书价及邮费之汇票应附黏购书单副联并于该联上注明所扣手续费之数目及实际汇出之数目

第十五条　依代购书籍章程第十三十五两条第一项之规定退还购书人预付书价及邮费汇费时应即缮发退还购书通知单通知发行人缴付应纳之邮费并同时通知其所在地之邮局

第十六条　邮局代购书籍章程及本细则规定之各种单据由邮政总局另定之

第十七条　本细则自邮局代购书籍章程施行之日施行

(九)《交通部邮政总局办事规则》

交通部邮政总局办事规则

1935 年 7 月 9 日交通部公布

第一章　通则

第一条　本规则依邮政总局组织法第十二条之规定制定之

第二条　本局各处会室执行职务除另有规定外悉依本规则之规定

第三条　本局各处会室得按事务性质分课处理其分课执掌规则由本局定之

第四条　本局各处会室职员由局长按照事务之繁简分配之

第五条　本局为缮写文件得酌用雇员

第二章　权责

第六条　本局事务均须呈由副局长核阅局长核行均在因公离局时由副局长代理但重要事件仍应商承局长办理

第七条　本局各处会室主管长官依职掌规定指挥监督所属职员处理事务

第八条　本局职员处理事务应服从主管长官之命令如遇两长官发命令时应服从高级长官之命令

前项命令遇有事实上发生困难时应陈述理由请最高级长官核办

第九条　本局职员处理事务得陈述意见于主管长官听候采用

第十条　本局各处会室所办事务有互相关联者由各主管长官会商办理其意见不同者应陈明局长副局长核定之

第十一条　本局办理事件对于本部各司厅会室遇有必要时用移付或通知

第十二条　本局各处会室办理事件遇有必要时应互相移付或通知

第十三条　本局职员对于所管机密事务及尚未宣布之文件应严守秘密不得泄漏

第三章　职掌

第十四条　总务处掌左列事项

一　关于印信之典守事项

二　关于各处会室文稿会签事项

三　关于文书之收发分配缮校及保管事项

四　关于统计及年报等之编制事项

五　关于资产之保险事项

六　关于财务之调度现金之出纳及证券往来折据等之保管事项

七　关于庶务及其他不属于各处之事项

第十五条　考绩处掌左列事项

一　关于全国员工之任免调遣给假考绩奖惩恤养事项

二　关于职工教育事项

三　关于所属机关员工名额之审核事项

四　关于员工表册刊物之编造及审核事项

五　关于其他属于人事管理事项

第十六条　业务处掌左列事项

一　关于业务之改革事项

二　关于邮件资费之拟订事项

三　关于局所之增设裁减及变更事项

四　关于邮路邮图之审核绘制事项

五　关于邮件运输之规划事项

六　关于业务上所用房地船只车辆等之购建租赁及修理事项

七　关于业务单式及员工制服图样之审核事项

八　关于其他业务事项

第十七条　计核处掌左列事项

一　关于各种账目之处理及登记事项

二　关于收支凭单之编制核签事项

三　关于各项收支单据之审核事项

四　关于款项之划拨事项

五　关于预算决算及收支计算书暨各种报表之编制审核事项

六　关于财产目录之编制及保管事项

七　关于账册表单据之保管事项

八　关于库存及银行往来之检查事项

九　关于印发邮票明信片特制邮简之审核事项

十　关于代售印花税票之审核事项

十一　关于其他一切会计事项

第十八条　联邮处掌左列事项

一　关于国际互换邮件事项

二　关于国际邮件运费之核算事项

三　关于国际邮资之拟订事项

四　关于国际邮运契约之商订事项

五　关于国际邮政文书之撰拟事项

六　关于国际邮政会议事项

七　关于其他属于国际邮务事项

第十九条　供应处掌左列事项

一　关于全国邮用物品制造修理保管及发给事项

二　关于采购物料事项

三　关于邮票明信片特制邮简及邮用单册图书之印制分发及保管事项

四　关于其他属于供应事项

第二十条　视察室掌左列事项

一　关于视察各局及查办案件事项

二　关于邮件检查事项

三　关于私运邮件及违禁品之查缉取缔事项

四　关于遗失邮件之处理事项

五　关于批信局之管理事项

第二十一条　秘书室掌左列事项

一　关于机要文电之撰拟收发事项

二　关于会签各处会室文稿事项

三　关于法规之撰拟增订及修改事项

四　关于诉讼事务及涉及法律案件之处理审核事项

五　关于局务会议事项

六　关于局长副局长特交事项

第二十二条　设计委员会计划邮政之改良发展事项其章程另定之

第四章　考勤

第二十三条　本局办公时间每日八小时分配由局长随时规定但各处会室因职务繁忙或有特别事务得由主管长官临时延长之

第二十四条　本局职员均须按照规定时间办公不得迟到早散如因故迟到或须先行退值者须陈明理由请主管长官许可

第二十五条　本局各处会室应置考勤簿职员到局时须亲手签到该项考绩簿应于规定到局时间后一刻钟内呈送主管长官核阅

第二十六条　职员因病或因事不能到局时应照章具书向主管长官请假

第二十七条　职员因病或急事不及自行请假时得托其他职员陈明主管长官并代填请假单倘有贻误情事仍由本人负责

第二十八条　职员出差请假及差竣假满均须注明于考勤簿备查

第二十九条　各处会室对于所属各职员请假事由及日数应随时登记于每月终列表移送考绩处办理

第三十条　职员在办公时间内非因公事不得接见宾客

第五章　文书

第三十一条　本局文件之收发统由总务处办理各处会室文件之收发应由主管长官派员办理

第三十二条　凡文件到局由总务处录由编号按其性质标明主管处会室登记收文簿经总务处长阅后送主任秘书分别重要次要重要者呈局长副局长核批发还次要者迳行发还再由总务处用送文簿登记号数件数分送主管处会室承办前项紧急文件得由主任秘书特别提呈局长副局长核办或送主管人员先行拟办以免延搁

第三十三条　收到文件如有附件均须随文附送不得遗漏散失

第三十四条　各处会室应设收文分簿收到由总务处分送之文件须逐一登记录由列号并于总务处送文簿上由经收人加盖图章或签字以明责任

第三十五条　机要文电由秘书室编号登记送呈局长副局长核批后再分别主管处会室承办

第三十六条　各处会室将收到文件登记后应随时送呈主管长官核阅批示办理

第三十七条　各处会室拟稿人员于分到文件后应随即拟稿盖章送呈主管长官核签如有特别情形须缓办者应向主管长官陈明理由

第三十八条　凡有互相关联之文件应由关系主要之处会室拟稿或会同拟办但会拟者须会同签名

第三十九条　各主管长官核稿时须于添注涂改首尾加盖私章以明责任

第四十条　各主管长官核稿签名后应用送稿簿登记送总务处汇转秘书室呈副局长核阅局长核定但遇有应行会签者须先送有关系之主管长官会核签名

第四十一条　局长核定之稿件发交总务处缮校登记编号用印封发

第四十二条　本局对外重要文电用局文部稿者经局长核阅后呈送部/次长核定关于本部交办之文电应用部文部稿办理之

第四十三条　本局文件缮发后如案已结束应行归档者均由总务处归档尚未结束者退还原处会室办理其会签之文稿并应抄送相关处会室备查

第四十四条　部文部稿局文部稿除抄存一份外其原稿送总务司文书科档案室保管

第四十五条　各处会室对于主管事务须向本局所属机关有所查询时得迳以各处会室公函行之

第六章　会计及出纳

第四十六条　本局账册报表应依中央会计法规所定之方式

第四十七条　计核处处理账册报表应受交通部会计长之指导

第四十八条　计核处人员不得兼理出纳事项

第四十九条　本局一切办公费用由总务处依照预算支付之

第五十条　每届月终总务处应将出纳数目结算造具清册检同各项簿册单据送计核处审核

第五十一条　本局员工薪给由总务处按月造具薪给单分发并由领薪者署名或盖章

第五十二条　本局出纳应置现金出纳簿分类簿收入总簿等分别登记每届月终由总务处汇送计核处审核

第七章　庶务

第五十三条　本局一切文具单式由总务处每半年向供应处请领存储各处会室按月就所需数额填具领物单送经主管长官签字后向总务处领用其他应用物品须就地购用者应由各主管长官移请总务处核办其价值在一百元以上者须呈请局长副局长核准

第五十四条　本局所有应用家具由总务处购置保管并编号登记存查

第五十五条　本局应用家具如有不需用或损坏不堪修理时退由总务处处理之

第五十六条　凡请领购入发出收回及现存之物品均应由总务处随时登册备查

第五十七条　本局公役人等之勤惰由总务处考核之

第五十八条　本局公共卫生事项由总务处随时整顿改良并督率公役人等厉行清洁

第八章　会议

第五十九条　本局为征集意见整饬局务起见由局长副局长随时召集局务会议其列席人员临时指定之

第六十条　局务会议之决议案由局长核定施行

第九章　附则

第六十一条　本规则自公布日施行

（十）《特种考试邮政人员考试条例》

特种考试邮政人员考试条例

国民政府考试院令　第二号　1935 年 7 月 27 日

第一条　凡邮政人员之考试除法律别有规定外依本条例行之

第二条　邮政人员之考试分左列四种

一　高级邮务员考试

二　初级邮务员考试

三　邮务佐考试

四　信差考试

第三条　高级邮务员考试及初级邮务员考试均分第一试第二试第三试邮务佐

考试信差考试分第一试第二试

前项各试平均分数合计为总分数时其分三试者第一试第二试各占百分之四十第三试占百分之二十其分二试者第一试占百分之八十第二试占百分之二十

第四条　中华民国国民年在二十岁以上三十五岁以下有左列各款资格之一者得应高级邮务员考试

一　公立或经立案之私立大学独立学院或专科学校毕业得有证书者

二　教育部承认之国外大学独立学院或专科学校毕业得有证书者

三　有大学或专科学校毕业之同等学力经高等检定考试及格者

四　有专门著作经审查及格者

五　现任三等邮务员以上者

第五条　中华民国国民年在二十岁以上三十岁以下有左列各款资格之一者得应初级邮务员考试

一　公立或经立案之私立高级中学旧制中学或其他同等学校毕业得有证书者

二　有高级中学旧制中学毕业之同等学力经普通检定考试及格者

三　有高级邮务员应考资格者

四　现任邮务佐者

第六条　中华民国国民年在二十岁以上三十岁以下有左列各款资格之一者得应邮务佐考试

一　公立或经立案之私立初级中学完全小学或其他同等学校毕业得有证书者

二　现任信差者

第七条　中华民国国民年在十八岁以上三十岁以下有左列资格之一者得应信差考试

一　初级小学毕业者

二　短期小学毕业者

第八条　高级邮务员考试科目如左

第一试科目

一　国文　论文及公文

二　总理遗教　建国方略建国大纲三民主义及中国国民党第一次全国代表大会宣言

三　中外历史

四　中外地理

五　宪法（宪法未公布前考中华民国训政时期约法）

六　外国文　英德法俄日文中任选一种

第二试科目

一　民法概要

二 经济法

三 货币及银行论

四 会计学

五 邮政法规

六 邮政公约

七 运输学

第三试为面试就应考人之第二试科目及其经验面试之

第九条 初级邮务员考试科目如左

第一试科目

一 国文 论文及公文

二 总理遗教 三民主义及建国方略

三 外国文 英德法俄日文中任选一种

第二试科目

一 中外历史

二 中外地理

三 数学 算术代数平面几何

四 法制经济大意

五 簿记

六 邮政法规

第三试为面试就应考人之第二试科目及其经验面试之

第十条 邮务佐考试科目如左

第一试科目

一 国文

二 三民主义

三 简易外国文

四 本国史地

五 算术

六 常识

第二试为面试就应考人之第一试科目及其经验面试之

第十一条 信差考试科目如左

第一试科目

一 简易国文

二 简易算术

第二试为面试就应考人之第一试科目及其经验面试之

第十二条 初级邮务员以下之考试得由考试院委托交通部行之

第十三条　前条考试委托交通部办理者应由该部将关于办理考试之规章及情形咨由考选委员会转呈考试院备案

第十四条　本条例自公布日施行

（十一）《邮政代办所规则》

邮政代办所规则

1935 年 11 月 20 日交通部部令公布

第一条　凡地方情形有置邮需要而业务尚未达设局程度时设邮政代办所

第二条　邮政代办所按地域所在分隶于邮政管理局或一二三等邮局

第三条　邮政代办所名称应冠以所在地地名或街道名称

第四条　邮政代办所应办之事务由主管邮政管理局规定之

第五条　代办人办理邮务应遵守邮政章则并服从主管邮局及邮政管理局巡员之指挥

第六条　代办人如有办理不善或违犯章则情事应即予以撤换其涉有刑事嫌疑者并应送请司法机关审理之

第七条　邮政代办所营业时间按当地商号营业时间规定公告之

第八条　代办所发售邮票明信片特制邮简及印花税票均应按票面价值收受现款如系辅币应遵照邮政管理局核定公告之折合率计算不得擅行订定

第九条　邮政代办所所售之邮票明信片特制邮简及印花税票均应按定额向主管邮局具领不得经售其他来源之邮票等

第十条　邮政代办所之招牌信箱邮戳以及办理邮务所需之单据簿册等均由主管邮政管理局发给应用代办人不得自制前项招牌信箱及邮局通告应悬置或张贴显明之处

第十一条　邮政代办所置代办一人由邮政管理局或其代表遴选正当殷实商号主人委派之

第十二条　邮政管理局委派代办人须发给执照前项执照应于该代办人卸职时缴销之

第十三条　代办人于奉委派之初对于经办事务得前往主管邮局实习或由邮局派员训练之

第十四条　代办人于奉委时应取具两家殷实商号保证书各一纸其保证金额总数不得少于国币二百元如遇保证商号迁徙闭歇或其主人亡故时代办人应立时报告主管邮局并呈送新具保证书

第十五条　代办人应于商号内划出房屋一间或相当地位专为办理邮务之用

第十六条　代办人对于经办之一切邮政事务除已公布者外不得向外宣泄

第十七条　代办人接待公众务须谦和并不得假借邮政名义干预外事

第十八条　代办人对于邮件之妥速投递寄件人之便利以及启迪民众之邮政知识均应随时切实注意遇有邮务应行改良事项应向主管邮局陈述意见其本地及邻近之一切情况与邮务有关者应即向主管邮局详细报告

第十九条　代办人应将邮政款项与私人款项分开保管不得混杂并应照章造报账册

第二十条　代办人不得利用邮袋装运私人物件

第二十一条　代办人或其使用人或任何受其委办之人对于代表所经管之各项邮件包裹及邮政款项公物如有丧失毁损情事除因不可抗力者外概由代办人负责赔偿

第二十二条　代办人之月薪及津贴由主管邮政管理局核定之

第二十三条　代办人告退须于一个月以前向主管邮局书面声请但告退未奉批准或随经批准而尚未有人接替时不得擅自停办邮务

第二十四条　代办人因代办所改设邮局而停止职务者其平时办事成绩如属优良得按其服务期间每满一年给予等于半个月薪额之奖金

第二十五条　本规则自公布日施行

(十二)《各区邮政管理局组织通则》

各区邮政管理局组织通则

1936年1月10日交通部部令公布

第一条　邮政总局为处理邮政事务之便利划分全国为若干邮区每邮区置一邮政管理局并分置一二三等邮局邮政支局邮政代办所等邮区之设置及变更由邮政总局呈请交通部核定之

第二条　邮政管理局设局长一人呈邮政总局局长之命管理全区邮政事务邮政管理局局长由邮政总局局长就相当资历之邮务长中遴选呈请交通部派充之

第三条　邮政管理局置左列各股股以下分组办事必要时得呈准邮政总局增设他股

一　本地业务股
二　内地业务股
三　总务股
四　计核股

前项各股各设股长一人由邮政总局局长就相当之资历之甲等邮务员中遴选派充承长官之命处理各该官事务

邮务管理局所属之支局达十五所者其本地业务股股长得以副邮务长充任之各邮区内一二三等局所达一百所者其内地业务股股长得以副邮务长充任之邮区每年全部邮政收入达五十万元以上者其计核股股长得以副邮务长充任之股长以副邮务

长充任者须呈请交通部派充

其他如因公务需要须派副邮务长充任股长时得由邮政总局呈请交通部核定派充之股员组长组员均由邮政管理局局长就所属邮务员佐派充之承长官之命办理事务

第四条　一二三等邮局按邮务之繁简各分为甲乙二级一等甲级邮局长以相当资格之副邮务长充任由邮政总局遴选呈请交通部派充之一等乙级邮局局长以一等六级以上之甲等邮务员充任二三等邮局局长以三等二级乙等邮务员以上之人员充任但因公务情形需要得派邮务佐署理三等邮局局长

第五条　各邮区设巡员四人至八人由邮政管理局局长就所属邮务员中遴选呈请邮政总局委派承长官之命巡查各邮局一切事物

第六条　各邮区之邮务员佐及信差等之名额由邮政总局核定呈报交通部备案

第七条　各区邮政管理局应按期造编左列账目报告分别呈报邮政总局邮政储金汇业局

一　邮局储汇局岁入岁出概算书

二　邮局储汇局季账及每季收支计算书

三　邮局及储汇局联合财务月报

第八条　各邮区收支款项应用该区邮政管理局名义由局长及计核股股长会同签字

第九条　各区邮政管理局订定各项契约除另有规定外均应呈请邮政总局核准

第十条　各区邮政管理局办事细则另定之

第十一条　本通则自公布日施行

二、相 关 资 料

（一）《信差应守规章》

信差应守之规章

（一）祈假信差于开始服务三年内除因疾病或婚娶外不得给假其在第一年内得准给不逾三日之病假第二年内不得逾五日第三年内及以后之各年不得逾十日均系照发全辛如服务在五年以后办公勤慎者得由该管邮务长因疾病以外之缘故酌准给假仍以全辛发给惟无论系因疾病或他项缘故准给假时如系必要均应由请假人自行出资妥觅替工该替工任差如何须由其完全担负责成

（二）信差服务勤慎且有必需之知识者得准其应捡信生之考试

（三）信差对于该管巡员及上级人员之训示均应服从

（四）信差不得涉足娼寮不得酗酒或吸食鸦片或赌博或有其他不端之行为

（五）信差身着制服不准在街市游行或涉足茶楼酒肆

（六）信差乘骑脚踏车服务时不得驰行比赛

（七）信差投递邮件时不得与人口角斗殴如在服务时有人与之为难应将其情形立即声报该管人员不得自行有所举动设因擅自处置以致发生事端者纵使启衅系在他人邮局亦不加以援助

（八）信差服务时不得彼此或与外人闲谈

（九）信差服务时步行或乘骑脚踏车均须快捷并应以全副精神注于所办之差务

（十）信差严禁向外人索取酒资及礼物

（十一）信差应自求整齐洁净对于发给之制服应悉心留意除普通耗损外无论有何损伤均应由各该差赔补并应切记如果外观不整适足以见其办事亦无以异且足令外人对于邮局失其信用之心

（十二）信差应用其戳记加盖于邮局所交投递各件之上

（十三）信差应将邮件装入信袋以内带投

（十四）信差如查有信函或他项邮件损毁者应于投递该件以前声报

（十五）邮件上之邮票不得移动信差如犯有此等情事应即撤退送交官厅惩办倘于投递邮件完毕回局时于邮袋内见有自邮件上脱落之邮票应即呈交邮局

（十六）信差应将邮件送投封面所书应交之处概不准交于探询之人亦不得从局外人之所请于途中停留任其检查信袋以视有无其人之信件

（十七）信差投递邮件应自前门递入不得置于仆役居处之内至则或系扣门或按门铃如无回答应将该件带回局中陈明其故

（十八）凡取出备投之邮件应尽一次投毕信差由局收到邮件并于其上加盖自用之戳记后不得将该件交由其他信差代投如系查有邮件不属伊之段落者均应带回局中

（十九）凡无法投递之件应即带回局中将其故详细报明即由稽查差担任投递如查该件原可由该差投递者即将该差记过一次倘于投递事竣后查出信差存有未经投递之件无论其对于未经投递或回局时未克立即呈出各节如何措词概不听受当将该项过犯认为有意之疏忽其处分即系撤退是以各该差对于此节必须留意因其信袋当不时加以搜查

（二十）邮件于夜间未能投递者应带回局中呈交夜班人员无论如何情形均不得将邮件携至家内

（二十一）信差投递寄交旅馆或客栈之邮件除因接收邮件特行订有办法者外均应设法将邮件面交收件人查收

（二十二）信差应切记邮件不可侵犯无论系属何种邮件概不得将其开拆或将内装之物移动或竟将该件毁弃

（二十三）信差投递挂号或快递邮件或双挂号以及衙署邮件时应留心取得收件

人之确切图记并签押各收据应于投递完毕返回局内时呈交该管办公处查验

（二十四）凡遇假造签押或图记以及误投情事均惟信差是问

（二十五）信差不得于投递邮件之家逗留如遇收件人外出应仍继续周行投递俟遄返时再至其处

（二十六）村镇邮差任意不经周行应历之无论何一村镇者或私将售票价目增加者或为铺商住户带寄货物者当即撤退

（二十七）信差应知偶然犯章即如误投邮件遗失收据等类与可避过犯而任意违犯章程者当为之分别清晰如系前项过犯其处置当较从宽设系任意过犯大率必致辞退撤退兹将各过犯及惩戒之法列于下节以便各信差得悉孰为小过孰非小过且知犯此应得何项之惩戒

（二十八）凡擅自离局或于假满后任意延不回差或涉足娼寮吸食鸦片沉酗于酒品行不端及向外人索取酒资或自邮件上私揭已经或未经注销之邮票或开拆毁弃邮件或窃取内装之物等类者均即分别撤退辞退其违犯本章程第十五或第二十二节者并应送交官厅惩办

（二十九）凡遇保证书无效时不将其重新更换或任意不遵命令或彼此或与外人斗殴或任意耽延信件或任意疏忽不将信筒提空以及将信携至家中等类大率均应撤退

（三十）凡于街市闲游或口角或于服务时与人闲谈或服装不整或漏将信件盖戳或误投邮件或懒惰偷安或鲁莽失礼或不时请假或到局迟延或因任意或自不经心致将制服损坏或遗失收据等类者均应于履历簿内记过倘遇过犯累积应得年赏撤销或将等级辛工降低抑或迳行辞退均按过犯之轻重及该管邮务长酌夺办理

资料来源：交通部、铁道部交通史编纂委员会编：《交通史邮政编》第一册，上海：民智书局 1930 年版，第 254—256 页。

（二）离任及接任邮务长（或一等邮局长）应用公文程式

离任邮务长（或一等邮局长）应用之公文程式如下

格式（即 D 字第三百零六号单式）

No ············· Postal

E.T.Charge

Co-D.G.No ················ Post Office,

················· 19 ·······

Sir,

I have the honour to acknowledge the receipt of your dispatch No ···············

·····························

·····························

·····························

and to inform you that in accordance with the instructions contained therein I have this day handed over charge of the .... district to Mr. ....

The various balances handed over are as follows:

Cash .... S ....
Stamps and Postcards .... S ....
Revenus stamps .... S ....
Publications .... S ....
Insured Letter Envelopes .... S ....
Security Cash Deposits .... S ....
Local money .... S ....
.... S ....
.... S ....
.... S ....

I have also handed over the .... Postal Commissioner's Official Seal .... Cop ....

Each of the Postal Code. Slater's Telegraphic Code and the C. I. M. Code, the Semi-official Correspondence, and inventories of all officially furnished quarters,

I enclose herewith a copy of my charge memorandum to my successor, as required by Service rules. The articles of Corckery and glassware broken or lost during my tenure of office have been replaced by me,

I also enclose my certificate of appointment for cancellation,

I have the honour to be,

Sir,

your obedient Servant

....

Commissioner,

To

    the Co-Director General,

      Directorate General of Fosts,

        Peking

接管邮务长(或一等邮局长)应用之公文式样如下

格式(即 D 字第三百零七号单式)

No .... Postal

....   E.T. Charge,

Co-D.G. No ....   Post office

.... 19 ....

Sir

With reference to your dispatch No ....

....

....

....

I have the honour to inform you that in accordance with the instruction contained therein I have this day taken over charge of the .... District from Mr ....

The various balances taken over are as follows:

Cash .... S ....

Stamps and Postcards .... S ....

Revenus stamps .... S ....

Publications .... S ....

Insured Letter Envelopes .... S ....

Security Cash Deposits .... S ....

Local money .... S ....

.... S ....

.... S ....

.... S ....

I enclose(1) a statemen showing briefly how these balances are made up; and (2) a list of the advance outstanding in Suspence Account, amounting to $ ....

I have received the .... Postal Commissioner's official seal .... cop

.... each of the postal code, Slater's Telegraphic Code and the C.I.M. Code, the semi-official correspondence, and inventories of all officially furnished quarters.

I have checked the Commissioners a chives and bibrang and find ....

....

the official residence and the furniture therein have been handed over to me in .... condition.

I have the honour to be

Sir

Your obedient Servant

....

Commissioner.

To

    The Co-Director general,

       Directorate General of Posts,

          Peking

资料来源:交通部、铁道部交通史编纂委员会编:《交通史邮政编》第一册,上海:民智书局1930年版,第295—300页。

(三) 中国人员请假文案(英文)

Sir,

    I am directed by the Co-Director General to acknowledge the receipt of your Memo. No. 2864/20151:

    Application for two months' extension of leave by Mr. Shih Jun-yu, 2nd Clerk C, submitting; and, in reply, to state that two months' extension of leave on full pay is granted to Mr. Shih Jun-yu(史润玉), 2nd Clerk. C(406), Inspector, from the date of expiration of his four months' leave.

                          I am,

                              Sir,

                    Your obedient servant,

                    Officisting chief secretary

To

The Commisstoner

  Teinan

                  资料来源:中国第二历史档案馆藏,卷宗号1-9008。

(四) 邮政总局(北京)通函(英文)

Co-D.G. Circular Memo. No.2080

(F.C.O. 1401)

                  Directorate General of posts,

                      Peking, 17th February 1928.

            Labelling of mails, concerning,

    At the request of several Postal Administrations, it has been decided to make use of distinctive red labels for all bags containing registered articles of any kind, addressed to foreign countries or conveyed through foreign postal services.

    The red labels prescribed to be used by the Note following Compendium Rule 4873 for mails to or via Hongkong are no longer to be used and will be replaced by while labels bearing thick red diagonals.

The new labels will be issued, when ready, by the supply Department and are to be put into use as soon as received.

The following modifications are to be made in Compendium rule No. 4873, -Heading: delete the word "Cloth".

After line 7 insert an eighth line reading: "Red, printed in black, for bags containing registered articles(to or through foreign services)".

Present line 8: alter to read: "The domestic labels, the attachable end of which …" Note. Replace the words "coloured red" by "bearing thick red diagonals".

H. PICARD-DESTELAN,

Co-Director General.

资料来源：中国第二历史档案馆藏，卷宗号 1-2008。

参考文献

一、档案资料

中国国家图书馆藏邮政法规资料

中国第二历史档案馆藏交通部及交通部邮政总局卷宗

浙江省档案馆藏浙江邮务管理局相关档案资料

上海市档案馆藏上海邮务管理局相关档案资料

二、报刊杂志

《申报》

《益世报》

《东方杂志》

《中华邮工》

《交通月刊》

《交通公报》

《银行周报》

《密勒氏评论报》

《江苏省公报》

《浙江司法半月刊》

三、资料汇编

《大清邮政章程》,1899 年版。

《大清邮政章程附通邮局所汇编》,1909 年版。

中华民国交通部邮政总局编制:《中华民国元年邮政事务总论》,上海:上海供应股印行,1913 年。

中华民国交通部邮政总局编制:《中华民国五年邮政事务总论》,上海:上海供应股印行,1917 年。

《邮政章程》,出版地不详,商务印书馆、中华书局 1917 年代售。

中华民国交通部邮政总局编制:《中华民国六年邮政事务总论》,上海:上海供应股印行,1918 年。

中华民国交通部邮政总局编制:《中华民国七年邮政事务总论》,上海:上海供应股印行,1919 年。

中华民国交通部邮政总局编:《邮政章程》,出版地不详,交通部邮政总局所辖驻沪供应股 1919 年印刷。

中华民国交通部邮政总局编制:《中华民国八年邮政事务总论》,上海:上海供应股印行,1920 年。

中华民国交通部邮政总局编制:《中华民国九年邮政事务总论》,上海:上海供应股印行,1921 年。

邮政局所属上海供应股编:《交通部所管邮政题名录》,出版地不详,1921 年 12 月 31 日印行。

中华民国交通部邮政总局编制:《民国十年邮政事物总论:内述二十五周邮政经历之状况》,上海:上海供应股印行,1922 年。

中华民国交通部邮政总局编制:《中华民国十一年邮政事务总论》,上海:上海供应股印行,1923 年。

交通部邮政总局编:《中华民国交通部邮政总局通邮处所集》,上海:交通部邮政总局所辖驻沪供应股 1923 年印行。

中华民国交通部邮政总局编制:《中华民国十二年邮政事务总论》,上海:上海供应股印行,1924 年。

中华民国交通部邮政总局编制:《中华民国十三年邮政事务总论》,上海:上海供应股印行,1925 年。

财政整理会编印:《关盐烟酒印花铁路邮政收入表》,1925 年 10 月。

中华民国交通部邮政总局所辖驻沪储金供应股印刷:《中华民国十四年邮政储金事务年报》第七版。

邮政局所属上海供应股编:《交通部所管邮政题名录》,出版地不详,1925 年 12 月 31 日印行。

中华民国交通部邮政总局编制:《中华民国十三年邮政事务总论》,上海:上海供应股印行,1926 年。

交通邮政局所辖驻沪供应股编印:《交通部邮政总局通邮处所集》,出版地不详,1926 年印行。

中华民国交通部邮政总局编:《邮政章程》,出版地不详,交通部邮政总局所辖驻沪供应股 1926 年印刷。

中华民国交通部邮政总局所辖驻沪储金供应股印刷:《中华民国十五年邮政储金事务年报》第八版。

中华民国交通部邮政总局编制:《中华民国十四年邮政事务总论》,上海:上海供应股印行,1927 年。

中华民国交通部邮政总局编制:《中华民国十五年邮政事务总论》,上海:上海供应股印行,1928 年。

中华民国交通部邮政总局所辖驻沪储金供应股印刷:《中华民国十七年邮政储金事务年报》第十版。

中华民国交通部邮政总局所辖驻沪储金供应股印刷:《中华民国十九年上半期邮政储金事务报告》。

交通铁道部交通史编纂委员会编印:《交通史邮政编》,1930 年 11 月发行。

交通部邮政总局编:《交通部邮政职员录》,出版地不详,交通部邮政总局供应处 1930 年 6 月 30 日印行。

奚楚明编:《邮政办事手续》,出版地不详,邮务海关英文专校 1930 年印行。

交通部总务司第六科编:《中国邮政统计专刊》,出版地不详,交通部印刷所 1931 年 1 月印刷。

中华民国交通部邮政总局编:《邮政局所汇编》,出版地不详,交通部邮政总局所辖驻沪供应处 1932 年印行。

私立亚光邮务海关学校编纂:《邮政海关算学大全》,上海:私立亚光邮务海关学校 1934 年 9 月出版兼印行。

交通部邮政总局编:《中华民国二十三年度邮政事物年报》,上海:出版者不详,1934 年。

国民政府交通部邮政司编:《邮政会议汇编》,南京:仁德印刷所 1934 年 12 月代印。

交通部邮政储金汇业总局总务处编:《交通部邮政储金汇业总局暨分局职员录》,上海:交通部邮政储金汇业总局总务处,1935 年 4 月。

《邮政法》,民国二十四年七月五日公布,民国二十五年十一月一日施行,供应处刊发。

法学研究社编印:《邮政法规》,出版地不详,1935 年 9 月发行。

交通部邮政总局编:《中华民国二十四年度邮政事物年报》,上海:出版者不详,1935 年。

交通部邮政总局编:《中华民国二十五年度邮政事物年报》,上海:出版者不详,1936 年。

交通部邮政总局编:《交通部邮政职员录》,出版地不详,交通部邮政总局 1936 年 6 月 30 日印行。

中华民国交通部邮政总局编:《邮政局所汇编》,出版地不详,交通部邮政总局所辖驻沪供应处 1937 年印行。

中华民国外交部编印:《国际邮政汇兑协定》,出版地不详,1937 年 1 月印。

中华民国外交部编印:《国际邮政保险信函及箱匣协定》,出版地不详,1937 年 1 月印。

交通部邮政总局编:《中华民国二十六年度、二十七年度邮政事物年报》,上海:出版者不详,1937—1938 年。

交通部邮政总局编:《中华民国三十二年度邮政事物年报》,上海:出版者不详,1943 年。

《邮政储汇局非邮班同人之呼吁》,著者、出版地不详,1947 年 5 月 1 日印。

行政院新闻局编:《今日邮政》,出版地不详,1947 年 7 月印行。

《邮政局所汇编:三十五年年底止修正至中华民国》,出版地不详,交通部邮政总局驻沪供应处 1947 年印行。

行政院新闻局编:《邮政储汇》,出版地不详,行政院新闻局 1947 年 12 月印行。

交通部邮政总局驻沪供应处:《布诺塞尔国际邮政公约暨包裹协定汇兑协定及保价信函及箱匣协定》,出版地不详,出版年月不详。

《交通部办理民国二年度邮政收支预算总册》,出版者、出版地、出版年月不详。

佚名:《邮政常识手册》,出版地、出版者、出版年月不详。

《第六版邮政章程附通邮局所之补编第十一号:第三十七次增添修改之各项截至中华民国五年十一月三十日止》,出版地、出版者、出版年月不详。

《第六版邮政章程附通邮局所之补编第五号:第四十三次增添修改之各项截至中华民国六年五月三十一日止》,出版地、出版者、出版年月不详。

《第六版邮政章程附通邮局所之补编第六号:第四十四次增添修改之各项截至中华民国六年六月三十日止》,出版地、出版者、出版年月不详。

《第六版邮政章程附通邮局所之补编第七号:第四十五次增添修改之各项截至中华民国六年七月三十一日止》,出版地、出版者、出版年月不详。

《第六版邮政章程附通邮局所之补编第八号:第四十六次增添修改之各项截至中华民国六年八月三十一日止》,出版地、出版者、出版年月不详。

《第六版邮政章程附通邮局所之补编第九号:第四十七次增添修改之各项截至中华民国六年九月三十日止》,出版地、出版者、出版年月不详。

国际联邮会编印:《开罗国际邮政包裹协定》,出版地出版年月不详。

国际联邮会编印:《开罗国际邮政保险信函及箱匣协定》,出版地、出版年月不详。

国际联邮会编印:《开罗国际邮公约》,出版地、出版年月不详。

国际联邮会编印:《开罗国际邮政汇兑协定》,出版地、出版年月不详。

中华民国交通部邮政总局编制:《中华民国十六年邮政事务年报》,上海:上海供应股印行。

中华民国交通部邮政总局编制:《中华民国十八年邮政事务年报》,上海:上海供应股印行。

《邮政储金汇业局各分局放款明细表:三十五年一月至三十六年五月》,著者、出版地、出版年月不详。

《邮政储金汇业局三十六年度业务报告书》,著者、出版地、出版年月不详。

邮政储金汇业总局编印:《邮政储金汇业总局经过概况》,出版地、出版年月不详。

中华民国交通部邮政总局编:《邮政规程:二十五年十月三十日交通部部令公布,二十五年十一月一日施行》,交通部邮政总局驻沪供应处印刷,出版地、出版年月不详。

中华民国交通部邮政总局编印:《邮政规程:二十五年十月三十日交通部部令公布,三十三年九月十二日交通部部令修正公布》,出版地、出版年月不详。

《邮政人事管理规则：中华民国三十二年六月一日交通部公布施行》，出版地、出版者、出版年月不详。

邮政总局编：《邮政总局通字训令》，出版地、出版者、出版年月不详。

交通部邮政总局编印：《中华民国五年邮政事物总论》，上海：出版年月不详。

交通部邮政总局编：《中华民国十九年度邮政事物年报》，上海：交通部邮政总局驻沪办事处刊，出版年月不详。

交通部邮政总局编：《中华民国二十二年度邮政事物年报》，上海：交通部邮政总局驻沪办事处刊，出版年月不详。

交通部邮政总局编：《中华民国十二年邮政事物总论》，出版地、出版年月不详，交通部邮政总局刊。

仇润喜主编：《天津邮政史料》，北京航空航天大学出版社 1992 年版。

四川省地方志编纂委员会编纂：《四川省志·邮政电信志》，成都：四川辞书出版社 1993 年版。

长沙市地方志编纂委员会编纂：《长沙市志第九卷交通邮电卷》，长沙：湖南人民出版社 1998 年版。

邮电史编辑室编写：《中国近代邮电史》，北京：人民邮电出版社 1984 年版。

曾宪义主编：《新编中国法制史》，济南：山东人民出版社 1987 年版。

刘政、边森龄、程湘清等编：《人民代表大会制度词典》，北京：中国检察院出版社 1992 年版。

储槐植主编：《附属刑法规范集解》，北京：中国检查出版社 1992 年版。

徐为民编：《中国近代人物别名词典》，沈阳：沈阳出版社 1993 年版。

北京邮政管理局文史中心编：《中国邮政事务总论》，北京：北京燕山出版社 1995 年版。

上海邮电志编纂委员会编：《上海邮电志》，上海：上海社会科学院出版社 1999 年版。

修晓波编著：《邮政史话》，北京：社会科学文献出版社 2000 年版。

四、著　　作

［美］道格拉斯·C.诺思：《经济史上的结构和变迁》，厉以平译，北京：商务印书馆 2010 年版。

［美］道格拉斯·C.诺思、罗伯斯·托马斯:《西方世界的兴起》,厉以平、蔡磊译,北京:华夏出版社 2014 年版。

［美］道格拉斯·C.诺思:《制度、制度变迁与经济绩效》,杭行译,韦森译审,上海:格致出版社、上海人民出版社 2008 年版。

顾锡章编:《邮政常识》,重庆:全国邮务总工会宣传部 1941 年 9 月印行。

顾锡章编著:《邮政问题详解》,上海:中华邮工函授学校 1936 年 5 月发行。

霍锡祥编著:《欧美各国邮政概况》,南京:《现代邮政月刊》社,1948 年 12 月 1 日出版发行。

贾秀堂:《邮政金融市域下的政府与社会研究:以 1930—1937 年长三角为考察对象》,桂林:广西师范大学出版社 2012 年版。

［美］利奥尼德·赫维茨、斯坦利·瑞特:《经济机制设计》,田国强等译,上海:格致出版社 2009 年版。

刘承汉:《邮政法总论》,长沙:商务印书馆 1939 年 11 月。

［德］马克斯·韦伯:《经济通史》,姚曾廙译,韦森校订,上海:上海三联书店 2006 年版。

［德］马克斯·韦伯著,约翰内斯·温克尔曼整理:《经济与社会(上卷)》,林荣远译,北京:商务印书馆 1997 年版。

苏全有:《清末邮传部研究》,北京:中华书局 2005 年版。

王桱:《邮政》,上海:商务印书馆 1931 年 4 月出版兼印行。

王仲武:《中国邮政统计》,出版地、出版者、出版年月不详。

徐琳:《近代中国邮政储蓄研究(1919—1949)》,上海交通大学出版社 2013 年版。

［美］伊斯顿:《政治生活的系统分析》,王浦劬等译,北京:华夏出版社 1998 年版。

张樑任编著:《邮政常识问答》,上海:邮政图书出版社 1936 年 6—9 月发行。

张樑任:《中国邮政》,上海:商务印书馆 1935 年 10 月—1936 年 11 月印行。

赵曾珏编著:《中国之邮政事业》,重庆:商务印书馆 1945 年 12 月印行。

《中国邮政概述》,出版地、出版者不详,1941 年 6 月。

五、研 究 文 章

蔡维屏:《交通、邮政与近代中国社会变动》,《史学月刊》2016 年第 8 期。

陈波：《汉口五国租界"客邮"始末》，《集邮博览》2004年第6期。

陈钢：《近代中国邮政述略》，《历史档案》2004年第1期。

陈慧群：《晚清福建邮政官局研究（1897—1911年）》，福建师范大学硕士学位论文，2013年。

陈怡芹：《日治时期台湾邮政事业之研究（1895—1945）》，台湾"中央"大学硕士学位论文，1996年。

陈志蓉：《基于数据包络法分析民国邮政的投入产出效率——以1919—1930年24个邮区为例》，厦门大学硕士学位论文，2014年。

崔红欣：《晚清中国邮政的近代化》，河北师范大学硕士论文，2007年。

戴鞍钢：《近代上海与长江三角洲的邮电通讯》，《江汉论坛》2007年第3期。

端婷婷：《民国时期陕西邮政研究》，西北大学硕士学位论文，2013年。

樊清：《古邮驿的衰落与近代邮政的兴办》，《河北师范大学学报（哲学社会科学版）》2002年第1期。

樊清：《一枝独秀的北洋中华邮政》，《文史精华》2002年第4期。

范彬：《现代化视角下的近代中国邮政述略》，《重庆邮电大学学报（社会科学版）》2008年第5期。

龚达才：《"中国近代邮政史"源于何时？》，《中国集邮报》，2006年4月7日第6版。

顾可尾：《解放前贵州邮政储汇的梗概》，《贵州文史丛刊》1991年第2期。

顾文栋：《民国时期贵州邮政事业的发展》，《贵州文史丛刊》1989年第4期。

顾臻伟：《苏中邮电事业早期现代化进程（19世纪末—1949年）》，扬州大学硕士学位论文，2007年。

郝东升：《大清邮政官局与民信局之争——以山西票号为观察面》，《沧桑》2010年第6期。

胡贝贝：《民国时期陕西邮政发展研究》，延安大学硕士学位论文，2013年。

胡门祥、孙英：《近代中英撤邮交涉论析》，《宁夏社会科学》2007年第6期。

胡门祥：《英国在华邮局撤销始末》，《重庆邮电大学学报（社会科学版）》2007年第5期。

胡婷、陈艳君：《旧中国中华邮政的统一与发展述论（1912—1937）》，《黄山学院学报》2005年第4期。

胡婷：《民信局的取缔与邮政的近代化》，《重庆邮电大学学报（社会科学版）》2007年第1期。

胡婷、叶枫:《近代中国邮政职工(1869—1949)研究综述》,《重庆邮电大学学报(社会科学版)》2016年第5期。

胡婷:《中华邮政(1912—1949)财务管理制度研究》,《民国档案》2013年第2期。

胡中升、黄国盛:《客邮对福建邮政的影响》,《重庆邮电大学学报(社会科学版)》2007年第4期。

胡中升:《近代中国邮政人事制度探析》,《重庆邮电大学学报(社会科学版)》2008年第1期。

胡中升:《1911—1928年福建邮政的发展》,福建师范大学硕士学位论文,2006年。

黄泽纯:《清末至民国时期我国邮政部门对侨批业的管理》,《广东教育学院学报》2009年第2期。

黄臻:《清末海关邮政50年》,《中国海关》2007年第5期。

贾熟村:《赫德与中国近代邮政》,《东方论坛》2012年第3期。

贾秀堂:《从邮储之争看南京国民政府对邮政金融的监管》,《暨南学报(哲学社会科学版)》2012年第9期。

贾秀堂:《民国时期邮政简易人寿保险的开办》,《华东师范大学学报(哲学社会科学版)》2010年第4期。

贾秀堂:《南京国民政府为收回邮政管理权所作的努力》,《兰州学刊》2009年第10期。

贾秀堂:《南京国民政府"邮政储金汇业局"研究(1930—1937)》,华东师范大学博士学位论文2008年。

贾秀堂:《20世纪30年代南京国民政府农村建设研究——以邮政储金汇业局农村放款为视角》,《中国经济史研究》2013年第2期。

蒋波:《从大清邮政到邮传部 中国近代邮政事业的诞生》,《国家人文地理》2013年第233期。

焦建华:《竞争与垄断:近代中国邮政业研究——以福建批信局与国营邮局关系为例(1928—1949)》,《学术月刊》2007年第1期。

金燕、叶美兰:《英国与晚清中国邮政发展研究(1840—1911)》,《南京邮电大学学报(社会科学版)》2014年第4期。

冷东、沈晓鸣:《中国最早外国邮局考论》,《南京邮电大学学报(社会科学版)》2012年第4期。

李重华:《清末民国时期的基层邮政——以原四川省为例》,《邮电史研究》2006

年第 6 期。

李致远:《北洋政府时期中华邮政人事制度述论》,《天府新论》2006 年 S2 期。

李致远:《抗战时期西川邮政研究》,四川大学硕士学位论文,2007 年。

连城:《重庆民信局发展初步研究》,《法制与社会》2008 年第 29 期。

廖发棠:《抗战时期湖南邮政研究》,湘潭大学硕士学位论文,2008 年。

凌弓:《论海关洋员与中国近代邮政》,《史林》1994 年第 1 期。

凌彦:《民国邮政与民间信局的关系析论——以 20 世纪 30 年代的厦门为中心》,《中山大学学报(社会科学版)》2007 年第 3 期。

刘波:《清末"客邮"问题的产生及影响》,《云南社会科学》2013 年第 4 期。

刘广实:《中国海关邮政三议》,《上海集邮》1998 年第 9 期。

刘静:《中国邮政的近代化之路》,《文教资料》2013 年第 30 期。

刘敏:《晚清邮政近代化与中央机关的调适——从总理衙门到邮传部》,《前沿》2013 年第 4 期。

刘文鹏:《清代驿传体系的近代转型》,《清史研究》2003 年第 4 期。

刘亚中:《试论"客邮"》,《淮北煤师院学报·哲学社会科学版》1989 年第 4 期。

刘永连:《从英国"客邮"撤出看近代中西关系的复杂层面——以广东省档案馆藏文献为基础》,《暨南学报(哲学社会科学版)》2013 年第 5 期。

刘肇宁:《北京"客邮"史略》,《集邮博览》2002 年第 2 期。

刘肇宁:《北京"客邮"史略(续)》,《集邮博览》2002 年第 3 期。

吕元元:《略论"客邮"的兴衰》,《中山大学研究生学刊(社会科学版)》1996 年第 3 期。

苗健:《新疆近代邮电事业的创建与发展》,《新疆社会科学》2008 年第 1 期。

饶景英:《关于"上海邮务工会"——中国黄色工会的一个剖析》,《史林》1988 年第 2 期。

荣宏亮:《1932 年上海邮政工人罢工事件研究》,四川大学硕士学位论文,2007 年。

阮义召:《南京国民政府邮政事业建设略述(1927—1937)》,《凯里学院学报》2009 年第 1 期。

史雷:《晚清民国关中地区邮政发展研究——以邮政局所的变迁为中心》,陕西师范大学硕士学位论文,2012 年。

史煜涵:《清末邮驿之争》,《科教导刊》2010 年第 2 期。

苏丽萍、张箭:《抗战时期四川的邮政通讯建设》,《重庆邮电大学学报(社会科学版)》2007 年第 5 期。

　　苏全有、崔海港:《论近代上海民信局的兴衰》,《重庆邮电大学学报(社会科学版)》2012 年第 6 期。

　　苏全有:《论清末的裁驿》,《重庆邮电大学学报(社会科学版)》2008 年第 1 期。

　　苏全有、徐临源:《江苏民信局兴衰述评》,《重庆邮电大学学报(社会科学版)》,2013 年第 3 期。

　　孙保民:《质疑与思考》,《通信企业管理》1988 年第 1 期。

　　谭友谊:《广东近代邮政的创办与发展》,《文史博览》2008 年 10 月。

　　田明、何建国:《第一次国共合作时期的邮务工人运动——以上海邮务公会(工会)为中心的考察》,《党的文献》2009 年第 6 期。

　　田明:《"客邮"、"客卿"与邮权——兼论中国近代政治的历史境遇》,中国社会科学院近代史研究所青年学术论坛 2009 年卷。

　　田明:《邮政与中国近代化——以山西为中心(1896—1937)》,山西大学硕士学位论文,2005 年。

　　晚晴:《步履蹒跚的清代前期邮政》,《中国邮政》1992 年第 2 期。

　　晚晴:《近代邮政的"黄金时代"》,《中国邮政》1992 年第 5 期。

　　晚晴:《近代邮政的"黄金时代"》,《中国邮政》1992 年第 1 期。

　　王斌:《湖南邮政研究(1899—1937)》,湘潭大学硕士学位论文,2008 年。

　　王斌:《略论中国近代邮政主权的收回》,《湖南工业大学学报(社会科学版)》2010 年第 4 期。

　　王宏伟:《孙少颖中国近代邮政史应提前 18 年》,《中国集邮报》,2006 年 3 月 28 日第 1 版。

　　王维进:《论近代宁波民信局的兴衰》,《重庆邮电大学学报(社会科学版)》2013 年第 6 期。

　　王欣:《试论山东近代邮政》,《山东师范大学学报》1998 年第 5 期。

　　王再华:《客邮业务及其对我国近代邮政的影响》,《人民论坛》2011 年第 32 期。

　　吴晓秋:《论清代贵州传统邮驿的历史变革》,《贵州文史丛刊》2007 年第 3 期。

　　吴昱:《新制与抵制:晚清邮政转型中的大清邮政与民信局》,《河北师范大学学报(哲学社会科学版)》2014 年第 3 期。

　　吴越:《前邮政储金汇业局创办简易人寿保险始末》,《上海保险》1997 年第 1 期。

　　肖晓红:《天津近代邮政的产生及其发展研究(1878—1928)》,华中师范大学硕士学位论文,2009 年。

徐迟、丁乐静:《清末民初邮政近代化中的官民之争——以镇江民信局与国家邮政的关系为中心的历史考查》,《江苏科技大学学报(社会科学版)》2014 年第 4 期。

徐建国:《近代民信局的寄递网络研究》,《安徽史学》2009 年第 3 期。

徐琳:《近代中国邮政金融:发展阶段及演变特征(1919—1949)》,《中国经济史研究》2007 年第 4 期。

徐琳:《试论抗战时期的邮政储金汇业局》,《社科纵横》2007 年第 11 期。

徐琳:《试论南京国民政府时期邮政储蓄制度的演变》,《南京社会科学》2010 年第 7 期。

徐雪霞:《近代中国的邮政(1896—1928)》,台湾师范大学硕士学位论文,1973 年。

许莉:《清末民初政治变迁下的邮政改革》,河北师范大学硕士学位论文,2011 年。

杨和平:《中华民国时期新疆邮政业研究》,新疆大学硕士学位论文,2011 年。

杨新明:《近代中国邮权的丧失和收回》,《求索》1997 年第 2 期。

杨新平、刘茜:《一卷中国近代邮政起源档案》,《中国档案》2002 年第 5 期。

姚琦:《海关与中国近代邮政的创办史》,《上海电力学院学报》2003 年第 4 期。

易伟新:《从驿站到近代邮政制度的演变》,《湖南师范大学学报》2010 年第 4 期。

易伟新:《略论晚清"客邮"》,《益阳师专学报》2000 年第 2 期。

易伟新:《晚清的邮权统一政策述论》,《重庆邮电大学学报(社会科学版)》2006 年第 1 期。

易伟新:《晚清湖南邮政述论》,《湖南大学学报(社会科学版)》2001 年第 1 期。

于忠元:《1945—1949 年的湖南邮政》,湘潭大学硕士学位论文,2008 年。

于忠元:《中华邮政的视察制度》,《井冈山学院学报(哲学社会科学)》2008 年第 1 期。

岳谦厚、田明:《中国近代邮政创立及其发展中的若干悖论》,《天府新论》2009 年第 1 期。

曾繁花:《民国时期广州邮政业述略》,《重庆邮电大学学报·社会科学版》2009 年第 2 期。

曾潍嘉:《时空交织下的区域邮政版图再现——近代四川邮政空间复原研究(1891—1945)》,西南大学博士学位论文,2016 年。

张林侠:《中国近代邮政创始于 1878 年》,《中国集邮报》,2006 年 3 月 17 日第 6 版。

张青林:《确立新制度:晚清新式邮政再研究》,厦门大学硕士毕业论文,2014 年。

张荣杰:《民国时期上海邮工与邮务工会研究(1912—1937)》,华东师范大学博士学位论文,2012 年。

张雪峰:《海关孕育中国近代邮政》,《大经贸》2011 年第 1 期。

张瑜:《赫德与晚清邮政的近代化》,辽宁师范大学硕士学位论文,2011 年。

赵岳峰:《湖南邮政早期变革进程研究》,湖南师范大学硕士论文,2009 年。

周楠:《特种工会组织的典型——上海邮务工会》,《华章》2010 年第 16 期。

朱祖强:《对中国近代邮政创办日期的新见解》,《通信企业管理》1988 年第 1 期。

诸君文:《战后汪伪金融接收述评——以上海汪伪邮政储金汇业局之接收为例》,复旦大学硕士学位论文,2008 年。

六、外 语 文 献

A Lesson From The Post Office, *The North-China Herald And Supreme Court & Consular Grazette(1870—1941)*, Dec.17, 1921.

A Parcel Post Tax, *The North-China Herald And Supreme Court & Consular Grazette(1870—1941)*, Oct.22, 1927.

British And Foreign Post-Offices, *The North-China Herald And Supreme Court & Consular Grazette(1870—1941)*, Oct.2, 1909.

British Post Offices In China, *The Shanghai Times(1914—1921)*, Jan.4, 1917.

China Post Office, *The North-China Herald And Supreme Court & Consular Grazette(1870—1941)*, Aug.30, 1924.

Chinese Post Guide, *The North-China Herald And Supreme Court & Consular Grazette(1870—1941)*, Sep.18, 1920.

Chinese Post Office Savings Bank, *The North-China Herald And Supreme Court & Consular Grazette(1870—1941)*, Aug.23, 1919.

Effect of New postal Tariff, *The Chinese Recorder(1912—1938)*, Dec.1, 1922.

Nagging the Chinese Post Office, *The Weekly Review(1922—1923)*, Jan.27, 1923.

Postal Arrangement Between Peking And Nanking, *The China Weekly Review(1923—1950)*, Apr.21, 1928.

Postal Strike, *The China Press(1925—1938)*, Aug.30, 1925.

The Chinese Postal Service, *The North-China Herald And Supreme Court &. Consular Grazette(1870—1941)*, Jul.11, 1912.

The Chinese Post Office: Many Grave Deficiencies in Taking Up The Work of The Foreign Offices, *The North-China Herald And Supreme Court &. Consular Grazette(1870—1941)*, Dec.9, 1922.

The Imperial Postal Guide, *The North-China Herald And Supreme Court &. Consular Grazette(1870—1941)*, May 1, 1901.

The Imperial Post Office, *The North-China Herald And Supreme Court &. Consular Grazette(1870—1941)*, Apr.15, 1897.

The New Imperial Post Office, *The North-China Herald And Supreme Court &. Consular Grazette(1870—1941)*, Nov.1, 1907.

The Post Office Savings Bank: Inaugural Ceremony In The Capital, *The North-China Herald And Supreme Court &. Consular Grazette(1870—1941)*, Jul.12, 1919.

U.S. Post Reform, *The North-China Herald And Supreme Court &. Consular Grazette(1870—1941)*, Jun.11, 1903.

Ying-wan Cheng, *Postal Communication In China And Its Modernization, 1860—1960*, Harvard East Asian Monographs, 1970.

图书在版编目(CIP)数据

北洋政府时期(1912—1928)邮政制度研究/李家
涛著.—上海:上海人民出版社,2023
(上海社会科学院重要学术成果丛书.专著)
ISBN 978 - 7 - 208 - 18338 - 4

Ⅰ.①北… Ⅱ.①李… Ⅲ.①邮电业-经济史-中国
- 1912-1928 Ⅳ.①F632.9

中国国家版本馆 CIP 数据核字(2023)第 100726 号

责任编辑 史桢菁
封面设计 路 静

上海社会科学院重要学术成果丛书·专著

北洋政府时期(1912—1928)邮政制度研究

李家涛 著

出 版 上海人民出版社
 (201101 上海市闵行区号景路 159 弄 C 座)
发 行 上海人民出版社发行中心
印 刷 苏州市古得堡数码印刷有限公司
开 本 720×1000 1/16
印 张 24.25
插 页 2
字 数 317,000
版 次 2023 年 8 月第 1 版
印 次 2023 年 8 月第 1 次印刷
ISBN 978 - 7 - 208 - 18338 - 4/K · 3294
定 价 108.00 元